集人文社科之思　刊专业学术之声

# 中国歷史研究院集刊

PROCEEDINGS OF CHINESE ACADEMY OF HISTORY 2024 No.1 (Vol. 9)

李国强　主编

2024年　**1**　总第9辑

社会科学文献出版社

SOCIAL SCIENCES ACADEMIC PRESS (CHINA)

# 中国历史研究院集刊

## 编辑委员会

# 中国历史研究院集刊

2020 年 1 月创刊　　　　半年刊　　　第 9 辑　　　1 /2024

# 目　录

# Proceedings of Chinese Academy of History

Founded in January 2020     Semiyearly     Vol. 9     **1**/2024

## Contents

# 中国古代王朝的"国家权力"<sup>*</sup>

## 鲁西奇

**摘 要：**中国古代王朝拥有的"国家权力"主要表现为：王朝是国家的"领主"，对"天下"土地、人民拥有"主权"；王朝具有代表"天命"、"民心"的权力，宣称其立朝建国是代天吊民，并以此为基础，构建王朝统治国家的正当性；王朝掌握立法权，为国家制定根本大法，确立统治国家的基本制度；王朝掌握国家统治权，拥有分配和授予中央与地方政务权力及军事权力的"委任权"。中国古代王朝拥有并行使"国家权力"，借此建立起王朝国家。王朝国家的"国家权力"来源于王朝，核心是君主权力。

**关键词：**王朝国家　君主世袭制　国家权力　大一统　郡县制

中国古代王朝国家（dynastic state）是建立在君主世袭制基础上、君主（王、皇帝、天子）拥有主权、以"王朝"为根本和核心的国家形态。①

---

\* 本文曾提交 2023 年 7 月中国历史研究院与河北师范大学共同主办的第四届全国史学高层论坛暨第十六届历史学前沿论坛。

① 本文以"王朝国家"指称中国古代以王朝为中心的政权及其国家形态，主要强调王朝国家是以王朝为核心的国家，君主对其统治疆域内土地与人民的领有、统治，以及此种领有、统治权的世袭。我们认为建立在君主领有权与世袭权基础上、以王朝为中心的国家，就是王朝国家。学界一般在与"民族国家"相对应的意义上使用并界定"王朝国家"。李鸿宾认为，夏商周三代是分封性王朝，秦建立起大一统王朝，开创了中国古代的"王朝国家"；王朝国家一般实行中央集权政治体制、内外有别的统治政策，具有内外分层的国家结构，其疆域则不确定或较为模糊（《中国传统王朝国家（观念）在近代社会的变化》，中央民族大学历史系主办：《民族史研究》第 6 辑，北京：民族出版社，2005 年，第 1—13 页；《王朝国家体系的构建与变更——以隋唐为例》，孙家洲、刘后滨主编：《汉唐盛世的历史解读——汉唐盛世学术研讨会论文集》，北京：中国人民大学出版社，2009 年，

首先，王朝是国家的"领主"，对"天下"土地、人民拥有"主权"。王朝国家是"王朝"（世袭君主及其朝廷）的国家。国家是王朝"开国之君"建立起来的、属于"王朝"，君主及其家族被认为是国家的所有者。"天下者，高祖天下，父子相传，此汉之约也。"① 人君以天下为私，"视天下为莫大之产业，传之子孙，受享无穷"。② 君主（王、皇帝、天子）是王朝国家权力体系的根源与核心。

王朝国家的主权集中体现为君主的主权，即君主对其所统治疆域、人民的"领有权"，所谓"溥天之下，莫非王土；率土之滨，莫非王臣"。君主是其统治疆域和人民的主人，对疆域内土地拥有最终支配权，对臣民拥有生杀予夺之权。《风俗通义·皇霸》谓："夫擅国之谓王，能制割之谓王，制杀生之威之谓王，王者，往也，为天下所归往也。"③ 君主（皇帝）擅国家，制利害，专生杀，得民心，对国家、人民拥有全面掌控权。君主有国，以国为家，国、家遂为一体。所谓"王朝国家"，在本质上是君主领有国、以国为家，家国一体、同属于君主的政治体。

---

第 165—175 页；《唐朝胡汉关系研究中若干概（观）念问题》，《北方民族大学学报》2013 年第 1 期；《"王朝国家"的基本特质：唐朝的案例》，《中国史研究动态》2022 年第 5 期）。赵现海也在与近代西方民族国家及其研究理路相比照的背景下，给"王朝国家"作出界定："是指在近代以前，不同文明先后涌现出众多拥有广阔疆域、多种族群、多元文化的庞大帝国，既在明确的国家疆域内，建立起坚实的国家体制，又努力构建辐射广大的王朝体系，由此而形成的一种内外既合为一体，又有分别的国家形态。"（《明代的王朝国家之路》，北京：社会科学文献出版社，2022 年，第 6 页）姚大力虽然没有直接讨论作为一种国家类型的王朝国家，但他从国家建构的角度，将中国古代王朝分为"外儒内法的专制君主制国家"和"内亚边疆帝国"两种模式，并将这两种模式都归入王朝国家的建构。换言之，他把中原地区"专制君主制国家"和"内亚边疆帝国"都视为"王朝国家"（《中国历史上的两种国家建构模式》，《追寻"我们"的根源：中国历史上的民族与国家意识》，北京：三联书店，2018 年，第 141—160 页）。赵世瑜梳理了学界对"王朝国家"的使用及其不同内涵，提出西方学者所说欧亚大陆上的王朝国家，是以世袭制为主要特征的，"王朝国家"着重强调的是某种统治权特征，即世袭制和绝对王权（《"王朝国家"与前现代中国的国家转型》，《清史研究》2021 年第 4 期）。

① 《史记》卷 107《魏其武安侯列传》，北京：中华书局，2013 年，第 3435 页。
② 黄宗羲著，季学原、桂兴沅导读：《明夷待访录导读》，成都：巴蜀书社，1992 年，第 81 页。
③ 应劭撰，王利器校注：《风俗通义校注》卷 1《皇霸》，北京：中华书局，2010 年，第 15 页。

其次，王朝具有代表"天命"、"民心"的权力，宣称其立朝建国是代天吊民，并以此为基础，构建王朝统治国家的正当性。

以君主世袭为中心的王朝宣称自己代表上天与人民，其权力正当性来自"天"的授予和"民"的委托，故君主需要代表"天意"和"民心"，"顺天之义，知民之急"，"抚教万民而利诲之"。① 天意与民心，既是王朝权力正当性根源，又是王朝建立国家、形成王朝国家的根基。

因此，历代王朝均声称立朝建国是代天吊民，顺行天意，代表民心，而"天子作民父母，以为天下王"。以"天子"为象征、由君主（特别是开国之君）主导的王朝既代表天命，又代表民意，故得立于上天与兆民之间，制定法律规章制度，确立社会基本原则，维持社会正义与秩序。君主超然于具体政治纷争与社会矛盾之上，代表天意与民心，在必要时调和官民矛盾与冲突，发挥国家维护社会稳定的机能。在这个意义上，王朝正当性是其国家合法性的根源，国家是王朝实行统治的工具。王朝是"体"，是本质；国家是"用"，是形式。

再次，王朝以天命与民意的名义，制礼乐，定人伦，立法制，明轨则，制军政，制定实行国家基本大法，建立并维护其政治经济与社会文化的基本制度、运行规则与基本结构。秦始皇二十八年（前219）琅邪刻石，述及"皇帝作始"的责任，包括"端平法度，万物之纪。以明人事，合同父子。圣智仁义，显白道理"，要使"普天之下，抟心揖志。器械一量，同书文字"，又要使"尊卑贵贱，不逾次行。奸邪不容，皆务贞良"。②《续汉书·祭祀志》载建武三十二年（公元56年）奉高刻石，说光武帝得皇天眷顾，以匹庶受命中兴，"黎庶得居尔田，安尔宅。书同文，车同轨，人同伦。舟舆所通，人迹所至，靡不贡职。建明堂，立辟雍，起灵台，设庠序。同律、度、量、衡。修五礼，五玉，三帛，二牲，一死，贽。吏各修职，复于旧典"。③ 据此，君主之责，在于秉承天命与民意，确立国家根本大法，建立统一制度、秩序与运行的基本法则，维护国家政治体系的统一。从根本上说，只有君主才能立法建制，君主是国家一切制度、法律的根源。因此，以君主为中心的王朝是国家法制之本，王朝国家的法律、制度都是由

---

① 《史记》卷1《五帝本纪》，第16页。
② 《史记》卷6《秦始皇本纪》，第314—315页。
③ 《后汉书》志7《祭祀上》，北京：中华书局，1965年，第3166页。

君主制定、建立的。

最后，王朝掌握国家统治权，拥有分配、授予中央与地方政务权力及军事权力的"委任权"。王朝国家是由君主（皇帝）建立并掌控朝廷（政府）的国家。《周礼·地官·师氏》谓"居虎门之左，司王朝"，"凡祭祀、宾客、会同、丧纪、军旅，王举则从，听治亦如之。使其属帅四夷之隶，各以其兵服守王之门外。且蹕，朝在野外，则守内列"。① 其中"王朝"，是指君主视朝，即君主主持祭祀、宾客、会同、丧纪、军旅、听治等各种政务活动。《国语·鲁语下》记康子之言"天子及诸侯，合民事于外朝，合神事于内朝"，② 君主兼领民事与神事，既是最高祭司，又是政府首脑。君主作为国家的领主和政府首长，设立各种统治机构，授予各级军政官员权力，或者与其控制下的诸多政治经济社会文化集团建立起不同形式和性质的联盟，将部分统治权力委托给其首领，即有权分配并授予统治权力。

在王朝国家，国家机构由君主建立，各种军政权力均来自君主，获得授权的军政官员须向君主负责。虽然君主的实际权力及其运作受到君主能力、政治权力结构等多方面因素制约与影响，但原则上拥有正当性的君主是国家统治权力的合法性根源和最终拥有者，得以集中使用权力。

因此，中国古代王朝拥有并行使"国家权力"，借此建立起王朝国家。王朝的国家权力主要包括君主对疆域、人民的"领有权"，代表上天与人民的"代表权"，立法建制的"立法权"，以及分配、授予权力的"委任权"。它以君主对天下与人民的领有为基础，通过制造天命与代表人心，宣示王朝统治国家的正当性，确立政治规则与社会伦理；通过制度设计、设立机构、委托治理与任命军政官员等方式，来分配和授予权力，施展其"国家权力"，履行"国家职能"。领有权是国家主权，代表权是国家合法性的来源，立法权制定国家根本大法，委任权产生并监督政府。从中央到地方的诸多政务机构（各级官府），则根据君主（王朝）授权，代表君主（王朝）统治疆域内各种人群，建立并维护政治经济与社会文化秩序，获得各种人力物力资源，维持政权体系运作，即行使

---

① 孙诒让：《周礼正义》卷 25《地官·师氏》，北京：中华书局，1987 年，第 1003—1009 页。
② 徐元诰：《国语集解·鲁语下》，王树民、沈长云点校，北京：中华书局，2002 年，第 193 页。

"政府权力"。① 本文试图考察中国古代王朝的"国家权力",分析其核心内涵、结构及表现形式、实行手段,进一步揭示中国古代"王朝国家"的实质。

中国古代王朝国家不断发展变化,呈现不同类型,大致可以区分为以夏商周(特别是西周)为代表的古典王朝国家、秦汉隋唐宋明为代表的华夏王朝国家、北朝及辽金元清为代表的二元王朝国家。在上述三种类型中,秦汉隋唐宋明等王朝所代表的华夏王朝国家,在中国古代王朝国家形成与发展历程中,发挥了至关重要乃至主导性作用,基本可视为中国古代王朝国家的典型。其中,秦汉王朝又是华夏王朝国家的开创性王朝,基本奠定华夏王朝国家的主体形态、核心结构、基本制度,确立了王朝国家运行的基本原则。因此,本文试图主要通过解析秦汉王朝国家权力的构成,考察中国古代王朝的"国家权力",分析其核心内涵、结构及表现形式、实行手段,进一步揭示中国古代"王朝国家"一般性特点与实质。当然,仅就华夏王朝国家而言,隋唐宋明等王朝(以及三国、两晋、南朝等)的国家权力与秦汉王朝相较,均有较大变化与差异;夏商周(特别是西周)所代表的古典王朝国家、北朝及辽金元清为代表的二元王朝国家权力及其结构,与华夏王朝国家也有巨大差别。中国古代王朝国家的类型及其各自特征,是一个宏大议题,笔者思考非常初步,目前学识学力更不足以展开全面分析论证,缺失不足乃至谬误之处,敬祈学界卓识贤德批评指教。

## 一、有天下:领有土地与人民

《史记·五帝本纪》说神农氏世衰,"诸侯相侵伐,暴虐百姓","轩辕乃习用干戈,以征不享,诸侯咸来宾从"。"轩辕乃修德振兵,治五气,蓺五种,抚万民,度四方",败炎帝,平蚩尤,"而诸侯咸尊轩辕为天子,代神农氏,是为黄帝。天下有不顺者,黄帝从而征之,平者去之。披山通道,未尝宁居。东至于海,登丸山,及岱宗。西至于空桐,登鸡头。南至于江,登熊、湘。北逐荤粥,

---

① 关于现代政治学意义上的国家权力和政府权力界定及其相互关系,参见哈罗德·D. 拉斯韦尔、亚伯拉罕·卡普兰:《权力与社会——一项政治研究的框架》,王菲易译,上海:上海人民出版社,2012 年,第 167—185 页。关于中国古代官府由王朝授权并行使的"政府权力",参见鲁西奇:《汉官威仪:中国古代官府的权力》,《南国学术》2022 年第 2 期。

合符釜山，而邑于涿鹿之阿。迁徙往来无常处，以师兵为营卫"。①

在《史记》叙述中，黄帝之国被描述为拥有相对稳定疆域（东至于海，西至于空桐，南至于江，北邻荤粥）、作为政治中心的都邑（在涿鹿之阿），领有万民（当是黄帝直接控制的部落民）和诸侯（应是黄帝间接控制的部族），并统有师兵以为营卫。显然，疆土、都邑、万民与诸侯、师兵，是古代国家核心要素。《史记》说黄帝与正妃嫘祖生青阳、昌意二子，"其后皆有天下"，意味着皆领有土地、人民以及师兵和诸侯。如昌意之子高阳（帝颛顼）时，"北至于幽陵，南至于交阯，西至于流沙，东至于蟠木"，"日月所照，莫不砥属"，帝喾（高辛，帝颛顼之侄）"溉执中而遍天下，日月所照，风雨所至，莫不从服"，② 均以"天下"为王之所"有"。

但"有天下"并不意味着可以"私天下"。尧知子丹朱不肖，不足以授天下，"终不以天下之病而利一人"，于是"授舜以天下"。"禅让"传说，反映出上古君主对于土地、人民的"领有"并不稳固、完全。禹崩，以天下授益，然益佐禹之日浅，"天下未洽。故诸侯皆去益而朝启，曰：'吾君帝禹之子也。'于是启遂即天子之位"。益虽得禹授以天下，天下却"未洽"。启以禹子身份，得诸侯拥戴而即天子位，即所谓"天下归心"。启立，有扈氏不服，启灭有扈氏，方"天下咸朝"。③凡此，均说明夏还不是以天下为私的王朝。

殷商对于"天下"的领有，则可较稳定地传之后世。《诗·商颂·玄鸟》描述殷商兴起：

> 天命玄鸟，降而生商，宅殷土芒芒。古帝命武汤，正域彼四方。方命厥后，奄有九有。商之先后，受命不殆，在武丁孙子。
>
> 武丁孙子，武王靡不胜。龙旂十乘，大糦是承。邦畿千里，维民所止，肇域彼四海。四海来假，来假祁祁。景员维河，殷受命咸宜，百禄是何。④

---

① 《史记》卷 1《五帝本纪》，第 4—7 页。
② 《史记》卷 1《五帝本纪》，第 12—16 页。
③ 《史记》卷 1《五帝本纪》，第 36 页；卷 2《夏本纪》，第 103—104 页。
④ 王先谦：《诗三家义集疏》卷 28《商颂·玄鸟》，北京：中华书局，1987 年，第 1103—1106 页。

天命成汤领有四方，正其疆域，又命其后也全部领有九有（即九州、九域）。商的先君（先后）也受天命而行之不息。武丁之子孙于天下无所不胜服，诸侯建龙旗十乘、奉承黍稷而进之。王畿千里之内，其民居安，乃后兆域、正天下经界。天下既蒙商王之政令，皆得其所，而来朝觐献，至者众多。

周既克商，领有天下土地人民，宣称周天子可以世代拥有天下土地人民，"私天下"观念以及建基于其上的分封制成为周立国根本。《诗·小雅·北山》曰："溥天之下，莫非王土；率土之滨，莫非王臣。"其所宣示的正是"王"对土地与人民的领有权。《诗·周颂·天作》是周人祀先王先公所歌："天作高山，大王荒之。彼作矣，文王康之。彼徂矣，岐有夷之行。子孙保之。"①此是祝愿周人子孙，得永保大王、文王所开辟之疆土。《尚书·梓材》说："皇天既付中国民，越厥疆土于先王，肆王惟德用和怿先后迷民，用怿先王受命"；"欲至于万年，惟王子子孙孙永保民"。② 意为皇天将疆土人民交付给周的先王，今王要用恩德和服民众，以将先王所受大命维持下去，方得永保疆土和人民。

秦始皇既并天下，天下土地人民尽为其所领有。秦始皇二十八年琅邪刻石云："六合之内，皇帝之土。西涉流沙，南尽北户。东有东海，北过大夏。人迹所至，无不臣者。"③ 是以天下土地人民，均为皇帝所领有，且将之视为可传之二世、三世乃至万世的"家业"。贾谊说："天下已定，始皇之心，自以为关中之固，金城千里，子孙帝王万世之业也。"秦二世"贵为天子，富有四海"，所有"四海"，正是始皇帝所传"家业"。④

刘邦败项羽、得天下，以天下为己有。高祖五年（前202）五月，置酒洛阳南宫，问列侯诸将，"吾所以有天下者何？项氏之所以失天下者何"，是以"天下"为物，可以任由刘、项争夺。九年，未央宫成。高祖大朝诸侯群臣，置酒未

① 王先谦：《诗三家义集疏》卷18《小雅·北山》，第739页；卷24《周颂·天作》，第1006—1008页。
② 孙星衍：《尚书今古文注疏》卷17《周书·梓材》，北京：中华书局，1986年，第389页。
③ 《史记》卷6《秦始皇本纪》，第315页。
④ 贾谊撰，阎振益、钟夏校注：《新书校注》卷1《过秦》，北京：中华书局，2000年，第1—2、15页。

央前殿。高祖奉玉卮，起为太上皇寿曰，"始大人常以臣无赖，不能治产业，不如仲力。今某之业所就孰与仲多"，则以天下为产业。① 高祖六年五月丙午，刘邦在尊父为太上皇的诏书中说：

> 人之至亲，莫亲于父子，故父有天下传归于子，子有天下尊归于父，此人道之极也。前日天下大乱，兵革并起，万民苦殃，朕亲被坚执锐，自帅士卒，犯危难，平暴乱，立诸侯，偃兵息民，天下大安，此皆太公之教训也。②

"父有天下传归于子，子有天下尊归于父"，被认为是"人道之极"，视为理所当然。景帝时，窦婴说"天下者，高祖天下，父子相传，此汉之约也"。③ 哀帝要将帝位传给董贤，闳进曰："天下乃高皇帝天下，非陛下之有也。陛下承宗庙，当传子孙于亡穷。统业至重，天子亡戏言！"④ 秦汉以后历代王朝，均将其所攫取的"天下"视为可传之后世子孙的家业，和秦始皇一样，希望"传之无穷"。"私天下"以及建基于其上的君主世袭制成为历代王朝建立国家的根基。

君主对其所统治的土地、人民的"有"，并非现代意义上的"所有"。它主要表现为一种最高主权，是君主及其王朝对于其控制和可能控制的土地与人民具有最终处置权。不仅如此，在不同时期，君主及其王朝对于土地与人民的"有"，内涵与意义也有很大不同。

《尚书·禹贡》谓禹既定九州，"成赋中邦，锡土、姓"。⑤ 中邦，《史记·夏本纪》作"中国"，⑥ 即五服制中的"甸服"。根据五服制设想，中邦（中国，甸服）要对"王"纳赋服役，是王朝直接控制之区，即"天子之国"；侯服由王赐给土地、姓氏，得为采、男及诸侯，是天子委托诸侯控制的地区；绥服奉

---

① 《史记》卷 8《高祖本纪》，第 479、486 页。
② 《汉书》卷 1 下《高帝纪下》，北京：中华书局，1962 年，第 62 页。
③ 《史记》卷 107《魏其武安侯列传》，第 3435 页。
④ 《汉书》卷 93《佞幸传》，第 3738 页。
⑤ 胡渭：《禹贡锥指》，邹逸麟整理，上海：上海古籍出版社，1996 年，第 656—664 页。
⑥ 《史记》卷 2《夏本纪》，第 93 页。

行天子的文教，拱卫天子的国家，可以看作王朝的藩属；要服与荒服则是夷、蛮之区，基本处于"自治"状态。所以，虽然"东渐于海，西被于流沙，朔、南暨，声教讫于四海"，均属"王有"，但"有"的含义及其方式都是分层次的。①

《汉书·地理志》说秦"并兼四海"、"分天下为郡县"，是以秦直接控制的郡县为"天下"；所谓秦"有天下"之"天下"，主要是指其所控制郡县之区。《汉书·地理志》接着说："汉兴，因秦制度，崇恩德，行简易，以抚海内。至武帝攘却胡、越，开地斥境，南置交阯，北置朔方之州，兼徐、梁、幽、并夏、周之制，改雍曰凉，改梁曰益，凡十三部置刺史。"② 其后叙则称：

> 本秦京师为内史，分天下作三十六郡。汉兴，以其郡太大，稍复开置，又立诸侯王国。武帝开广三边。故自高祖增二十六，文、景各六，武帝二十八，昭帝一，讫于孝平，凡郡国一百三，县邑千三百一十四，道三十二，侯国二百四十一。地东西九千三百二里，南北万三千三百六十八里。提封田一万万四千五百一十三万六千四百五顷，其一万万二百五十二万八千八百八十九顷，邑居道路，山川林泽，群不可垦，其三千二百二十九万九百四十七顷，可垦不可垦，定垦田八百二十七万五百三十六顷。民户千二百二十三万三千六十二，口五千九百五十九万四千九百七十八。汉极盛矣。③

三十六郡和一百三郡国，分别是秦、汉直接领有的"天下"、"海内"。这一范围内的土地、田亩、邑居道路、山川林泽以及民户、人口都在秦汉王朝的直接控制之下。这是秦汉王朝"有天下"的第一个层次，我们将之概括为"所有"，意为王朝拥有对其实际控制疆域内土地人民的直接控制权。

《汉书·西域传》总述西域范围及其与汉朝关系："西域以孝武时始通，本三十六国，其后稍分至五十余，皆在匈奴之西，乌孙之南。南北有大山，中央有河，东西六千余里，南北千余里。东则接汉，陀以玉门、阳关，西则限以

---

① 胡渭：《禹贡锥指》，第659—700页。
② 《汉书》卷28上《地理志上》，第1542—1543页。
③ 《汉书》卷28下《地理志下》，第1639—1640页。

葱岭。其南山，东出金城，与汉南山属焉。"文称西域诸国"东则接汉"，其南山"与汉南山属"，则本不属汉。其下文谓"秦始皇攘却戎狄，筑长城，界中国，然西不过临洮"；"汉兴至于孝武，事征四夷，广威德，而张骞始开西域之迹"。

后来，汉朝击破匈奴右地，降浑邪、休屠王，置河西四郡；李广利伐大宛，"西域震惧，多遣使来贡献"，"于是自敦煌西至盐泽，往往起亭，而轮台、渠犁皆有田卒数百人，置使者校尉领护，以给使外国者"。宣帝时，先是"遣卫司马使护鄯善以西数国"（南道），后并护北道，遂得称为都护，治乌垒城，"于西域为中"。西域都护节制屯田校尉，主管西域屯田；"督察乌孙、康居诸外国动静，有变以闻。可安辑，安辑之；可击，击之"。至汉元帝时，"复置戊己校尉，屯田车师前王庭"。所以"自宣、元后，单于称藩臣，西域服从，其土地山川王侯户数道里远近翔实矣"。①

西域"服从"之后，婼羌、鄯善、且末诸国的君主接受汉朝封拜，向汉廷质子、贡献，申报土地、户口、兵力，接受西域都护的征调。汉朝则在西域置官立衙，驻兵屯田戍守，并干预诸国王位继承、政治向背等，汉朝遂得"有西域"。这是汉朝"有天下"第二个层次，是在军事占领与威慑之下的间接控制，我们称之为"占有"。

上引《汉书·西域传》说宣元以后，匈奴"单于称藩臣"。王朝对"藩属"领有是"有天下"第三个层次，具体表现为王朝受其称臣纳贡、拥有承认或否定王位继承的权力，并给予不同程度上的保护或支持，我们将之概括为"名有"，意为名义上领有。

秦汉之际，赵佗自立于南越。高祖十一年，遣陆贾立佗为南越王，"与剖符通使，和集百越，毋为南边患害"。南越既向汉称臣，受汉封，奉汉约，实际成为汉朝藩属。文帝时，陆贾再使南越，责让赵佗自立为帝，佗"乃顿首谢，愿长为藩臣，奉贡职"；"然南越其居国，窃如故号名，其使天子，称王朝命如诸侯"。② 南越虽向汉王朝称臣纳贡，而其内部统治则一仍其旧。

---

① 《汉书》卷 96 上《西域传上》，第 3871—3874 页。
② 《史记》卷 113《南越列传》，第 3594、3596—3597 页。

甘露二年（前52），匈奴呼韩邪单于款塞五原，愿奉国珍入朝，朝议以"圣王之制，施德行礼，先京师而后诸夏，先诸夏而后夷狄"，而"单于非正朔所加，王者所客也"，故汉朝"以客礼待之，位在诸侯王上"。① 所以对中国古代王朝来说，藩属实际是"客"，并非直接控制对象；王朝对藩属"领有"，主要是名义、礼仪上的。

需要说明的是，所谓王朝"有天下"，并不意味着对天下全部土地、人民的领有。实际自上古以来，君主所"有"之"天下"，都只是"天下"一部分，并非全部天下（即其当时所知的全部世界）。《汉书·西域传》说罽宾国治循鲜城，"去长安万二千二百里。不属都护。户口胜兵多，大国也"。又说："自武帝始通罽宾，自以绝远，汉兵不能至，其王乌头劳数剽杀汉使。"② 罽宾以及乌弋山离、安息、大月氏、康居、大宛诸国，当然均处于"天下"，但"不属都护"，非为汉天子所有，故汉人称为"外国"。

《史记·匈奴列传》说秦汉之际，冒顿为单于，"匈奴最强大，尽服从北夷，而南与中国为敌国"。汉文帝后二年（前162），文帝在致匈奴单于书中引"先帝制"曰："长城以北引弓之国，受命单于；长城以内冠带之室，朕亦制之。"又说"汉与匈奴邻敌之国"，"二国已和亲，两主欢说，寝兵休卒养马，世世昌乐，阗然更始"；"今天下大安，万民熙熙，朕与单于为之父母"。③ 明确承认天下有二主，汉天子与匈奴单于各为中国、匈奴万民父母。显然，汉天子（皇帝）"有天下"，但"天下"包括"外国"或"敌国"，所以天下并非皆为汉天子领有，汉天子只能"有"其一部分。

因此，中国古代王朝所谓"有天下"（对于"天下"的领有），既是不全面的（只是领有部分"天下"，并非全部"天下"），又是分层次的（直接控制的"所有"、间接控制的"占有"，以及仅仅在名义上拥有处置权的"名有"）。在这个意义上，中国古代王朝及其国家对所谓"天下"的领有权，是从其统治中心到边缘，依次递减，以至于无的。中国古代王朝并不领有全部天下。论者或以"溥天之下，莫非王土；率土之滨，莫非王臣"，论证中国古代王朝及其国家拥有对

① 《汉书》卷8《宣帝纪》，第270页。
② 《汉书》卷96上《西域传上》，第3884—3885页。
③ 《史记》卷110《匈奴列传》，第3495、3508页。

天下全部土地、人民的领有权，并据此将中国古代王朝国家界定为所谓"天下国家"，乃是误以其所说的"天下"为全部天下所致。

在中国古代王朝对"天下"土地人民的三种领有中，"名有"只是名义上领有，王朝及其国家并不能直接支配土地、人民，只是通过对称臣纳贡的藩属册封赐予仪式，表示其对于藩属土地、人民的领有权；"占有"是在军事占领威慑或政治联合之下，对其控制疆域内土地人民的间接支配方式，王朝及其国家主要通过"委托统治"方式，将这些土地人民"委托"给当地君王酋长进行统治，通过当地君王酋长征发部分赋役，并不直接管理这些土地、人民；只有对其"所有"的土地、人民，才能够加以直接控制与全面支配。

王朝及其国家对其"所有"土地、人民的控制与支配，具体表现在土地制度、户籍制度以及赋役制度等方面。《汉书·食货志》说：

> 圣王域民，筑城郭以居之，制庐井以均之，开市肆以通之，设庠序以教之。士农工商，四民有业。学以居位曰士，辟土殖谷曰农，作巧成器曰工，通财鬻货曰商。圣王量能授事，四民陈力受职，故朝亡废官，邑亡敖民，地亡旷土。①

王朝国家在直接统治的地域上筑城郭、制庐井、开市肆、设庠序，以实际控制其统治地域；将直接统治的民众划分为士、农、工、商四民，使各从其业、务尽其能，并向国家纳赋应役，从而有效控制民众，即所谓"制土处民"。《汉书·食货志》所述"先王制土处民富而教之之大略"，主要有三个方面。

一是将土地与民众结合在一起，使地有民垦、民有田种。《汉书·食货志》说：

> 理民之道，地著为本。故必建步立亩，正其经界。六尺为步，步百为亩，亩百为夫，夫三为屋，屋三为井，井方一里，是为九夫。八家共之，各受私田百亩，公田十亩，是为八百八十亩，余二十亩以为庐舍。出入相友，

---

① 《汉书》卷24上《食货志上》，第1117—1118页。

守望相助，疾病相救，民是以和睦，而教化齐同，力役生产可得而平也。①

王朝及其国家既领有土地人民，有土有民，就必须使土地与民众相结合，使地有民可垦，民有田可种。《通典·食货》"田制"序云：

> 谷者，人之司命也；地者，谷之所生也；人者，君之所治也。有其谷则国用备，辨其地则人食足，察其人则徭役均。知此三者，谓之治政。夫地载而不弃也，一著而不迁也，安固而不动，则莫不生殖。圣人因之设井邑，列比闾，使察黎民之数，赋役之制，昭然可见也。②

因此历代王朝对田制均甚为关注。因为田地不仅为赋税所出、国用所赖，还是人民生计之依，无田则离土，离土则成为游民，人民游离则逸出于王朝国家控制体系之外；而田地若无人耕垦，则荒废无收，国家赋役无所出，国力遂衰败。北魏太和中，李安世上书说：

> 臣闻量地画野，经国大式；邑地相参，致治之本。井税之兴，其来日久；田莱之数，制之以限。盖欲使土不旷功，民罔游力。雄擅之家，不独膏腴之美；单陋之夫，亦有顷亩之分。所以恤彼贫微，抑兹贪欲，同富约之不均，一齐民于编户。③

这是历代王朝田制的基本原则：第一，国家需要尽可能掌握全国土地的支配权，唯有如此，才能"量地画野"，在需要时使用国家权力分配土地，或调整对土地的使用与占有，使乡村民户"著于"土地之上。第二，限制臣民占有田地数量，即"限田"。限田目的，不仅在于"使土不旷功，民罔游力"，还使"雄擅之家，不独膏腴之美；单陋之夫，亦有顷亩之分"。第三，要尽可能"恤彼贫微，抑兹贪欲"，即照顾和救济贫穷卑微民户，抑制豪强。在王朝国家的

---

① 《汉书》卷24上《食货志上》，第1119页。
② 《通典》卷1《食货一》，北京：中华书局，1988年，第3页。
③ 《魏书》卷53《李孝伯传附子安世传》，北京：中华书局，2017年，第1290页。

立场上，对贫、富要一视同仁，至少在法律层面，要把各种民户作为"编户齐民"一同对待。

对于李安世所议，《魏书·李安世传》称："高祖深纳之，后均田之制起于此矣。"汉唐时期，王朝国家以不同形式实行名田制、占田制、均田制、限田制，出发点也就在这里；宋代以后，王朝国家基本不再使用直接支配土地的权力，主要维持对官有土地的控制权，遂无力大规模调整土地的占有与使用权，只能在较小范围内支配官田、山林湖泽等土地资源，并采用诸种行政与经济手段，限制大地产发展。

二是编排户籍，将民众纳入王朝国家的户口控制系统，控制人身。国家大规模地编排民户，列入籍帐，给予并确定民众身份，应当始于战国时期。[①] 户籍编排、登记与管理，与集权制国家的军事、治安、赋役制度联系在一起，反映出国家对民众控制得到全面加强，从而为中央集权奠定了基础。

严格的户籍制度，是王朝国家最重要的标志之一，也是其得以建立、维系的基础。正是通过户籍制度，王朝国家才得以控制民众居住、移动、财产乃至婚姻与家庭，在不同程度上掌握土地、山林等基本经济资源，从民众手中掠夺各种经济利益，征发民众的劳动力资源保障国家安全、扩张军事力量，以及维系王朝国家普遍存在的大规模国家公共工程的建设和维护，甚至通过户籍制度，推行教化，宣扬王朝国家最为需要的、以忠孝为核心的社会伦理观念，从而达到对民众在政治身份、经济地位、社会角色、文化认同等方面全方位控制。

战国以降，历代王朝都非常重视户籍制度的建立和实施，认为关乎王朝国家命运。王朝国家掌握的户口繁盛，则王朝兴盛、繁荣，臻于"盛世"；王朝国家掌握户口减耗，意味着王朝国家走向衰退，乃至衰亡。《通典·食货》于"历代盛衰户口"下论曰：

---

① 池田温：《中国古代籍帐研究》，龚泽铣译，北京：中华书局，2007 年，第 22—41 页；杜正胜：《编户齐民：传统政治社会结构之形成》，台北：联经出版事业股份有限公司，2014 年，第 1—48 页；刘敏：《秦汉编户民问题研究——以与吏民、爵制、皇权关系为重点》，北京：中华书局，2014 年，第 33—50 页；张荣强：《从户版到纸籍：战国至唐代户籍制度考论》，北京：科学出版社，2023 年，第 416—422 页。

古之为理也，在于周知人数，乃均其事役，则庶功以兴，国富家足，教从化被，风齐俗和。夫然，故灾沴不生，悖乱不起……及理道乖方，版图脱漏，人如鸟兽，飞走莫制。家以之乏，国以之贫，奸宄（宄）渐兴，倾覆不悟。①

正是在这个意义上，户籍制度是王朝国家的基石，具有重要的基础性作用。

三是征发赋役，从土地、人民处获取物力、人力资源，以维持王朝国家的各种支出。王朝国家既直接"领有"土地、人民，遂直接控制各种土地资源，将之以不同形式交付给人民垦殖，并得向人民征收赋税，征发徭役。《汉书·食货志》说：

有赋有税。税谓公田什一及工商衡虞之入也。赋共车马甲兵士徒之役，充实府库赐予之用。税给郊社宗庙百神之祀，天子奉养百官禄食庶事之费。

颜师古曰："赋，谓计口发财。税，谓收其田入也。什一，谓十取一也。工、商、衡、虞虽不垦殖，亦取其税者，工有技巧之作，商有行贩之利，衡、虞取山泽之材产也。"② 王朝国家"有"其民，故计口征税（口赋、算赋，即户口税）；王朝国家"有"其田，故按亩收租（田税）。户口税与田租遂成为编户齐民对王朝国家的基本义务。工、商、衡、虞的生计资源，亦均取之于王朝国家，当然也须纳税（大致相当于资产税）。

编户齐民既属于王朝国家所领有，就要为国家服役。根据睡虎地秦简《徭律》、岳麓书院藏秦简《秦律令》相关规定，秦时黔首应服之役，主要包括"御中发征"与"给邑中事"两大类。役种则包括兵役、"传送委输"之役（运役）和"补缮邑院、除田道桥、穿波（陂）池、渐（堑）奴苑"等工役。③《汉官

---

① 《通典》卷7《食货七》，第158页。
② 《汉书》卷24上《食货志上》，第1120页。
③ 睡虎地秦墓竹简整理小组编：《睡虎地秦墓竹简》，北京：文物出版社，1990年，第47—48页；陈松长主编：《岳麓书院藏秦简（肆）》，上海：上海辞书出版社，2015年，第116—120、149—153页。

仪》曰：

> 民年二十三为正，一岁以为卫士，一岁为材官骑士，习射御骑驰战阵。八月，太守、都尉、令、长、相、丞、尉会都试，课殿最。水家为楼船，亦习战射行船……材官、楼船年五十六老衰，乃得免为民就田。①

这是汉代兵役的一般规定。董仲舒论及武帝时赋役之重："又加月为更卒，已，复为正一岁，屯戍一岁，力役三十倍于古。田租口赋，盐铁之利，二十倍于古。"颜师古注："更卒，谓给郡县一月而更者也。正卒，谓给中都官者也。率计今人一岁之中，屯戍及力役之事三十倍多于古也。"②董仲舒所说"力役"，既包括屯戍、卫士或郡国兵等兵役，也包括在郡县当差从役的差役、劳役。

田租、户口税、资产税及兵役、劳役是历代王朝根据其对于土地、人民的领有权而向人民征发主要赋役。《通典·食货》将赋税分为三种，一是田税（租），即田亩税；二是家税（即户调），本是各家户皆当负担的"出士徒车辇给徭役"，不过代之以征收布绢；三是庸，本出于编户齐民应当承担的郡县征发的力役，"既免其役，日收庸绢三尺，共当六丈"。③虽然征收了代替徭役的调与庸，但役并未能免除。

《晋书·食货志》载晋制"男女年十六已上至六十为正丁，十五已下至十三、六十一已上至六十五为次丁，十二已下六十六已上为老小，不事"。④《隋书·食货志》述东晋制度："其男丁，每岁役不过二十日。又率十八人出一运丁役之。"⑤《通典·食货》记北周置司役掌力役之政令，"凡人自十八至五十九，皆任于役。丰年不过三旬，中年则二旬，下年则一旬。起徒役，无过家一人"，后来定制为十二丁兵。隋初依周制，"役丁为十二番，匠则六番"；后减为每岁二十

---

① 《后汉书》志 28《百官志五》，第 3624 页。
② 《汉书》卷 24 上《食货志上》，第 1137—1138 页。
③ 《通典》卷 4《食货四》，第 69 页。
④ 《晋书》卷 26《食货志》，北京：中华书局，1974 年，第 790 页。
⑤ 《隋书》卷 24《食货志》，北京：中华书局，2019 年，第 748—749 页。

日役。① 凡此，皆为制度规定的役，民户实际负担的徭役则要重得多。

总之，向编户齐民征发赋役，是王朝及其国家对其土地、人民"领有权"的具体表现。征发怎样的赋役、如何征发赋役，具体表现出王朝国家对不同地区、人民"领有"的层次差别。《通典·食货》引唐高祖武德二年（619）制书规定："每一丁租二石。若岭南诸州则税米：上户一石二斗，次户八斗，下户六斗；若夷獠之户，皆从半输。蕃人内附者，上户丁税钱十文，次户五文，下户免之；附经二年者，上户丁输羊二口，次户一口，下户三户共一口。"② 岭南诸州、夷獠之户、内附蕃人，当然皆为唐朝所"有"，但其对于国家的义务不同，正反映出王朝及其国家对他们"有"的层次与含义各有不同。

## 二、顺天吊民：代表"天意"与"民心"

《史记·五帝本纪》说帝喾"顺天之义，知民之急。仁而威，惠而信，修身而天下服。取地之财而节用之，抚教万民而利诲之，历日月而迎送之，明鬼神而敬事之"。③ 君主处于天义、鬼神与万民之间，需要顺天义、敬鬼神、利万民，方为天下所服。《皋陶谟》说："天聪明，自我民聪明；天明畏，自我民明威。"盖言天所善恶，与民相同。故有德之君，当"达于上下"，方得"敬哉有土"。有土之君处于天、民之间，需"达于上下"。④ 故君主处身天、民之间，顺应天意，为民谋利，是天命与民意的中介。

但"天命难言，非圣人莫能见"，⑤ 故殷周易代，虽称顺天吊民，而以吊民为主。商汤兴师伐桀，自称是为了"有众"。《汤誓》称："有夏多罪，天命殛之。今尔有众，汝曰：'我后不恤我众，舍我穑事而割正夏。'予惟闻汝众言，夏氏有罪。予畏上帝，不敢不正。"⑥ 其所说的"有众"，既包括夏氏所统的诸侯，又包括其所领有的民众。

---

① 《通典》卷5《食货五》，第96页。
② 《通典》卷6《食货六》，第106页。
③ 《史记》卷1《五帝本纪》，第16页。
④ 孙星衍：《尚书今古文注疏》卷2《虞夏书·皋陶谟》，第87页。
⑤ 《史记》卷13《三代世表》，第641页。
⑥ 孙星衍：《尚书今古文注疏》卷5《商书·汤誓》，第216—217页。

商汤既黜夏命，作《汤诰》，告诸侯群后："毋不有功于民，勤力乃事。予乃大罚殛女，毋予怨。"又说："古禹、皋陶久劳于外，其有功乎民，民乃有安。东为江，北为济，西为河，南为淮，四渎已修，万民乃有居。后稷降播，农殖百谷。三公咸有功于民，故后有立。昔蚩尤与其大夫作乱百姓，帝乃弗予，有状。先王言不可不勉。"商汤说禹、皋陶、后稷等有功于民，方得立为王；自己能成为王，也是因为吊民伐罪，是代表民众、奉上帝之命，讨伐有罪的夏氏。武王伐纣，说商纣"暴虐于百姓"、"奸轨于商国"、"昏暴商邑百姓"，申明自己不仅代表"西土之人"，亦代表殷商百姓。故所谓"膺受大命"、"受天明命"，实乃顺应民心。①

君主既顺天吊民，遂得代表全体民众，得为"民之父母"。箕子为周武王述《洪范》九畴，其第五畴曰"皇极"，谓君主应居于"中"，守"中"之道，"敛时五福，用敷锡厥庶民"，庶民亦以君主取中正之道而得归心于君主。君主应无偏无陂，无有作好，无有作恶，无偏无党，无反无侧，持道正直，"天子作民父母，以为天下王"。② 君主应当代表全体民众的利益与意志，不偏向任何利益集团。《诗·大雅·泂酌》是召康公戒成王之诗，其中说"岂弟君子"，当为"民之父母"，方得"民之攸归"、"民之攸墍"。③《礼记·孔子闲居》记孔子答子夏"何如斯可谓民之父母矣"之问曰：

> 夫民之父母乎！必达于礼乐之原，以致五至，而行三无，以横于天下。四方有败，必先知之。此之谓民之父母矣。

孙希旦说："盖圣人之于天下，明于其利，达于其患，所以维持而安全之者，无所不用其极，使四海之内，无一物不得其所，故可以为民之父母。"④ 既要明了天地本原，尽知四海万物，又要全心全意维护民众福祉，推其所有、与民共之，方能称为"民之父母"。《汉书·刑法志》曰：

---

① 《史记》卷 3《殷本纪》，第 126 页；卷 4《周本纪》，第 158、162 页。
② 孙星衍：《尚书今古文注疏》卷 12《周书·洪范下》，第 303—306 页。
③ 王先谦：《诗三家义集疏》卷 22《大雅·泂酌》，第 903—905 页。
④ 孙希旦：《礼记集解》卷 49《孔子闲居》，北京：中华书局，1989 年，第 1274—1275 页。

不仁爱则不能群，不能群则不胜物，不胜物则养不足。群而不足，争心将作，上圣卓然先行敬让博爱之德者，众心说而从之。从之成群，是为君矣；归而往之，是为王矣。《洪范》曰："天子作民父母，为天下王。"圣人取类以正名，而谓君为父母，明仁爱德让，王道之本也。爱待敬而不败，德须威而久立，故制礼以崇敬，作刑以明威也。圣人既躬明哲之性，必通天地之心，制礼作教，立法设刑，动缘民情，而则天象地。故曰先王立礼，"则天之明，因地之性"也。①

爱人如己则可团聚人群，卓然先行则可得众人归心，众人往归则可以为君主。故作为君主，要如同父母爱护、养育子女那样保护、养育人民，遵从天地自然法则，结合人情物理，制定礼教法律，以维护社会秩序。先王立礼，则天之明，因地之性，顺民之情，故改朝换代，制礼作教，无不是上敬天命，下从民意。君主于天为子，于民为父母，代天吊民，敬天护民，遂成为"王道之本"。

因此，民心遂成为君主得天命的具体表现，所谓"得民心者得天下"、"得民者昌，失民者亡"。《孟子·离娄》谓："桀纣之失天下也，失其民也；失其民者，失其心也。得天下有道，得其民，斯得天下矣。得其民有道，得其心，斯得民矣。"② 贾谊论秦之所以亡六国、一天下："秦灭周祀，并海内，兼诸侯，南面称帝，以四海养。天下之士，斐然向风。"其所以如此，是因为"近古而无王者久矣。周室卑微，五霸既灭，令不行于天下，是以诸侯力正，强凌弱，众暴寡，兵革不休，士民罢弊"。而"秦南面而王天下，是上有天子也。即元元之民冀得安其性命，莫不虚心而仰上"，所以失天下，则在于失德虐民，"百姓怨而海内叛"、"本末并失，故不能长"。③

刘邦自称"以布衣提三尺剑取天下"，乃出自天命；陆贾说："五年之间，海内平定，此非人力，天之所建也。"褚少孙则认为，布衣匹夫不能"无故而起王

---

① 《汉书》卷 23《刑法志》，第 1079 页。
② 焦循：《孟子正义》卷 15《离娄上》，北京：中华书局，1987 年，第 503 页。
③ 贾谊撰，阎振益、钟夏校注：《新书校注》卷 1《过秦》，第 13—14、16—17 页。

天下"，其得天下"有天命然"。① 可是，后来周勃、陈平等大臣平定诸吕，迎代王刘恒入继大统。代国中尉宋昌说：

> 夫秦失其政，诸侯豪杰并起，人人自以为得之者以万数，然卒践天子之位者刘氏也，天下绝望，一矣。高帝封王子弟，地犬牙相制，此所谓盘石之宗也，天下服其强，二矣。汉兴，除秦苛政，约法令，施德惠，人人自安，难动摇，三矣。②

这才是切实之言。刘邦得天下，既为时势之当然，又是征战得胜、举措合宜、广施恩德的结果。民无他望、服其强、心自安，此即所谓"民意"。天意民心，纠合一处。天意即民心，民心亦即天意。文帝二年（前178）十一月、十二月，日食，文帝诏曰：

> 朕闻之：天生蒸民，为之置君以养治之。人主不德，布政不均，则天示之以灾，以诫不治。乃十一月晦，日有食之，适见于天，灾孰大焉！朕获保宗庙，以微眇之身托于兆民君王之上，天下治乱，在朕一人，唯二三执政犹吾股肱也。朕下不能理育群生，上以累三光之明，其不德大矣！③

"朕获保宗庙……在朕一人"，说明文帝自认为是天下、兆民代表，需要下理群生、上副三光之明，亦即处于上天与兆民之间。

正因为此，历代帝王，无论得天下之手段如何，也无论治世之善恶若何，均称奉天承运、万民归心、为民父母。建武元年六月，刘秀于鄗南即皇帝位，"燔燎告天，禋于六宗，望于群神"。其祝文曰：

> 皇天上帝，后土神祇，眷顾降命，属秀黎元，为人父母，秀不敢当。群

---

① 《史记》卷8《高祖本纪》，第491页；卷97《陆贾列传》，第3268页；卷13《三代世表》，第641—642页。
② 《史记》卷10《孝文本纪》，第525—526页。
③ 《史记》卷10《孝文本纪》，第535页。

下百辟，不谋同辞，咸曰："王莽篡位，秀发愤兴兵，破王寻、王邑于昆阳，诛王郎、铜马于河北，平定天下，海内蒙恩，上当天地之心，下为元元所归。"谶记曰："刘秀发兵捕不道，卯金修德为天子。"秀犹固辞，至于再，至于三。群下佥曰："皇天大命，不可稽留。"敢不敬承。①

诏书说皇天上帝和后土神祇降下天命，将黎元百姓交给刘秀，让他做天下民众的父母；刘秀既受天地眷顾，又为元元百姓所归心，天命不可违，故即位为君。

至汉献帝禅位于魏，则称："天命不于常，惟归有德。汉道陵迟，世失其序，降及朕躬，大乱兹昏，群凶肆逆，宇内颠覆。"幸赖魏武王（曹操）"拯兹难于四方，惟清区夏，以保绥我宗庙"。今"天之历数在尔躬，允执其中，天禄永终；君其祗顺大礼，飨兹万国，以肃承天命"。裴松之注引袁宏《汉纪》载献帝禅位诏书曰："朕在位三十有二载，遭天下荡覆，幸赖祖宗之灵，危而复存。然仰瞻天文，俯察民心，炎精之数既终，行运在乎曹氏。"②都是说汉运已终，天命民心尽在曹氏，曹氏当兴。

天命终难言，须有异象显之方得见；民心非易察，须有士人言之方得达。故王朝顺天吊民，君主上蒙天眷，下得民心，均须通过诸种方式才能体现。顺天吊民既为王朝正当性根源，就必须将之展现于天、民，以将天命、民心表达出来，进而获得天、民授权与拥护。中国古代王朝展示顺天命、得民心，主要有三种途径。

一是建历数，立正统。太史公说："王者易姓受命，必慎始初，改正朔，易服色，推本天元，顺承厥意。"黄帝"考定星历，建立五行，起消息，正闰余"，置五官，"各司其序，不相乱也。民是以能有信，神是以能有明德。民神异业，敬而不渎，故神降之嘉生，民以物享，灾祸不生，所求不匮"。③这是说王者易姓而兴，必须溯本求源，推求天之元气行运所在，考索星象变化之迹，明白五行演化兴衰规律，然后据之以改正朔、易服色、置五官，而民、神各安其位，从而建立起稳定的统治秩序。

---

① 《后汉书》卷1上《光武帝纪上》，第22页。
② 《三国志》卷2《魏书·文帝纪》，北京：中华书局，1959年，第62页。
③ 《史记》卷26《历书》，第1500—1501页。

《汉书·律历志》说尧命羲、和，"钦若昊天，历象日月星辰，敬授民时"。后来尧以历授舜："咨尔舜，天之历数在尔躬。"舜亦以命禹。"故自殷周，皆创业改制，咸正历纪，服色从之，顺其时气，以应天道。"这是因为历数代表天道及其运行法则，受历数，改正朔，意味着获得了天命授权。汉武帝时，御史大夫兒宽说："帝王必改正朔，易服色，所以明受命于天也。"① 若历数失序，则意味国运衰退。"天下有道，则不失纪序；无道，则正朔不行于诸侯。"正朔历数关乎王朝国运。"幽、厉之后，周室微，陪臣执政，史不记时，君不告朔，故畴人子弟分散，或在诸夏，或在夷狄，是以其机祥废而不统。"② 史不记时、君不告朔，则王纲解纽、礼崩乐坏。

历数与德运联系在一起。《史记·封禅书》说：

> 秦始皇既并天下而帝，或曰："黄帝得土德，黄龙地螾见。夏得木德，青龙止于郊，草木畅茂。殷得金德，银自山溢。周得火德，有赤乌之符。今秦变周，水德之时。昔秦文公出猎，获黑龙，此其水德之瑞。"于是秦更命河曰"德水"，以冬十月为年首，色上黑，度以六为名，音上大吕，事统上法。③

《汉书·郊祀志》称："自齐威、宣时，驺子之徒论著终始五德之运，及秦帝而齐人奏之，故始皇采用之。"④ 秦始皇利用本在齐地流行的德运说，以赢得东方诸国之人承认秦统一天下的正当性。

历数德运，关乎王朝正统性及其国运，是王朝代表天命的重要表现，故历代王朝均非常重视。《汉书·郊祀志》综述西汉时期围绕正朔、德运的讨论：

> 汉兴之初，庶事草创，唯一叔孙生略定朝廷之仪。若乃正朔、服色、郊望之事，数世犹未章焉。至于孝文，始以夏郊，而张仓据水德，公孙臣、贾

---

① 《汉书》卷 21 上《律历志上》，第 973、975 页。
② 《史记》卷 26《历书》，第 1503 页。
③ 《史记》卷 28《封禅书》，第 1643 页。
④ 《汉书》卷 25 上《郊祀志上》，第 1203 页。

谊更以为土德，卒不能明。孝武之世，文章为盛，太初改制，而兒宽、司马迁等犹从臣、谊之言，服色数度，遂顺黄德。彼以五德之传从所不胜，秦在水德，故谓汉据土而克之。刘向父子以为帝出于《震》，故包羲氏始受木德，其后以母传子，终而复始，自神农、黄帝下历唐虞三代而汉得火焉。故高祖始起，神母夜号，著赤帝之符，旗章遂赤，自得天统矣。①

推演五德运转，讨论汉当何德，既是在证明汉得天下的正当性，又是在探索实现汉朝长治久安之道。

但天命实难言。张苍为丞相十余年，善律历，"推五德之运，以为汉当水德之时，尚黑如故"。"汉家言律历者，本之张苍。"后来"鲁人公孙臣上书言汉土德时，其符有黄龙当见。诏下其议张苍，张苍以为非是，罢之。其后黄龙见成纪，于是文帝召公孙臣以为博士，草土德之历制度，更元年。张丞相由此自绌，谢病称老"。② 刘歆以汉为火德，汉氏火德销尽，当代之以土德，故王莽以新室为土德，"火德销尽，土德当代，皇天眷然，去汉与新"。③ 然不旋踵，新室亡，土德代兴云云，转眼即成笑料。德运、正统等，本质上只是王朝自我设定的意识形态话语，却成为王朝正当性的重要基石，并在王朝国家的政治实践中发挥至关重要作用。

二是观天变，测阴阳，造符瑞。日月运转，星辰棋布，天地万物，生生不息，是自然法则，亦即"天道"；日食月亏，星移辰变，天灾地裂，万物异象，则是"天变"。"天道"是"人道"的基础。上古君主，"仰则观象于天，俯则法类于地。天则有日月，地则有阴阳。天有五星，地有五行。天则有列宿，地则有州域"，④ 是根据自然法则确定社会法则与政治格局。

"天变"则是对"世变"的警示。"日变修德，月变省刑，星变结和。凡天变，过度乃占。国君强大有德者昌，弱小饰诈者亡。太上修德，其次修政，其次修救，其次修禳，正下无之。"日月星辰之变，直接关系君主德行政治及王朝命

①《汉书》卷25下《郊祀志下》，第1270—1271页。
②《史记》卷96《张丞相列传》，第3249—3250页。
③《汉书》卷99中《王莽传中》，第4112—4113页。
④《史记》卷27《天官书》，第1599页。

运、社会治乱。太史公推算古天变，以为春秋 242 年间，日蚀三十六，彗星三见。宋襄公时星陨如雨，故"天子微，诸侯力政，五伯代兴，更为主命。自是之后，众暴寡，大并小，秦、楚、吴、越，夷狄也，为强伯。田氏篡齐，三家分晋，并为战国"。① 秦始皇时，"十五年彗星四见，久者八十日，长或竟天。其后秦遂以兵灭六王，并中国，外攘四夷，死人如乱麻，因以张楚并起，三十年之间，兵相骀藉，不可胜数"。②

而秦所以兴起，也与天象有关，盖二十八舍主十二州，斗秉兼之，秦候在太白，占于狼、弧，而太白主中国，故秦得并吞三晋、燕、代。③《汉书·天文志》则直接用天象解释炎汉之兴：

> 汉元年十月，五星聚于东井，以历推之，从岁星也。此高皇帝受命之符也。故客谓张耳曰："东井秦地，汉王入秦，五星从岁星聚，当以义取天下。"秦王子婴降于枳道，汉王以属吏，宝器妇女亡所取，闭宫封门，还军次于霸上，以候诸侯。与秦民约法三章，民亡不归心者，可谓能行义矣，天之所予也。五年遂定天下，即帝位。此明岁星之崇义，东井为秦之地明效也。④

这里的论述当然是事后之明。但显示的是，王朝必须掌控天文星变的解释权，以确保对其统治正当性的论述。

阴阳五行变化不仅是天道的具体表现，也关乎政治人事。《汉书·五行志》引《易》上系之辞："天垂象，见吉凶，圣人象之；河出图，洛出书，圣人则之。"是以万物之变蕴含天道变化，预示人事吉凶，君主须加注意。《汉书·五行志》又说："昔殷道绝，文王演《周易》；周道敝，孔子述《春秋》。则《乾》《坤》之阴阳，效《洪范》之咎征，天人之道粲然著矣。"汉景武之世，董仲舒治《春秋公羊传》，"始推阴阳，为儒者宗"；宣元之后，刘向、刘歆父子治《春

---

① 《史记》卷 27《天官书》，第 1608、1601 页。
② 《史记》卷 27《天官书》，第 1606 页。
③ 《史记》卷 27《天官书》，第 1603—1604 页。
④ 《汉书》卷 26《天文志》，第 1301—1302 页。

秋》，言五行，均以阴阳五行附会人事。①

五行，即水、火、木、金、土。政治悖乱，则五行生变。君主若"田猎不宿，饮食不享，出入不节，夺民农时，及有奸谋"，则木失其性，"不曲直"。君主若"弃法律，逐功臣，杀太子，以妾为妻"，则火失其性，自上而降，"灾宗庙，烧宫馆，虽兴师众，弗能救也"。② 反过来说，五行异常，也预示政治变乱。如汉平帝元始五年（公元 5 年）七月己亥，高帝原庙殿门被火烧毁，"是时平帝幼，成帝母王太后临朝，委任王莽，将篡绝汉，堕高祖宗庙，故天象见也。其冬，平帝崩。明年，莽居摄，因以篡国，后卒夷灭"。③

草木虫鱼异变预示着祸凶。"风俗狂慢，变节易度，则为剽轻奇怪之服，故有服妖。水类动，故有龟孽。""不为威仪，貌气毁，故有鸡祸。""上失威仪，则下有强臣害君上者，故有下体生于上之痾。"故草木鱼虫异态（"貌不恭"）往往象征世道恶变。如汉昭帝元凤元年（前 80 年）九月，"燕有黄鼠衔其尾舞王宫端门中，王往视之，鼠舞如故。王使吏以酒脯祠，鼠舞不休，一日一夜死。近黄祥，时燕刺王旦谋反将死之象也。其月，发觉伏辜"。而"贤君见变，能修道以除凶；乱君亡象，天不谴告，故不可必也"。④

水灾、炀旱、地震、山崩均与政治变动关联。水灾盖由阳不闭阴、阴盛阳衰所致，故淫雨洪水象征女主专政。"高后三年夏，汉中、南郡大水，水出流四千余家。四年秋，河南大水，伊、洛流千六百余家，汝水流八百余家。八年夏，汉中、南郡水复出，流六千余家。南阳沔水流万余家。是时，女主独治，诸吕相王。"炀旱则多因炕阳动众，劳民兴役，奢侈不恤民，故大旱多意味兵革动乱。如汉文帝三年秋，"天下旱。是岁夏，匈奴右贤王寇侵上郡，诏丞相灌婴发车骑士八万五千人诣高奴，击右贤王走出塞。其秋，济北王兴居反，使大将军讨之，皆伏诛"。⑤

山崩地震源于阴阳失序，阳伏不能出，阴迫不能升，故往往预示着重大事

---

① 《汉书》卷 27 上《五行志上》，第 1315、1316—1317 页。
② 《汉书》卷 27 上《五行志上》，第 1318—1320 页。
③ 《汉书》卷 27 上《五行志上》，第 1338 页。
④ 《汉书》卷 27 上《五行志上》，第 1353、1374、1325 页。
⑤ 《汉书》卷 27 上《五行志上》，第 1346 页；卷 27 中《五行志中》，第 1391 页。

变。国必依山川，山崩川竭，国亡之征。如成帝河平三年（前 26 年）二月丙戌，"犍为柏江山崩，捐江山崩，皆雍江水，江水逆流坏城，杀十三人，地震积二十一日，百二十四动"。元延三年（前 10 年）正月丙寅，"蜀郡岷山崩，雍江，江水逆流，三日乃通。刘向以为周时岐山崩，三川竭，而幽王亡。岐山者，周所兴也。汉家本起于蜀汉，今所起之地山崩川竭，星孛又及摄提、大角，从参至辰，殆必亡矣"，其后"三世亡嗣，王莽篡位"。①

《白虎通·灾变》论灾变谴告之义："天所以有灾变何？所以谴告人君，觉悟其行，欲令悔过修德，深思虑也。《援神契》曰：'行有点缺，气逆干天，情感变出，以戒人也。'"② 天灾是上天表达不满、愤怒的方式，用以警示人君，故君主必须悔过修德，以重获上天眷顾。董仲舒说："国家将有失道之败，而天乃先出灾害以谴告之，不知自省，又出怪异以警惧之，尚不知变，而伤败乃至。"盖天心仁爱人君，欲止其乱、扶持而全安之。③

《晋书·五行志》总结上天与人事之间的关系，共有三种模式：一是"君治以道，臣辅克忠，万物咸遂其性，则和气应，休征效，国以安"，即天人和合、民休国安。二是"君违其道，小人在位，众庶失常，则乖气应，咎征效，国以亡"，即天人失常无道、政乖国亡。三是"人君大臣见灾异，退而自省，责躬修德，共御补过，则消祸而福至"，即人君惩于天诫，修身改过，则可消祸致福。④上天与人君相与相共，正说明人君即使偶有过失，亦不至于失天心。

符瑞则是灾异的对立面，是上天对君主德政的表彰。《白虎通·封禅》论符瑞之应：

> 天下太平，符瑞所以来至者，以为王者承天统理，调和阴阳，阴阳和，万物序，休气充塞，故符瑞并臻，皆应德而至。德至天，则斗极明，日月光，甘露降。德至地，则嘉禾生，蓂荚起，秬鬯出，太平感。德至文

---

① 《汉书》卷 27 下《五行志下》，第 1457 页。
② 陈立撰：《白虎通疏证》卷 6《灾变》，吴则虞点校，北京：中华书局，1994 年，第 267—268 页。
③ 《汉书》卷 56《董仲舒传》，第 2498 页。
④ 《晋书》卷 27《五行志上》，第 800 页。

表，则景星见，五纬顺轨。德至草木，则朱草生，木连理。德至鸟兽，则凤皇翔，鸾鸟舞，麒麟臻，白虎到，狐九尾，白雉降，白鹿见，白鸟下。德至山陵，则景云出，芝实茂，陵出黑丹，阜出蓂莆，山出器车，泽出神鼎。德至渊泉，则黄龙见，醴泉涌，河出龙图，洛出龟书，江出大贝，海出明珠。德至八方，则祥风至，佳气时喜，钟律调，音度施，四夷化，越裳贡。①

要表彰君主德政，就必须造作符瑞，故甘露总在需要的时候降，嘉禾也在需要的时候生。王莽要做周公，定国安汉家，塞外蛮夷献白雉，又有民八千余人皆上书言王莽功侔伊尹、德比周公；王莽想加九锡，天下吏民四十八万七千五百七十二人叩首坚请，"四海奔走，百蛮并辏"、"莫不陨涕"，皆出于至诚；王莽要居摄，于是武功长孟通浚井乃得白石丹书；王莽要做皇帝，齐郡有新井，巴郡出石牛，扶风出雍石。上天到处降下旨意，王莽非做皇帝不可。王莽称帝之后，更颁《符命》四十二篇于天下，其中德祥五事，符命二十五，福应十二，"其文尔雅依托，皆为作说，大归言莽当代汉有天下云"。② 班彪后来评论："神器有命，不可以智力求也。"③ 可是神器之命，本即出于智力；其命归否，决于智力高下而已。

三是祭天地，礼山川，祀社稷。天地、山川、社稷之祭，是王朝国家最基本的祀典。《史记·封禅书》引《尚书》，谓舜时即观察玑衡，以齐同日、月、五星之政，度合天意，"遂类于上帝，禋于六宗，望山川，遍群神"。④ 上帝，即天。六宗，一般认为即日、月、星辰、泰山、河、海。天、地、山川之祀起源甚古。据《周官》，冬日至，祀天于南郊；夏日至，祀地祇；而天子祭名山大川，诸侯祭其疆内名山大川。"周公既相成王，郊祀后稷以配天，宗祀文王于明

① 陈立撰：《白虎通疏证》卷6《封禅》，第283—285页。
② 《汉书》卷99上《王莽传上》，第4046、4066、4070、4076—4077页；卷99中《王莽传中》，第4112页。
③ 《宋书》卷27《符瑞志》，北京：中华书局，2018年，第844页。
④ 《史记》卷28《封禅书》，第1633页。

堂以配上帝。"① 天地宗庙之祭遂与社稷之祀合并在一起。《汉书·郊祀志》说："自共工氏霸九州，其子曰句龙，能平水土，死为社祠。有烈山氏王天下，其子曰柱，能殖百谷，死为稷祠。故郊祀社稷，所从来尚矣。"② 《白虎通·社稷》云：

> 王者所以有社稷何？为天下求福报功。人非土不立，非谷不食。土地广博，不可遍敬也；五谷众多，不可一一祭也。故封土立社，示有土也。稷，五谷之长，故立稷而祭之也。③

社者，五土之总神，代表土地山川；稷者，五谷之长，代表生长万物。所以，祭祀社稷，就代表祭祀土地山川万物，也彰显天子对土地山川万物的领有。《白虎通》说王者诸侯"俱有土之君"，王者为天下立社曰太社，自为立社为王社；诸侯为百姓立社曰国社，自为立社曰侯社。④ 而王者须亲祭社稷。"王者自亲祭社稷何？社者，土地之神也。土生万物，天下之所主也，尊重之，故自祭也。"⑤

君主祭祀天地，目的在于告天报地。建武元年，刘秀即位于鄗，为坛于鄗之阳，采用元始中郊祭故事，祭告天地。其文称："皇天上帝，后土神祇，眷顾降命，属秀黎元，为民父母，秀不敢当。"而"皇天大命，不可稽留"，故敬从天命，称帝立朝。刘昭注补引《黄图》载元始四年宰衡王莽奏称："帝王之义，莫大承天；承天之序，莫重于郊祀。祭天于南，就阳位；祠地于北，主阴义。圆丘象天，方泽则地。"⑥ 王莽虽败亡，所制元始仪却为东汉承继，建武元年鄗阳即位告天、二年正月制郊兆于洛阳城南，均采用元始仪。

根据王莽设计，帝王既承天命而得大位，并得皇天后土护佑，故天子之祭首

---

① 《史记》卷 28《封禅书》，第 1634 页。
② 《汉书》卷 25 上《郊祀志上》，第 1191 页。
③ 陈立撰：《白虎通疏证》卷 3《社稷》，第 83 页。
④ 陈立撰：《白虎通疏证》卷 3《社稷》，第 85 页。
⑤ 陈立撰：《白虎通疏证》卷 3《社稷》，第 91 页。
⑥ 《后汉书》志 7《祭祀志上》，第 3157—3158 页。

重天地，"天子亲郊天地"。皇天后土就像上帝一样，统领日、月、星、山、川、海六宗，各为秩级。故天子郊天地，同时禋六宗，望秩山川，班于群神。王莽所设计的郊祀圆坛，就是包含天地六宗山川群神的万神殿。① 后世郊祀制度虽历有变化，但告天祭地、遍祀群神的主要功能并未改变，一直是王朝及其国家最重要的祭典。

在郊祀社稷外，另有特别的山岳祭祀，即封禅。《史记·封禅书》云：

> 自古受命帝王，曷尝不封禅？盖有无其应而用事者矣，未有睹符瑞见而不臻乎泰山者也。虽受命而功不至，至梁父矣而德不洽，洽矣而日有不暇给，是以即事用希……每世之隆，则封禅答焉，及衰而息。

张守节《正义》曰："此泰山上筑土为坛以祭天，报天之功，故曰封。此泰山下小山上除地，报地之功，故曰禅。言禅者，神之也。"又引《五经通义》云："易姓而王，致太平，必封泰山，禅梁父何？天命以为王，使理群生，告太平于天，报群神之功。"②可见封禅是君主在取得天下后向天地群神表达感谢的仪式。《白虎通·封禅》总论封禅之义：

> 王者易姓而起，必升封泰山何？报告之义也。始受命之日，改制应天，天下太平功成，封禅以告太平也。所以必于泰山何？万物之始，交代之处也。必于其上何？因高告高，顺其类也，故升封者，增高也。下禅梁甫之基，广厚也。皆刻石纪号者，著己之功迹以自效也。天以高为尊，地以厚为德，故增泰山之高以报天，附梁甫之基以报地。明天之命，功成事就，有益于天地，若高者加高，厚者加厚矣。③

封禅之义，在于向天下明示天命之所归，向上天报告帝王功业已成，以进一步强

---

① 《后汉书》志7《祭祀志上》，第3159—3160页。参见田天：《秦汉国家祭祀史稿》，北京：三联书店，2015年，第228—257页。
② 《史记》卷28《封禅书》，第1631页。
③ 陈立撰：《白虎通疏证》卷6《封禅》，第278—279页。

化君主得天下、治天下的正当性。

天命民心，不过是统治者"制造"的正当性根据，是统治者给予的历史阐释，并非真实的历史动因。仲长统说：

> 豪杰之当天命者，未始有天下之分者也。无天下之分，故战争者竞起焉。于斯之时，并伪假天威，矫据方国，拥甲兵与我角才智，程勇力与我竞雌雄，不知去就，疑误天下，盖不可数也。角知者皆穷，角力者皆负，形不堪复伉，势不足复校，乃始羁首系颈，就我之衔绁耳。①

豪杰应天命将为天子者，本来并无君临天下的名分。既本无名分，则人皆可争之，"天威"不过是众人都可以假借的工具。

刘邦死后，吕后对审食其说："诸将与帝为编户民，今北面为臣，此常怏怏，今乃事少主，非尽族是，天下不安。"② 可见直到刘邦去世，"天命"仍尚未稳定"眷顾"刘家。到了继体之君当政时，"民心定矣。普天之下，赖我而得生育，由我而得富贵，安居乐业，长养子孙，天下晏然，皆归心于我矣。豪杰之心既绝，士民之志已定，贵有常家，尊在一人。当此之时，虽下愚之才居之，犹能使恩同天地，威侔鬼神。暴风疾霆，不足以方其怒；阳春时雨，不足以喻其泽；周、孔数千，无所复角其圣；贲、育百万，无所复奋其勇矣"。③ 所谓"天命所归，民心所向"，至是方得确然无疑。

至后嗣愚主，"见天下莫敢与之违，自谓若天地之不可亡也，乃奔其私嗜，骋其邪欲，君臣宣淫，上下同恶"。于是"怨毒无聊，祸乱并起，中国扰攘，四夷侵叛，土崩瓦解，一朝而去"。"昔之为我哺乳之子孙者，今尽是我饮血之寇仇也"。民心既失，天命亦移，运徙势去，"存亡以之迭代，政乱从此周复"。④《尚书·皋陶谟》云："天工，人其代之。"⑤

---

① 《后汉书》卷 49《仲长统传》，第 1646 页。
② 《史记》卷 8《高祖本纪》，第 492 页。
③ 《后汉书》卷 49《仲长统传》，第 1647 页。
④ 《后汉书》卷 49《仲长统传》，第 1647 页。
⑤ 孙星衍：《尚书今古文注疏》卷 2《虞夏书·皋陶谟》，第 84 页。

## 三、定国是、立国本：确立国家基本法与基本制度

《史记·夏本纪》说帝舜朝，禹、伯夷、皋陶相与语帝前，皋陶述其谋。[①]
皋陶所述之谋，见于《尚书·皋陶谟》。皋陶主张以德治国，谓："允迪厥德，
谟明弼谐。"如何"允迪厥德"？皋陶说："慎厥身，修思永，惇叙九族，庶明
励翼，迩可远在兹。"君主有德，则可以知人安民（"在知人，在安民"），"知
人则哲，能官人；安民则惠，黎民怀之"。而君主之德，主要包括栗、立、恭、
敬、毅、温、廉、塞、义"九德"，具体表现为宽、柔、愿、乱、扰、直、简、
刚、强"九行"。"九德咸事，俊义在官，百僚师师，百工惟时"，则五典
（仁、义、礼、智、信）叙、五礼（天子、诸侯、卿大夫、士、庶民之礼）
秩，五服五章备，五刑五用具，政治、社会井然有序、兴旺发达（"政事懋哉
懋哉"）。[②]

禹强调以事功治世。自己日日劳剧，为治水而奔波；洪水平，"众民乃定，
万国为治"；又"辅成五服，至于五千里，州十二师，外薄四海，咸建五长，各
道有功"。舜也承认："道吾德，乃女功序之也。"[③] 皋陶所论，是立国治世之根
本，是国家大法；禹之所行，则是施法行政事项，是政府实行的具体统治。孔鲋
说《皋陶谟》"可以观政"，《大禹谟》"可以观事"，[④] 正说明二者的区别。

《史记·周本纪》记武王克商后，"征九牧之君，登豳之阜，以望商邑"；
"至于周，自夜不寐"，一直在思考殷亡周兴原因，寻求"天保"对策。周公旦
对他说："定天保，依天室，悉求夫恶，贬从殷王受。日夜劳来定我西土，我维
显服，及德方明。自洛汭延于伊汭，居易毋固，其有夏之居。我南望三涂，北望
岳鄙，顾詹有河，粤詹洛、伊，毋远天室。"武王接受周公建议，于是"营周居
于洛邑而后去。纵马于华山之阳，放牛于桃林之虚；偃干戈，振兵释旅，示天下
不复用也"。[⑤]

---

① 《史记》卷2《夏本纪》，第96页。
② 孙星衍：《尚书今古文注疏》卷2《虞夏书·皋陶谟》，第76—88页。
③ 《史记》卷2《夏本纪》，第98—100页。
④ 孔鲋著，宋咸注：《孔丛子注》卷1《论书》，南京：江苏古籍出版社，1988年，第14页。
⑤ 《史记》卷4《周本纪》，第165—166页。

贬从殷王受、定我西土、营有夏之居，建立起西周的基本政治架构，却未制定出立国治天下的根本大法。《史记·周本纪》说，克殷后二年，武王曾与箕子讨论"天道"。① 据《尚书·洪范》所记，武王问道："呜呼，箕子！惟天阴骘下民，相协厥居，我不知其彝伦攸叙。"②

箕子的回答，所谓天赐给禹的"洪范九畴"，即九类"大法"，均关乎天道之常、人事次序。一是五行，即水、火、木、金、土五种构成世界的基本要素及其特性。二是五事，即貌、言、视、听、思五种人的表现与行为方式及其功能。三是八政，即食、货、祀、司空、司徒、司寇、宾、师八种政务。四是五纪，即岁、月、日、星辰、历数五种记时方式。五是皇极，即以"中"作为君道的中心，君主当立于天下万民之"中"，守"中道"，以中正得庶民归心，以公正为庶民轨则，修正义以治民，任用中正之人以为臣，仲裁不同言论而用之。这样方得"作民父母，以为天下王"。六是三德，即正直、刚克、柔克三种治世风格。七是稽疑，即选择卜人、筮人，考正疑事，并慎重对待卜筮的结果。八是庶征，即雨、旸、燠、寒、风五种征候及其蕴含的意义。九是五福与六极，即寿、富、康宁、攸好德、考终命五种善事，及凶短折、疾、忧、贫、恶、弱六种恶事。③

这九个方面，包含对世界、人、社会的基本认识（五行、五事、五纪），对政治架构、治理方针与策略的总体设想（八政、皇极、三德、稽疑、庶征），以及对统治目标的期望（五福）。"洪范"，孙星衍疏引《释诂》云"大也"，"法也"。④《洪范》实可视为周王立法建制的根本大法。

《史记·齐太公世家》说太公受封于齐，"至国，修政，因其俗，简其礼，通商工之业，便鱼盐之利"，即确定立国的根本原则。于是"人民多归齐，齐为大国"。后管蔡作乱，淮夷叛周，周成王使召康公命太公曰："东至海，西至河，南至穆陵，北至无棣，五侯九伯，实得征之。""齐由此得征伐，为大国。"后来，

---

① 《史记》卷 4《周本纪》，第 168 页。
② 孙星衍：《尚书今古文注疏》卷 12《周书·洪范上》，第 292 页。
③ 孙星衍：《尚书今古文注疏》卷 12《周书·洪范上》、卷 13《周书·洪范下》，第 291—322 页；《史记》卷 38《宋微子世家》，第 1947—1958 页。
④ 孙星衍：《尚书今古文注疏》卷 12《周书·洪范上》，第 291 页。

齐桓公即位，任用管仲，"与鲍叔、隰朋、高傒修齐国政，连五家之兵，设轻重鱼盐之利，以赡贫穷，禄贤能，齐人皆说"。太史公说太公"建国本"，桓公"修善政"，是确当的。①

秦并天下，始皇帝推终始五德，确立秦为水德，"改年始，朝贺皆自十月朔。衣服旄旌节旗皆上黑。数以六为纪，符、法冠皆六寸，而舆六尺，六尺为步，乘六马"。决定以法立国，"事皆决于法，刻削毋仁恩和义"，"于是急法，久者不赦"。《史记·礼书》说："至秦有天下，悉内六国礼仪，采择其善，虽不合圣制，其尊君抑臣，朝廷济济，依古以来。"② 水德、尚黑、以六为纪、以法治国、尊君抑臣，乃秦的"国是"，也是其统治的基本特征。分天下以为三十六郡，收天下兵聚咸阳，车同轨、书同文，则奠定王朝国家的基本格局与统治的基本政策。

《史记·礼书》记载，汉高祖"光有四海，叔孙通颇有所增益减损，大抵皆袭秦故。自天子称号，下至佐僚及宫室官名，少所变改"。③承用秦制，是西汉初期的基本国策。《汉书·高帝纪》说高祖"初顺民心作三章之约。天下既定，命萧何次律令，韩信申军法，张苍定章程，叔孙通制礼仪，陆贾造《新语》。又与功臣剖符作誓，丹书铁契，金匮石室，藏之宗庙。虽日不暇给，规摹弘远矣"。④ 则汉代的律令、军法、礼仪、章程基本是在高祖时奠定的。《汉书·武帝纪》赞曰：

> 汉承百王之弊，高祖拨乱反正，文景务在养民，至于稽古礼文之事，犹多阙焉。孝武初立，卓然罢黜百家，表章六经。遂畴咨海内，举其俊茂，与之立功。兴太学，修郊祀，改正朔，定历数，协音律，作诗乐，建封禅，礼百神，绍周后，号令文章，焕焉可述。后嗣得遵洪业，而有三代之风。⑤

武帝所主持的诸种"稽古礼文之事"，多属于意识形态建设，正好弥补高祖时侧

① 《史记》卷32《齐太公世家》，第1793、1800、1828页。
② 《史记》卷6《秦始皇本纪》，第306页；卷23《礼书》，第1374页。
③ 《史记》卷23《礼书》，第1374页。
④ 《汉书》卷1下《高帝纪下》，第80—81页。
⑤ 《汉书》卷6《武帝纪》，第212页。

重军政制度建设的阙略。《史记·礼书》说武帝即位，"招致儒术之士，令共定仪，十余年不就"。武帝制诏御史曰："盖受命而王，各有所由兴，殊路而同归，谓因民而作，追俗为制也。议者咸称太古，百姓何望？汉亦一家之事，典法不传，谓子孙何？化隆者闳博，治浅者褊狭，可不勉与！"乃以太初之元改正朔，易服色，封太山，定宗庙百官之仪，以为典常，垂之于后。① 改正朔、易服色云云，都是为了传汉家典法，使继体为君之子孙有所统绪。

从根本上说，王朝国家的"国是"主要有两个核心问题：一是王朝为什么可以统治国家，即王朝统治国家的正当性问题。二是王朝如何"合法地"统治国家，即王朝国家建制立法、确立统治制度的问题。所谓"定国是"，就是要回答上述两个问题，明晰并确立治国理政的根本依据、基本理念与原则、基本路径与方式。"国本"则是在上述理念指导下建立起来的基本制度与统治架构；"立国本"就是建立并维护王朝国家基本统治制度与架构。

《汉书·礼乐志》谓："礼节民心，乐和民声，政以行之，刑以防之。礼乐政刑四达而不悖，则王道备矣。"②因此，王朝为其国家定国是、立国本，又具体表现在两个方面。

一是制礼作乐。礼是仪式，乐是情感表达。《汉书·礼乐志》谓："人函天地阴阳之气，有喜怒哀乐之情。天禀其性而不能节也，圣人能为之节而不能绝也，故象天地而制礼乐，所以通神明，立人伦，正情性，节万事者也。""通神明，立人伦，正情性，节万事"，是制礼作乐的根本目标。"人性有男女之情，妒忌之别，为制婚姻之礼；有交接长幼之序，为制乡饮之礼；有哀死思远之情，为制丧祭之礼；有尊尊敬上之心，为制朝觐之礼。"③ 因婚姻之礼而有家庭，因乡饮之礼而有社会，因丧祭之礼而有宗教，因朝觐之礼而有国家。故君主制礼作乐，不仅是为了建设王朝的正当性，还为了确立并构建王朝国家的政治伦理秩序与社会伦理秩序。《史记·礼书》曰：

天地者，生之本也。先祖者，类之本也。君师者，治之本也。无天地恶

---

① 《史记》卷 23《礼书》，第 1375 页。
② 《汉书》卷 22《礼乐志》，第 1028 页。
③ 《汉书》卷 22《礼乐志》，第 1027—1028 页。

生？无先祖恶出？无君师恶治？三者偏亡，则无安人。故礼，上事天，下事地，尊先祖而隆君师，是礼之三本也。①

事天地、尊先祖、隆君师，是礼的三个核心。"故王者天太祖，诸侯不敢怀，大夫士有常宗，所以辨贵贱。贵贱治，得之本也。"②礼乐的目标，就在于"立君臣，等上下，使纲纪有序，六亲和睦"。③辨贵贱，所以立君臣，等上下。而要使纲纪有序，则必须立威仪。《续汉书·礼仪志》序云："夫威仪，所以与君臣，序六亲也。若君亡君之威，臣亡臣之仪，上替下陵，此谓大乱。大乱作，则群生受其殃，可不慎哉！"④ 因此叔孙通制礼仪，汉高祖悦而叹曰："吾乃今日知为皇帝之贵也。"⑤

礼侧重辨贵贱、等上下，乐侧重同亲疏、和上下。太史公说："乐在宗庙之中，君臣上下同听之，则莫不和敬；在族长乡里之中，长幼同听之，则莫不和顺；在闺门之内，父子兄弟同听之，则莫不和亲。故乐者，审一以定和，比物以饰节，节奏合以成文，所以合和父子君臣，附亲万民也，是先王立乐之方也。"⑥故圣人作乐以应天、和君臣、亲万民。《汉书·礼乐志》云："乐者，圣人之所乐也，而可以善民心。其感人深，其移风易俗易，故先王著其教焉。"⑦ 作乐的目标，在于引导民心向善，安其位而不相夺，从而使君臣和合，上下敦睦。

礼缘人情而制，仪依人性而作，音由人心所生，乐通于伦理，故礼乐皆本乎人性。以礼导其志，以乐和其声，将统治建立在人伦性情社会秩序上，"同民心而出治道"，民心齐同，治道之至。"礼义立，则贵贱等矣；乐文同，则上下和矣。""乐至则无怨，礼至则不争。揖让而治天下者，礼乐之谓也。暴民不作，诸侯宾服，兵革不试，五刑不用，百姓无患，天子不怒，如此而乐达矣。合父子之

---

① 《史记》卷23《礼书》，第1382页。
② 《史记》卷23《礼书》，第1383页。
③ 《汉书》卷22《礼乐志》，第1030页。
④ 《后汉书》志4《礼仪志上》，第3101页。
⑤ 《史记》卷99《叔孙通列传》，第3298页。
⑥ 《史记》卷24《乐书》，第1449页。
⑦ 《汉书》卷22《礼乐志》，第1036页。

亲，明长幼之序，以敬四海之内。天子如此，则礼行矣。"① 以礼乐为本，揖让而治天下，或者进一步简化为"以礼治国"，一直是中国古代王朝统治或治理国家的基本理念，"礼治国家"也是中国古代王朝国家的理想范式。因此，历代王朝的基本统治原则虽各有不同，但均强调以礼治国，或礼法并用，"礼"（以及"乐"）在王朝国家基本秩序的建构、运行与维护过程中，一直发挥基础性作用。

　　二是建制立法。所谓"建制立法"，就是制定基本标准、规则和法律，确立王朝统治国家的基本制度。礼乐政刑，治国之要。礼乐之外，"政以壹其行，刑以防其奸"。② 故"政"是确立正确的标准和规则，"刑"是确定对错误行为的惩罚办法。为了实行上述标准、规则以及惩罚，就必须建立起一系列保障上述规则与惩罚的基本统治制度。所以"建制立法"主要包括三个方面。

　　第一，制定并确立基本的标准、规则。"不以规矩，无以成方圆。""正不率天，又不由人，则凡事易坏而难成矣。"故"王者制事立法，物度轨则，壹禀于六律，六律为万事根本焉"。③《汉书·律历志》云：

　　　　《虞书》曰"乃同律度量衡"，所以齐远近立民信也。自伏戏画八卦，由数起，至黄帝、尧、舜而大备。三代稽古，法度章焉。周衰官失，孔子陈后王之法，曰："谨权量，审法度，修废官，举逸民，四方之政行矣。"④

故王者制事立法，物度轨则，必先备数、和声、审度、嘉量、衡权，即为世间万物确立基本标准。数是万事的根本，"所以算数事物，顺性命之理也"；"夫推历生律，制器，规圆矩方，权重衡平，准绳嘉量，探赜索隐，钩深致远，莫不用焉"。声，"所以作乐者，谐八音，荡涤人之邪意，全其正性，移风易俗也"；"五声和，八音谐，而乐成"。度，所以度长短。量，所以量多少。衡，"所以任权而均物平轻重也"；权，"所以称物平施，知轻重也"。

　　由衡、权又生出规矩、准绳。"衡运生规，规圆生矩，矩方生绳，绳直生准，

---

① 《史记》卷 24《乐书》，第 1411、1412 页。
② 《史记》卷 24《乐书》，第 1402 页。
③ 《史记》卷 26《历书》，第 1499 页；卷 25《律书》，第 1479 页。
④ 《汉书》卷 21 上《律历志上》，第 955 页。

准正则平衡而钧权矣。"规，用于规圆器械，令得其类；矩，用于矩方器械，令不失其形；准，所以揆平取正；绳，用于端直上下、经纬四通。规矩相须，乃成方圆；准绳连体，衡权合德，百工才得定法式。君主要建朝立国、"同天下"，就必须同律、审度、嘉量、平衡、钧权、正准、直绳，"备数和声，以利兆民，贞天下于一，同海内之归"。① 秦始皇统一中国，"一法度衡石丈尺。车同轨，书同文字"，② 就是确立物度轨则的具体表现。

数（历）、声（律）、度、量、衡，虽然是事物基本标准，却关乎王朝命运、国家统一，故历代王朝均特别关注。《续汉书·律历志》云："天地初形，人物既著，则算数之事生矣。"据说，黄帝之臣大桡作甲子，隶首作数，"二者既立，以比日表，以管万事。夫一、十、百、千、万，所同用也；律、度、量、衡、历，其别用也。故体有长短，检以度；物有多少，受以量；量有轻重，平以权衡；声有清浊，协以律吕；三光运行，纪以历数。然后幽隐之情，精微之变，可得而综也"。律吕不清，则无以作乐；历数不纪，则无以明德运；度量衡不一，则无以通工商、用财货，亦无以建国家。所以，对于中国古代早期王朝来说，纪历数，协律吕，一法度量衡，车同轨，书同文，实有着非常重要的意义，"巍巍乎若道天地之纲纪，帝王之壮事，是以圣人宝焉，君子勤之"。③

第二，确立惩罚规则与机制。《汉书·刑法志》说圣人"制礼以崇敬，作刑以明威"，"刑罚威狱，以类天之震曜杀戮也"。故"圣人因天秩而制五礼，因天讨而作五刑。大刑用甲兵，其次用斧钺；中刑用刀锯，其次用钻凿；薄刑用鞭扑。大者陈诸原野，小者致之市朝，其所由来者上矣"。④ 甲兵、斧钺、刀锯、钻凿、鞭扑都是加诸身体的暴力惩罚方式，大致相当于后世所说的"刑"。

如周之法，"建三典以刑邦国，诘四方"；周穆王"命甫侯度时作刑，以诘四方"；子产相郑而铸刑书，"韩任申子，秦用商鞅，连相坐之法，造参夷之诛"；秦始皇"毁先王之法，灭礼谊之官，专任刑罚"；汉高祖"约法三章"，萧何"捃摭秦法"、"作律九章"。其所说之"法"，大抵皆属刑罚之法。汉武帝时，张

① 《汉书》卷21上《律历志上》，第956—972页。

② 《史记》卷6《秦始皇本纪》，第307—308页。

③ 《后汉书》志1《律历志上》，第2999页；志3《律历志下》，第3057页。

④ 《汉书》卷23《刑法志》，第1079—1080页。

汤、赵禹之属条定法令，"律令凡三百五十九章，大辟四百九条，千八百八十二事，死罪决事比万三千四百七十二事。文书盈于几阁，典者不能遍睹"。① 其中大部分律令也都属于刑法。

刑所以"禁奸"，是对不当行为的禁止与惩罚。"制刑之本，将以禁暴恶，且惩其未也。""杀人者死，伤人者刑，是百王之所同也"；若"杀人者不死，伤人者不刑，是惠暴而宽恶也"。② "是以五帝有流殛放杀之诛，三王有大辟刻肌之刑，所以为除残去乱也。"若一味减刑赦罪，或刑罚不足以惩恶，则"人轻犯法，吏易杀人，吏民俱失，至于不羁"，社会必致变乱。③《白虎通》说："圣人治天下，必有刑罚何？所以佐德助治，顺天之度也。故悬爵赏者，示有所劝也。设刑罚者，明有所惧也。"④ 故"礼之所去，刑之所取，失礼即入刑，相为表里者也"。⑤ 刑与礼相辅相成，不可或缺。

《晋书·刑法志》说李悝"以为王者之政，莫急于盗贼，故其律始于《盗贼》"。⑥ 盗律、贼律一直是古代王朝国家刑律的核心部分。张家山汉简《二年律令·贼律》将"以城邑亭障反，降诸侯，及守乘城亭障，诸侯人来攻盗，不坚守而弃去之若降之，及谋反者"，"贼燔城、官府及县官积聚（聚）"，"伪写皇帝信玺、皇帝行玺"，"伪写彻侯印"，"挢（矫）制"，与"贼杀人、斗而杀人"，"贼杀人，及与谋"等，皆列入"贼"罪范畴，处以弃市、腰斩等重刑。《盗律》将五人以上相与攻盗，称为"群盗"。对于"群盗及亡从群盗，殴折人枳（肢），朕体"，"缚守、将人而强盗之"，"投书、县（悬）人书恐猲人以求钱财"，"盗杀伤人，盗发冢，略卖人"，以及"劫人、谋劫人求钱财"等，均列为重罪，处以磔刑。⑦ 贼、盗是直接影响王朝国家统治与社会秩序的犯罪行为，故历代王朝均十分重视，制定严密法律加以惩罚。

---

① 《汉书》卷 23《刑法志》，第 1091—1096、1101 页。
② 《汉书》卷 23《刑法志》，第 1111 页。
③ 《晋书》卷 30《刑法志》，第 918 页。
④ 陈立撰：《白虎通疏证》卷 9《五刑》，第 437—438 页。
⑤ 《晋书》卷 30《刑法志》，第 920 页。
⑥ 《晋书》卷 30《刑法志》，第 922 页。
⑦ 张家山二四七号汉墓竹简整理小组编著：《张家山汉墓竹简（二四七号墓）》，北京：文物出版社，2006 年，第 7—20 页。

第三，建立王朝国家的基本统治制度。《汉书·刑法志》在叙刑法之前，先综述"先王为国立武足兵之大略"，谓殷周以兵定天下之后，"戢臧（藏）干戈，教以文德，而犹立司马之官，设六军之众，因井田而制军赋。地方一里为井，井十为通，通十为成，成方十里；成十为终，终十为同，同方百里；同十为封，封十为畿，畿方千里。有税有赋。税以足食，赋以足兵。故四井为邑，四邑为丘。丘，十六井也，有戎马一匹，牛三头。四丘为甸。甸，六十四井也，有戎马四匹，兵车一乘，牛十二头，甲士三人，卒七十二人，干戈备具，是谓乘马之法"。这当是畿内土地分划、赋税征发与兵役征发制度。

又说卿大夫采地之大者"一同百里，提封万井"，"戎马四百匹，兵车百乘"，是谓"百乘之家"；诸侯之大者"一封三百一十六里，提封十万井"，戎马四千匹，兵车千乘，是谓"千乘之国"；天子"畿方千里，提封百万井"，戎马四万匹，兵车万乘，故称"万乘之主"。[1] 因此，殷、周先王建制立法，实际上就是制定王朝国家基本的军事制度、经济制度（特别是土地与赋税财政制度）以及政治制度，确立王朝统治国家的基本架构。

睡虎地所出秦简包括秦律十余种，其中《田律》《厩苑律》《仓律》《金布律》《关市》《工律》《工人程》《均工》《效律》《臧（藏）律》10 种大抵是有关经济制度（包括土地制度、赋役制度、财政制度、货币及流通、工程建设、资产检查等）的规定。《徭律》《军爵》《司空》《游士律》《傅律》5 种是关于户口登记、赋役征发、军功赏爵、隶徒使用等的规定。《置吏律》《传食律》《行书》《内史杂》《尉杂》《属邦》《除吏律》《除弟子律》《中劳律》9 种是有关官僚机构的设置与官吏之任用、待遇、考核，行政文书以及属邦管理的规定。《敦（屯）表律》《捕盗律》《戍律》3 种是关于屯、捕盗、戍等军事行动的规定。[2]

岳麓书院藏秦简所录秦律令条文更为丰富。从已公布简文看，《徭律》《傅律》《兴律》《司空律》4 种关系对人民的控制、征发与使用。《田律》《金布律》《仓律》《关市律》4 种则涉及经济制度及其运行。《尉卒律》《内史杂律》《行书

---

[1] 《汉书》卷23《刑法志》，第1081—1082页。

[2] 睡虎地秦墓竹简整理小组编：《睡虎地秦墓竹简》，第17—66、69—76、79—90页。

律》《置吏律》4 种主要涉及官僚机构设置及其运行、官吏选任等方面的规定。《戍律》《奔敬（警）律》2 种则是关于征戍、紧急动员军事方面的规定。《亡律》《贼律》《具律》《狱校律》《杂律》《索律》6 种则是有关不同罪行具体刑罚、追索罪犯、审理案件以及法律执行等方面的规定。①

张家山二四七号汉墓所出《二年律令》是西汉初期的律令汇编，其中，《贼律》《盗律》《亡律》《具律》《告律》《捕律》《收律》《杂律》8 种是关于各种罪责刑罚以及案件审理、判决等司法程序的规定，基本上属于"刑法"的内涵。《钱律》《田律》《关市律》《金布律》4 种主要涉及经济、财政制度，《户律》《傅律》《置后律》《复律》《赐律》《爵律》《兴律》《徭律》8 种是关于人民户籍、赋税、徭役等问题的规定，《置吏律》《传食律》《行书律》《效律》《秩律》《史律》6 种是关于官僚制度与行政运作的规定，《津关令》则涉及重要津渡、关塞的控制与管理。② 张家山三三六号汉墓所出《汉律十六章》中，另有《囚律》《迁律》和《朝律》。③ 通过上述律令，可以看出秦汉王朝基本法律的构成和内涵。

（1）《朝律》等有关朝廷礼仪的法律，旨在确立君主及其王朝的尊崇地位，构建王朝统治国家的基本秩序，是王朝国家的根本大法。秦始皇定皇帝之号，叔孙通定朝仪，都属于确立朝廷结构及其运行规则的范畴。西汉前期颁行《朝律》是有关岁朝仪式的制度，详细规定了朝贺者衣着、入朝时辰、站位与排序、受币、退朝等仪节。

根据《朝律》规定：朝会时，丞相立东方，西面。其下依次是二千石吏、太中大夫、诸侯丞相、诸侯吏二千石、故二千石、千石中大夫至六百石御史、博士、奉常，都官长丞五百石至三百石、丞相史、太尉史、廷史、卒史陪立其后；太尉立西方，东面，其下依次为将军、军吏二千石、故军吏二千石；诸侯王立殿门外西方，东面，其下为彻侯、诸侯王使者；蛮夷来朝者立廷中，北面。皇帝出

---

① 陈松长主编：《岳麓书院藏秦简（肆）》，第 39—73、103—162、189—224 页。
② 张家山二四七号汉墓竹简整理小组编著：《张家山汉墓竹简（二四七号墓）》，第 5—88 页；彭浩、陈伟、工藤元男主编：《二年律令与奏谳书：张家山二四七号汉墓出土法律文献释读》，上海：上海古籍出版社，2007 年，第 85—324 页。
③ 彭浩主编：《张家山汉墓竹简：三三六号墓》，北京：文物出版社，2022 年，第 184—189、208—209、211—216 页。

房后，诸侯王、丞相、太尉、使者、将军、群臣、来宾依次进拜，行礼如仪。①

《朝律》规定的朝会礼仪，在君臣位次格局的排列、揖让有序的仪节中确立帝王权威，构建起以皇帝（天子）为中心的政治权力格局。蔡质《汉仪》描述东汉元会仪说：

> 正月旦，天子幸德阳殿，临轩。公、卿、将、大夫、百官各陪［位］朝贺。蛮、貊、胡、羌朝贡毕，见属郡计吏，皆［陛］觐，庭燎。宗室诸刘（杂）［亲］会，万人以上，立西面。位既定，上寿。［群］计吏中庭北面立，太官上食，赐群臣酒食，［西入东出］。御史四人执法殿下，虎贲、羽林［张］弓［挟］矢，陛戟左右，戎头逼胫陪前向后，左右中郎将［位］东［南］，羽林、虎贲将［位］东北，五官将［位］中央，悉坐就赐。作九宾［散］乐。②

元会之后的赐酒食，亦严格按照相关秩序；乐舞更带有深刻的象征意义。总之，《朝律》规定的朝会仪，就是要凸显帝王威权，表明帝王是王朝国家统治权力的根源。

（2）《田律》及其他有关土地和山林资源占有、使用与开发的律令规定，是王朝对其疆域土地拥有"领有权"的法律体现，也是王朝国家的基本法律。青川木牍所载，是秦武王二年（前309）命丞相戊（茂）、内史匽等"为田律"的记录，详细规定了田亩的度量、疆界及维护办法，是由秦王直接发布的田亩制度。③睡虎地秦简《秦律十八种》首列《田律》，既包括关于农田生产、管理的规定，也包括民户以其受田之数、入刍囷稿的规定（无论垦或不垦，顷入刍三石、稿二石）。④张家山汉简《二年律令·田律》也包括农田丈量、管理及生产的规定，以及关于入顷刍稿和户出赋的规定。《二年律令·户律》则详细规定了不同身份

---

① 彭浩主编：《张家山汉墓竹简：三三六号墓》，第211—216页。
② 《后汉书》志5《礼仪志中》，第3131页。
③ 四川省博物馆、青川县文化馆：《青川县出土秦更修田律木牍——四川青川县战国墓发掘简报》，《文物》1982年第1期；于豪亮：《释青川秦墓木牍》，《文物》1982年第1期。
④ 睡虎地秦墓竹简整理小组编：《睡虎地秦墓竹简》，第19—23页。

臣民所当受的田宅数。公卒、士伍、庶人各得"受"或"名有"一项田、一宅，公士以上有爵者各依其爵递增其所得"受"或"名有"的田、宅数。① 王朝国家"领有"其疆域内的土地，从而可以将土地"授予"臣民，或允许臣民"名有"若干田亩，并借此向编户齐民征收田租（税），这是《田律》等相关法律的思想基础。

（3）《户律》《傅律》《徭律》等有关户籍登记、管理及赋役征发的法律，将王朝国家对人民的"领有"落实到法律层面，从而构成民户控制制度的基础。张家山汉简《二年律令·户律》首先规定："自五大夫以下，比地为伍，以辨［券］为信，居处相察，出入相司。有为盗贼及亡者，辄谒吏、典。"② 通过乡里制度，将民户组织起来，使其互相伺察，是历代王朝控制人民的基本方法。

《户律》详细规定了户籍登记、管理、检查办法。"恒以八月令乡部啬夫、吏、令史相杂案户籍，副臧（藏）其廷。有移徙者，辄移户及年籍爵细徙所，并封。"又有民宅园户籍、年细籍、田比地籍、田命籍、田租籍等，详细登录民户的田宅等各项财产。③《傅律》是关于身份登记的规定。"傅"意味着要应役，履行王朝国家所要求的各种义务。《徭律》是关于征发徭役（主要包括兵役和力役）的规定。王朝国家通过《户律》《傅律》《徭律》等法律，将人民控制起来，征发其劳动力资源和物力资源。徐幹说："民数者，庶事之所自出也，莫不取正焉。以分田里，以令贡赋，以造器用，以制禄食，以起田役，以作军旅，国以之建典，家以之立度，五礼用修，九刑用措者，其惟审民数乎？"④ 对民户的掌握、控制与使用既是王朝国家统治的目标，也是其统治的基础，所以《户律》等相关法律也是王朝国家基本法律的组成部分。

（4）《置吏律》《除吏律》《秩律》等有关官吏任用、考核、秩级、晋升的律令，是王朝国家建立官僚制度的法律根据。睡虎地秦简《秦律十八种》录有《置吏律》3 条，分别涉及县、都官、十二郡免除吏及佐、群官属的时间，吏、尉受

---

① 张家山二四七号汉墓竹简整理小组编著：《张家山汉墓竹简（二四七号墓）》，第 41—44、52 页。
② 张家山二四七号汉墓竹简整理小组编著：《张家山汉墓竹简（二四七号墓）》，第 51 页。
③ 张家山二四七号汉墓竹简整理小组编著：《张家山汉墓竹简（二四七号墓）》，第 54 页。
④ 徐幹撰，孙启治解诂：《中论解诂·民数》，北京：中华书局，2014 年，第 370—371 页。

任后的就职,以及官啬夫的代理。《秦律杂抄》存有《除吏律》1 条,涉及对不当任吏的处罚。① 岳麓书院藏秦简录有 5 条《置吏律》。其一规定"县除有秩吏,各除其县中。其欲除它县人及有谒置人为县令、都官长、丞、尉、有秩吏,能任者,许之"。其余 4 条也都是关于任用官吏的规定。②张家山汉简《二年律令·秩律》详细规定了各级官吏的秩级,将秩百廿石、有秩毋乘车的基层小吏均纳入层级制的官僚体系中。③ 以这些法律为基础,秦汉王朝建立起层级制的官僚体系,构成其统治国家的基本制度。

(5)《戍律》《捕盗律》《军爵律》《敦(屯)表律》等有关军事戍守、行动及惩罚的律令,是建立军事制度与军事体制的基础。睡虎地秦简《秦律杂抄》中有 7 条与军事相关的律文,涉及军官任免、军队训练、战场纪律、后勤供应及战后赏罚。又有《戍律》1 条,规定"同居毋并行,县啬夫、尉及士吏行戍不以律,赀二甲";《捕盗律》1 条,规定不得"捕人相移以受爵","求盗勿令送逆为它"。④ 岳麓书院藏秦简录有 3 条《戍律》,其一是关于代戍的规定,其二是有关往戍的规定("戍者月更"、"遣戍,同居毋并行"),其三是关于征发徭役去修戍所、城塞、陛部的规定,特别强调公士、公卒、士伍"必与缮城塞"。⑤ 《军爵律》应当是关于以军功及劳受爵、赏的规定。这些法律与征发徭役的《徭律》等相结合,构成王朝国家建立、管理、使用军事力量的制度基础。

总之,秦汉王朝通过上述核心法律,构建起王朝统治国家的基本制度。后世王朝虽然未必通过颁布法律的形式确立统治制度与体系,但王朝统治国家的正当性、对土地与人民的掌控、官僚体系的建立与运行、军事力量的建立与掌控、对危及国家与社会秩序犯罪行为的打击,必然是其建制立法的核心。

# 四、设官授职:分配与授予权力

《史记·五帝本纪》述黄帝"置左右大监,监于万国";"举风后、力牧、常

---

① 睡虎地秦墓竹简整理小组编:《睡虎地秦墓竹简》,第 56、79—80 页。
② 陈松长主编:《岳麓书院藏秦简(肆)》,第 136—141 页。
③ 张家山二四七号汉墓竹简整理小组编著:《张家山汉墓竹简(二四七号墓)》,第 69—80 页。
④ 睡虎地秦墓竹简整理小组编:《睡虎地秦墓竹简》,第 81—82、88、90、89 页。
⑤ 陈松长主编:《岳麓书院藏秦简(肆)》,第 128—131 页。

先、大鸿以治民"。盖以左右大监监督其所间接统治的诸侯（万国），而以风后等管理其所直接统治的万民。帝尧命羲、和"敬顺昊天，数法日月星辰，敬授民时"；分命羲仲居于郁夷旸谷，"敬道日出，便程东作"；申命羲叔居南交，"便程南为，敬致"；申命和仲居西土昧谷，"敬道日入，便程西成"；申命和叔居北方幽都，"便在伏物"。① 盖以羲、和总制中央，而以羲仲、羲叔、和仲、和叔分领四方。

舜受尧命执政，"举八恺，使主后土，以揆百事，莫不时序。举八元，使布五教于四方，父义，母慈，兄友，弟恭，子孝，内平外成"。当是以"八恺"主持中央政务，而以"八元"分治地方事务。舜即位后，与四岳、十二牧协商，任命禹为司空，平水土；弃主稷，播时百谷；契为司徒，敷五教；皋陶作士，掌五刑；垂为共工，理百工；益为虞，朱虎、熊罴为佐，掌山泽之利；伯夷为秩宗，主尊卑之秩、郊庙之祀；夔为典乐，教稚子；龙为纳言，主传达，知宾客。禹、弃等掌理中央政务，四岳、十二牧分别治理地方，"十二牧行而九州莫敢辟违"。于是，"远近众功咸兴"，"此二十二人咸成厥功"。② 显然，王朝在初起时，将国家统治权分为中央政务权力与地方统治权力两部分。君主职责就是设官授职，分配并授予权力。

《史记·夏本纪》说禹"即天子位，南面朝天下，国号曰夏启"，而"授政"于皋陶；皋陶卒，禹又举益，"任之政"。皋陶、益所为之政，当即理民之政；二人地位，即相当于后世的"相"。据上引《史记·五帝本纪》，尧时任舜执政，已分置"八恺"，各任其责。《史记·夏本纪》谓启将伐有扈氏，作《甘誓》，"乃召六卿申之"。《集解》引孔安国曰："天子六军，其将皆命卿也。""各有军事，故曰六事。"③八恺、六卿（六事）分掌政务与军事，权力均来自君主授予。

《礼记·文王世子》云："虞、夏、商、周有师、保，有疑、丞，设四辅及三公，不必备，唯其人。"孔氏《正义》引《尚书大传》曰："古者天子必有四邻，前曰疑，后曰丞，左曰辅，右曰弼。天子有问无以对，责之疑；可志而不志，责

---

① 《史记》卷1《五帝本纪》，第7、20页。
② 《史记》卷1《五帝本纪》，第42、45—50页。
③ 《史记》卷2《夏本纪》，第102、104页。

之丞;可正而不正,责之辅;可扬而不扬,责之弼。"① 则四辅三公之职责,在于辅弼君主,受君主之委托、授权,处理相关政务。《诗·商颂·长发》:"允也天子,降予卿士。实维阿衡,实左右商王。"② 卿士本由天子所命,在商王左右,佐其尹治天下。《汉书·百官公卿表》序云:

> 夏、殷亡闻焉。周官则备矣。天官冢宰,地官司徒,春官宗伯,夏官司马,秋官司寇,冬官司空,是为六卿,各有徒属职分,用于百事。太师、太傅、太保,是为三公,盖参天子,坐而议政,无不总统,故不以一职为官名。又立三少为之副,少师、少傅、少保,是为孤卿,与六卿为九焉。③

此言太师、太傅、太保为"三公",皆得辅弼天子,总统政务,是为相;六卿则各司其职,分任政事。《白虎通》论"三公九卿"之置:

> 王者所以立三公九卿何?曰:天虽至神,必因日月之光。地虽至灵,必有山川之化。圣人虽有万人之德,必须俊贤。三公、九卿、二十七大夫、八十一元士,以顺天成其道。司马主兵,司徒主人,司空主地。王者受命为天地人之职,故分职以置三公,各主其一,以效其功。一公置三卿,故九卿也。④

此言君主必须将权力授予三公九卿百官,特别是将主兵之权(即军事权)、主人(民)之权(主要是民政管理权)、主地之权(主要是国土规划、管理、建设之权)分别付予司马、司徒与司空。三公九卿制奠定了后世中央政务机构的基本架构。

选任三公九卿为核心的中央政务官员,是君主最重要的权力与责任。《史记·周本纪》说:"武王即位,太公望为师,周公旦为辅,召公、毕公之徒左右

---

① 孙希旦:《礼记集解》卷20《文王世子》,第563—564页。
② 王先谦:《诗三家义集疏》卷28《商颂·长发》,第1115—1116页。
③ 《汉书》卷19上《百官公卿表上》,第722页。
④ 陈立撰:《白虎通疏证》卷4《封公侯》,第129—131页。

王师，修文王绪业。"《史记·齐太公世家》谓太公望在文王时受"立为师"。《史记·鲁周公世家》说："及武王即位，旦常辅翼武王，用事居多。武王九年，东伐至盟津，周公辅行。十一年，伐纣，至牧野，周公佐武王，作《牧誓》。破殷，入商宫。已杀纣，周公把大钺，召公把小钺，以夹武王，衅社，告纣之罪于天，及殷民。释箕子之囚。封纣子武庚禄父，使管叔、蔡叔傅之，以续殷祀。"①

公孙鞅初见秦孝公，孝公以为是"安足用"的"妄人"；复见，孝公"善之而未用"；再见，说以帝王之道，强国之术，孝公大悦，遂"用之"。用，即任用，授之权，委以事也。李斯说："孝公用商鞅之法，移风易俗，民以殷盛，国以富强，百姓乐用，诸侯亲服，获楚、魏之师，举地千里，至今治强。"② 董仲舒说，为人君者"任贤使能，观听四方，所以为明也；量能授官，贤愚有差，所以相承也；引贤自近，以备股肱，所以为刚也；考实事功，次序殿最，所以成世也；有功者进，无功者退，所以赏罚也"。君主责任，在于选贤任能，将权力授予德贤可任、能强足用之人。任用贤能，则主尊国安；所任非其人，则主卑国危。若君主之智不足以知贤能，则无可奈何，国不得不亡也。③ 中央政务官员特别是长官选任权力掌握在君主手中，所任用实关乎国家安危，至为重要。

上引《史记·五帝本纪》所记尧时分领四方的羲仲、羲叔、和仲、和叔，舜执政时"布五教于四方"的"八元"，舜称天子后的四岳、十二牧，皆当是尧、舜遣往各地、分领地方的官员，是得到尧、舜授权的地方大员。舜宾于四门，"四门穆穆，诸侯远方宾客皆敬"；舜摄行天子之政，禋于六宗，"见四岳诸牧"，又东巡狩，至于岱宗，"见东方君长"；"五岁一巡狩，群后四朝"。④

诸侯、东方君长、群后对于天子是"敬"、"服"、"朝"，统治权力本其固有，并非舜所授予。《史记·五帝本纪》说舜时"南抚交阯、北发，西戎、析枝、渠廋、氐、羌，北山戎、发、息慎，东长、鸟夷，四海之内，咸戴帝舜之功"。⑤

---

① 《史记》卷 4《周本纪》，第 155 页；卷 32《齐太公世家》，第 1790 页；卷 33《鲁周公世家》，第 1833 页。

② 《史记》卷 68《商君列传》，第 2708—2709 页；卷 87《李斯列传》，第 3086 页。

③ 苏舆撰：《春秋繁露义证》卷 17《天地之行》，钟哲点校，北京：中华书局，1992 年，第 458—459 页；卷 3《精华》，第 97 页。

④ 《史记》卷 1《五帝本纪》，第 26—29 页。

⑤ 《史记》卷 1《五帝本纪》，第 50 页。

交阯、北发受舜之抚，戴舜之功，然并不敬、服，更不来朝。所以按照《史记》叙述，舜对于"天下"统治主要有两种方式：一是派遣四岳十二牧分领四方各地，二是同意敬服来朝的诸侯、君长、群后各领其地（受抚感戴的四夷则各安其位，自行其事）。

《史记·夏本纪》既遏洪水、定九州，乃"成赋中国，赐土、姓"。《集解》引郑玄曰："中即九州也。天子建其国，诸侯祚之土，赐之姓，命之氏，其敬悦天子之德既先，又不距违我天子政教所行。"是以两种方式控制其统治区域：一是"成赋"之"中国"，二是"赐土、姓"之诸侯。又制五服，规定天子之国五百里内为甸服，"为天子服治田"，当即"成赋"之"中国"。侯服、绥服则各任王事，安服王者政教，当即"赐土、姓"之诸侯。太史公曰："禹为姒姓，其后分封，用国为姓"；"自虞、夏时，贡赋备矣。或言禹会诸侯江南，计功而崩，因葬焉，命曰会稽。会稽者，会计也"。① 按照此说，虞、夏以后，天子对领有的土地人民，就有取贡征赋两种方式："中国"成赋，诸侯纳贡。

《通典·职官》总叙说殷商制度，"千里之内为王畿，千里之外设方伯"。② 其所说虽未必是历史事实，但殷商区分内、外的政治格局则是可以肯定的。《史记·殷本纪》说商汤既绌夏命，还亳，作《汤诰》，谓："维三月，王自至于东郊。告诸侯群后：'毋不有功于民，勤力乃事。予乃大罚殛女，毋予怨。'"又说："不道，毋之在国，女毋我怨。"③ 亳及其东郊当属于殷商王畿，诸侯群后则是方伯。

《诗·商颂·玄鸟》云："天命玄鸟，降而生商，宅殷土芒芒。古帝命武汤，正域彼四方。方命厥后，奄有九有。"又说："邦畿千里，维民所止，肇域彼四海。"④ 则四方、九有乃商"正域"，群后受商命；而王畿千里内，则为殷民所止。

《史记·殷本纪》说盘庚迁都，"涉河南，治亳，行汤之政，然后百姓由宁，殷道复兴。诸侯来朝，以其遵成汤之德也"。⑤ 随同盘庚迁亳、复兴殷道的

---

① 《史记》卷2《夏本纪》，第93—94、109—110页。
② 《通典》卷19《职官一》，第466页。
③ 《史记》卷3《殷本纪》，第126页。
④ 王先谦撰：《诗三家义集疏》卷28《商颂·玄鸟》，第1103—1105页。
⑤ 《史记》卷3《殷本纪》，第132页。

"百姓"与来朝的诸侯，是盘庚统治下两种人群，也分别对应两种不同的统治方式。

因此，自上古时代起，君主对领有疆域的统治，就可以区分为直接统治和间接统治两种方式，对地方统治权力的分配与授予，也就相应地区分为"任命"与"委托"两种方式。

所谓"直接统治"，即王朝国家通过军事、行政、赋税、教育等手段，将其所制定的政治、经济、社会与文化制度推行到可以直接有效控制的地区，并任命官吏，直接控制和管理其人民、土地，向其征发赋役，建立并维护社会秩序。

所谓"间接统治"，即对未能有效和直接控制的地区，王朝国家采取委托或接纳代理人（或中间人）的方式，在维护国家核心利益（如维护国家政权的合法性与疆域安全、领土完整）的前提下，向代理人"让渡"部分国家权力和利益，委托国家的代理人代表国家统治或治理相关地区，不同程度地保留其所"代理统治"地区固有的政治、经济、社会与文化制度和结构。

实际上，两种统治方式是并存的，甚至可能是重叠的：在直接统治区域，王朝国家也可能将部分权力"让渡"出来，"委托"给某些特殊人或群体；而在间接统治区域，王朝国家也可能直接任命军政官员，对受委托"代理统治"的权力群体实行监督。因此，对于王朝国家来说，最重要的区分在于授予权力方式是"任命"还是"委托"。

《史记·殷本纪》说殷契佐禹治水有功，帝舜乃命契曰："百姓不亲，五品不训，汝为司徒而敬敷五教，五教在宽。"舜任命契为司徒，明确规定其职责。"封于商，赐姓子氏"，则是封土赐姓，将商地委托给契统治。武王克商，"封商纣子禄父殷之余民"，是"委托"禄父代理统治殷商的余民。同时，"武王为殷初定未集，乃使其弟管叔鲜、蔡叔度相禄父治殷"，是"任命"管叔、蔡叔代表周王监督禄父。成王初年平定武庚之乱后，"颇收殷余民，以封武王少弟封为卫康叔"。[①]《史记·卫康叔世家》云：

> 周公旦以成王命兴师伐殷，杀武庚禄父、管叔，放蔡叔，以武庚殷余民

---

① 《史记》卷 3《殷本纪》，第 119 页；卷 4《周本纪》，第 163、169 页。

封康叔为卫君，居河、淇间故商墟……为《梓材》，示君子可法则。故谓之《康诰》《酒诰》《梓材》以命之。康叔之国，既以此命，能和集其民，民大说。①

所谓封邦建国，就是将土地、人民的领有、控制、管理权力授予受封者，并为其确定部分法规和治理方略，即建立起统治制度。《康诰》说："往哉，封！勿替敬，典听朕诰，汝乃以殷民世享。"② 就是周公代表周天子将故商墟之地及殷余民委托给封统治。

《左传》定公四年记子鱼追述先王之政："昔武王克商，成王定之，选建明德，以藩屏周。"其中，"分康叔以大路、少帛、綪茷、旃旌、大吕，殷民七族，陶氏、施氏、繁氏、锜氏、樊氏、饥氏、终葵氏，封畛土略，自武父以南，及圃田之北竟，取于有阎之土，以共王职，取于相土之东都，以会王之东蒐。聃季授土，陶叔授民，命以《康诰》，而封于殷虚，皆启以商政，疆以周索"。③ 授土授民，制以诰命，启以政索，使其供给王职，藩屏宗周，正是封邦建国的根本目标。

《诗·大雅·韩奕》述周宣王分封韩侯事，首章谓韩侯受命，"王亲命之，缵戎祖考，无废朕命！夙夜匪解，虔共尔位！朕命不易。干不庭方，以佐戎辟"。④ 是周王将梁山地区的统治权力委托给韩侯。其末章云：

　　溥彼韩城，燕师所完。以先祖受命，因时百蛮。王锡韩侯，其追其貊，奄受北国，因以其伯。实墉实壑，实亩实藉。献其貔皮，赤豹黄罴。⑤

韩侯受命后的职责，是要抚柔北国，高其城，深其壑，井牧田亩，收敛赋税。《诗·大雅·江汉》说召虎受宣王之命，经营四方，"式辟四方，彻我疆土"，

---

① 《史记》卷37《卫康叔世家》，第1923—1924页。
② 孙星衍：《尚书今古文注疏》卷15《周书·康诰》，第371页。
③ 杜预集解：《春秋经传集解》卷27，上海：上海古籍出版社，1988年，第1620页。
④ 王先谦：《诗三家义集疏》卷23《大雅·韩奕》，第973页。
⑤ 王先谦：《诗三家义集疏》卷23《大雅·韩奕》，第980—981页。

"王命召虎，来旬来宣"。"厘尔圭瓒，秬鬯一卣。告于文人，锡山土田。于周受命，自召祖命。虎拜稽首，天子万年。"① 召虎是周王所任，所征服的地方则由周王赐予土田附庸。所以君主对地方统治权力一般并用任命与委托两种授予方式。日常的地方统治权力，多采用委托方式授予；而征战杀伐及监督安抚，则多采用任命方式，授权更为亲信的官员进行。

委托统治在本质上是一种"共治"，即君主与诸侯共治天下。《白虎通·封公侯》说："王者始起，封诸父昆弟，示与己共财之义，故可以共土地。"② 分封宗亲及军功集团，是君主与之共天下的具体表现。汉王五年（前 202），刘邦与项羽对峙，齐王韩信、梁王彭越未来会兵。张良对刘邦说，韩信、彭越等"未有分地，其不至固宜。君王能与共天下，可立致也"。是年春正月，分封诸侯，诸侯乃上疏劝进："大王起于细微，灭乱秦，威动海内。又以辟陋之地，自汉中行威德，诛不义，立有功，平定海内，功臣皆受地食邑，非私之也。大王德施四海，诸侯王不足以道之，居帝位甚实宜，愿大王以幸天下。"③ 天子将土地、人民分赐功臣诸侯，不以天下为天子私产，诸侯方拥戴之，显然是一种交换。

高祖十一年二月，诏书称："今吾以天之灵，贤士大夫定有天下，以为一家，欲其长久，世世奉宗庙亡绝也。贤人已与我共平之矣，而不与吾共安利之，可乎？贤士大夫有肯从我游者，吾能尊显之。"④ 十二年三月，诏曰：

> 吾立为天子，帝有天下，十二年于今矣。与天下之豪士贤大夫共定天下，同安辑之。其有功者上致之王，次为列侯，下乃食邑。而重臣之亲，或为列侯，皆令自置吏，得赋敛，女子公主。为列侯食邑者，皆佩之印，赐大第室。吏二千石，徙之长安，受小第室。入蜀汉定三秦者，皆世世复。吾于天下贤士功臣，可谓亡负矣。其有不义背天子擅起兵者，与天下共伐诛之。⑤

---

① 王先谦：《诗三家义集疏》卷 23《大雅·江汉》，第 981—984 页。
② 陈立撰：《白虎通疏证》卷 4《封公侯》，第 143 页。
③ 《汉书》卷 1 下《高帝纪下》，第 49、52 页。
④ 《汉书》卷 1 下《高帝纪下》，第 71 页。
⑤ 《汉书》卷 1 下《高帝纪下》，第 78 页。

与刘邦一起"共定天下"的豪士贤大夫皆得封土食邑，得享尊显富贵，与高祖"共安利之"，从而造就了汉代的军功贵族集团，成为王朝统治可依赖的重要力量。

因此，割地分民、建国立君，实际上是帝王与其宗亲及军功贵族集团"共天下"的制度安排，本质上与王朝国家君主"私天下"的观念相冲突。当秦始皇君臣讨论是否实行"封建"时，李斯说："周文武所封子弟同姓甚众，然后属疏远，相攻击如仇雠，诸侯更相诛伐，周天子弗能禁止。今海内赖陛下神灵一统，皆为郡县，诸子功臣以公赋税重赏赐之，甚足易制。天下无异意，则安宁之术也。置诸侯不便。"① 正因为此，虽然历代王朝均在不同程度上实行内涵各不相同的分封制，但总的说来，裂土分民的分封制仍然一步步走向式微。

相较而言，直接任命地方官员，更能直接彰显君主及其王朝统治国家的权力，也能更有效地实行王朝国家的制度与政策。王符说汉宣帝兴于民间，颇知民间疾苦，常叹曰："万民所以安田里无忧患者，政平讼治也。与我共此者，其惟良二千石。""于是明选守相，其初除者，必躬见之，观其志趣，以昭其能，明察其治，重其刑赏。奸宄减少、户口增息者，赏赐金帛，爵至封侯。其耗乱无状者，皆衔刀沥血于市。"②

汉宣帝"知百姓苦吏急"，故招素以持法平正著称的黄霸为廷尉正，后又任为颍川太守。"时上垂意于治，数下恩泽诏书，吏不奉宣。太守霸为选择良吏，分部宣布诏令，令民咸知上意。使邮亭乡官皆畜鸡豚，以赡鳏寡贫穷者。然后为条教，置父老师帅伍长，班行之于民间，劝以为善防奸之意，及务耕桑，节用殖财，种树畜养，去食谷马。米盐靡密，初若烦碎，然霸精力能推行之。"宣帝的政治意图，在颍川郡得到很好的贯彻执行。所以宣帝下诏称扬："颍川太守霸，宣布诏令，百姓乡化，孝子弟弟贞妇顺孙日以众多，田者让畔，道不拾遗，养视鳏寡，赡助贫穷，狱或八年亡重罪囚，吏民乡于教化，兴于行谊，可谓贤人君子矣。"③

---

① 《史记》卷6《秦始皇本纪》，第307页。

② 王符著，汪继培笺，彭铎校正：《潜夫论笺校正》卷4《三式》，北京：中华书局，1985年，第207页。

③ 《汉书》卷89《循吏传》，第3629—3631页。

也是在汉宣帝时，"渤海左右郡岁饥，盗贼并起，二千石不能禽制"。宣帝选用能治者，丞相御史举荐龚遂，宣帝遂任命龚遂为渤海太守。临行前，宣帝召见龚遂。《汉书·循吏传》记录了召见过程：

> 时遂年七十余，召见，形貌短小，宣帝望见，不副所闻，心内轻焉，谓遂曰："渤海废乱，朕甚忧之。君欲何以息其盗贼，以称朕意？"遂对曰："海濒遐远，不沾圣化，其民困于饥寒而吏不恤，故使陛下赤子盗弄陛下之兵于潢池中耳。今欲使臣胜之邪，将安之也？"上闻遂对，甚说，答曰："选用贤良，固欲安之也。"遂曰："臣闻治乱民犹治乱绳，不可急也；唯缓之，然后可治。臣愿丞相御史且无拘臣以文法，得一切便宜从事。"上许焉，加赐黄金，赠遣乘传。①

对地方官员的直接任命，使君主将自己的治世意图与目标传递给受任官员。正因为此，汉宣帝方"能致治安而世升平"、"天人悦喜"、"功德茂盛"。王符说："由此观之，牧守大臣者，诚盛衰之本原也，不可不选练也。"②

军事权力的授予，多采用任命方式，但又具有不同程度的委托意涵。《史记·夏本纪》记夏启与有扈氏战于甘，作《甘誓》，召六卿申之：

> 嗟！六事之人，予誓告女：有扈氏威侮五行，怠弃三正，天用剿绝其命。今予维共行天之罚。左不攻于左，右不攻于右，女不共命。御非其马之政，女不共命。用命，赏于祖；不用命，僇于社，予则帑僇女。③

启首先申明征伐有扈氏的正当性，命令六卿"共行天之罚"；其次要求六卿所部严格服从军令，坚决歼灭敌人；最后说明赏罚标准。因此，军事授权一般包括授予军事行动的合法权，使用武力的目标、范围和限度，以及对使用武力的评估及赏罚。

---

① 《汉书》卷 89《循吏传》，第 3639 页。
② 王符著，汪继培笺，彭铎校正：《潜夫论笺校正》卷 4《三式》，第 207 页。
③ 《史记》卷 2《夏本纪》，第 104 页。

不过军权一旦被授出，君主即难以全部掌控。汉文帝时，将军周亚夫受命率军屯细柳以备匈奴，下令军中："军中闻将军令，不闻天子之诏。"故天子劳军，亦须将军传言开壁门，方得进入军营。后来，吴楚七国乱，周亚夫以太尉会兵荥阳，景帝数诏命其救梁国，"太尉不奉诏，坚壁不出"。①《白虎通·三军》论兵不内御，曰："大夫将兵出，不从中御者，欲盛其威，使士卒一意系心也。故但闻军令，不闻君命，明进退在大夫也。"②《淮南子·兵略训》描述将军接受军权出征的仪式，说：

> 凡国有难，君自宫召将，诏之曰："社稷之命在将军，即今国有难，愿请子将而应之。"将军受命，乃令祝史太卜斋宿三日，之太庙，钻灵龟，卜吉日，以受鼓旗。君入庙门，西面而立；将入庙门，趋至堂下，北面而立。主亲操钺，持头，授将军其柄，曰："从此上至天者，将军制之。"复操斧，持头，授将军其柄，曰："从此下至渊者，将军制之。"将已受斧钺，答曰："国不可从外治也，军不可从中御也。二心不可以事君，疑志不可以应敌。臣既以受制于前矣，鼓旗斧钺之威，臣无还请，愿君亦以垂一言之命于臣也。君若不许，臣不敢将。君若许之，臣辞而行。"③

将军受命出征，领大军，握兵符，君命有所不受，实际上是受君主委托，拥有较大的独立权力。若权力反噬，势必危及君主，故军事授权一般是临时性的，且具有较多的附加条件。

## 五、中国古代王朝与"王朝国家"

君主只有将君主之位传给子孙后代，才能建立起"王朝"。汉元帝时，匡衡说："盖受命之王务在创业垂统传之无穷，继体之君心存于承宣先王之德而褒大

---

① 《史记》卷57《绛侯周勃世家》，第2519—2521页。
② 陈立撰：《白虎通疏证》卷5《三军》，第206—207页。
③ 刘文典撰：《淮南鸿烈集解》卷15《兵略训》，冯逸、乔华点校，北京：中华书局，1989年，第518—519页。

其功。"① 受命之王开国立朝，建立起王朝的统绪与架构；继体之君继承其业，不断发展壮大王朝的功业。

从根本上说，王朝（世袭的君主）只是一种政治家族，本身并不必然构成国家。"王朝国家"之所以能够成立，就是因为王朝（世袭的君主）"领有"其所控制的土地与人民，并且拥有代表天命与民意的权力，从而使其对国家的统治具备正当性。在此基础上，王朝得以天命和民心的名义，确立统治国家的大政方针，制定统治国家的根本大法，建立统治国家的基本制度与统治架构，通过委托与任命，将其所掌握的统治权力分配和授予宗亲军功集团及其联盟集团，从而建立起国家统治体系。王朝遂与国家合为一体，成为"王朝国家"。

因此，王朝国家核心是"王朝"，即世袭的君主。董仲舒说："君人者，国之元，发言动作，万物之枢机。枢机之发，荣辱之端也。失之豪厘，驷不及追。"意为君主言行，是天下万物运行变化关键，天下万物运行变化，又是天下人心向背、伦理规则异动的根源。所以为人君者，必须"谨本详始，敬小慎微"，虚心下士，观来察往，谋于众贤，考求众人，据位治人。

董仲舒又说："君人者，国之本也。夫为国，其化莫大于崇本，崇本则君化若神，不崇本则君无以兼人。无以兼人，虽峻刑重诛，而民不从，是所谓驱国而弃之者也，患孰甚焉？"君主何以是国之本呢？因为天、地、人是万物之本，"天生之以孝悌，地养之以衣食，人成之以礼乐"，三者合以成体。而只有明主贤君，方得肃慎三本。"郊祀致敬，共事祖祢，举显孝悌，表异孝行，所以奉天本也。秉耒躬耕，采桑亲蚕，垦草殖谷，开辟以足衣食，所以奉地本也。立辟雍庠序，修孝悌敬让，明以教化，感以礼乐，所以奉人本也。"君主奉三本，则民如子弟，邦如父母，家国一体，安若磐石。② 这是说君主代表着天地人运转生息的自然法则，并以此为基础，形成政治、社会基本秩序。在著名的《天人三策》中，董仲舒说：

为人君者，正心以正朝廷，正朝廷以正百官，正百官以正万民，正万民以正四方。四方正，远近莫敢不壹于正，而亡有邪气奸其间者。是以阴阳调

---

① 《汉书》卷 81《匡衡传》，第 3338 页。
② 苏舆撰：《春秋繁露义证》卷 6《立元神》，第 166—169 页。

而风雨时，群生和而万民殖，五谷孰而中木茂，天地之间，被润泽而大丰美，四海之内，闻盛德而皆徕臣，诸福之物，可致之祥，莫不毕至，而王道终矣。①

君心正则朝廷正，百官正则万民正，万民正则国家、社会正，歪风邪气即不得存于其间，天地万物皆各得其所，和谐茂美，天下遂得大治。因此，人君"正心"是本源。董仲舒的说法，虽然夸大了君主在中国古代政治建构、社会形成乃至万物运行中的意义，论说颇显牵强，但认为君主是王朝国家的本元，却是非常正确的。显然，没有君主及世袭制，也就无所谓"王朝国家"。

王朝还是国家的标志与象征。董仲舒说："君人者，国之〔征〕（证）也。"②《史记·五帝本纪》谓："自黄帝至舜、禹，皆同姓而异其国号，以章明德……帝禹为夏后而别氏，姓姒氏。契为商，姓子氏。弃为周，姓姬氏。"③ 夏商周之后，历代王朝均以其"朝名"为国号，朝名即国号，国号即朝名。故立朝是为建国，朝灭是为国亡，改朝换代等同于国家兴亡。

在中国古代王朝国家，国家权力来源于王朝（世袭的君主），国家权力即王朝权力，核心是君主权力。仲长统说："昔者霍禹、窦宪、邓骘、梁冀之徒，籍外戚之权，管国家之柄"；"今夫国家漏神明于嬛近，输权重于妇党，算十世而为之者八九焉"。④其所说的"国家"，实即天子、皇帝。所谓王朝国家的权力，本质上就是君主的权力。王朝权力的盛衰，决定国家权力的强弱，进而影响社会治乱、国家兴亡。

〔作者鲁西奇，复旦大学历史学系教授〕

（责任编辑：管俊玮　李　壮）

---

① 《汉书》卷56《董仲舒传》，第2502—2503页。
② 苏舆撰：《春秋繁露义证》卷6《立元神》，第169页。
③ 《史记》卷1《五帝本纪》，第53页。
④ 《后汉书》卷49《仲长统传》，第1659页。

# 西向祭天与拓跋鲜卑的形成

楼 劲

摘 要：拓跋氏西向祭天不合东胡等民族的尚东之俗，其原因当与匈奴、鲜卑等族部分墓葬头向朝西之习有关，并与鲜卑作为东胡余类的经历、记忆及其各部不断回归匈奴故地的历史相连。西向祭天的祭仪定型应在拓跋邻七分国人至拓跋诘汾、拓跋力微到达匈奴故地创立王业之时，其要是以最高祭典的不同，划出拓跋氏与鲜卑慕容部及匈奴等其他族部的界线，从而标志了拓跋鲜卑的崛起及主体意识的自觉，奠定了独特发展道路的精神基石。拓跋氏西向祭天的诸多仪节，皆植根于长期以来的北族共习而又刻意别其异，反映了拓跋鲜卑原本类同东北地区各族，较晚才在迁徙至匈奴故地途中与各族交流融合而形成的事实。

关键词：拓跋鲜卑 北魏 祭天礼 东胡 民族融合

西向祭天是拓跋鲜卑最高规格且特具标志意义的祭祀活动。自包弼德点出这一"代都旧制"与突厥、契丹相关仪式的类似之处；[1] 马长寿论其渊源，阐述其体现宗室七姓拱卫拓跋氏组成联盟核心的内涵；[2] 到康乐以此象征北亚草原部落旧习，述其在北魏最终被南郊祭天取代的历程；[3] 再到近年来不少研究者对其中问题的进一步推进，[4] 学界认识已不断深入。但相关讨论仍有未尽之义，牵涉到

---

[1] Peter A. Boodberg, "Marginalia to the Histories of the Northern Dynasties," *Harvard Journal of Asiatic Studies*, Vol. 4, Nos. 3 –4, 1939, pp. 230 –283.

[2] 马长寿：《乌桓与鲜卑》，上海：上海人民出版社，1962 年，第 254—256 页。

[3] 康乐：《从西郊到南郊——国家祭典与北魏政治》，台北：稻乡出版社，1995 年，第 167—191 页。

[4] 参见今井秀周：「北魏における西郊について——鲜卑拓跋部の二つの祭天形態が語るも

拓跋族源及其迁徙发展的一系列问题，亟待学界同仁继续研究。以下拟从西向祭式和东胡等族的尚东之习说起，结合考古发掘所见鲜卑墓葬头向问题论其缘由，继论西向之祀的开端及其形态，以期加深对拓跋鲜卑形成和发展过程的认识。

## 一、"长左而北乡"及北族墓葬头向

西向祭天足以视为拓跋鲜卑不同于鲜卑其他各部的最大不同，[①] 以往学界多以此为拓跋氏旧俗，但秦汉以来相继崛起于蒙古草原和东北地区的匈奴、乌桓、鲜卑等族大都崇日尚东，令人怀疑拓跋氏这种西向而祭"旧习"之晚出。[②]

《史记·匈奴列传》载其祭祀之习及其所重方位：

> 岁正月，诸长小会单于庭，祠。五月，大会茏城，祭其先、天地、鬼神。秋，马肥，大会蹛林，课校人畜计……单于朝出营，拜日之始生，夕拜月。其坐，长左而北乡。[③]

所谓"长左而北乡"，《正义》释为"其座北向，长者在左，以左为尊也"。[④] 此

---

の」、『東海女子短期大学紀要』第 25 號、1999 年；杨永俊：《论拓跋鲜卑的原始祭天》，《西北民族学院学报》2002 年第 6 期；冈田和一郎：「前期北魏國家の支配構造——西郊祭天の空間構造を手がかりとして」、『歷史學研究』第 817 號、2006 年；罗新：《黑毡上的北魏皇帝》，北京：海豚出版社，2014 年，第 24—43、66—92 页；秦红发、孙险峰：《论北魏西郊祭天》，《中州学刊》2018 年第 2 期。

① 考古学界所谓"早期拓跋鲜卑墓葬"特征，如梯形棺、侈口罐、长颈壶等器物及其群组皆缺乏唯一性。参见魏坚主编：《内蒙古地区鲜卑墓葬的发现与研究》，北京：科学出版社，2004 年，"序"，第 i—vii 页。拓跋鲜卑又称"索头"，然髡头辫发亦为匈奴、乌桓、鲜卑及西北和东北地区相当一部分族群的共习，影响及于突厥、契丹、蒙古人，其式今仍可见于东欧早期诸国王画像，实非拓跋氏独有之习。

② 温玉成《嘎仙洞遗迹考察》以太武帝遣库六官前往石室祭祖怀疑拓跋族属是否鲜卑，论据之一即"如果他们是鲜卑人，应该东向祭天才是，为什么西向设祭"（《中国国家博物馆馆刊》2011 年第 10 期）。

③ 《史记》卷 110《匈奴列传》载匈奴置左右诸王将，左皆在前，并述"诸左方王将居东方"（北京：中华书局，1982 年，第 2890—2892 页）。《汉书》卷 94 上《匈奴传上》所载略同，师古注："左者，以左为尊。"（北京：中华书局，1962 年，第 3752—3753 页）

④ 《史记》卷 110《匈奴列传》，第 2893 页。

"左"皆当指"东"，如左右贤王、鹿蠡王等皆以左为尊而居东方，为匈奴以东为尊的体现。此习俗当原出太阳崇拜，西北及东北地区的石刻、岩画有不少圆形、芒角或人面状太阳神图案，[1] 足见这一崇拜的流行。故匈奴"单于朝出营，拜日之始生"，即便其暮亦拜月，分量恐难相比。[2] 而崇日必尚东，继匈奴崛起的乌桓、鲜卑也是如此。王沈《魏书》述乌桓"居无常处，以穹庐为宅，皆东向"，又载鲜卑"言语习俗与乌丸同"。[3] 青海共和县吐谷浑伏俟城遗址的宫殿和城门俱东向，即鲜卑庐舍亦同乌桓"东开向日"之证。[4] 另如柔然"俗以东为贵"，"营幕户席，一皆东向"；[5] 突厥可汗亦"牙帐东开，盖敬日之所出"。[6] 值得注意的是，高句丽"以十月祭天大会，名曰'东盟'。其国东有大穴，号襚神，亦以十月迎而祭之"。[7] 契丹则"国俗凡祭皆东向，故曰祭东"。[8] 高句丽和契丹虽族系不同，却与匈奴、乌桓、鲜卑等同样崇日而尚东，又都留下迎神于东和东向祭祀的明确记载，可推此为蒙古草原及东北地区各族的共同习俗。

但实情也许复杂得多。以同样寓有一定宗教文化观念的墓葬头向而言，[9] 20

---

[1] 苏北海：《新疆岩画》，乌鲁木齐：新疆美术摄影出版社，1994 年，第 34 页；盖山林：《中国岩画》，广州：广东旅游出版社，1996 年，第 38—41 页。

[2] 《阙特勤碑》南面第 2 行与东面第 8、14 行皆以日出之东方为"前"，以"右"指南，以"后"指西，以"左"指北。《毗伽可汗碑》东面第 5、8、15 行和北面第 2、3 行亦然，即以东为基准。参见耿世民：《古代突厥文碑铭研究》，北京：中央民族大学出版社，2005 年，第 117、122、124、151、152、155 页。

[3] 《三国志》卷 30《魏书·乌丸鲜卑东夷传》，北京：中华书局，1982 年，第 832、836 页。

[4] 黄盛璋、方永：《吐谷浑故都——伏俟城发现记》，《考古》1962 年第 8 期。

[5] 《北史》卷 13《后妃传上·文帝悼皇后郁久闾氏传》，北京：中华书局，1974 年，第 507 页。

[6] 《周书》卷 50《异域下·突厥传》，北京：中华书局，1971 年，第 910 页。

[7] 《后汉书》卷 85《东夷列传》，北京：中华书局，1965 年，第 2813 页。《魏书》卷 100《高句丽传》载其先祖朱蒙之母"为日所照，引身避之，日影又逐。既而有孕"（北京：中华书局，1974 年，第 2213 页），故后来朱蒙自道"我是日子"（《北史》卷 94《高句丽传》所载略同，第 3110 页）。

[8] 《辽史》卷 116《国语解》礼乐志之"祭东"条，北京：中华书局，2017 年，第 1698 页。

[9] 马长寿早注意到，1924 年起科兹洛夫考察团对蒙古国诺彦乌拉匈奴显贵墓葬的考古发掘，认为其墓室北向，尸体头向东卧，即与"长左而北乡"之习相合。参见《北狄与匈奴》，北京：三联书店，1962 年，第 69—71 页。需要说明的是，20 世纪 80 年代以前的考古报告对墓向和尸体头向的描述大都不够细致，且多不及面向。90 年代以来其况业已

世纪 80 年代末，乌恩曾统计苏联外贝加尔湖地区、蒙古国及中国境内先秦至两汉时期 661 座匈奴墓向，大部分皆为南北向而少数为东西向。[①] 由于墓向与头向往往相合，是其大多头向朝北而少数朝东，又不免存在北偏东、西或东偏南、北的现象。相当一部分鲜卑墓葬也是如此，如扎赉诺尔墓地 1960—1994 年陆续发掘清理的 56 座墓葬中，大部分头向北、西北，但也有部分头向东北，M29 则头向东（85°）。[②] 南杨家营子墓地 1962 年共发掘清理了 20 座墓葬，均朝北偏西或偏东（308°—2°之间）。[③] 1987 年、1990 年发掘清理的朝阳王子坟山 21 座两晋墓葬中，腰 M9001 东向略偏南（97°），M9002 北向偏西（320°），台 M8705、台 M9022、台 M9019 皆东向略偏北（分别为 65°、60°、70°）。[④] 2014—2018 年发掘清理蒙古国鄂尔浑省艾尔根敖包墓地的 16 座墓葬，时期约在公元 1—4 世纪，头

---

改善，但不少墓葬头向、面向仍不明。

[①] 乌恩：《论匈奴考古研究中的几个问题》，《考古学报》1990 年第 4 期。文中共统计苏联、蒙古、中国境内 46 处 661 座春秋战国及两汉时期匈奴墓葬，除 22 处 75 座墓向不明外，南北向的共有 18 处 468 座（其中伊沃尔加墓地有少量东西向），东西向的共有 6 处 118 座（其中饮牛沟墓地间有南北向）。

[②] 1959 年清理的 2 座墓葬"头北脚南"。参见郑隆：《内蒙古扎赉诺尔古墓群调查记》，《文物》1961 年第 9 期。1960 年发掘清理的 31 座墓葬，头向正北 5 座，北略偏西 16 座（其中 9 座偏西在 10°内），6 座北偏东（2°—12°）。参见内蒙古文物工作队：《内蒙古扎赉诺尔古墓群发掘简报》，《考古》1961 年第 12 期。1984 年清理 5 座，"头向北"。参见王成：《扎赉诺尔圈河古墓清理简报》，《北方文物》1987 年第 3 期。1986 年发掘清理的 15 座墓葬中，北偏西 8 座（340°—353°），北偏东 7 座（3°—18°），其中 M3008 上、下层各葬 1 人，上层头向 15°，下层 8°。参见内蒙古文物考古研究所：《扎赉诺尔古墓群 1986 年清理发掘简报》，内蒙古文物考古研究所编，李逸友、魏坚主编：《内蒙古文物考古文集》第 1 辑，北京：中国大百科全书出版社，1994 年，第 369—383 页。1994 年清理 3 座，M1 正北，M2、M3 分别为 340°、335°。参见陈凤山、白劲松：《内蒙古扎赉诺尔鲜卑墓》，《内蒙古文物考古》1994 年第 2 期。所有这些墓葬因分区不同而有东汉前期至中晚期之差。

[③] 中国科学院考古研究所内蒙古工作队：《内蒙古巴林左旗南杨家营子的遗址和墓葬》，《考古》1964 年第 1 期。报告以其时代上限在公元 1 世纪，下限在 4 世纪。乔梁《鲜卑遗存的认定与研究》因南杨家营子墓地文化因素错综，难以归入 7 组鲜卑遗存而单列。参见许倬云、张忠培主编：《中国考古学的跨世纪反思》下册，香港：商务印书馆，1999 年，第 491—493 页。

[④] 辽宁省文物考古研究所、朝阳市博物馆：《朝阳王子坟山墓群 1987、1990 年度考古发掘的主要收获》，《文物》1997 年第 11 期。文中只介绍了上述 5 墓方向，一般都以这批两晋墓葬为慕容鲜卑遗存。

向大都朝北，少数偏西北或东北。① 这些似亦体现了"长左而北乡"的观念，但问题在于，北族尤其是鲜卑墓葬头向大都北向偏西，不少偏西幅度之大已非定向误差可解，更有一些头向正西的墓葬。这种墓葬头向为西的现象，亟待结合相应墓式、葬具、随葬品的类型学分析展开研究，且足令人联想其与拓跋氏西向祭天存在渊源，但有必要先行明确下列事实。

一是在考古学界所认为的"早期拓跋鲜卑墓葬"中，头向朝西并不普遍。整个墓地已知墓葬和头向皆西的，仅有 1988 年发掘清理的七卡墓地 5 座墓葬，② 以及 1999 年发掘的二连浩特盐池墓地 1 座墓葬。③ 由于数量甚少，难以判断其所在部落葬式是否皆头向西。其余墓地多头向北略偏西，间有西向。④ 如 1994 年发掘清理包头阿善沟门 2 座墓葬，BAM1 头向西南（227°），而 BAM2 头向西偏北仅 15°（285°），实可视为西向。⑤ 1998 年发掘清理的东大井 18 座东汉晚期墓葬多头向西北（310°以上），但其中的 SDM15 为 287°，亦可视为西向。⑥ 2001 年发掘

---

① 奥德巴特尔：《鄂尔浑省艾尔根敖包墓地进行的考古发掘与研究》，特尔巴依尔译，中国人民大学北方民族考古研究所、中国人民大学历史学院考古文博系编：《北方民族考古》第 7 辑，北京：科学出版社，2019 年。关于该墓地的族属，蒙古学者多认为是匈奴，中国学者多认为是鲜卑或柔然，主体部分属东汉时期。

② 呼伦贝尔盟文物管理站、额尔古纳右旗文物管理所：《额尔古纳右旗七卡鲜卑墓清理简报》，内蒙古文物考古研究所编，魏坚主编：《内蒙古文物考古文集》第 2 辑，北京：中国大百科全书出版社，1997 年，第 457—460 页。5 墓均竖穴土坑、单人仰身直肢葬，头向西，简报认为其时期早于拉布达林，近年多以为应在东汉中晚期。潘玲认为至少其中有的墓葬"年代在十六国或略晚"（《对部分与鲜卑相关遗存年代的再探讨》，吉林大学边疆考古研究中心编：《边疆考古研究》第 13 辑，北京：科学出版社，2013 年，第 207—226 页）。

③ 魏坚主编：《内蒙古地区鲜卑墓葬的发现与研究》，第 106—111 页。倪润安认为盐池墓葬的带饰特点不能纳入鲜卑文化系统，其族属待定。

④ 干志耿、孙秀仁述鲜卑墓式的特点"头向多数偏向西北，也有少数向西的"（《关于鲜卑早期历史及其考古遗存的几个问题》，《民族研究》1982 年第 1 期）。郑君雷认为："早期拓跋鲜卑墓地绝大多数墓向朝北……早期东部鲜卑多数墓葬成排分布，但是不同墓地墓向不统一（王子坟山等地同一墓地墓向也不一致），有东、西向，东北—西南向，南—北向，西北—东南向、西南—东北向等。"（《察右后旗三道湾墓地文化因素分析》，《内蒙古文物考古》1998 年第 2 期）

⑤ 魏坚主编：《内蒙古地区鲜卑墓葬的发现与研究》，第 189 页。发掘者认为其时期在北魏建立前后。

⑥ 魏坚主编：《内蒙古地区鲜卑墓葬的发现与研究》，第 101—102 页。发掘者认为其时期在东汉晚期。

清理的团结墓地 7 座墓葬，除 HTM7 墓向不明外，HTM2（298°）、HTM3（303°）、HTM4（292°）、HTM5（305°）头向皆西北偏西，HTM1（307°）、HTM6（320°）为西北偏北。其中 HTM4 西偏北 22°，大致亦为西向。[1] 至于被大部分考古学者视为"早期拓跋鲜卑墓葬"典型的扎赉诺尔和拉布达林墓地，[2] 前者头向已如前述，为北、西北、东北和东向；后者于 1987 年、1992 年发掘清理了 27 座墓葬，正北向的 7 座，北偏西（330°—355°）有 16 座，北偏东（5°—18°）4 座；[3] 两墓地皆无头向为西的墓葬。

二是头向朝西也多见于所谓"早期东部鲜卑"等族群墓葬。如 1957 年发掘清理的房身村 3 座石筑单室晋代墓葬，其中 M3 形制较小，墓向 155°，头向西；M1、M2 形制较大，墓向分别为 100°、110°，头向不明。[4] 1958 年发掘清理的皮条沟 3 座东汉晚期墓葬，M1 头向正西，面朝北；M2 西向偏北，M3 南向偏西。[5] 1961 年发掘清理的完工 2 座多人合葬墓皆头向朝北。[6] 1963 年在完工进而发掘清

---

[1] 魏坚主编：《内蒙古地区鲜卑墓葬的发现与研究》，第 3—15 页。发掘者认为其时期上限为东汉中晚期。

[2] 目前大部分学者都把扎赉诺尔和拉布达林墓葬群视为"早期拓跋鲜卑遗存"的代表，持不同意见的如倪润安认为拉布达林与七卡、伊和乌拉墓葬自成一组。参见《呼伦贝尔地区两汉时期考古遗存的分组与演变关系》，吉林大学边疆考古研究中心编：《边疆考古研究》第 9 辑，北京：科学出版社，2010 年，第 105—125 页。

[3] 内蒙古文物考古研究所、呼伦贝尔盟文物管理站、额尔古纳右旗文物管理所：《额尔古纳右旗拉布达林鲜卑墓群发掘简报》，内蒙古文物考古研究所编，李逸友、魏坚主编：《内蒙古文物考古文集》第 1 辑，第 384—396 页。简报述其时间不早于东汉初，皆土坑竖穴墓、仰身直肢葬，多单人葬。伊敏河地区孟根楚鲁等三处 11 座墓葬头向之况也与之相类。参见程道宏：《伊敏河地区的鲜卑墓》，《内蒙古文物考古》总第 2 期，1982 年。

[4] 陈大为：《辽宁北票房身村晋墓发掘简报》，《考古》1960 年第 1 期。

[5] 金学山：《内蒙古托克托县皮条沟发现三座鲜卑墓》，《考古》1991 年第 5 期。3 墓皆单人仰身直肢葬，墓圹不明。乔梁认为皮条沟及二兰虎沟、三道湾、叭沟、赵家房村、黑沟村西、善家堡村西等墓地难以视为拓跋鲜卑遗存，将这些墓葬视为"檀石槐迄柯比能阶段东部鲜卑遗迹的看法似乎更接近实际"。参见《内蒙古中部的早期鲜卑遗存》，吉林大学考古系编：《青果集·吉林大学考古系建系十周年纪念文集》，北京：知识出版社，1998 年，第 301—308 页；潘玲：《长城地带早期鲜卑遗存文化因素来源分析》，吉林大学边疆考古研究中心编：《边疆考古研究》第 11 辑，北京：科学出版社，2012 年，第 183—198 页。

[6] 潘行荣：《内蒙古陈巴尔虎旗完工索木发现古墓葬》，《考古》1962 年第 11 期。

理的 4 座墓葬中，唯 M1 保存尚好，分为两层，上层葬有 4 具小孩骨架，下层葬有 26 具零散人骨而无头向可言；然墓底北壁葬一仰身直肢、头西脚东的完整骨架，地位特殊。[①] 1980 年、1981 年发掘清理的榆树老河深墓地中层 129 座汉代鲜卑或夫余墓葬，正西向的共有 32 座；西向偏北或南小于 25°的共有 71 座，[②] 西向比重之高令人印象深刻。以上墓地头向不一，除房身村墓地多被视为"东部鲜卑"遗存外，其他各处的族属性质尚难断论，时间上限早至西汉的完工、老河深墓地族属很可能不是鲜卑，位于内蒙古中部的皮条沟墓地，考古学界或视为拓跋鲜卑南迁遗存，或看作东汉晚期檀石槐至轲比能联盟时期的东部鲜卑遗存。

三是先秦至西汉时期的东胡、匈奴等族墓葬早有头向为西现象。如黑龙江泰来县平洋两处墓地，有可能是春秋晚期以降东胡系族群遗存，或战国至西汉东北本土族群的遗存，1984—1985 年共发掘清理 97 座墓葬。其中战斗墓葬群发掘清理的 21 座墓葬俱西北向，砖厂墓葬群则出现不少西向略偏南、北的墓葬：其中 M113（255°）、M175（265°）、M176（265°）、M196（255°）俱西向略偏南；M131（276°）、M132（288°）、M142（275°）、M162（280°）、M165（273°）、M180（288°）、M194（280°）、M197（282°）俱西向略偏北，所偏均小于 20°，可视为西向。[③] 时期约当西汉前期的新疆东天山北麓巴里坤县石人子乡东黑沟遗址，有可能是当地土著或匈奴遗存，2006—2007 年共发掘清理 12 座墓葬，10 座东南—西北向，2 座东北—西南向。其中 M12 为中型墓，头向西北（322°）；M10

---

[①] M1A 方向 213°，M1B 方向 210°，M2 方向 134°，M3 方向 137°。俱见内蒙古自治区文物工作队：《内蒙古陈巴尔虎旗完工古墓清理简报》，《考古》1965 年第 6 期。关于完工墓群族属性质的讨论，参见宿白：《东北、内蒙古地区的鲜卑遗迹——鲜卑遗迹辑录之一》，《文物》1977 年第 5 期；潘玲：《完工墓地的文化性质和年代》，《考古》2007 年第 9 期。

[②] 另有正东向 10 座，东向偏南或北小于 25°的 11 座，东北向 2 座（50°、60°），西南向 2 座（皆 230°）。参见吉林省文物考古研究所编：《榆树老河深》，北京：文物出版社，1987 年，第 157—164 页。发掘者以老河深中层墓葬族属为鲜卑，近年学界多以为是夫余遗存。参见刘景文、庞志国：《吉林榆树老河深墓葬群族属探讨》，《北方文物》1986 年第 1 期。

[③] 黑龙江省文物考古研究所等编：《平洋墓葬》，北京：文物出版社，2011 年，第 243—248、253 页。作者认为平洋墓葬的时间下限为战国晚期，东西向与南北向墓葬分为二系，相互影响。潘玲、林沄认为平洋墓葬应属战国至西汉时期的汉书二期文化，将之分为二系也是说不通的。参见《平洋墓葬的年代与文化性质》，吉林大学边疆考古研究中心编：《边疆考古研究》第 1 辑，北京：科学出版社，2002 年，第 194—203 页。

为小型墓,头向西略偏北。① 考虑到与之相距不远的黑沟梁遗址 64 座墓葬中,也有一些是头向西略偏北的;② 再联系陕西神木县大保当东汉南匈奴墓地 M1 墓室东向(107°),其中二棺俱头西脚东;③ 可见匈奴等族也有墓室朝东而头向为西者。然则春秋战国至两汉毛庆沟、饮牛沟和蒙古国奴赫金阿姆、俄罗斯外贝加尔湖伊沃尔加匈奴墓地中的部分东西向墓葬中,亦应包括若干头向为西者。也就是说,早在所谓"早期拓跋鲜卑"形成以前,墓葬头向为西就已出现于蒙古高原至西域及外贝加尔湖至东北地区的诸多族群中。

由上可见,墓葬头向朝西早自先秦以来已与北族的太阳崇拜及"尚左而北乡"之俗共存,广泛而零散地出现于考古学界所认为不同族属的墓葬之中。故若肯定头向朝西寓有一定宗教文化内涵并与西向祭天存在某种渊源,那么其早先实非鲜卑,更遑论是"早期拓跋鲜卑"特有习俗,除目前多以为夫余遗存的老河深中层墓群外,很难视之为整个部族、部落的葬俗,而只是其下家系或家族之习。因此,如果西向祭天确为拓跋鲜卑有别于鲜卑其他各部的重要标志,那么这一习俗的形成恐怕要晚于扎赉诺尔、拉布达林等墓群所处时期,是在相关族部不断迁徙至匈奴故地而与其他族部交融影响的过程中,才发展成为整个部落或联盟的重大祀典。

## 二、东胡族系的"西归"与西向之祀

关于拓跋氏祭天所以西向,目前学界的解释主要有三。一是以此为"魂归赤山"说所致。④ 即鲜卑亦如乌桓,以为族人死后亡魂皆归"辽东西北数千里"的赤山,⑤ 因其所崇神灵在西而须西向。二是以为北魏西郊祭天与石赵所奉"胡

---

① 新疆文物考古研究所、西北大学文化遗产与考古学研究中心:《新疆巴里坤县东黑沟遗址 2006—2007 年发掘简报》,《考古》2009 年第 1 期。其中 M15 为中型墓,未见人骨,然其葬具西宽东窄,头向亦西。
② 任萌:《从黑沟梁墓地、东黑沟遗址看西汉前期东天山地区匈奴文化》,《西部考古》第 5 辑,西安:三秦出版社,2011 年,第 252—290 页。
③ 西北大学文博学院等:《陕西神木大保当东汉画像石墓》,《文物》2011 年第 12 期。该墓地共清理发掘墓葬 3 座,M2 墓向 105°,尸体头向东南;M3 墓向 107°,尸体头向东。
④ 干志耿、孙秀仁:《黑龙江古代民族史纲》,哈尔滨:黑龙江人民出版社,1987 年,第 126 页。
⑤ 《三国志》卷 30《魏书·乌桓鲜卑东夷传》,第 832—833 页。

天"在邺城之西的方位相类，[1] 则其西向似受西域宗教文化影响。三是以为拓跋氏祭天而西向，与赫哲、蒙古、满族以西为尊之俗相仿。[2] 三种观点都有一定缺陷："魂归赤山"说与鲜卑墓葬多西北向之情况相合，[3] 但西北向毕竟不是西向，况且大部分鲜卑墓葬的西北向，其实皆北向偏西不到25°，仍可以"尚左而北乡"释之。认为祭天西向是受西域影响，尽管也可从早期鲜卑墓葬中有西域文化因子，[4] 以及拓跋君长立后须先铸"金人"之习来求证，[5] 但要说其最高祭典的方位取于羯胡或西域，还是疑问重重而难置信。以西为尊之俗则与西郊祭天同义，其背后原因尤其与拓跋氏相关习俗的关系仍待追索，否则根本无法以赫哲等族之俗来说明千年以前的拓跋氏尊西之习。

由此观之，长期以来北族部分成员墓葬头向朝西，正补充了这方面的证据，因而不失为揭示拓跋氏西向祭天原因的又一线索。东胡族系的墓葬朝向与祭祀方位确有关联，如前指出契丹"凡祭皆东向"，而迄今考古发掘的契丹墓向皆为东南（95°—175°），论者且谓其所以如此是要朝着日出方向。[6] 更值得注意的是，头向朝西现象在较早的鲜卑墓葬中仅零星存在，但在东汉中晚期至十六国时期的七卡墓地中显已增多。再到1988年发掘清理的大同南郊167座北魏墓葬中，头向

---

[1] 沈骞：《从〈沙州图经〉所记敦煌祆舍谈〈晋书·石季龙载记下〉所谓之"胡天"》，《敦煌学辑刊》2013 年第 3 期。文中以为"胡天"之祀并非祆教而是北狄族系的传统祭天之式，不合北族"尚左而北乡"之习。

[2] 康乐援引凌纯声的观点，认为拓跋人郊祭位置在西，"殆亦'祭神供祖先都在西坑'之意"，参见《从西郊到南郊——国家祭典与北魏政治》，第 167—168 页。

[3] 张博泉以为乌桓亡魂所归的赤山即今蒙古国北部的肯特山，参见《鲜卑新论》，长春：吉林文史出版社，1993 年，第 44—51 页。这是以辽东乌桓为基准，再把"数千里"固化以后的判断。马长寿则认为此赤山无法确指何地，参见《乌桓与鲜卑》，第 114 页。

[4] 早期鲜卑墓葬出土有玻璃珠及驼形牌饰等，但具有典型西域特色的玻璃器皿及高足杯等，均出土于时期较晚的三燕墓葬和代魏墓葬，可见其受西域文化影响是由弱渐强的。参见魏坚主编：《内蒙古地区鲜卑墓葬的发现与研究》，第 32、328—332 页；黎瑶渤：《辽宁北票县西官营子北燕冯素弗墓》，《文物》1973 年第 3 期；山西大学历史文化学院、山西省考古研究所、大同市博物馆编著：《大同南郊北魏墓群》，北京：科学出版社，2006 年，彩版 11—13。

[5] 《魏书》卷13《皇后列传》，第 321 页。吕思勉即以此为"受诸西域"，参见《两晋南北朝史》，上海：上海古籍出版社，2020 年，第 1055 页。

[6] 彭善国：《辽代契丹贵族丧葬习俗的考古学观察》，吉林大学边疆考古研究中心编：《边疆考古研究》第 2 辑，北京：科学出版社，2004 年，第 298—308 页。

正西和偏差小于 25°大致西向的，已在 4 类墓葬中皆占多数，[1] 故倪润安将头向朝西概括为北魏墓葬的考古学特征之一。[2] 这种墓葬头向朝西在相关墓地中渐占多数的现象，似正反映迁都平城前后西向祭天既为北魏最高祭典，"西向"作为特定宗教符号在拓跋鲜卑核心和附从成员中遂得流行。[3]

现在的问题是，从长期以来北族部分成员墓葬头向朝西，到拓跋氏及以之为核心的联盟终于确定祭天西向，其间究竟发生了什么？是什么因素促使西方得以跃升为整个拓跋氏部落和联盟最高祭祀所崇方位呢？从大的历史背景来考虑这个问题，就不能不深思东胡族群的历史记忆和鲜卑各部长期以来分化西迁的历程。

《史记·匈奴列传》载秦穆公时北边诸戎之况：

> 自陇以西有绵诸、绲戎、翟、獂之戎，岐、梁山、泾、漆之北有义渠、

---

[1] 17 座土坑竖穴墓中，M4 空墓，M139 头向正西，西向偏北不到 25°有 8 座（275°—295°），西北向 3 座（300°—350°），东向偏北 2 座（105°、114°），南向偏西 2 座（195°、200°）。51 座竖井墓道土洞墓中，头向正西 2 座（M135、M169），西向偏北不到 25°有 29 座（275°—295°），北向偏西 1 座（M69，335°），南向偏西或东 16 座（170°—210°），东向偏北 2 座（M56，115°；M63，110°），北向偏东 1 座（M9，5°）。98 座长斜坡底墓道土洞墓中，M11 头向正西，西向偏北或南不到 25°有 54 座（245°—295°，M112 墓向 167°、M128 墓向 190°、M175 墓向 245°，均头向西），西北向 6 座（296°—300°），北向 1 座（M48 墓向 180°，头向北），南向偏西 27 座（180°—205°），东向偏北 9 座（94°—115°）。长斜坡底墓道砖室墓 1 座头向西偏北（M117，290°）。参见山西大学历史文化学院等编：《大同南郊北魏墓葬》，北京：科学出版社，2006 年，第 390—432 页。

[2] 倪润安概括北魏平城墓葬有定型于太武帝时的"北魏制"和定型于文成帝、孝文帝以来的"晋制"两类，其中北魏制早期墓葬的特征之一为西向，并认为其来自檀石槐鲜卑以西向为主的葬俗。参见《北朝至隋代墓葬文化的演变》，《社会科学战线》2022 年第 2 期。然其"西向"尺度过宽（226°—314°），所举檀石槐鲜卑墓葬实际多向北偏西，如三道湾墓地 1983 年发掘清理的 25 座墓葬方向"基本在 290—326°之间"。东大井墓地 1998 年发掘清理的 18 座墓葬"头向多为 310—345°之间"。团结墓地 2001 年发掘清理的 7 座墓葬中，有方向记录的 6 座，5 座在 298°—320°间，只有 HTM4 西向偏北不到 25°（292°）。参见魏坚主编：《内蒙古地区鲜卑墓葬的发现与研究》，第 5—9、16—22、56 页。故目前无法断定檀石槐鲜卑墓葬以头向西为主，只能说墓葬头向朝西现象有所增加。参见倪润安：《光宅中原——拓跋至北魏的墓葬文化与社会演进》，上海：上海古籍出版社，2020 年，第 146 页。

[3] 北魏墓葬中头向南、东、北者，无妨视为汉人和鲜卑其他族部的葬俗，其墓葬文化因子则你中有我、我中有你。如墓葬南向一般认为是汉人葬俗，但大同南郊北魏墓地 M253 南向略西（190°），其棺右侧彩绘有鲜卑冠服宴饮者多人，是为平城当时胡汉交融之证。参见山西大学历史文化学院等：《大同南郊北魏墓葬》，第 332—335 页。

> 大荔、乌氏、朐衍之戎，而晋北有林胡、楼烦之戎，燕北有东胡、山戎。各
> 分散居溪谷，自有君长，往往而聚者百有余戎，然莫能相一。①

可见春秋时东胡与诸戎错居，其王帐或在燕北。战国时北边诸"戎"已多名为
"胡"。② 东胡亦趋于强盛而势力扩展，③ 虽被燕将秦开袭破而却地千里，仍致力
于侵吞西边匈奴之地。汉初匈奴冒顿单于崛起以后，遂倾国东击，"大破灭东胡
王，而虏其民人及畜产"。王沈《魏书》记载：

> 乌丸者，东胡也。汉初，匈奴冒顿灭其国，余类保乌丸山，因以为号
> 焉……鲜卑亦东胡之余也，别保鲜卑山，因号焉。其言语习俗与乌丸同。④

从中可见东胡灭国后两支"余类"的下落。要之，战国至汉初以前，东胡常在燕
赵之北，其地西邻匈奴，在冒顿单于崛起之前，漠北相当一部分地区有可能皆为
东胡占据。⑤ 至东胡国灭，其人畜多为匈奴掳获，余类散至大兴安岭一带的主要

---

① 《史记》卷 110《匈奴列传》，第 2883 页。《索隐》释其中的"东胡"一词曰："服虔云：
　　'东胡，乌丸之先，后为鲜卑。在匈奴东，故曰东胡。'"（第 2885 页）
② 《史记·匈奴列传》载秦昭王以来北边形势："于是秦有陇西、北地、上郡，筑长城以拒
　　胡。而赵武灵王亦变俗胡服，习骑射，北破林胡、楼烦，筑长城，自代并阴山下，至高
　　阙为塞，而置云中、雁门、代郡。其后燕有贤将秦开，为质于胡，胡甚信之。归而袭破
　　走东胡，东胡却千余里。"（《史记》卷 110《匈奴列传》，第 2885—2886 页）参见顾炎
　　武：《日知录》卷 32"胡"条，黄汝成集释，秦克诚点校：《日知录集释》，长沙：岳麓
　　书社，1994 年，第 1158—1159 页。
③ 《史记》卷 43《赵世家》惠文王二十六年，"取东胡欧代地"。《史记》卷 81《廉颇蔺相
　　如列传》述李牧"灭襜褴，破东胡，降林胡，单于奔走。其后十余岁，匈奴不敢近赵边
　　城"（第 1821、2450 页），是战国东胡与赵相接。
④ 《三国志》卷 30《魏书·乌桓鲜卑东夷传》，第 832、836 页。
⑤ 《逸周书·王会解》引《商书·伊尹朝献》述正北诸族包括"东胡"，孔注其皆"北狄之
　　别名也"（黄怀信等撰：《逸周书汇校集注》，上海：上海古籍出版社，1995 年，第 980
　　页）。《山海经·海内西经》："东胡在大泽东，夷人在东胡东。"（袁珂：《山海经校注》，
　　成都：巴蜀书社，1993 年，第 343—344 页）此"大泽"所指不明，若为《魏书·序纪》
　　所载者，马长寿推之为呼伦湖（参见《乌桓与鲜卑》，第 243 页）。吉本道雅《魏书序纪
　　考证》推其在燕然山以南的浚稽山和涿邪山之间（魏煜民译，周伟洲主编：《西北民族
　　论丛》第 21 辑，北京：社会科学文献出版社，2020 年，第 311—337 页）。张博泉认为
　　可能在蒙古国西部科布多地区（参见《鲜卑新论》，第 72 页）。

有乌桓、鲜卑。这样的历史和迁徙状态，即是判断东胡并非"通古斯（Tunguse）"的重要依据，① 也是今人理解乌桓、鲜卑一系列特点的重要前提。

乌桓、鲜卑对于东胡是有深刻记忆的，王沈《魏书》载乌桓的"魂归赤山"说及相关葬俗：

> 敛尸有棺，始死则哭，葬则歌舞相送。肥养犬，以采绳婴牵，并取亡者所乘马、衣物、生时服饰，皆烧以送之。特属累犬，使护死者神灵归乎赤山。赤山在辽东西北数千里，如中国人以死之魂神归泰山也。至葬日，夜聚亲旧员坐，牵犬马历位，或歌哭者，掷肉与之，使二人口颂咒文，使死者魂神径至，历险阻，勿令横鬼遮护，达其赤山，然后杀犬马衣物烧之。②

民族志调查表明，死后以巫觋念诵祝文并殉牲护送亡魂前往某地的仪式，一般均为其族源和迁徙传说的体现。③ 很难设想乌桓的送葬之俗是其到达乌桓山后所创，而只能是从东胡时期带来，所反映的应是东胡原有的族源和迁徙传说。故同属东胡余类而与乌桓同俗的鲜卑，自亦有其世世吟诵的族源传说和亡魂归返之地。如拓跋鲜卑传说其祖先在"幽都之北，广漠之野"而不断"南迁"；④ 慕容鲜卑相传其先"君北夷，邑于紫蒙之野"，而后才"世居辽东"；⑤ 陇西鲜卑乞伏氏则传

① 白鸟库吉：《东胡民族考》上《东胡考》，方壮猷译，太原：山西人民出版社，2015年，第1—18页。
② 《三国志》卷30《魏书·乌桓鲜卑东夷传》，第832—833页。
③ 马长寿已提出王沈书载乌桓"使二人口诵咒文，使死者魂神经至历险阻，勿令横鬼遮，护达其赤山"，也就是"延请萨满诵指路经"（参见《乌桓与鲜卑》，第114页）。西南地区的彝族、苗族等族各部均有《指路经》，反映了其各自的迁徙历程和传说形态（参见云南省少数民族古籍整理出版规划办公室编：《指路经（第一集）》，昆明：云南民族出版社，1989年，"前言"，第1—2页；侯健：《苗族指路经》，昆明：云南民族出版社，2017年，"后记"，第172—174页）。
④ 《魏书》卷1《序纪》，第1页。
⑤ 《十六国春秋辑补》载晋元康四年（294）慕容廆"定都大棘城，所谓紫蒙之邑"（崔鸿撰，汤球辑补：《十六国春秋辑补》卷23《前燕录一》，聂溦萌等点校，北京：中华书局，2020年，第279、281页）。这个"紫蒙之邑"显然不是其先人为"北夷"时所居，而是像乌桓的渔阳赤山那样为后来所名。

其先"自漠北南出大阴山"。[1] 这些传说记载的迁徙方向都是自北向南，[2] 根本不符其作为东胡余类，自燕赵之北向东退至大兴安岭一带，再返至匈奴故地及陇右、河西等地的实际历程，原因就在其本为东胡的族源传说，相传其祖先皆发祥于鄂尔浑河流域至贝加尔湖以东这个最为重要的北族策源地，[3] 这是鲜卑各部族源传说皆来自东胡时期的明证。

这种深入心灵的记忆，对于认识东胡族群后来的动向相当重要。如鲜卑族群重新壮大以后的主要迁徙路线无疑是西归，学界熟知慕容鲜卑是从辽西、辽东地区发展至阴山一带，[4] 拓跋鲜卑则自大兴安岭地区最终抵达河套北部匈奴故地，大方向皆是向西。又，慕容鲜卑自亦洛瘣（即慕容廆）时分化出其兄吐谷浑所率一支，最终辗转西迁至今青海一带立国；[5] 拓跋鲜卑则有诘汾长子疋孤在力微时率众西走，其裔后来成为河西南凉政权的统治者。[6] 另据林幹研究，河西鲜卑除秃发部外，不同时期出现于载籍的还有乙弗、折屈、意云、车盖、麦田和北山等部；陇西鲜卑除乞伏氏外，又有鹿结、吐赖、勃寒、匹兰、密贵、苟裕、提伦、没弈于、越质叱黎、豆留鞬、叱豆浑、南丘鹿、大兜国、叠掘河内、悦大坚、仆

① 崔鸿撰，汤球辑补：《十六国春秋辑补》卷 85《西秦录一》，第 955 页。《周书》卷 1《文帝纪》述宇文氏之先"遁居朔野"，世为鲜卑大人，"普回子莫那自阴山南徙，始居辽西"（第 1 页），为其与鲜卑融合后的南迁传说。

② 彝族《指路经》按家系或家族各有系统，其基本方向及主旨和所含母题相类而具体文句和名物多有不同（参见果吉·宁哈、岭福祥主编：《彝文〈指路经〉译集》，北京：中央民族学院出版社，1993 年，"前言"，第 1—6 页）。鲜卑各部的族源传说亦当类此。

③ 如柔然属东胡族系，自承与拓跋氏同源；其与突厥语族的丁令、坚昆等俱起源于这一地带。参见亦邻真：《中国北方民族与蒙古族族源》，《亦邻真蒙古学文集》，呼和浩特：内蒙古人民出版社，2001 年，第 544—582 页。

④ 《大周故青海王墓志铭》述武周时期吐谷浑乌地也拔勤豆可汗："讳忠，阴山人也……天启斗马，率众西迁，地据伏龙，称孤南面。"（周伟洲编著：《吐谷浑资料辑录》，北京：商务印书馆，2017 年，第 64—65 页）武威地区近年出土的武周时期吐谷浑贵族《慕容智墓志》亦述志主"阴山人"（参见甘肃省文物考古研究所等：《甘肃武周时期吐谷浑喜王慕容智墓发掘简报》；刘兵兵等：《唐〈慕容智墓志〉考释》，《考古与文物》2021 年第 2 期）。吐谷浑王室自称阴山人，即其西徙之出发地。

⑤ 《宋书》卷 96《鲜卑吐谷浑传》，北京：中华书局，1974 年，第 2369—2371 页；《魏书》卷 101《吐谷浑传》，第 2233 页。

⑥ 崔鸿撰，汤球辑补：《十六国春秋辑补》卷 89《南凉录一》，第 991—992 页；林宝撰：《元和姓纂》卷 10《秃发》，岑仲勉校记，北京：中华书局，1994 年，第 1478—1479 页。

浑等部，其成员数百千至数万落不等。① 这些部落显非皆从鲜卑山一带开始西迁，有的可能只是附从鲜卑的其他族群，却仍展示了鲜卑族群在数百年中不断分化迁徙和融合发展，终于从大兴安岭一带逐渐遍布漠南北和陇右、河西以至更广地区的历史景象。而要解释他们之所以前仆后继地顽强西进，除生存环境、资源争夺和族群关系影响外，东胡兴亡史及其作为曾经强盛的东胡后裔而返归先人故地的执念和惯性，应该也是一重历史渊源和心理动因。

西迁历程所蕴意义和带来的冲击、影响，对鲜卑各部来说并不一致。大部分部落的迁徙史都被遗忘湮没，但对最终得以发展壮大甚至建立政权者来说，迁徙途中精神信仰的巩固升华、族群的分化组合和通婚融合，部落组织和管理架构经历的锻打锤炼，都是题中应有之义，并有机会书入其再造家国的历史叙事，诸如慕容氏、吐谷浑、秃发氏、乞伏氏等皆是如此。对于拓跋鲜卑，漫长而艰险的西迁历程同样促成了与匈奴、高车等族部的融合，扩大了联盟架构和基础，更形成了帝族八姓、十姓这样的核心集团。② 在精神领域，纷纷西归而处于不断交流融合之中的鲜卑各部，似乎也在赋予西向以特定价值，七卡墓地和檀石槐联盟以来鲜卑墓葬头向朝西现象的增多，当可反映西向不仅寓有回归东胡故地、恢复先人荣光的美好愿景，而且也是天地祖先神灵所在。这或许就是北魏平城墓葬头向朝西终成主流所蕴的思想背景。因此，如果拓跋氏西向祭天确与北族部分成员墓葬头向朝西所寓的宗教观念相关，正是这些成员最终把所尚西向上升为部落或联盟最高祭典的迎神方位，那就可以合理地推断其正是在向西跋涉的艰难历程中强化的。③ 从而又可发问，其漫长

---

① 林幹：《鲜卑拓跋、秃发、乞伏三部的早期历史及其南迁路线的初步探索》，《北方文物》1989 年第 3 期；周伟洲：《魏晋十六国时期鲜卑族向西北地区的迁徙及其分布》，《民族研究》1983 年第 5 期。

② 《魏书》卷 111《刑罚志》载"宣帝南迁，复置四部大人，坐王庭决辞讼"（第 2873 页）；卷 113《官氏志》载"安帝统国，诸部有九十九姓。至献帝时，七分国人，使诸兄弟各摄领之，乃分其氏"（第 3005 页）。据《魏书·序纪》，宣、献二帝因擘画"迁徙策略"而并号"推寅"（第 2 页）。献帝七分国人当与宣帝置四部大人相类，亦为迁徙策略之一。

③ 《魏书》卷 108 之一《礼志一》述其祖宗"石室南距代京可四千余里"（第 2739 页）。这显然是太武帝时使者前往祭祀的距离，当年迁徙自然路途更长也更曲折。有一个事实似可佐证西迁历程对墓葬头向的影响，匈奴墓葬大多头向朝北，但新疆和中亚地区发掘的北匈奴墓葬则多头向朝西。参见马利清：《关于北匈奴西迁的考古学新探索》，《内蒙古社会科学》2004 年第 1 期。

途中清晨出发阳光所照和傍晚宿营日落的前方，是否每天都在启示天地之灵和东胡祖地神祇在前的观念？这是否就是西向祭天终为大部分成员接受的基础？能否以此理解北魏所存"上叙祖宗开基所由，下及君臣废兴之迹"的《真人代歌》，所以要在掖庭中"昏晨歌之"的原因呢？①

## 三、西向祭天之始及其所寓北族旧俗

在探讨拓跋西向祭天问题时，学界很少注意文献所载最早的"西向拜天"之例，出现在《魏书·徒何段就六眷传》：

> 本出于辽西。其伯祖日陆眷，因乱被卖为渔阳乌丸大库辱官家奴。诸大人集会幽州，皆持唾壶，唯库辱官独无，乃唾日陆眷口中。日陆眷因咽之，西向拜天曰："愿使主君之智慧禄相尽移入我腹中。"②

其事约在汉魏间，"徒何"指鲜卑段部、慕容部等族群。③由于乌桓尚东史有明文，日陆眷西向拜天恐不会是奴从主俗，而应与前述北族部分成员尤其是老河深墓地、檀石槐鲜卑某些墓葬和七卡墓地的头向朝西现象相连考虑。无论如何，此事表明汉末辽西鲜卑若干家族或部落似已形成西向拜天之习。

日陆眷西向拜天是文献所载孤例，其详难究，诸多问题包括其与一段时期以来拓跋氏所主联盟西向祭天的关系等，现在都只能存疑。今存记载中略可明确的是，拓跋鲜卑在力微为君长时已西向祭天。《魏书·序纪》述拓跋力微在位第39年（259）迁都定襄之盛乐：

---

① 《魏书》卷 109《乐志》，第 2828 页。

② 《魏书》卷 103《徒何段就六眷传》，第 2305 页。

③ "徒何"词源甚早而所指不一，或以为"东胡之先"，或指"东北夷"，《魏书》中的"徒何"多指辽东、西一带慕容、段部等鲜卑族群，除《徒何段就六眷传》外，又如《魏书》卷 1《序纪》载"昭帝崩，徒何大单于慕容廆遣使朝贡"（第 7 页）；卷 3《太宗纪》载泰常元年十月"徒何部落库傉官斌先降，后而复叛归冯跋"（第 56 页）；卷 101《吐谷浑传》载其"本辽东鲜卑徒何涉归子也"（第 2233 页）。

夏四月，祭天，诸部君长皆来助祭，唯白部大人观望不至，于是征而戮之，远近肃然，莫不震慑。①

力微迁于盛乐会聚各部祭天，诛杀观望不至之白部大人，② 为拓跋氏抵达匈奴故地主导诸部大联盟之始，其义略类华夏传说大禹大会诸侯于会稽而斩后至之防风氏，遂被北魏国史传为奠立国基之举。需要说明的是，上引文述四月祭天固然合乎文献所载北魏西向祭天的常例，却未交代方位。《魏书·礼志一》述拓跋珪登国元年（386）即代王位于牛川，"西向设祭，告天成礼"。③ 其告天西向的原因见于《魏书·礼志三》载孝文帝与群臣论文明太后丧制：

东阳王丕曰："臣与尉元，历事五帝，虽衰老无识，敢奏所闻。自圣世以来，大讳之后三月，必须迎神于西，攘恶于北，具行吉礼。自皇始以来，未之或易。"④

所述大讳三月而行吉礼自道武帝皇始（396—398）以来皆然，但"迎神于西，攘恶于北"之俗显应更早。所谓"圣世"，当即《魏书·序纪》载圣武帝诘汾媾天女而生神元帝力微，嘱以"子孙相承，当世为帝王"以来的神圣帝系。⑤ 可见拓

---

① 《魏书》卷1《序纪》载神元帝力微即位"元年，岁在庚子"（第3页），即曹魏黄初元年，公元220年。

② 《史记》卷110《匈奴列传》载晋文公时有"赤翟、白翟"，《索隐》引杜预《左传注》述"西河郡有白部胡"（第2883—2884页）。《魏书》中的"白部"自十六国以来即已活动于并州、朔方一带，于拓跋代则时附时叛（参见卷1《序纪》、卷23《刘库仁附弟眷传》，第16、605页）。马长寿以为北魏建立后，拓跋氏"把鲜卑名称霸为己有，对于东部鲜卑的段氏、慕容氏集团称为'白部'或者'徒何'"（参见《乌桓与鲜卑》，第171页）。

③ 《魏书》卷108之一《礼志一》，第2734页。同书卷2《太祖纪》唯载登国元年春正月戊申，"帝即代王位，郊天，建元，大会于牛川"（第20页）。

④ 《魏书》卷108之三《礼志三》，第2787页。《资治通鉴》卷137《齐纪三》永明八年（490）十月亦载此事，"大讳"作"尤讳"，"自圣世以来"作"魏家故事"（北京：中华书局，1956年，第914—915页）。

⑤ 《魏书》卷1《序纪》述时人有谚曰"诘汾皇帝无妇家，力微皇帝无舅家"（第3页），显然是力微在位期间之谚。拓跋君长传子制至天女子孙相承说出现，才开始巩固起来，此即诘汾所以称"圣"，力微以后帝系所以神圣的要因。

跋珪即位告天所以要"西向设祭"，是因为自诘汾、力微父子相承以来即以为天地祖先之灵在西。① 这就与段日陆眷的"西向拜天"和部分鲜卑部落成员头向朝西之习，与前面所述鲜卑作为东胡余类的西归执念有了某种联系，有助于说明力微大会诸部于牛川而成联盟之主的"祭天"即为西向，无妨视之为拓跋氏西向祭天习俗形成的时间下限。②

若再向前推溯，北魏和南朝国史俱载西郊祭天坛上须立木主七（或七的倍数），祭祀时帝、后西向肃拜，还须"帝之十族子弟七人"复拜七次而毕。③ 这种以帝族十族 7 人参与祭祀而以拓跋氏主祭的状态，只能形成于献帝拓跋邻七分国人以来。《魏书·官氏志》载：

> 初，安帝统国，诸部有九十九姓。至献帝时，七分国人，使诸兄弟各摄领之，乃分其氏……献帝以兄为纥骨氏，后改为胡氏。次兄为普氏，后改为周氏。次兄为拓跋氏，后改为长孙氏。弟为达奚氏，后改为奚氏。次弟为伊娄氏，后改为伊氏。次弟为丘敦氏，后改为丘氏。次弟为侯氏，后改为亥氏。七族之兴，自此始也。④

其下文载"又命叔父之胤曰乙旃氏，后改为叔孙氏。又命疏属曰车焜氏，后改

---

① 各族早期并无纯粹的天神或至上神，早期宗教常将天地日月星辰及上天为神的祖灵混而祭之，如《史记·匈奴列传》载其五月大会茏城"祭其先、天地、鬼神"（第 2892 页）。《魏书》卷 108 之一《礼志一》载道武帝刘后祀彗星，"又置献明以上所立天神四十所"（第 2735 页）。另参见胡厚宣：《殷代之天神崇拜》，《甲骨学商史论丛初集（外一种）》上，石家庄：河北教育出版社，2002 年，第 206—241 页；葛维汉：《羌族的习俗与宗教》，《葛维汉民族学考古学论著》，成都：巴蜀书社，2004 年，第 46—54 页。

② 马长寿认为"这种祭礼是从古代的祭仪遗留下来的，至少在力微时已经形成这种祭仪"（《乌桓与鲜卑》，第 254 页）。

③ 《魏书》卷 108 之一《礼志一》载"天赐二年复四月，复祀天于西郊"之仪式甚详，"自是之后，岁一祭"。后文又载延兴二年（472）六月，"显祖以西郊旧事，岁增木主七，易世则更兆，其事无益于神明。初革前仪，定置主七，立碑于郊所"（第 2736、2740 页）。《南齐书》卷 57《魏虏传》载"城西有祠天坛，立四十九木人"于坛上，"常以四月四日杀牛马祭祀"；后文又载永明十年（即北魏太和十六年，492）萧琛、范云使北所见孝文帝西郊祭天之仪（北京：中华书局，1972 年，第 985、991 页）。

④ 《魏书》卷 113《官氏志》，第 3005—3006 页。

为车氏"，遂与帝裔合为十族，"国之丧葬祠礼，非十族不得与"。① 但乙旃氏及车焜氏毕竟血缘较疏，北魏有八部大人、八国常侍而无十部、十国之称，足见地位突出的仍是七分国人加帝裔形成的八族。② 此即西向祭天须由"十族子弟七人"与祀的由来，至于其所以须由帝、后先拜继由十族子弟七人再拜，正是在强调帝族共祭天地祖灵而作为君长直系的拓跋氏已为当然核心。③ 考虑到史载鲜卑各部君长世袭始于东汉末檀石槐死后，④ 拓跋氏君长世袭则始自献帝邻、圣武帝诘汾、神元帝力微祖孙三代相承，尤其是天女诞子说以来，则所谓"拓跋氏"及其特定地位皆当形成于这期间。因此，在鲜卑各部落原始祭仪的基础上，如果 1＋7 姓共祭天地祖灵确为拓跋氏所创西向祭天之式的独特内核，那么其形成的时间上限，即可断在拓跋邻七分国人至其子诘汾传子力微的范围内，也就是在《魏书·序纪》载献帝邻策划迁徙，实际则由圣武帝诘汾率领到达匈奴故地之间。

拓跋邻七分国人至其子诘汾传子力微，实为拓跋鲜卑发展史上的划时代事

---

① 《魏书·官氏志》，第 3006 页。其未明后补二姓是在何时。《元和姓纂》卷 10《乙千氏》："后魏献帝弟姓为乙千氏，居武川。"（第 1505 页）陈仪《魏书官氏志疏证》考"乙千"为"乙旃转音"，参见《二十五史补编》第 4 册，北京：中华书局，1955 年，第 4646 页。然则乙旃氏为献帝从弟，车焜氏为疏族或为族弟，亦献帝所命而不必与七分国人同时。又，姚薇元述长孙氏原为"拔拔"而非"拓跋"，亥氏原为"侯亥氏"而非"侯氏"，参见《北朝胡姓考》，北京：中华书局，1962 年，第 13—14、23 页。

② 庾信所撰《丘乃敦崇传》述道武帝"饮马河洛，兄弟十人，分为十姓。辨风吹律，丘氏即其一焉"（庾信撰，倪璠注：《庾子山集注》卷 11《周使持节大将军广化郡开国公丘乃敦崇传》，许逸民校点，北京：中华书局，1980 年，第 660 页）。康乐引此并据《通鉴》胡注，认为"十姓起于神元帝的可能性或许要更大些"，却仍采献帝时的旧说，认为其核心还是八族，加乙旃氏与车焜氏，其过程在呼伦贝尔草原已经完成（参见《从西郊到南郊——国家祭典与北魏政治》，第 37—50 页）。

③ 西郊祭天坛上竖立 7 根祭祀木杆，意即七族各祭其神而赞襄帝裔。罗新已明确南北国史系统所载祭天坛上的"木人"或"木主"，原型为北族多见的祭祀木杆，参见《拓跋祭天方坛上的木杆》，《云冈研究》2021 年第 2 期。现代阿尔泰语系的通古斯满洲语支和突厥蒙古语支各族均普遍存在立杆而祭之俗，杆上挂牲亦非鲜见，参见迪木拉提·奥玛尔：《萨满教的献祭行为》，《阿尔泰语系诸民族萨满教研究》，乌鲁木齐：新疆人民出版社，1995 年，第 136—153 页。

④ 《三国志》卷 30《魏书·乌丸鲜卑东夷传》，第 838 页。

件。姚薇元指出八姓中的"纥骨氏"、十姓中的"乙旃氏"皆为丁令（高车）部落，① 足见其"国人"构成本甚芜杂。至献帝邻以诸兄弟分领七族，加从、族兄弟所领则为九族，而以己之直系独为"拓跋"，遂相对于后附之部落而称"帝族"八姓和十姓，自此其姓已因世袭制建立而相承不变。据此事实和乌桓、鲜卑"氏姓无常，以大人健者名字为姓"之习，② 即可断言所谓"拓跋氏"作为帝族首姓专指帝室直系成员及其地位的定型，实不能早于七分国人之时，并有可能就是在族部冲突和融合不断的西迁途中。③ 在此之前，本谈不上有边界清晰而文化特点稳定传承的"拓跋鲜卑"族群；在此之后，其"国之丧葬祠礼，非十族不得与"的核心部分始渐明朗，但"国人"的构成也还在不断伸缩之中。④ 正是在确定"拓跋鲜卑"始于献帝邻七分国人以来的意义上，以西向迎神和帝族七姓共扈拓跋氏祭祀天地祖灵为特点，具体形成于拓跋邻、诘汾、力微祖孙三代君位相承过程中的西向祭天，实际上就是拓跋鲜卑在宗教精神上的奠基礼，是其族群意识开始自觉，族群特点定型发展的突出标志。

从文献所载拓跋氏西向祭天的诸多要节可以看出，其中不少皆为匈奴、鲜卑等北族的共俗，反映其原先并不异于其他族部的状态。其典型如西向祭天须众骑绕坛而驰，"谓

---

① 姚薇元：《北朝胡姓考》，第10、26页。

② 《三国志》卷30《魏书·乌丸鲜卑东夷传》裴注引王沈《魏书》，第832页。由于推举制下"大人健者"并非子孙相承，故部落乃至部族之名的稳定不变，是与君长世袭制联系在一起的。如《晋书》卷108《慕容廆载记》述其曾祖慕护跋为部落酋首，祖木延为左贤王，父涉归以全柳城之功，被晋拜为鲜卑单于，渐慕诸夏之风。慕护跋"魏初率其诸部入居辽西，从宣帝伐公孙氏有功，拜率义王，始建国于棘城之北。时燕代多冠步摇冠，慕护跋见而好之，乃敛发袭冠，诸部因呼之为步摇，其后音讹，遂为慕容焉。或云慕二仪之德，继三光之容，遂以慕容为氏"（北京：中华书局，1974年，第2803页）。所述"慕容"并非大人名字而仍由大人命名，其出典有二，皆源出慕护跋而定于涉归、廆父子继为单于时。

③ 马长寿提出："从拓跋鲜卑的起源和发展历史来看，此族由大兴安岭北段迁到呼伦贝尔大泽之时，我们只能称之为鲜卑，不能称之为拓跋。只有从大泽西迁以后，鲜卑部落已经与匈奴部落相混合，我们才可以称之为拓跋部或拓跋鲜卑。"（《乌桓与鲜卑》，第245页）另参见罗新：《论拓跋鲜卑之得名》，《历史研究》2006年第6期。

④ 《魏书》卷1《序纪》载昭帝禄官"分国为三部"，与桓帝子猗㐌、桓帝弟猗卢各领其一。又载烈帝翳槐时贺兰部帅"蔼头不修臣职，召而戮之，国人复贰"（第5—6、11页），可见其"国人"构成之多变。

之绕天"，① 其源头至少可溯至《汉书·匈奴传》所载的"大会蹛林"，师古注曰：

> 蹛者，绕林木而祭也。鲜卑之俗，自古相传，秋天之祭，无林木者尚竖柳枝，众骑驰绕三周乃止。此其遗法。②

是鲜卑祭祀自古相传须绕神秆列骑驰绕，此习在北族早自匈奴大会蹛林已然。其后来之延续，如《魏书》卷74《尔朱荣传》载武泰元年（528）四月的河阴之变：

> 乃引迎驾百官于行宫西北，云欲祭天。朝士既集，列骑围绕，责天下丧乱，明帝卒崩之由，云皆缘此等贪虐，不相匡弼所致。因纵兵乱害，王公卿士皆敛手就戮，死者千三百余人。③

关于西向祭天仪节，学界多就《魏书·礼志一》及《南齐书·魏虏传》所述而论，为天兴建制及天赐二年（405）以来历经修饰之制，上引文载秀容胡酋尔朱荣拥立庄帝，欲于行宫西北"祭天"，要复行拓跋君长即位须西向祭天的旧式，④而亦于行宫西北旷地"列骑围绕"。由此推想，拓跋部早年在草原上祭天亦曾如此"绕天"。事实上，诸游牧民族的众骑驰绕活动不限于祭天，江上波夫指出，"以自然林木为圣所，于该处聚会，行祭祀、宴乐，或竖树枝，或积之为祭坛，会众绕其周匝，以祀天地诸神的习俗，东起太平洋沿岸，西迄东欧，北自西伯利亚，南至喜马拉雅山，至今仍为欧亚诸民族最普遍实行的宗教活动之一"。⑤ 因

---

① 《南齐书》卷57《魏虏传》载平城西祠天坛"常以四月四日杀牛马祭祀，盛陈卤簿，边坛奔驰奏伎为乐"；后文又载永明十年使参与观礼，"宏与伪公卿从二十余骑戎服绕坛，宏一周，公卿七匝，谓之蹋坛。明日，复戎服登坛祠天，宏又绕三匝，公卿七匝，谓之绕天"（第985、991页）。《资治通鉴》卷137《齐纪三》永明十年载此，"二十"作"二千"（第919页）。前引今井秀周「北魏における西郊について——鲜卑拓跋部の二つの祭天形态が語るもの」一文讨论过力微及登国元年以来西郊祭天的主要仪节，其中也对绕天问题作了讨论。

② 《汉书》卷94上《匈奴传上》，第3752页。

③ 《魏书》卷74《尔朱荣传》，第1648页。

④ 《魏书》卷108之一《礼志一》，第2751页。

⑤ 江上波夫：《匈奴的祭祀》，刘俊文主编：《日本学者研究中国史论著选译》第9卷《民族交通》，辛德勇等译，北京：中华书局，1993年，第3页。

而北魏西郊祭天的"蹋坛"、"绕天"环节，出自北族诸典礼仪式类皆诸骑驰绕的共习，必在力微牛川祭天和拓跋鲜卑形成以前即已存在。

即便是拓跋邻七分国人，在更早时候鲜卑族群的观念形态中也有迹可寻。1991 年发掘清理的北玛尼吐 26 座东汉初期鲜卑墓葬中，M15、M31、M36、M37、M40 死者脚部陶罐或陶壶内，均放置有 7 粒小石子；M160 一采集陶壶内置 14 粒；M122 一采集陶壶内置 21 粒。发掘者认为 7 和 7 的倍数的小石子为仔细挑选后特意放入，应反映了鲜卑祭祀天地鬼神和大人有健名者的习俗。① 这种现象亦非鲜卑独有，如突厥人对死者的哀悼祭神仪式，即须"绕帐走马七匝，诣帐门以刀剺面且哭，血泪俱流，如此者七度乃止"。② 相传为北族一支西徙的马札尔人（Mazar，magyar），早先也是由"七位首领选举 Almos 做他们的君主"。③ 这些都令人推想北族多见的 1 + 7 组织结构，也包括"七姓室韦"及契丹人的"古八部"和党项声称的"八氏十姓"之类，④ 均是西北和东北地区一种源远流长传统的产物，皆与阿尔泰语系通古斯满洲语支和突厥蒙古语支某些部落以 7 为神秘数字的共习相关。⑤ 换言之，拓跋邻七分国人和北魏西郊祭天坛上所立 7 或 7 倍数的神秆均渊源有自，是对北族某些部落共有观念旧习的继承和改造。

这类继承和改造的重要目的之一，是要与其他族部尤其是鲜卑各部"别其异"。如前述拓跋诘汾以来的"迎神于西"和"攘恶于北"之习，即似刻意与长

① 钱玉成、孟建仁：《科右中旗北玛尼吐鲜卑墓群》，内蒙古文物考古研究所编，李逸友、魏坚主编：《内蒙古文物考古文集》第 1 辑，第 397—405 页。吴松岩据北玛尼吐墓群提出了"7 的特殊含义"问题，并说明朝阳王子坟等鲜卑墓地也有同类现象，参见《鲜卑起源、发展的考古学研究》，上海：上海古籍出版社，2018 年，第 122—123 页。

② 《北史》卷 99 《突厥传》，第 3288 页。

③ 丹尼斯·塞诺：《大汗的选立》，北京大学历史系民族史考古室译：《丹尼斯·塞诺内亚研究文选》，北京：中华书局，2006 年，第 176 页。

④ 《旧唐书》卷 195 《回纥传》载宣宗时回鹘"特勤毒斯等九骑西走"，室韦分其余众，"七姓室韦各占一分"（北京：中华书局，1975 年，第 5215 页）。《辽史》卷 32 《营卫志中·部族上》述"古八部"曰："契丹之先，曰奇首可汗，生八子。其后族属渐盛，分为八部，居松漠之间。"（第 428 页）《路史》卷 14 《后纪五·疏仡纪》之《黄帝纪上》述党项有"八氏十姓"（王彦坤：《路史校注》，北京：中华书局，2023 年，第 587 页）。其所述八氏与《旧唐书》卷 198 《党项羌传》略同。

⑤ 参见杨希枚：《论神秘数字七十二》，《先秦文化史论集》，北京：中国社会科学出版社，1995 年，第 695—708 页。

期以来北族普遍存在的"尚左而北乡"之俗相反，又构成了其祭天西向的直接原因。再如拓跋氏西向祭天除诸帝即位举行而时节不常外，常规的祭天大祀在四月，另有小祀在七月，[①] 尽管同在夏、秋范围之内，毕竟已与匈奴、突厥、契丹、女真等族祭天多在五月和八月、九月有别。[②] 但刻意彰显拓跋氏与众不同的区别，背后的机理往往仍与北族旧习相通。即就祭天西向而言，民族志调查鄂温克族早年的送葬，要"使死人的头向西北，面向日出的方向"；[③] 而鄂伦春族的树葬则须头向朝北，而且"忌讳面向太阳升起的地方"。[④] 两族看似相反的葬仪习俗，其实都是以坐西朝东、面向日出方向为尊。前述匈奴等族大略"长左而北乡"，尊位也是坐西朝东。说得更为清楚的如《旧唐书·回纥传》载长庆二年（822）闰十月太和公主被册为可敦：

> 可汗先升楼东向坐，设毡幄于楼下以居公主，使群胡主教公主以胡法。公主始解唐服而衣胡服，以一妪侍，出楼前西向拜。[⑤]

其下文载公主披可敦服再拜可汗，"降舆升楼，与可汗俱东向坐，自此臣下朝谒，并拜可敦"。显然，公主西向拜正因可汗坐西向东为尊，死者面朝东南或忌讳面向东也是因为坐西朝东为尊，连同前面所述匈奴部分墓葬存在墓室朝东而头向朝西的现象，其理皆内在相通。故墓葬头向朝西及西向祭天的源头，最终还是通向了

---

① 《南齐书》卷57《魏虏传》，第985页。《资治通鉴》卷110《晋纪三十二》隆安二年（398）载"魏之旧俗，孟夏祀天及东庙，季夏率众却霜于阴山，孟秋祀天于西郊"（第741页）。"孟夏""孟秋"即四月和七月。

② 《后汉书》卷89《南匈奴传》："匈奴俗，岁有三龙祠，常以正月、五月、九月戊日祭天神。"（第2944页）《北史》卷99《突厥传》载西突厥"每五月、八月，聚祭神，岁使重臣向其先世所居之窟致祭焉"（第3300页）。《金史》卷35《礼志八·拜天》："金因辽旧俗，以重五、中元、重九日行拜天之礼。"（北京：中华书局，1975年，第826页）江上波夫《匈奴的祭祀》述"中世的蒙古人有大聚会，以白马献神，马乳灌地之祭礼，鲁布鲁克记为五月九日之事，马可波罗记为八月二十八日之事，恐亦有春秋二回"（刘俊文主编：《日本学者研究中国史论著选译》第9卷，第10—11页）。

③ 吕光天：《鄂温克族》，北京：民族出版社，1983年，第66页。

④ 秋浦：《鄂伦春社会的发展》，上海：上海人民出版社，1978年，第167页。

⑤ 《旧唐书》卷195《回纥传》，第5212—5213页。

北族共有的东开向日和"尚左而北乡"之习。同理，拓跋氏祭天时节定在孟夏四月及孟秋七月，看似不同于北族多见的五月和八月、九月，却终究同在夏、秋，且更适合河套一带云中等地所宜集会的物候节气。[1] 凡此之类，均表明拓跋鲜卑先人原来无非蒙古草原和东北地区的芸芸众生之一，并不像崛起建国后刻意渲染其神圣祖先的功业那样独树一帜。[2]

# 结　语

综上所述，大略可得以下结论：

一是西向祭天是拓跋鲜卑区别于其他族部的最高祀典，西向而祭并不合乎西北、东北地区长期"尚左而北乡"传统，而是与先秦以来北族部分成员墓葬头向朝西的现象存在相契之处。考古发掘和研究显示，墓葬头向朝西在公元 1 世纪前后的早期鲜卑墓葬中仅有零星存在，其头向朝西所寓观念只是部分成员之习而非部落或联盟共有，从而表明西向祭天很可能并非鲜卑旧俗，而只是一种晚出的祀典。

二是在可能影响拓跋氏祭天而西向的诸多因素背后，有必要深思东胡族群的历史记忆和鲜卑各部长期以来分化西迁的历程。乌桓、鲜卑的族源传说、丧葬习俗，无不体现作为东胡余类对其漠南北故国兴亡史的深沉执念，鲜卑各部后来的历史，更反映其数百年中不断回归阴山南北的西进历程对其族部形成和崛起的决定作用。要解释西向祭天成为拓跋氏最高祀典、"西向"作为特定宗教文化符号逐渐扩散，并最终流行于北魏平城墓葬头向的事实，是不可或缺的历史背景。

三是拓跋氏西向祭天的形成，下限应在拓跋力微在位第 39 年会聚各部祭天

---

[1] 《磨延啜碑》北面第 20 行述兔年的前一年，"我令人（在于都斤西麓），在铁兹（täz）河源，在 qasar 西方建立了汗庭，并命人建造了围墙。我在那里过了夏天，我在那里祭了天"；第 26 行："我在铁兹河源，在我的汗庭那里过夏，在那里我划定了疆界，做了祭祀"（耿世民：《古代突厥文碑铭研究》，第 198、200 页）。两处所述之"夏"自会晚于中原。杨永俊认为，匈奴祭神所以要较拓跋鲜卑四月和七月祭天晚，是因匈奴居地纬度较高之故（参见《论北魏的西郊祭天制度》，《兰州大学学报》2002 年第 2 期）。

[2] 吉本道雅对此批判道："所谓自鲜卑史最初时就已存在拓跋、慕容并且它们曾各自承载着独特的文化进行移动的这一说法不能成立。"（《魏书序纪考证》，魏煜民译，周伟洲主编：《西北民族论丛》第 21 辑，第 311—337 页）

之时，上限则在拓跋邻七分国人以来，即拓跋邻、诘汾、力微祖孙三代率领族人西迁至匈奴故地发展壮大之时，正是在此过程中出现了"迎神于西，攘恶于北"之俗。西向祭天的形成，既与拓跋君长传子制、拓跋氏帝族八姓、十姓核心集团的形成过程大致同步，又以特定祭祀设施和仪节综合体现了一系列历史转折，明确了拓跋氏与鲜卑各部的界线所在。故西向祭天不仅是拓跋鲜卑族群意识自觉的奠基礼，且可视为拓跋鲜卑形成的标志。

四是拓跋氏西向祭天之仪，无论是立木置牲而祭，还是列骑绕驰等环节，处处体现了北方游牧渔猎民族祭祀的共习，即便是其刻意"别其异"的部分，如祭祀方位的西向和时节较之北族共习提前一个月，归根到底都植根于匈奴、乌桓以来"尚左而北乡"及于夏、秋二季聚众的传统。这都表明拓跋鲜卑先人本不异于其周围族部而处混沌之中的面貌形态，也约略解释了段日陆眷何以也会西向拜天的缘由。①

最后有必要说明的是，在没有任何资料可以证明拓跋力微以前有无西向祭天之制，北方游牧渔猎民族又都长期存在部分成员墓葬头向朝西现象的前提下，能不能设想西向祭天一直以来就是拓跋鲜卑先人独树一帜的传统呢？这样设想的前提是拓跋氏前身所处部落，早已在周围诸多族群中自成一格脱颖而出，自来其特点几于一成不变。然而，族群发展的一般规律却是各族皆在不断生灭演化，其独特性总要到其迅速崛起为更大组织的核心时，才会凸显和稳定下来，并被后继者不断提炼和宣扬，否则就只能面目混沌而泯然于众生，甚至很难说其先人与后辈为同一个部落。以此相衡，考古学界多年以来使用的"早期拓跋鲜卑"提法，正是在设想一个东汉初年即在呼伦贝尔地区定型，再带着这些特点到处迁徙发展的拓跋部落。这似乎完全落入了《魏书·序纪》所载拓跋族源传说的迷障，亟待予以反思、讨论。②

〔作者楼劲，山东大学历史学院讲席教授〕

（责任编辑：窦兆锐　李　壮）

---

① 《魏书》卷16《道武七王传》载"段夫人生广平王连、京兆王黎"（第389页）。段夫人当出段部，段部或早附从拓跋。又前述拓跋力微祭天应已西向，且有可能自汉魏间已然，以拓跋为核心的大联盟成员当先后附从此习，段部或亦在其列。

② 本文承蒙张庆捷、陈爽审稿指正，倪润安提出修改意见，赵永磊补充日本学界研究成果，在此致以深忱感谢！

# 清代涉外海难救助制度研究

## 王宏斌

**摘　要：** 清前中期，海难救助主要是一种官方行为。凡是在中国内外洋发生的海难事故，无论是中国还是外国商渔船只，无论是朝贡贸易还是自由贸易，沿海州县官和水师官兵都有义务实施"无偿无差别"救助。到了晚清，出现一种责任与义务、有偿与无偿、民间救助与官府救助、精神鼓励与物质奖赏相结合，颇有中国特色的"有效果有报酬"救助模式。西欧海上救助制度是在 18—19 世纪英国海事法院的判例基础上逐渐形成的，英国海上救助的一些基本原则体现在 20 世纪国际海洋公约中，清代中国海上救助制度与同时期英国的海上救助制度各具特色。

**关键词：** 清代　海难救助　怀柔远人　人道主义救助　商业合同救助

海难救助（Salvage at Sea）又称海上救助，是世界海洋史重点研究领域之一。清代海上救助制度应是中国海洋史研究的重点课题，但目前相关成果不过数十篇论文，主要集中在五个方面：其一，关于中朝两国的海难互救制度，主要利用朝鲜文书研究朝鲜对中国漂民的救助；① 其二，关于中琉漂民的互救制度，② 或探

---

① 参见松浦章、薄培林：《海难难民与当地官民的语言接触——从嘉庆年间漂到朝鲜、中国的海难事例看周边文化交涉的多重性》，《中华文史论丛》2008 年第 2 期；李善洪：《清与朝鲜间"漂民"救助问题管窥——以〈同文汇考〉中"漂民"文书为中心》，《吉林大学社会科学学报》2015 年第 3 期；屈广燕：《朝鲜西海域清朝海难船情况初探（1684—1881）》，《清史研究》2018 年第 2 期；崔英花：《清代东亚海域和朝鲜对中国漂流民的救助制度》，《海交史研究》2020 年第 4 期；郭雪：《清初朝鲜的汉人漂流民政策研究（1641—1689）》，硕士学位论文，东北师范大学历史文化学院，2021 年。

② 参见李少雄：《清代中国对琉球遭风船只的抚恤制度及特点》，《海交史研究》1993 年第 1 期；

讨清朝对琉球漂民的抚恤制度，或探讨琉球国对中国漂民的救助事件；其三，关于中越两国的海难互救制度，①或具体探讨越南（安南）为加强与清朝的朝贡关系，积极施救漂流至越南海岸的中国漂民，或具体探讨越南漂民漂流到日本鹿儿岛，经过中国官员救助回到越南事宜；其四，关于某些海难事件的具体研究，②或探讨雍正九年（1731）新马兰海难漂民救助事件，或以嘉庆六年（1801）、七年两起中国漂民漂流事件，探讨中国、日本、朝鲜和吕宋之间的关系问题；其五，关于某一时段的清朝海难救助制度，③或探讨乾隆二年（1737）"抚恤令"的影响，或探讨道光朝前期广东对欧洲各国漂民的救助情况，或对清代前期海难救助制度加以简介。以上微观研究成果各具特色，但明显缺乏对清代海难救助制度的宏观研究。本文拟对清代海难救助制度的建立及演变情况进行长时段综合性考察，并与同时期西欧的海上救助制度进行比较，以加深对相关问题的认识。

# 一、清前中期涉外海难救助法规与事例

## （一）清前期涉外海难救助谕旨和事例

中国对海上外国漂民的救助始于何时，尚不十分清楚。据研究，至少从宋代就开始对朝鲜漂民实行救助，采取供给口粮、遣返回国、保护遇险船只货物、免除税收等救助制度；④明朝沿袭这一制度，有学者根据朝鲜文献《漂海录》记

---

修斌、臧文文：《清代山东对琉球飘风难民的救助和抚恤》，《中国海洋大学学报》2012年第1期；特木勒：《康熙六十一年琉球贡使海难事件重构》，《海交史研究》2015年第2期。

① 参见孙宏年：《清代中越海难互助及其影响略论（1644—1885）》，《南洋问题研究》2001年第2期；松浦章、孔颖：《清国帆船救济漂流至日本的越南人之史实考略》，《福建论坛》2011年第11期。

② 参见刘序枫：《再论清代东亚海域的海难民遣返网络——以19世纪初的两件海难事例为中心》，《国家航海》2021年第2期；于桐：《雍正九年西洋新马兰国番民救助事件研究》，《海交史研究》2023年第2期。

③ 参见郭嘉辉：《清道光前期（1821—1839）广东对海难救助之研究——以欧洲船只、船员为例》，《海洋史研究》第8辑，北京：社会科学文献出版社，2015年，第149—171页；陆臻杰、金鑫：《乾隆"难夷抚恤令"及其对浙江的影响》，《绍兴文理学院学报》2017年第4期；王巨新：《清朝前期海难救助制度探析》，《理论学刊》2023年第2期。

④ 黄纯艳：《宋代的海难与海难救助》，《云南社会科学》2016年第2期。

载，认为明朝对朝鲜漂民的救助已形成一套有章可循的救助制度，其实质是"朝贡制度"的延伸。①

顺治二年（1645），沿海官民发现日本漂民 13 人，顺治帝借此向日本表达善意，饬令有司"周给衣粮"，"以广同仁"，使其乘坐朝鲜使船回国，再由朝鲜国王备船转送日本。② 次年，朝鲜漂民金沙卜等 7 人漂至中国，清廷特许放还本国。③ 康熙十六年（1677），有琉球漂民 12 名，遭风漂至福建抚宁州，他们被护送至福州，每月每人"各给米三斗，银各一钱八分"，④ 然后遣送回国。

康熙二十三年以前，台湾海峡处于战争状态，商船稀少，海难相对较少。开海贸易之后，在东海、南海航行的中外商船日益增多，海难频发。康熙二十五年，有琉球国林春等 54 人在洋遭风，漂至福建金门岛围头地方，被官兵护送至福州柔远驿，照例给口粮、银两，令其附搭贡船回国。⑤ 康熙二十九年，又有琉球国海船遇险，由福建官府照例给予 21 位漂民口粮、银两，一同遣归。⑥ 从康熙三十九年开始，《清实录》关于抚恤漂民的记载逐渐增多。值得留意的是，《清圣祖实录》所记第一个抚恤对象竟然是英国军舰上的军人。是年九月，福建浙江总督郭世隆奏报："红毛国英圭黎被风飘至夹板船一只。据船户甲必单角等、商人罕实答等供，系伊国护商哨船，请将甲必单角遣回本国。得旨：英圭黎船只遭风飘来，甚为可悯。着该地方官善加抚恤，酌量捐资，给足衣食，即乘时发还，以副朕柔远之意。"⑦ 清政府抚恤漂民的行为，充分体现了人道主义精神。

康熙四十一年九月，浙江巡抚赵申乔题称：琉球国进贡来使遭风损坏贡船，救出二人，请旨定夺。康熙帝回称："琉球国失水二人，拯救复苏，着该

---

① 王天泉：《从〈漂海录〉看明代对朝鲜漂流民的海难救助——以济州为中心》，上海海洋大学海洋文化中心编印：《第三届海洋文化与社会发展研讨会论文集》，2012 年 11 月。

② 《清世祖实录》卷 21，顺治二年十一月己酉，《清实录》第 3 册，北京：中华书局，1985年，第 186 页。

③ 《同文汇考》卷 66《漂民》，大韩民国文教部国史编纂委员会编：《韩国史料丛书》第 24集，汉城：翰进印刷公社，1978 年，第 1259 页。

④ 《历代宝案》第 1 集，台北：台湾大学，1972 年，第 326—327 页。

⑤ 《历代宝案》第 1 集，第 356 页。

⑥ 《历代宝案》第 1 集，第 373 页。

⑦ 《清圣祖实录》卷 201，康熙三十九年九月丙寅，《清实录》第 6 册，北京：中华书局，1985 年，第 53 页。

地方官加意赡养，俟便船资给发还。此等船只损坏，人被溺伤，皆因修造不坚所致。嗣后琉球贡使回国时该督抚须验视船只，务令坚固，以副朕矜恤远人之意。"①

康熙五十七年五月，两广总督杨琳疏报："柔佛等国番人唎哈等五十三名，噶啰吧番人吧甘等三名，乘船被风飘至新安等县击碎，随令各地方官给予口粮，养赡抚恤。但查南洋柔佛等国俱系应禁地方，无内地商船到彼，闽、粤二省又无彼国船只前来，原船已遭风击碎，是唎哈等永无还乡之日。请给内地船一只令难番附合驾归。嗣后如有飘至内地难番，验其原船可修，即与修整发遣。如已破坏难修，又无便船可附者，酌量给发，应如所请。"② 柔佛，今马来西亚13个州之一，位于马来西亚西部最南端，东面是中国海，西面是马六甲海峡，南面隔着柔佛海峡与新加坡毗邻。噶啰吧又译葛罗巴、噶喇巴等，系印度尼西亚雅加达古称。康熙五十六年，谕令禁止中国商船前往南洋贸易，因此，杨琳说"无内地商船到彼"。由于商船已损毁，广东、福建没有该国商船前来，中国商船又不能前往，在此特殊情况下，杨琳想到的办法是赠予一艘商船。为落实怀柔远人政策，康熙帝批准了杨琳的建议，但这种抚恤方案难以为继。

雍正七年六月，广东总督孔毓珣疏请："暹罗载米船只因风飘泊广东，已饬各属加意抚恤。其捞回压舱货物，仍请准其输税发卖。得旨：暹罗载米船只既遭风飘泊广东，其压舱货物着免其输税。"③ 暹罗即泰国。广东方面免除遭风暹罗载米船只关税的抚恤方法灵活，符合实际。

七月，澳门"番人"前往越南贸易，在琼州府会同县外洋遭遇暴风袭击，商船损坏。该汛把总文秀等驾舟搬取船上货物。登岸后，归还事主缎匹、银器数件，其余藏匿不还。这一事件传到京师，雍正帝认为此等贪残不法之事，其他沿海地区也在所难免，"此皆地方督抚、提镇等不能化导于平时，又不能稽查、追究于事后，以致不肖弁兵等但有图财贪利之心，而无济困扶危之念也"。为此，他谕令内阁："各省商民及外洋番估携资置货、往来贸易者甚多，而海风飘发不

① 《清圣祖实录》卷209，康熙四十一年九月戊午，《清实录》第6册，第126页。
② 《清圣祖实录》卷279，康熙五十七年五月辛未，《清实录》第6册，第733页。
③ 《清世宗实录》卷82，雍正七年六月庚子，《清实录》第8册，北京：中华书局，1985年，第93页。

常，货船或有覆溺，全赖营汛弁兵极力抢救，使被溺之人得全躯命，落水之物不致飘零。此国家设立汛防之本意，不专在于缉捕盗贼也。"① 他还要求沿海督抚、提镇就此事各抒己见，提出从重治罪方案。各省督抚奏议到达京师后，九卿会议制定惩罚专条："抚难夷。外洋夷民航海贸易，猝遇飘风，舟楫失利，幸及内洋海岸者，命督抚饬所属官加意抚绥，赏给储粮，修完舟楫。禁海滨之人利其资财，所携货物，商为持平市易，遣归本国，以广柔远之恩。"②

同年八月，福建巡抚刘世明奏报吕宋船只被风漂入闽广地方。雍正帝谕令内阁：吕宋被风船只既已开往广东佛山，"着广东督抚查照，给与口粮，加意抚恤，听其趁风回国。嗣后凡有外国船只遭风飘入内地者，俱着该地方官查明缘由，悉心照料，动支公项，给与口粮，修补船只，俾得安全回其本国，以副朕恩恤远人之至意"。③

雍正十二年六月，皇帝谕令，"凡边海居民有能救援商船，不取丝毫财物者，令该督抚酌量给赏"。据此，山东巡抚岳濬查知登州府蓬莱县监生刘长禄及其子刘士玉住居解宋寨海口，父子为善，专以拯救险难为念。"雍正六年十月十五日，有江南商人江秀远、广东商人李桂如等雇觅江南崇明县船户王贵等船只载货，由海赴山东贸易，于十二月十六日行至解宋寨口，飓风碎舟，人货俱溺。刘长禄命令伊子士玉冒险下水，捞救三人。又倡率乡邻续捞十五人，共救活十八人。长禄延至家中，供给调护，仍雇人捞起货物，归之本商。各商谢以银物，丝毫不受。"雍正十二年六月初五日，又有江南商船装载青鱼，在解宋寨口遇险，飓风将船击碎，13 人沉水。刘长禄、刘士玉率领乡民全力捞救，人员全部得救，船户备礼致谢，毫不收受。经查核属实。岳濬认为刘长禄父子及协力乡民两次救援商船，不取丝毫财物，是见义勇为，应给匾额，予以奖励。④

上述各条记载中，无论是康熙帝宣称"柔远之意"、"矜恤远人之意"，还是

---

① 《世宗宪皇帝上谕内阁》卷 83，雍正七年七月二十一日，景印文渊阁《四库全书》第 415 册，台北：台湾商务印书馆，1986 年，第 292—293 页。

② 乾隆《钦定大清会典》卷 19《户部·蠲恤》，景印文渊阁《四库全书》第 619 册，第 162 页。

③ 《世宗宪皇帝圣训》卷 35，雍正七年八月丁未，乾隆五年武英殿刻本，第 21 页。

④ 《山东巡抚岳濬奏报山东监生刘长禄救援遇险商船循例奖赏事》，雍正十二年六月十六日，录副奏折，档号 03—0008—011，中国第一历史档案馆藏。

雍正帝再三强调"以广柔远之恩"、"恩恤远人",均指"怀柔远人",出自《中庸》"柔远人也,怀诸侯也",是先秦儒家提倡的一种政治策略,即通过施加恩惠,对周边政权及国家实施仁政,使其亲附中原王朝。这一政治主张影响深远,直到明清时期仍为政治家所遵循。救助海难船只,抚恤漂民,既是怀柔远人的政治手段,也是人道主义关怀。

### (二) 海上救助制度的确定

尽管清朝官方所记救助外国遭风难船之事可追溯到康熙三十九年,然而,康熙、雍正年间关于外国遭风船只的"恩恤"方案尚未确定。直到乾隆二年,清代海难救助方案才得到规范,海上救助制度由此建立。

乾隆二年闰九月十五日谕旨:"闻今年夏秋间,有小琉球中山国装载粟米、棉花船二只遭值飓风,断桅折柁,飘至浙江定海、象山地方。随经大学士嵇曾筠等查明人数,资给衣粮,将所存货物一一交还,其船只器具修整完固,咨赴闽省,附伴归国。朕思沿海地方常有外国船只遭风飘至境内者。朕胞与为怀,内外并无歧视,外邦民人既到中华,岂可令一夫之失所。嗣后如有似此被风飘泊之人船,着该督抚督率有司加意抚恤,动用存公银两,赏给衣粮,修理舟楫。并将货物查还,遣归本国,以示朕怀柔远人之至意。将此永著为例。"[1]

此处"胞与为怀",是"民吾同胞,物吾与也"的缩略语,出自宋张载《西铭》,大意是圣人泛爱一切人和物,是宋明儒学提倡的一种人道关怀。[2] 乾隆帝受此影响,自称具有视天地万物同等齐一之胸怀,泛爱众生,同等对待中国人和外国人。"外邦民人既到中华,岂可令一夫之失所",是说不能让一个外国人在中国流离失所,尽量把他们安全遣送回国。乾隆帝在此不仅要求各地官员积极救助外国人,而且提出一个怀柔远人的基本标准:不能"令一夫之失所"。

---

[1] 《清高宗实录》卷52,乾隆二年闰九月庚午,《清实录》第9册,北京:中华书局,1985年,第889页;《福建巡抚卢焯题报琉球国船只被风飘至浙江定海等送至闽修葺抚恤事》,乾隆二年十一月二十九日,户科题本,档号02—01—04—12968—019,中国第一历史档案馆藏。

[2] 王祎《王忠文集》卷10《章氏义阡记》称:"民吾同胞,物吾与也。推此心也公溥而周遍,使民物无间于生死,均被吾一视之仁。此圣贤之心也。"(景印文渊阁《四库全书》第1226册,第19页)

之所以称清代海上救助制度始于乾隆二年，在于上述乾隆帝谕旨载入《大清会典》。"外国商民船，有被风飘至内洋者，所在有司拯救之。疏报难夷名数，动公帑给衣食，治舟楫，候风遣归。若内地商民船被风飘至外洋者，其国能拯救资赡、治舟送归，或附载贡舟以还，皆降饬褒奖"。① 在此基础上，《钦定户部则例》规定沿海四省抚恤漂民的标准："江南省抚恤番船难民，停泊之日起每日每人给口粮米一升，盐菜银六厘；回棹之日，每人给米八合三勺。浙江省口粮米一升，盐菜银三分；回棹之日，核给四十日行粮，日给米一升，银三分，神福银二钱。福建省口粮米一升，盐菜银六厘，由本省径回国者，给行粮一个月。广东省口粮米一升，盐菜银一分；回国之日，核给行粮一月。"②

此外，《大清律例》不仅明确规定水师官兵对于失风商船救援责任和原则，而且详细区分各种违法犯罪情节以及量刑治罪标准，还对官兵积极救援商船的行为予以晋升和相应物质奖励，规定"营汛弁兵如能竭力救援失风人船，不私取丝毫货物者，该管官据实申报督抚提镇，按次记功，照例议叙。倘弁兵因救援商人或致受伤被溺，详报督抚查明优恤"。③

有研究认为，乾隆二年的抚恤令"对于东亚海域难人漂至中国陆地的全面合法化，并且提供了相应的保障，致使漂风来船越来越多"，④ 值得商榷。因为，海船遭风漂流至中国内外洋或海岸岛岸，是由不可抗力导致，谈不上合法与不合法。对于处在困境中的漂民给予必要的生活保障，是扶危济急义务。至于有人伪装成漂民骗取清朝的抚恤金和食物，不过是一种欺骗行为而已。

### （三）乾隆朝海难救助事例

乾隆二年海上救助制度确定后，历朝实施救助情况无不援引乾隆二年谕旨。此处先举几个案例，简单说明各地官府救助外国难民的步骤和程序。

---

① 乾隆《钦定大清会典》卷56《礼部·主客清吏司》，景印文渊阁《四库全书》第619册，第10页。

② 《钦定户部则例》卷90《蠲恤八》，同治十三年（1874）刊本，第1页。

③ 三泰纂修：《大清律例》卷24《刑律·贼盗中》，景印文渊阁《四库全书》第672册，第731—733页。

④ 陆臻杰、金鑫：《乾隆"难夷抚恤令"及其对浙江的影响》，《绍兴文理学院学报》2017年第4期。

案例一，内务府总管海望、户部尚书史贻直在题本中所述乾隆三年浙江近海两次海难事件。上年六月十六日，有一艘载米的琉球船只遭遇飓风，漂到浙江定海港。当地官府将该船船员安顿在驿馆，日给口粮，并"请发公项银五百两"修理船只，等修竣造册报销；并循旧例，建议将修竣的船只和船员遣送福建，交该国进贡差官带回。八月上旬，另有一艘运载棉花、粟米、棉布的琉球船只遭遇飓风，船主抛弃船上货物后，随风漂至南盘地面。象山知县认为该船破烂，无法修整，建议公平估价变卖，将船价归还船主，并建议船员搭乘在定海修整后的琉球船只，一起送到福建，再行回国。浙江方面将船员、货物数量分别造册，发给咨文，遣送福建。福建巡抚接到浙江巡抚咨文，得知前因，也按旧例将船员安置在驿馆，给予银米，以便他们附搭贡船回国。所用各项银两均于存公银两内动给，修船工价则造报工部核销。①

案例二，乾隆十九年十二月，浙江巡抚题称，十八年六月，温州方面发现有船只抛泊在南笼洋面，该船载有 50 人，并有炮械、枪剑、米麦、衣箱等物，因与船上人员言语不通，只好将船只牵引到温州港湾泊，之后通过温州粗通西洋文字之人、厦门同知选送西班牙通事查问得知，该船所载为吕宋国职官名叫"龙番教鲁那罗"，官职名为"阿里间麻油"，分驻"泰贤世赖"地方，任职期满后携家眷回国途中遭风。因船只损坏，需要修整，龙番教鲁那罗只好上岸在闲置公署内暂住，温州总兵与温处道委员派兵在外围巡逻防范，不许外人滋扰，暂令周全喜译询、买交每日所需水菜，其炮位、火药起贮城守营军局，又着令澳甲等看守船只，修船及日常所需银两，照例动支存公，事后造册咨部核销。十月，修整后的吕宋船只自温州东关启程前往厦门，途中复遇大风，船只再次受损，直到十一月初六日才到达厦门港头巾礁。厦门提标中营参将林贵令人将该船驾驶至鼓浪屿，在"岸上选择闲房，将番目人等随带财物安顿居住，照例给予口粮，多拨兵役防护船只及弹压住处……不许一人进内勾通滋事、诱买禁物，亦不许小船渡载闲杂人等擅上夷船游玩……所有军火、器械起贮营局"。此外，令石浔司巡检修

① 《户部尚书兼内务府总管海望户部尚书史贻直等题为遵旨议奏福建巡抚题报浙江定海象山等县将琉球国海上失事难夷送闽安插抚恤事》，乾隆三年四月十八日，朱批奏折，档号 02—01—04—13121—018，中国第一历史档案馆藏。题本中还提及，雍正八年曾有琉球国遇险船只漂至玉环岛，玉环营派拨兵勇将其护送到福建省，发交该国进贡差官带回。

理船只。修船及日常所用银两，于藩库存公银两拨给，后经户部复核后报销。①

此次对吕宋国漂民的抚恤依旧十分周到，不同的是，此吕宋漂民实来自西班牙。由于他们携带有火炮、火药和刀剑等武器，因此清朝十分戒备。无论是温州还是厦门鼓浪屿，官员均派出兵弁监视。

案例三，乾隆二十三年五月二十七日，凤山知县丁居信禀报，五月初六日，有3名日本人遭风漂流到台湾卑南觅社，因言语不通，无法得知详细情况。凤山知县随即寻找房屋将其安置，并赠送粮米等食物，拨役看守，加意抚恤，并将此事上报，请求处理办法。最终，福建巡抚批文布政司衙门，迅速查明例载公文及遭风漂民姓名，并提出救助方案。据布政司衙门查明，乾隆十六年三月，有日本又五郎等8人漂流到福鼎县参屿港，经官府转送往厦门，附搭商船载往宁波府，再附搭回国。据此，福建巡抚令台湾知府照例支给口粮，寻觅商船，载往宁波，遣发归国。此次3名日本漂民到达厦门后，经翻译详细询问后供称分别名幸平、德哥、卫门，其中幸平是客人，德哥、卫门是水手。船上原有6人，于乾隆二十二年九月十四日在日本长崎岛驾船，载米、盐鱼前往萨史贸易，但先被风漂至琉球，后在回国途中遭风漂流至台湾淡水，船只被浪击碎，船主、水手等3人淹死，只存他们3人在海中任水漂流，幸遇渔船救起，台湾知府"赏给口粮，配船来厦门"，但因厦门无商船直接前往日本，厦门厅遂将他们转送到宁波鄞县。由于鄞县也无商船前往日本，得知江南每年有额商办铜前往日本，出发港口是上海和乍浦，鄞县知县又将他们转送到乍浦，并赏给口粮、船资。嘉兴府接到闽浙总督、浙江巡抚两院照例抚恤遭风漂民批文，旋即札令平湖知县寻觅前往日本商船。乾隆二十四年二月二十四日，3名日本漂民附搭额商杨裕和办铜之"钱泰来"船只回国。在浙江鄞县、平湖等地为抚恤他们所费银钱于乾隆二十三年分恩赏备公款内照数动支，米粮于平湖县常平仓谷案内汇销。②

从以上三个案例可知，乾隆时期，闽浙地方官府救助海上遭风漂民工作组织得相当周密，援引旧例，详细制订遣返计划，投入大量人力财力物力。更重要的

---

① 《大学士兼户部事务傅恒户部尚书海望等题为核销闽省垫支吕宋难夷龙番教鲁那罗一行口粮等事》，乾隆十九年十二月初六日，朱批奏折，档号02—179—14879—001。

② 《护理浙江巡抚浙江布政使明山题请核销乾隆二十三年救助外国遇难船只用过银两事》，乾隆二十四年五月初二日，内阁题本，档号02—182—15213—015，中国第一历史档案馆藏。

是，这种救助还是无差别的，只不过当遇险漂民是西洋人时，相应的监管更严密。

### （四）两道督抚衙门海难救助示谕

尽管如此，海难发生后，乘危打劫的事件仍层出不穷。乾隆三十一年，庄有恭升任福建巡抚，立即发布《严饬实力查办乘危抢夺之案以儆恶习事》，并对乾隆二年的条例作了详细说明。乾隆三十一年十月二十一日，按察使奉巡抚部院庄有恭宪牌：

> 照得白昼抢夺财物，律有明条。江海乘危抢夺，尤干严例。查律载：凡白昼抢夺人财物者，杖一百、徒三年；计赃重者加窃盗罪二等，伤人者斩，为从各减一等。若因行船遭风着浅而乘时抢夺人财物及拆毁船只者，罪亦如之。又例载：大江洋海遇有商船遭风着浅，乘机抢夺者，除有杀伤，仍照定例问拟外，其但经得财并未伤人，罪应杖徒者，将首从人犯各照本律加一等治罪。律例何等森严。乃闽省滨海愚民，每有乘危抢夺之事……地方官遇有报案，理应严加穷究，追出所抢货物，无使丝毫隐匿……乃检阅向来旧案，多不认真查办，每以并非乘危抢夺巧为开脱……为此仰司官吏，文到立即移行道府，转饬照（临）海各县。嗣后凡遇商船失风搁浅，倘有不法澳民仍敢乘危抢夺如前指诸弊者，务须按夺律例，执法究拟，毋得一味姑息。①

乾隆三十二年十一月，福建按察使接到福建巡抚署理闽浙总督崔应阶示谕：

> 照得律载，凡白昼抢人财物者，杖一百、徒三年；计赃重者加窃盗罪二等。伤人者斩，为从各减一等。若因行船遭风着浅而乘时抢夺人财物及拆毁船只者，罪亦如之。又例载，大江洋海，遇有商船遭风着浅，乘机抢夺者，除有杀伤仍照定例问拟外，但经得财并未伤人罪应杖徒者，将首从人犯各照

---

① 《福建省例·刑政例》，孔昭明主编：《台湾文献丛刊》第 199 种，台北：大通书局，1984 年，第 881—882 页。

本律加一等治罪。煌煌律例，何等森严。乃闽省滨海愚民，每有乘危抢夺之事……种种恶习，难以枚举。殊不思客商挟资贸易于惊涛海浪之中，财命本自相连。一旦失水遭风，其情何等危苦……此等棍徒，情同盗贼，天良既丧，国法亦断不能宽……为此示仰沿海居民渔船人等知悉：嗣后遇有商船遭风，撞礁搁浅，务宜援救人口，并代打捞货物，其货务即交还本主。如本主情愿送给酬劳银钱者，方准收受，不得揸留索谢，亦不得闹诱搬匿。倘敢将客货烹分以及扛翻哄夺、毁船灭迹等事，定即严加查拿，按照律例，从重定拟治罪，断不稍存姑息，致长奸顽之习。①

这两道示谕内容相近，都照录《大清律例》的具体规定，也都提到沿海长期以来抢劫海难船只的种种恶习。值得关注的是其中"勒讲谢礼，竟图多分"，救助者与被救助者进行谈判，约定救助者的责任和被救者给予一定报酬，显然属于商业救助合同。然而，由于在此过程中可能出现的勒索现象，被官府一概视为"恶习"。福建巡抚衙门的规定旨在保护被救助者，却忽视了救助者的风险和报酬，显然是不公平的，也不利于民间海上救助组织良性发展与中国商业救助合同规范化。

### （五）嘉庆朝海难救助事例

嘉庆时期，中国官府依旧正常救助外国遇险船只。嘉庆元年（1796），有日本商船在洋遭风，3 名商人被风漂至吉林赫哲地方，船只货物俱已漂没。这 3 名日本商人先被安置在四夷馆，由浙东来京引见或解饷人员带到乍浦。② 二月初四日，有金长顺铜船前往东洋采办铜斤，3 名日本商人搭该铜船回国。③

嘉庆七年八月二十日，碣石镇左营游击和陆丰知县派人救助一起海难。吕宋国总管葛必单派船只"若亚景"号领得该国国王本银 20 万元，并带有苏木、洋

---

① 《福建省例·刑政例》，孔昭明主编：《台湾文献丛刊》第 199 种，第 889—890 页。
② 《军机处奏拟将日本难夷交四驿馆暂行收养片》，嘉庆元年十月二十五日，故宫博物院编印：《清代外交史料》嘉庆朝第 1 册，1932 年，第 1 页。
③ 《浙江巡抚玉德奏报抚恤日本国难番并资送归国日期折》，嘉庆二年二月二十七日，故宫博物院编印：《清代外交史料》嘉庆朝第 1 册，第 2 页。

酒等货前来广州贸易。八月初四日，在本国开航。十六日，在洋陡遭飓风，将桅折断。十九日晚，漂至七娘屿洋面，撞礁碎船，水手和乘客扶板逃命，陆续上岸，幸存146人，淹毙30人。碣石镇左营游击和陆丰知县一面将获救漂民安置在草蓁之内，给予口粮；另一面委派员弁保护船只沉没地方，不许乡民私行捞取。然后雇用民船，会同被救漂民下海打捞沉失货物。自八月二十八日起至九月初五日止，共捞得番银11659元。该国在广州商行的大班又寻求英吉利国船前来救护代捞，自九月十五日起至二十九日止，又捞得番银53502元。① 其余银元因船只漂没地点不定，加之水深流急，无可再捞。遭风漂民被送往澳门暂住，俟觅得便船搭附回国。

至此，中国官民已经尽了救护义务，这一海难事故本应到此结束。然而，吕宋国大班致函粤海关监督三义助称沉船上的银钱、苏木及洋酒等，被当地人驾船捞走。署理两广总督瑚图礼接到粤海关报告，立即命令肇庆府知府窦熙带同吕宋国大班援吐爹炉前赴事故地点确查，发现事故所在地是外洋，并非泊船之地，打捞难度很大，附近也只有零星穷民搭蓁居住，以捕蟹拾螺为生，不成村落。同时传问当地水保澳甲人及全程参与救助的游击刘学修，最终认为"土人捞抢之事"难信。瑚图礼闻报后认为："该处土民果有乘机捞抢情事，自应照例惩治。倘系该夷人等借端指诬，以自便其私，亦未便仅据一面之词，致滋拖累。"② 嘉庆帝接到奏报后，令瑚图礼"于被难夷人量为抚恤，并派委妥员稽查弹压，毋许乡民私行捞取，仍当晓谕夷人自雇船只，赶紧打捞。其货银多寡数目本可无庸过问也"。③ 在目前已知史料中，这一事件没有下文，吕宋国船只沉失多少银元无从得知。按照沉失的大量银元、洋酒等货物及在广州派驻大班的商务管理模式来看，这一事故船只的主人应是被清人称为"小吕宋人"的西班牙人。

嘉庆十三年六月，署厦防同知英泰禀报：台湾府移送日本国遭风漂民山下源

① 《署理两广总督瑚图礼奏报吕宋夷船在洋沉失银货呈控土人捞抢之事饬司密访办理折》，嘉庆八年二月二十三日，故宫博物院编印：《清代外交史料》嘉庆朝第1册，第15—16页。
② 《署理两广总督瑚图礼奏报吕宋夷船在洋沉失银货呈控土人捞抢之事饬司密访办理折》，嘉庆八年二月二十三日，故宫博物院编印：《清代外交史料》嘉庆朝第1册，第15—16页。
③ 《军机处寄广东巡抚瑚图礼吕宋夷船在洋遭风沉失银货着妥为安抚晓谕该夷人自行打捞并严禁乡民捞取上谕》，嘉庆八年闰二月十五日，故宫博物院编印：《清代外交史料》嘉庆朝第1册，第17—18页。

吾郎等 23 人；淡水同知又送到琉球国漂民 3 人，按照惯例全部护送到省城福州。署福建布政使事按察使庆保令福州知府朱桓查明相关事宜，福州知府转令署闽县知县言尚焜会同署福防同知张均祥详加询问。据言尚焜禀报：日本漂民言语不通，只有山下源吾郎粗识汉字，据供其现年 38 岁，领有萨摩藩国王牌照，驾船运粮 1800 石前往大阪。他们于丁卯年（嘉庆十二年）十二月初六日出航，十一日在"日州洋面"遭风，船只破碎，遂驾坐帆板，捞得食米，随风漂流，至戊辰年三月初十日漂到"四匏銮"（应为"泗波澜"、"薛坡兰"同音字，台湾东部大山之名），遇到一名叫文助的日本人，方知是中国台湾。他们一道在台湾枋藔地方登岸，经凤山知县程文炘查明，即会营派拨兵役送到台湾府。除 1 人在台湾病故外，山下源吾郎等 22 人被台湾府转送到厦门，再由厦门同知将他们全部转送到福州。又报：琉球国漂民金城等 3 人乃渔民，平日以捕鱼为生，在洋遭风，于嘉庆十三年四月十五日连船漂至台湾北部洋面，船只损坏，不堪驾驶，登岸求救，经淡水同知派人护送到厦门，转送到省城。福建巡抚查明"四匏銮洋面乃台湾山后生番地界"，按照乾隆四十四年安置日本漂民先例，"每番人一名日给米一升，盐菜钱十文，饬令地方官妥为安顿，咨送浙江乍浦，遇有东洋便船，遣令归国"，"其琉球难夷金城等亦照向例抚恤，俟有该国来闽便船，附搭回国"。①

嘉庆十四年八月，厦防同知叶绍棻向福建巡抚张师诚禀报：嘉庆十三年五月十三日，有一只夹板船在厦门口收泊，厦门海关传令通事翻译后，得知该船乃是吕宋（西班牙）人商船，水手与商人共有 60 人，并配有炮位，装载食米、虾米、海参等货物，准备前往广州贸易，船上有 5 名琉球漂民，系嘉庆十三年十一月间在吕宋国海面遭风漂民，想经过中国回国。该船于本年四月初四日在本国开船后，在洋遭风，船身漏水，想在厦门修船，并发卖货物。福建巡抚张师诚查照嘉庆十年案例，认为事同一例，准其就地贸易："着令赴关验货输税，公平贸易，毋许奸牙克扣，亦不许带买违禁物件。"②

① 《福建巡抚张师诚奏抚恤日本琉球遭风难夷折》，嘉庆十三年六月二十九日，故宫博物院编印：《清代外交史料》嘉庆朝第 2 册，第 22—23 页。

② 《福建巡抚张师诚奏吕宋夷船遭风到闽并就地贸易等情形》，嘉庆十四年八月初十日，故宫博物院编印：《清代外交史料》嘉庆朝第 3 册，第 25—26 页。

嘉庆十五年，先有日本难民三次良等14人遭风漂至台湾府彰化县，后是日本国漂民贞次郎等26人，遭风漂至江苏海门厅，分别由彰化县、海门厅派人护送到浙江，经前浙江巡抚蒋攸铦派人将其送到平湖县，照例抚恤，在乍浦附搭前往日本采购铜斤的商船回国。①

嘉庆十八年，香山知县禀报：八月十六日据"澳门西洋夷目委黎多具禀"，该国商船自吕宋国贸易回澳，船上附搭日本国在洋遭风难民3人，恳请经过广东回国。两广总督蒋攸铦闻报，认为广东向无赴日本国贸易商船，无从由本省遣送回国。于是，"检查乾隆五十四年及六十年有日本国难夷遭风漂流至粤，经前督臣福康安、朱珪先后奏明，委员护送浙江，交乍浦同知收管，附便搭送回国在案。此次日本国难夷漂流到粤，事同一律，自应查照向例成案，即为资送回国，以仰副圣主怀柔远人至意。除按名酌予赏恤，一面照例支给口粮、行粮、菜薪银两，委员护送至浙，附搭便船回国"。②

嘉庆二十年十月，陆丰知县朱廷珪、署碣石镇中营游击潘汝渭禀报，本月初七日有日本漂民47人被风漂流到广东，内有古后七郎右衙门者能书写汉文，笔供称：本年八月在小琉球处所购置黑糖、草席等物，于二十六日开航，次日在洋遭风，于十月初七日漂流至广东洋面，货船失火，全行烧沉，人员乘坐舢板在浅澳登岸，恳请发遣回国。舢板上除了棉布20匹以及每人随身所带包裹之外，还有3支长竿枪、28把腰刀，于是解释称其等"系日本武职，该国凡武职，向带大小两刀，其长竿枪则自大夫至中士得以持用"。③据此，两广总督蒋攸铦奏请按照嘉庆十八年办理成案，除饬行照例按名给予口粮、菜薪银两外，准备将枪刀一并变卖，再将漂民送到浙江，遣送回国。但漂民称日本法律规定，"凡携带枪刀出境闻于国王，官为登记。倘枪刀遗失，不能携带回国，罪干大辟"。两广总督蒋攸铦只好准其带回，但要求在前往浙江途中，必须将这些枪刀

---

① 《闽浙总督方维甸奏日本国难番附搭办铜商船回国折》，嘉庆十五年十二月二十六日，故宫博物院编印：《清代外交史料》嘉庆朝第3册，第35页。

② 《两广总督蒋攸铦奏递送日本国遭风难夷赴浙搭船回国折》，嘉庆十八年十月十六日，故宫博物院编印：《清代外交史料》嘉庆朝第4册，第15页。

③ 《两广总督蒋攸铦等奏委员护送日本遭风难夷至浙搭船回国折》，嘉庆二十年十月二十八日，故宫博物院编印：《清代外交史料》嘉庆朝第4册，第41—42页。

锁在木箱中，封贴印花，发给委员，一同解送浙江。① 据护理浙江巡抚布政使额特布奏报，嘉庆二十一年二月二十七日，粤省委员将日本漂民护送至浙江。该巡抚当即饬令乍浦同知妥为安顿、抚恤，并查有范二锡、金全胜、金源宝、万永泰、钱寿昌、金恒顺6船前往东洋采办铜斤，当即给予日本漂民口粮，分搭铜船，"正在候风开驶间，难番内八兵卫一名中暑身故，给棺殓埋，其余难番古后七郎、右卫门等四十五名于六月初十、十三、十五等日，先后在乍浦开行出口回国"。②

### （六）涉外海难救助数量与方法

上述案例呈现了清代救助海上遭风漂民的具体细节，下文主要采用统计方法，了解清代海难救助的大体情况。据《清实录》记载，从乾隆元年到光绪元年（1875）的139年间，清朝实施涉外救助共267次。

**表1 《清实录》所记历朝涉外海难救助次数统计表（1736—1875）**

| 乾隆朝 | 嘉庆朝 | 道光朝 | 咸丰朝 | 同治朝 | 合计 |
| --- | --- | --- | --- | --- | --- |
| 14 | 17 | 165 | 44 | 27 | 267 |

从表1可以看出，道光朝救助的海难次数最多，平均每年5.5次，其中道光三年（1823）高达14次，道光二年为11次；其次是咸丰朝，平均每年4次。若仅就各朝统计救助事例而言，道光朝、咸丰朝似乎是中国沿海涉外海难事故的高发期，但实际上这只是反映了一般情况。乾隆帝在位60年，但《清高宗实录》仅记载了14次救助，肯定不全面，因为笔者在朱批奏折和录副奏折中看到的海难救助明显多于14次。合理的答案是，《清高宗实录》编纂者并不重视此事。

---

① 《两广总督蒋攸铦等奏日本难夷古后七郎所带枪刀系该国官物未便强其变价请准其带回本国片》，嘉庆二十年十二月十八日，故宫博物院编印：《清代外交史料》嘉庆朝第4册，第45页。

② 《护理浙江巡抚布政使额特布奏粤省送到日本遭风难番照例资送归国折》，嘉庆二十一年闰六月二十一日，故宫博物院编印：《清代外交史料》嘉庆朝第5册，第34页。

**表2 《清实录》所记中国救助各国海难次数一览表（1736—1875）**

| 国别 | 琉球 | 朝鲜 | 日本 | 越南 | 暹罗 | 吕宋 | 西班牙 | 英国 | 法国 | 德国 | 不详 | 合计 |
|---|---|---|---|---|---|---|---|---|---|---|---|---|
| 次数 | 159 | 61 | 21 | 11 | 4 | 4 | 2 | 2 | 1 | 1 | 1 | 267 |

就被救助者国别而言，最多的是琉球，高达 159 次；接下来是朝鲜 61 次，日本 21 次。需要说明的是，马尼拉在当时是西班牙的殖民地，被清人称为"小吕宋"。与之相对的是"大吕宋"，是指马尼拉之外的菲律宾国家。《清实录》有的记载没有明确标注大小吕宋，但在内容比较详细的情况下，可以判定其国别。如乾隆五十九年，"吕宋番船户郎安直黎带番梢四十名，载货往广贸易，在洋遭风，收泊厦港，随饬厅营拨兵役防护，督令牙行交易货物，俟事竣，遣令回国"，[①] 这条记载中的"吕宋"应为"小吕宋"。但有的记载过于简略，无法准确判断，如乾隆十五年所记，"予吕宋国在洋遭风难夷阿轮士等抚恤，资送如例"。[②] 因此，表2 中只能将无法确定国名的资料暂列于"吕宋"之下。通过上述记载，我们至少可以得到以下几点认识。

一是清代海上救助对象无差别。只要发现遭风漂民，就给予必要救助。从表1、表2 中可以看出，被救助的漂民来自琉球、朝鲜、日本、越南、暹罗、吕宋、西班牙、英国、法国和德国以及不知国名的国家，其中既有东亚邻国，又有西欧国家；既有传统的朝贡国家，又有非朝贡关系的敌体国家，大体反映了中国传统文化中的怀柔远人、胞与为怀等人道关怀。

二是官府海难救助方法多种多样，或帮助漂民修理损坏船只，或提供生活、盘缠费用，或寻觅顺路的商船帮助其返回祖国，或免除其货物关税，或赠予其大量抚恤金等，全部属于无偿救助。

（1）资给衣粮和盘缠。如乾隆二年，有两艘装载粟米、棉花的中山国船只遭飓风，断桅折舵，漂至浙江定海、象山。随后经大学士嵇曾筠等查明人数，资给衣粮，将所存货物一一交还。其船只器具修整完固，咨赴闽省，附伴归国。[③] 再如乾隆二十四年，资送遭风商民金任之等 53 人回国。这是救助漂民的主要方法。

---

① 《清高宗实录》卷 1451，乾隆五十九年九月丙戌，《清实录》第 27 册，第 352 页。

② 《清高宗实录》卷 363，乾隆十五年四月庚寅，《清实录》第 13 册，第 996—997 页。

③ 《清高宗实录》卷 52，乾隆二年九月庚午，《清实录》第 9 册，第 889 页。

从此开始迄于光绪朝，"凡琉球遭风难民，皆抚恤如例"。①

（2）帮助修理损坏船只。如乾隆十五年，琉球国使臣毛允仁等因进贡回国，船只遭风损坏，禀恳自行修理，所需工料银两于司库存公银内赏给，待修理完竣，驾驶回国。②

再如，乾隆七年十一月，一艘英国护商兵船遭风损坏，漂至澳门海面，其船长派人撑驾三板小船，到达省城，恳求接济水米，"后经督抚准令湾泊内海，接济口粮，采买木料，修理船只，俟风信便时，饬令出口"。③

又如，据象山知县禀报，嘉庆二十一年八月，有一艘日本商船在洋遭风，漂至浙江象山县洋面。嘉庆二十二年三月二十六日，象山县派人将该船准备护送到乍浦，然后修整船只，遣送回国。四月初十日早晨，镇海县兵船将该船护送到镇海海口，停泊天后宫前，但当日申刻风骤浪高，兼值涨潮，船只颠簸走碰，招风震动，一时情急，砍断桅杆，导致船身漏水。镇海海防同知协同水师官兵一边先将日本船员摆渡到岸，妥为安顿；一边集船夫将该船糖货尽数搬运上岸。据嘉兴知府勘明，该日本商船船底无龙骨，难以涉险；各水手未谙海道，洋面风汛靡常，即便将船修缮完固，亦难驶回，因此情愿将船变卖，分搭铜船。浙江巡抚杨護决定俯顺"夷情"，将商船拆卖，估价 500 两，再加赏津贴银 400 两，以示"怀柔远人"。日本船员无不欢欣鼓舞，感谢清朝仁义之举。④

（3）派兵保护遭风船只货物，防止被人搬抢。乾隆五十九年，吕宋船户郎安直黎带船员 40 名，载货前往广州贸易，在洋遭风，收泊厦港，厅营派兵防护，并督令牙行交易货物，之后再遣令回国。⑤ 又如，道光十一年（1831），有朝鲜船只遭风漂至浙江台州黄岩停搁，晒晾失水布匹货物，旋即发生匪徒六七人至船搬抢之事。巡抚将船员及货物妥为安顿，并先后拿获匪徒王彝赏等 5 人，起出原赃布匹等物，交付船员认领。并以"疏防"之罪摘去黄岩知县靳琨、长浦巡检刘

① 《清史稿》卷 526《琉球传》，北京：中华书局，1977 年，第 14621—14622 页。
② 《清高宗实录》卷 363，乾隆十五年四月庚寅，《清实录》第 13 册，第 996 页。
③ 《清高宗实录》卷 198，乾隆八年八月甲寅，《清实录》第 11 册，第 545 页。
④ 《浙江巡抚杨護奏抚恤日本遭风难夷遣令归国折》，嘉庆二十一年十一月二十八日；《浙江巡抚杨護奏日本国遭风难夷改搭铜商船只回国折》，嘉庆二十二年六月二十四日，故宫博物院编印：《清代外交史料》嘉庆朝第 6 册，第 35—36、46—47 页。
⑤ 《清高宗实录》卷 1451，乾隆五十九年四月丙戌，《清实录》第 27 册，第 351 页。

广福、太平营把总胡鼎鳌、外委张建封等人顶戴，勒令限1月内将在逃之抢犯王曹彬、叶定土等迅速全获，解省严审，若届限无获，即行参奏惩办。①

（4）优给遭风船只运载的货物价值，地方官估变不得短少。乾隆五十八年，有琉球船只遭风漂至海口，船员情愿变卖船只及粟麦等项，待料理妥当后归国。乾隆帝为此谕令："外夷船只因失风漂至内地，所有应行估变物件，地方官必当格外体恤。于照值变价外，略予便宜，方为怀柔远人之道。此次琉球遭风船只及粟麦等项，地方官如何估变，给予价值若干之处，着奇丰额逐一查明，迅速覆奏。毋许地方官估变稍有短少，致为外夷所轻也。"②

（5）对于在洋遭风损坏的贡船，除免除正贡、常贡物件外，还要加倍给赏捞救得生之官伴、水梢人等。嘉庆八年，谕令加倍给赏琉球在洋遭风使臣，"此次琉球国在大武仑洋面冲礁击碎船只，系属遣使入贡装载贡品之船，尤应加意优恤。其捞救得生之官伴、水梢人等，着照常例加倍给赏……所有正贡、常贡物件均毋庸另备呈进……嗣后遇有外藩贡船遭风没沉失贡物之事，均着照此办理"。③ 嘉庆十二年，抚恤琉球国接贡船遭风难夷，并赏淹毙贡使家属银500两。④ 道光二年，琉球贡船至闽头外洋遭风击碎，溺死贡使10名，道光帝谕令给银千两，雇商船回国，免另备贡物。⑤

（6）帮助各国漂民返回祖国。如道光三年，闽浙总督赵慎畛奏报：此次护送朝鲜漂民金光宝等9人进京，系照越南、日本等国漂民回国成案，分咨各省护送。道光帝谕令："嗣后如遇难夷回国，着仍照向例，分咨经由各省逐程委员护送。倘系由台湾内渡难夷进京，着闽省派委员弁护送，不得援照回国之例办理，以昭慎重。"⑥

三是被清朝救助的外国漂民主要来自琉球、朝鲜和日本，三国被救助次数约

① 《清宣宗实录》卷186，道光十一年五月壬午，《清实录》第35册，北京：中华书局，1986年，第955页。
② 《清高宗实录》卷1431，乾隆五十八年六月丙子，《清实录》第27册，第30页。
③ 《清仁宗实录》卷107，嘉庆八年正月乙未，《清实录》第29册，北京：中华书局，1986年，第441页。
④ 《清仁宗实录》卷188，嘉庆十二年十一月乙丑，《清实录》第30册，第488—489页。
⑤ 《清史稿》卷526《琉球传》，第14621—14622页。
⑥ 《清宣宗实录》卷58，道光三年九月己巳，《清实录》第33册，第1022页。

占总数的 90%；其次是东南亚国家，如越南、暹罗、吕宋，约占 7%；救助其余国家遭风船只和漂民（西班牙、英国、法国、德国等）所占比例仅约 3%，这种比例大抵反映了中国海域的地理共生特征。海难事故频发恰恰证明，中国与琉球、朝鲜、日本及东南亚国家一衣带水，经济互相依赖，外交、贸易来往密切。

四是涉外海难救助并不完全是单向的。限于史料，尚不知日本、吕宋、暹罗、英国、法国、西班牙等国救助中国海难船只的情况，下文主要介绍琉球、朝鲜和越南救助海上遇难中国商船事例。

琉球、朝鲜和越南是清朝的朝贡国，是东亚朝贡体系的重要成员。在《大清律例》规定中国官府应救助朝贡国漂民的同时，琉球、朝鲜和越南等朝贡国也在救助中国漂民。

乾隆十六年，福建巡抚潘思榘奏称，琉球国使臣将闽县遭风船户蒋长兴、常熟县商民瞿张顺等留养 3 年，给予口粮，随船护送来闽。乾隆帝颁旨嘉奖其救助中国商民行为，称"中山王尚敬素称恭顺……又将内地遭风商民留养三年，附送至闽，甚属可嘉。着于进贡常例之外，赏赐该国王蟒缎二匹、闪缎二匹、锦二匹、彩缎四匹、素缎四匹，以示优奖。其在船之官伴、水梢人等，着该督抚分别赏赉。该部仍行文该国王知之"。①

乾隆十六年十一月，福建同安县船户林顺泰商船在洋遭风，失去篷桅，漂至琉球国宇天港。琉球国王命令代为修葺船只，资给口粮，以便船员回到中国。乾隆帝接到福建巡抚陈宏谋奏折，谕称："琉球远隔重洋，该国王等素称恭顺，今番目遵伊王令，将内地遭风商船代为修葺，并资送回籍，诚款可嘉。着赏赐该国王蟒缎二匹、闪缎二匹、锦二匹、彩缎四匹、素缎四匹，以示嘉奖。"②

嘉庆六年，顺德县民赵大任遇险，被风漂到越南。"经该国长阮福映差人唤至富春，代为修船，给与口粮，带有该国长禀词。内称：'上年该国有遭风难番曾邀恤赏，交给文禀，叙述感激之意。'"③ 其中"上年该国有遭风难番曾邀恤赏"，是指嘉庆四年救助阮进定、黄公诚等人，可见两国存在互相救助海上漂民的义务。

---

① 《清高宗实录》卷 398，乾隆十六年九月丁丑，《清实录》第 14 册，第 242—243 页。
② 《清高宗实录》卷 417，乾隆十七年六月癸丑，《清实录》第 14 册，第 463 页。
③ 《清仁宗实录》卷 88，嘉庆六年十月乙卯，《清实录》第 29 册，第 168 页。

嘉庆十年十一月十八日，一艘宝山县船只漂至朝鲜严庄浦。经朝鲜地方官询问，得知漂民傅鉴周等 22 人系江南省太仓州宝山县及松江府上海县人。该年六月十六日开船，往山东海丰县购买红枣。在回江南途中猝遇飓风，桅柁被风损伤，舱落船漏，十一月十八日漂到朝鲜。这些漂民得到朝鲜官府救济，顺利返回中国。①

咸丰五年（1855），一艘山东船只在海上捕鱼时遭遇风暴，漂入朝鲜长渊地方。朝鲜官员认为，尽管这些漂民的票文丢失，但也要给予救助，"令该道观察使等官厚致馆廪，优给衣粮，从其愿，旱路还送。所伤船只从愿改造，本道还送，允为便当，使之候风出海外。各人姓名、年纪、居住、船中什物、随身物件一一开录于后"。②

五是根据各国地理位置不同，确定漂民遣返集中地点。朝鲜漂民一般是先集中到京师，再转送盛京，从陆路遣送回国；日本漂民通常是集中到浙江乍浦，然后附搭中国洋商采购铜船回国；琉球漂民一般是集中到福州，然后乘坐琉球贡船回国；吕宋漂民一般是护送至福州，附搭中国前往吕宋商船回国；越南漂民一般是护送至钦州或其他港口，有的从陆路，有的从海路回国；西洋漂民（包括暹罗和欧洲各国）一般是集中到澳门，再搭乘本国贡船或其他国家商船回国。

需要指出的是，有的研究者按照救助事件发生顺序，将第一次鸦片战争前清朝海难救助制度分为 3 个时期，认为清朝建立至康熙时期为海难救助制度形成期，雍正至乾隆初期为发展期，乾隆中期以后为完善期。③ 但笔者认为，就海难救助制度而言，1840 年以前均属清朝"无偿无差别"的海难救助时期，似不必划分阶段。若为叙述便利，一定要划分时期，那么应以乾隆二年颁发"胞与为怀"上谕，并允准"动用存公银两"为节点，划分为前后两个时期。因为，这一谕旨不仅将救助对象从朝贡国扩大到各国漂民，而且明确了使用公款救助的方案。

---

① 《同文汇考》原编续《漂民》，大韩民国文教部国史编纂委员会编：《韩国史料丛书》第 24 集，第 3622 页。

② 《同文汇考》原编续《漂民》，大韩民国文教部国史编纂委员会编：《韩国史料丛书》第 24 集，第 3673 页。

③ 王巨新：《清朝前期海难救助制度探析》，《理论学刊》2023 年第 2 期。

# 二、清后期海难救助奖励章程与事例

## （一）道咸时期不平等条约中的海难救助条款和事例

1. 道咸时期不平等条约中的海难救助条款

第一次鸦片战争后，一批中外不平等条约陆续签订，其中还规定了中国官府救助外国遭风商船的责任和义务。道光二十二年，中美《望厦条约》规定："合众国贸易船只，若在中国洋面，遭风触礁搁浅，遇盗致有损坏，沿海地方官查知，即应设法拯救，酌加抚恤，俾得驶至本港口修整，一切采买米粮，汲取淡水，均不得稍为禁阻；如该商船在外洋损坏，漂至中国沿海地方者，经官查明，亦应一体抚恤，妥为办理。"①

道光二十四年，中法《黄埔条约》第 30 款规定："倘佛兰西商船遇有破烂及别缘故，急须进口躲避者，无论何口均当以友谊接待。如有佛兰西船只在中国近岸地方损坏，地方官闻知，即为拯救，给与日用急需，设法打捞货物，不使损坏，随照会附近领事等官，会同地方官，设法着令该商梢人等回国，及为之拯救破船木片、货物等项。"道光二十七年，中国与瑞典、挪威在广州签订的条约规定："瑞典国、挪威国等贸易船只，若在中国洋面，遭风触礁搁浅，遇盗致有损坏，沿海地方官查知，即应设法拯救，酌加抚恤，俾得驶至本港口修整，一切采买米粮，汲取淡水，均不得稍为禁阻；如该商船在外洋损坏，漂至中国沿海地方者，经官查明，亦应一体抚恤，妥为办理。"②

咸丰八年，在天津签订的一系列条约中，俄国要求中国官府承担其海难救护责任和义务。6 月 13 日签订的中俄《天津条约》第 6 条规定："俄国兵、商船只如有在中国沿海地方损坏者，地方官立将被难之人及载物船只救护，所救护之人及所有物件，尽力设法送至附近俄国通商海口，或与俄国素好国之领事官所驻扎海口，或顺便咨送到边，其救护之公费，均由俄国赔还。俄国兵、货船只在中国

---

① 中美《五口贸易章程：海关税则》（通称《望厦条约》），王铁崖编：《中外旧约章汇编》第 1 册，北京：三联书店，1957 年，第 55—56 页。

② 中法《五口贸易章程：海关税则》（通称《黄埔条约》）、中瑞挪《五口通商章程：海关税则》，王铁崖编：《中外旧约章汇编》第 1 册，第 63、76 页。

沿海地方，遇有修理损坏及取甜水、买食物者，准进中国附近未开之海口，按市价公平买取，该地方官不可拦阻。"① 同年 6 月 26 日，中英《天津条约》第 20 款规定："英国船只，有在沿海地方碰坏搁浅，或遭风收口，地方官查知，立即设法妥为照料，护送交就近领事官查收，以昭睦谊。"②

因为两次鸦片战争签订的不平等条约，清朝沿海地方官府承担了救助西方列强遭风商船的责任和义务。不过，这些救助只是赋予抢救的责任和必要的修船帮助而已，并未具体规定如何救助漂民。比起朝廷之前自觉承担的抢救遇险船只和漂民的责任、义务要小得多，没有漂民救险之后的一系列安排，如无偿负责遇险船只的修理、无偿负责漂民的衣食住行以及设法安排其回国等，只允许遇险的外国船员、水手可以在沿海自由购买食物和船料。

2. 道咸同时期的海难救助案例

道光二十五年正月，浙江巡抚梁宝常题报：道光二十四年六月二十日，有一艘琉球船只在洋遇险，漂至象山县境。象山知县会营前往查勘发现，船身桅舵多有损坏，有世丕显等 17 名漂民。浙江地方官仍沿袭乾隆二年所定条例，对琉球漂民展开救助，延请医生，垫支经费采购船料，修理遇险船只，制备棉衣等，解决秋冬取暖问题，还雇觅熟悉闽洋舵手水手，将修竣之船驾送福建，将抢救的小米、马匹等点验交还琉球漂民。道光二十四年九月二十二日，该船启程回国。浙江巡抚梁宝常遂将先后支用衣粮、银米及修船工料等造册，奏报朝廷，咨部核销。③

道光二十五年十一月，浙江巡抚梁宝常题报：道光二十四年八月二十五日，定海商人在洋救起 3 名日本漂民，带回鄞县，转送至省会杭州，再转送乍浦，饬令平湖县妥为安排。待有中国办铜船只前往东洋，附搭回国。旋据平湖知县宋琛禀报，日本漂民意若吐隐等 3 人均经先后安顿抚恤，于道光二十五年六月十九日附搭官商金太平铜船回国。④ 3 名日本漂民在鄞县和平湖县先后住了近 10 个月，

① 中俄《天津条约》，王铁崖编：《中外旧约章汇编》第 1 册，第 87 页。

② 中英《天津条约》，王铁崖编：《中外旧约章汇编》第 1 册，第 98 页。

③ 《浙江巡抚梁宝常题为漂至象山县琉球难夷世丕显等船修理完固业已启程事》，道光二十五年正月二十五日，朱批奏折，档号 02—236—21343—021。

④ 《浙江巡抚梁宝常题报平湖县送归日本难夷起程开行日期事》，道光二十五年十一月十八日，朱批奏折，档号 02—236—21343—020。

一应生活用品均由官府提供，并照例负责回国船价和 1 个月的生活费用，可见对日本漂民的循例救助相当周到。

咸丰二年十一月，浙江巡抚黄宗汉题报：咸丰元年八月，江苏商船先后在洋救起日本 7 名漂民，带回上海。由苏松太道赏给钱文、衣服，递送到浙江乍浦安顿。平湖县循例安顿，给予衣服口粮。日本漂民均于咸丰元年十一月十八日，由乍浦搭乘中国商船返回日本。此次救助中国官府先后花费约 196 两，口粮米 9 石 7 斗，循例题销。①

咸丰七年十一月，福建巡抚奏报：六月十九日有琉球国遭风漂民新垣等 9 人漂收淡水厅境内。经查勘，原船损坏，桅杆绳索全无，难以驾驶。由淡水厅估变价银 60 元，交给该漂民收领。派委候补县丞朱大琛、艋舺营外委林青芳督同淡水厅丁役，配船将其送往省城。福州府海防同知蔡声修接收之后，将其安顿在驿馆，并详细询问琉球船只来历，得知是一只官船，并无牌照、军器。系咸丰七年六月初十日奉命前往八重山岛催运粮食，在洋遇险，十八日漂收淡水厅三貂洋面，经该地民人救护进港，送到同知衙门安顿公所，给发粮食、棉衣等件。"自本年九月十四日安插驿馆之日起，每人日给米一升，盐菜六厘。回国之日，另给行粮一个月，并照例加赏布棉等物，折价给领，统于存公银内动支，事竣造册报销。"②

就上述救助案例来看，清朝官府在咸丰朝、同治朝对非缔约国的漂民救助仍然按照乾隆二年所定条例办理，并未减轻其救助责任和义务。

总的来说，1842—1874 年是过渡时期，中国对外国漂民救助大致采取两种模式：一种是沿袭乾隆二年所定救助条例，另一种是按照中外条约规定救助西洋各国商船。按第一种救助办法，官府继续承担较大责任和义务，不仅负责遇险船只的修理费用，而且还要负责漂民自获救至安全回国的各项生活费用。这种救助是单方面的，既是慷慨的也是无私的。同治十三年，琉球漂民在台湾被"生番"杀害，日军借机出兵台湾。沈葆桢奉命"巡阅"台湾，于四月二十二日条陈四事，

---

① 《浙江巡抚黄宗汉题为浙江平湖县接受苏省护送日本国遭风难夷虎吉等动用抚恤银米请销事》，咸丰二年十一月二十三日，朱批奏折，档号 02—01—04—21502—001。
② 《福建巡抚庆瑞奏为淡水厅送到琉球国遭风难夷照例安插译讯抚恤事》，咸丰七年十一月二十九日，朱批奏折，档号 04—01—01—0860—079。

其中之一为"联外交"，认为日本不顾中国历年救助日本漂民事实，借机越境称兵，不仅属于忘恩负义行为，而且不符合国际法，越俎代庖。"沈葆桢等拟将叠次洋船遭风各案摘要照会各国领事……令其公评曲直。"① 这一行动尽管在道义上占据上风，但未必能产生最佳效果。按第二种救助办法，清朝官府只承诺负责救护缔约国在近海遇险的船只和人员，允许外国人在中国购买修船必需的船料和生活用品，比起第一种办法，大大减轻了中国海上救护的责任和义务。

### (二) 同治、光绪时期的救护中外船只遇险章程

1. 光绪二年《救护中外船只遇险章程》

晚清时期，在救险方面改进力度比较大的章程，应从丁日昌拟定的《救护中外船只遇险章程》（又称《救护中外船只遭风遇险章程》）算起。丁日昌是晚清洋务运动的提倡者与实践者，他生活在滨海地区，并且长期在沿海各省为官，非常了解中国海上救助制度存在的问题。同治七年，丁日昌升任苏松太道道员，兼管海关，因沿海一带地方常有中外船只遭风搁浅事件，遂通饬各属妥议救护章程。旋经各厅县草拟章程，先后禀报前来。丁日昌阅读后，认为各厅县呈送的章程虽系体察本地情形，但详略不一，乃按照"简明易办"原则，重新拟定，为此发出示谕：

> 照得沿海一带地方，中外船只遭风搁浅，事所常有，论救灾恤邻之道，固宜各尽天良，律惩贪赏善之条，亦当自怀刑宪。乃访闻沿海居民，每遇船只遭风，不惟不设法护救，而且乘机抢夺……失事者厄于天又厄于人，滋事者图其财并图其命，睹之惨目，闻之伤心。
>
> 本道现拟妥设定章，分须属境。所有沿海乡村，以拾里为一段，每段设约正、约副二人。无论内地外洋船只遭风搁浅，飘至境内，立即设法救援，一面报知地方官亲来勘验，将船货点交原主，并酌量赏给救护之人。倘船货全经在海飘失，仅剩空人，即将原人护送至本道辕门，听候酌给川资，令其

---

① 《清穆宗实录》卷 366，同治十三年五月壬寅，《清实录》第 51 册，北京：中华书局，1987 年，第 841 页。

回籍，毋使流离失所。一切详细章程，统由该厅、县再行议复核办。除咨会崇明总镇会同办理外，合行出示晓谕。为此示，仰该处居民知悉：此后如遇遭风搁浅船只，务当遵照告示办理。如仍有乘机抢劫，立即严拿追究。倘地方厅、县及营汛隐匿不报，失于觉察；或讳称无主漂流，希图卸责，一经事主控告，或经外国领事照会，定即严参不贷。①

由此可知，是时丁日昌等人已在认真考虑海上救助事宜改进问题，但他们拟定的海上遇险救助章程，仍是传统赏罚模式，比起以前的海上救助制度，只是细化了滨海地区地段划分以及绅民责任而已。尽管该示谕提及将救出来的货物"酌量赏给救护人"，但仍未说明救助货物报酬按比例分配原则。

光绪元年，福建近海发生一起海难事故，系德国"安纳"号遇险搁浅，被当地渔民乘机抢劫，不仅船主被杀，而且被毁被抢货值据称有银37780元。总理衙门据德国驻京公使巴兰德（Max August Scipin von Brandt）照会，当即咨行闽浙总督和福建巡抚迅速查办。光绪二年四月，闽浙总督文煜与福建巡抚丁日昌奏报侦破该案，拿获凶犯，追出赃物价值13880元，交德国领事官克劳申收讫。是案结束之后，丁日昌向总理衙门发出咨文，称前在苏松太道任内定有《救护中外船只遇险章程》，请求准许闽省仿照办理。总理衙门大臣奕䜣阅读章程后认为，各省沿海地方中外船只遭风遇险事所常有，该处居民人等认真保护者有之，乘机抢夺者亦有之，"救护章程五条，不独福建一省当即照行，即沿海各省亦应一律查照办理，庶中外船只往来洋面可免抢夺之虞，而海滨人民皆知劝戒"。② 为此奏请饬下南北洋大臣及各省将军、督抚晓谕所属沿海地方文武官民人等一体遵行，得到皇帝允准。

《救护中外船只遇险章程》③ 保留了中国传统海上救助制度的一些优点。一

---

① 丁日昌：《示谕救援遭风船只》，赵春晨编：《丁日昌集》卷18《巡沪公牍》，上海：上海古籍出版社，2010年，第302页。

② 《总署大臣奕䜣奏为闽省所拟保护中外船只遭风遇险章程饬各省通行查照办理事》，光绪二年五月初四日，录副奏折，档号03—5508—027。

③ 章程全文见《福州将军兼署闽浙总督文煜福建巡抚丁日昌呈救护中外船只遇险章程清单》，光绪二年五月初七日，录副奏折，档号03—7135—010。

是保留文武官员分段管辖原则，进一步细化责任。此前沿海各省责任区大致以沿海各县和水师营汛为最小管辖单位，负责的海区较大。此次，将海上救助海区缩小到十里一段，并责成近海地方保举公正绅耆负责海难信息收集和传递，细化管理。

二是保留中国传统救助关于外国海难漂民的安顿和回国安排。"无论中国、外国之人均先行给以衣食，就近送交地方官、领事官，妥给船夫，分别资送回籍。倘系外国人，无领事可交者，即报明通商局，资给盘川，俾令自行回国。"其中有一点改变，即凡是在中国设立领事馆的国家的海难漂民，一律交给领事官处理，中国官府不再负责这些漂民的安置和回国。

三是改进传统海上救助的奖励办法，进一步明细奖励标准。光绪二年以前的中国海上救助也有奖励，但对无偿救助者的鼓励仅限于精神层面，如颁发匾额等。该章程不仅用晋升鼓励文武官员尽职尽责，而且参与海难救助的绅耆、普通民众均给予比较丰厚的物质奖励。

四是规定获救者给予救助者一定救助报酬，变无偿为有偿，同时保留官府承担的救助责任和一些经费支出。

五是用金钱鼓励民众快速报告中外船只遇险事故地点，"至于望见船只危险，首先报知地甲头目及文武汛官者，应以初报之人为首功，由失事船主给予花红，大船多至三十两，小船以十两为度"。

六是按照被救货物价值比例，鼓励民众积极参与救人救货。但规定有偿救助数额不得超过货值的1/3，这样的救助方法需要救助者与被救助者事前达成书面或口头合同，"凡救起之货，须候文武汛官验报。如系外国船货，则并报明附近领事官，会同查核，将货估价，按照出力多寡、难易，抽拨充赏多至三分之一，以赏救援之人。若有货无人，则须禀明就近地方官及领事官秉公将货酌赏。无货有人，则须将人救护"。①

---

① 笔者认为，丁日昌在起草该章程过程中，已对西方的商业救助模式有所了解。如救助者可以通过官员仲裁方式获得一定比例的救护货物报酬。因为，这种以获救者货物的某一比例作为救助者报酬的商业合同在欧洲已经盛行，而尚未在中国出现。根据曾担任船政大臣的丁日昌对西学的接受态度，可以推知这些知识来自西人，但笔者暂时没有找到丁日昌这些知识的来源。

七是尊重船主意愿，不得强行救险。"凡遇险船只，其力尚可自存，船主并不愿他人上船者，救援之人自不得混行上船。"

八是若外国船只遇险，救险者应听从外国船主指挥。

九是清前期皇帝对海上漂民实行无差别救助，虽声称"胞与为怀，内外并无歧视"，实际上也意在博得国际声誉而怀柔远人。该章程既然规定救助对象系"中外遇险船只"，则救助遇险的中国商渔船只势必引起官民重视。

光绪二年五月，朝廷谕令："前经总理各国事务衙门奏，闽省拟行保护中外船只遇险章程，请饬各省一体遵行。业经照准矣。"① 因此，这一章程成为沿海各省共同遵守的海上救助章程。

2. 刘坤一与张兆栋酌拟《广东沿海地方保护遇险船只章程》

唯有广东方面认为，《救护中外船只遇险章程》与同治九年广东酌定的海上救护章程精神基本一致，只在分段施救及救人报酬等方面存在微小差异，"两省所议章程均为保护商民起见，原无彼此之分。惟粤章行已数年，商民称便。若一旦改照闽章办理，未免今昔稍殊，海滨愚民难于户喻，设以旧章忽改，遇事观望不前，似于救护事宜转无裨益"。因此两广总督刘坤一认为，立法必期于有济，因地制宜，审度情形，"当即督同善后局司道，将闽省章程与粤省旧章互相参订"，酌拟《广东沿海地方保护遇险船只章程》，从"分地段以专责成"、"定酬劳以重船货"、"赏川资以恤难民"、"议奖励以资鼓舞"、"修营汛以资救护" 等 5 个方面，② 细致规定如何保护遇难船只，以"期于粤章不必纷更，而与闽章亦无背缪。拟即饬发各属，晓谕沿海居民，俾知遵守"，③ 并奏请朝廷批准。

同治九年广东制定的海上救护章程已无从查知，将光绪二年文煜、丁日昌等人所拟救险章程和刘坤一、张兆栋等人修订章程进行仔细对照，诚如刘坤一、张兆栋奏折所说，其基本精神完全一致，仅在如何划分地段、责成何人负责组织搜

---

① 《清德宗实录》卷 32，光绪二年五月丁巳，《清实录》第 52 册，北京：中华书局，1987 年，第 467 页。
② 《两广总督刘坤一广东巡抚张兆栋呈酌拟救护船只章程五条清单》，光绪二年九月二十一日，录副奏折，档号 03—7135—016。
③ 《两广总督刘坤一广东巡抚张兆栋奏为酌拟沿海地方保护遇险船只章程事》，光绪二年九月二十一日，录副奏折，档号 03—7135—015。

救以及救助报酬方面有所不同。可以肯定，是广东方面将同治九年制定的海上救险章程中的主要措施，揉进丁日昌拟定的《救护中外船只遇险章程》，广东、福建等省对海难采取相近的救助制度。

3. 总理衙门《续议保护中外船只遇险章程》

《救护中外船只遇险章程》在福建试行后获得相当好的效果。光绪二年，丁日昌奏称，"四月十五六等日，台湾飓风大作，安平旗后各口有中国商船二十余只、外国夹板船五只遭风击损，经就近营、县竭力救护，均无乘危搬抢情事。又有苏丹洋船在恒春县辖猫鼻海岸撞破，亦经保护无虞。并准英国、德国领事官先后申谢，照请销案。所有办理认真各员，查系前代理恒春县知县区则敬、署凤山县知县孙继祖、台湾县知县白鸾卿，及管带防勇之记名提督高登玉、副将王福禄、千总汪兆荣、海关委员协领德顺。又于六月十一日，凤山辖猪哥蓁洋面有陈顺丰商船遭风击破，该署县孙继祖闻报，即派丁勇驰往，协同甲首、乡民多用船筏，乘风破浪，救起舵工、水手、搭客男妇大小十九人，捞起货物悉数交还，绝无丝毫隐匿，出力人等由县捐廉奖赏，禀由台湾道夏献纶先后详报前来"。[1]

救护海上遭风漂民的奖励必须兑现，否则不会产生激励效果。光绪八年，总理衙门《续议保护中外船只遇险章程》内开："嗣后文武汛官及外海水师管驾人等遇有中外船只在洋面遭风触礁，桅倾舵折，急迫呼号，瞬将沉没者，果能奋身冒险救出至三十人以上，准其比照异常劳绩奏奖。每次不得过两三员。"[2] 这进一步明晰了《救护中外船只遇险章程》文武官员晋升的标准，便于实际执行。此后，沿海各省按上述标准，晋升文武官员的奏报不断到达京城。

4. 山东巡抚张曜修订《山东沿海保护失事船只章程》

光绪十四年，招商局保大轮船在荣成县成山触礁沉溺，被村民乘危捞抢。案发之后，山东巡抚张曜立即派人查处。在他看来，总理各国事务衙门于光绪二年奏定的《救护中外船只遇险章程》，"本极周密详尽，惟各属奉行不力，遂致日久视为具文，亟宜重申旧章，实力整顿"。随饬东海关监督、登莱青道盛宣怀按照原定旧章，参以现时地方情形，酌议《山东沿海保护失事船只章

---

① 丁日昌：《防患未萌片》，赵春晨编：《丁日昌集》卷9《抚闽奏稿》，第131页。

② 《两广总督李瀚章奏为营弁奋勇救出在洋遭风英轮多命洵属异常出力事》，光绪十七年十月十六日，朱批奏折，档号04—01—16—0232—089。

程》，通过"定地段以专责成"、"明赏罚以免推诿"、"定条规以免混乱"、"定酬劳以资鼓励"、"广晓谕以资劝戒"、"添水师以资防护"等，救护沿海失事船只。① 经张曜与直隶总督李鸿章进一步核明，缮写清单，咨请总理各国事务衙门并各部查照，而后会同李鸿章奏请实施。②

总的说来，光绪时期先后颁布四个有关海上救助的章程，《广东沿海地方保护遇险船只章程》与总理衙门奏定的章程相比，正如刘坤一强调的只是在划分地界、设立救护公所以及奖励救人等方面略有不同。光绪八年，总理衙门的《续议保护中外船只遇险章程》进一步规定了文武官员救护 30 人以上"比照异常劳绩"的奖励办法。《山东沿海保护失事船只章程》与总理衙门奏定章程相比，在荣成设立保护总局以及救助报酬如何划分级别方面有所不同。

一言以蔽之，后三个章程都是以丁日昌所拟章程为蓝本形成的，因此，晚清这四个章程是一脉相承的，具有责任与义务、有偿与无偿、民间救助与官方救助、精神鼓励与物质奖赏相结合的特点，体现了"有效果有报酬"的海上救助原则。比起光绪以前的"无偿无差别"救助更加务实，更有利于调动各方救险的积极性，是中国海上救助制度进步的重要体现。

### （三）《救护中外遇险船只章程》的实施与救助事例

光绪二年《救护中外遇险船只章程》颁布后，沿海各省督抚曾经反复晓谕各属认真贯彻。如光绪十九年二月十五日，福建台湾巡抚邵友濂示谕：

> 兹查台湾沿海居民遇有此等危险之船，均能认真保护，著有成效；仍恐日久弊生，亟宜刊布章程，再申告诫，俾沿海民人咸知重赏在前、严刑在后，相与救灾拯危，勉为良善。除分别咨行外，合再申明剀切谕。为此，谕仰沿海军民人等知悉：此后凡遇中外船只遭风搁浅一切危险之事务，必查照后开章程，实力拯救，本部院自当格外奖赏。倘敢阳奉阴违或乘机抢夺，一

---

① 该章程全文见《山东巡抚张曜呈酌议山东沿海保护失事船只章程清单》，光绪十四年三月二十四日，录副奏折，档号 03—7135—083。

② 《山东巡抚臣张曜奏为酌议山东沿海保护失事船只章程》，光绪十四年三月二十四日，朱批奏折，档号 04—01—01—0966—027。

经发觉，定必按例严办，决不姑宽。其地方厅县并营汛员弁等，若不认真遵行，亦即一体按律参究。尔等须知船只遭风遇险，财命悬于呼吸；当其呼号逼切，属有天良，皆思援手。若复从而掠取，是岂尚有人心？方知功令严明；信赏必罚。经此再行晓谕，务当共相劝勉，切勿故伎复萌，以身试法。凛切！凛切！①

那么，各县是怎样执行这个章程的呢？下文以新竹县为例，进行简单介绍。新竹位于台湾省西北部，旧名竹堑，原为平埔族人聚居地，雍正年间在此设置巡检，光绪元年设立新竹县。次年，丁日昌任福建巡抚，与闽浙总督文煜联名奏请实施《救护中外遇险船只章程》，新竹知县奉命推行该章程。但是，现存县志缺乏这方面记载。光绪十四年、十八年新竹县奉命在沿海各处再次张贴该章程。据《新竹县制度考》记载，共有30处地方张贴该章程，即县署前、香山、旧港、下蓁、溪州、油车港、红毛港、蚵壳港、笨仔港、南崁港、凤鼻尾、咸水港、中港、中港渡头、山蓁、纲弦仔、后垄、后垄外埔、后埔溪洲、湾丘沟、白沙墩、望高蓁、吞霄、房里、苑里、土地公港、大甲、大安、脚踏港、羊蓁。② 新竹县管辖沿海地方，自中港起至南崁港止，沿海道路共计90里，分为9段：中港→10里至香山港→10里至旧港→10里至红毛港→10里至蚵壳港→20里至笨仔港（分为2段）→20里至大潭港（分为2段）→10里至南崁港。下面是光绪二十一年新竹县知县按段呈报的各段地甲姓名、年龄和原籍。

第一段，沿海道路自与苗栗县分界之中港起，至香山港止，计10里为一段。地甲陈如藩，48岁，同安县人。第二段，自香山港起至旧港止，计10里为一段。地甲卓清兰，51岁，同安县人。第三段，自旧港起至红毛港止，计10里为一段。地甲彭逢春，53岁，同安县人。第四段，自红毛港起至蚵壳港止，计10里为一段。地甲陈佑，53岁，同安县人。第五、六段，自蚵壳港起至笨仔港止，计20里为两段。一段地甲许雨，46岁，陆丰县人；二段地甲许狮，56岁，同安县人。

---

① 《救护船只章程》，无名氏：《新竹县制度考》，孔昭明主编：《台湾文献丛刊》第101种，第114页。

② 《救护船只章程》，无名氏：《新竹县制度考》，孔昭明主编：《台湾文献丛刊》第101种，第117页。

第七、八段，自笨仔港起至大潭港止，计 20 里为两段。一段地甲欧阿古，43 岁，陆丰县人；二段地甲钟廷英，61 岁，长乐县人。第九段，自大潭港起至淡水分界之南崁港止，计 10 里为一段。地甲曾房，41 岁，陆丰县人。①

光绪时期四个海上救助章程，不仅规范了沿海救助行动以及救助者与获救者之间的关系，而且鼓励了沿海文武官员及民众救险热情，兹举以下几个案例以证明。

案例一，光绪十六年三月初二日，福建金门东尾洋面有一艘英国太古行商船因大雾弥漫触礁，船漏入水，船员呼救。是时金门营都司陈绍勋、候补千总陈士斌等闻报，带领弁兵，雇用小船，并知会金门县丞万鹏，派拨丁役，冒险前往救援。先将 7 名洋人、40 余名华人全行救出，并听从船主指挥，将豆饼抛弃海中，复用机器将水抽尽，经过修补，将船救起。据称，该船价值洋银 13 万元。经厦门领事及税务司迭次致函感谢，送还该营垫支民船 60 元，参与救援兵役 40 元。为此，闽浙总督卞宝第奏请按照《救护中外船只遇险章程》《续议保护中外船只遇险章程》规定，奖励陈绍勋、陈士斌等人，② 但参与救助的主要是水师官兵和金门县员役，均属公务人员，因此不能按照被救船价给予相应报酬。

案例二，光绪十七年十月，据广东督办雷局江苏试用道温子绍禀报，千总韦振声管带绥靖轮拖船，派赴廉琼一带巡防，巡至西沙洋面，陡起飓风，巨浪腾涌，瞭见英国巴拉定（巴路甸）商轮行至该洋面，遭风触礁，船将沉没。韦振声立即督带水勇，另驾舢板，冒险驶近，将管驾水手并搭客男女人等悉数救下。该商轮随即沉没，查点救出洋人 6 人、水手等 36 人、搭客男 11 人、女 2 人，一共 55 人。两广总督李瀚章上奏为韦振声援例请功，"将五品顶戴留粤尽先补用千总韦振声照异常劳绩免补千总，以守备留粤尽先补用，并加都司衔，俾昭激劝"。③

---

① 《地甲年籍姓名》，无名氏：《新竹县制度考》，孔昭明主编：《台湾文献丛刊》第 101 种，第 119 页。

② 《闽浙总督卞宝第奏为在金门东尾洋面救护外国人船出力员弁请旨奖叙事》，光绪十六年十月二十五日，录副奏折，档号 03—9990—065。

③ 《两广总督李瀚章奏为营弁奋勇救出在洋遭风英轮多命洵属异常出力事》，光绪十七年十月十六日，朱批奏折，档号 04—01—16—0232—089。

光绪十九年二月，据琼海关聂税务司暨署海口营参将陈良杰称，法国公司海防轮船于本月初八日下午行经文昌县属木栏头洋面，遇雾触礁搁浅，并有赴救之煤炭商轮一艘，亦因误触搁浅，恳求派轮援救。当即派广玉兵轮管带周镇邦连夜展轮驶往，参将陈良杰亦带练兵师船三号，与聂税务司于十一日巳刻驶至该洋面。适值风浪奔腾汹涌之际，遥见该轮船身已倾侧，势甚危险，抛弃货物，呼号求救。又见煤炭商轮亦将煤块向洋抛弃。周镇邦与陈良杰等商议，该处非砂即礁，兵轮未便前往，因各督同帮带苏廷琛、大副陈有广并哨弁窦占元等，分驾舢板各船冒险救援。奋勇救出 37 人，货物多件，并将装载煤炭轮船拖带。是时法国海防轮船愈陷愈深，未能拖脱，先将救出之人员、货物载回海口，分别安顿，并留师船在洋保护。等到十二日中午潮涨时，设法将海防轮船救出。为此，两广总督李瀚章奏称，游击周镇邦和陈良杰、把总苏廷琛冒险救援异常出力，请按《救护中外船只遇险章程》相关规定进行嘉奖，以示鼓励，[1] 但由于参与救助的是水师官兵，因此没有给予任何报酬。

光绪十九年十一月十五日夜，英国云南轮船行经广东潮州府潮阳县属百亩礁洋面，遭风触礁。十六日早晨，英商东山轮船驶至该处看见该船求救信号，立即前往营救，亦遭风搁礁。潮阳知县、达濠营守备等闻报，立即会督兵役暨救生局绅董水勇多雇船只驰往。是时，云南轮船身已全沉，海面只能看见轮船烟囱和桅杆。船上人等均已摆渡到东山轮船。是时，东山船头搁礁，船尾已浸水，甚是危急。潮阳知县何福海、县丞钱文瀚、达濠营守备郑麟功等督饬兵役、水勇冒险过船，救出两船洋人水手及船客等共 400 余名，问明籍贯，分别遣送。两广总督李瀚章接到相关报告，遂援引光绪八年《续议保护中外船只遇险章程》，奏请给予奖励。船上货物派令兵勇守护，"旋经洋人雇艇陆续捞回"，[2] 因此，也不涉及提赏、报酬问题。

光绪二十六年闰八月初九日，福建惠安县金源发、金义和商船由上海装货回闽，并有商民搭坐两船，驶至浙江太平县所辖七礁洋面，陡起飓风，两船同时触

① 《两广总督李瀚章奏为营员在洋救护法国触礁商轮出力请奖事》，光绪十九年十二月十三日，朱批奏折，档号 04—01—17—0153—002。
② 《两广总督李瀚章奏为直隶州知州何福海等救护外国商人出力请奖事》，光绪二十年九月十一日，朱批奏折，档号 04—01—13—0380—023。

礁，瞬将沉没。正在危机之际，适值署松门巡检陈宝麟等因公出洋，并经当地绅董瞭见，会督弓兵夫役，招集渔船分往救援。陈宝麟等救出金源发船内难民张来顺等 32 人，试用县丞毕卫恒救出金源发商船漂民 32 人，试用县丞陈明园等救出金义和船内难民 34 人，世职包珩等救出金义和船内难民 32 人，总共救起两船遭风漂民 130 人，尚有 6 人因随浪漂去，不及捞获。经前署太平知县程云集点验人数相符，资遣回籍，具文通报，由绍台道复查无异，并由布政使、按察使核明会详，请将在事出力各员照章奏奖。① 按《救护中外船只遇险章程》《续议保护中外船只遇险章程》规定，除奖励在场指挥抢救的官吏外，还应奖励发现险情的地甲绅耆及参与救险的 9 艘渔船渔民，但遗憾的是，诚勋奏折没有涉及这方面内容。

## 三 、中西海上救助制度之比较

在漫长的航海史上，海难救助方式多种多样。其一是自救。船舶遇难，发生危及船上人身安全和财产安全的情况时，船长领导全体船员、旅客进行自救。其二是义务救助。在自救无效的情况下，遇险船只发出遇险求救信号。若海难发生在主权国家的领海、内水或港口以及与该国具有直接利害关系的管辖水域内，邻近国家、机构获得信息后对遇难船只、货物和人员实施救助。若遇难船只的求救信号无法及时送达近岸国家或机构，那么，临近船舶一般会对海难船只展开力所能及的救助，这是每个航海者不可回避的人道主义责任。其三是协议救助，又称有偿救助。即在展开救助工作前，遇难船只和救助者自愿达成书面或口头协议，签订契约或合同，救助人按协议要求进行救助，获救方按协议规定支付报酬。在 17—19 世纪，中西海上救助模式可谓各有侧重。

### （一）清代海上救助模式与英国劳氏救助合同

1. 清代海上救助的道义性质

康熙中期，清廷开始关注海上救助，到乾隆二年专门制定条例，开始将海上

---

① 《护理浙江巡抚诚勋奏为救护太平县洋面遭风商民请奖事》，光绪二十九年三月十二日，朱批奏折，档号 04—01—12—0625—012。

救助活动纳入国家法律管辖。清前期的海上救助主要是官方行为,参与救险的大多是沿海水师和州县官。当时,民间没有专业的救援组织,参与救助或是偶然的自愿行动,或是受雇于官府。清代文武官弁海上救险不仅没有报酬,滨海州县衙门还要负责善后工作,如帮助漂民修理船只、监督公正公平销售获救船上货物、安排漂民衣食并负责遣送其回国等。这些救助都由官方财政负担,对减少中国近海遇险人员伤亡具有重要意义。清朝不计成本的海上救助,既没有国际公约的限制,也不负有搜救协定下的国际法义务。这种救助行为在清代上升为国家层面的政策,对提升清朝的国际影响力和国际地位发挥着积极作用。但是,这种不计成本的海上救助只适用于海运尚不十分发达、海难相对较少的阶段,无法适用于海运比较发达、海难频发时期。

第一次鸦片战争后,尽管中外条约规定一些海上救助条款,但由于比较笼统,对于沿海社会影响不大,中国以官府为主体的"无偿无差别"海上救助制度并没有改变。从光绪二年开始,清朝先后奏定四个海上救助章程。它们一脉相承,无不体现了责任与义务、有偿与无偿、民间救助与官府救助、精神鼓励与物质奖赏相结合的特点,比起此前的"无偿无差别"救助,更有利于调动各方救险积极性,是中国海上救助制度进步的重要体现。

2. 欧洲海上救助制度与商业合同救助

海运是高风险行业,千百年来,船员对于在公海上遇险的同行施以援手一直被归入道德范畴,直到 1681 年法国路易十四颁布《海事条例》(*Ordonnance de La Marine of Louis XIV*),才开始将海难救助引入法律领域。该条例分为"海事审判官和管辖权"、"船员和船舶"、"海事契约"、"港湾、海洋、停泊所的警察"、"渔业"5 编,明确指出本国民众对在海洋上遇险的船舶与船员要不遗余力地提供援救,若未施救,则需要承担刑事责任,[1] "抢夺遇难船只,判处死刑,法官不能作出赦免的裁决"。由此欧洲各国开创了以成文法开展海难救助的先河。[2] 19世纪,各国逐渐接受英国海上救助制度确立的一些原则,发展出一种商业合同救

---

[1] Geoffrey Brice, *Maritime Law of Salvage*, Second Edition, London: Sweet and Maxwell, 1993, p. 1.

[2] James A. R. Nafziger, "Historic Salvage Law Revisited," *Ocean Development & International Law*, Vol. 31, No. 1 – 2, 2000, p. 88.

助模式。

19 世纪中期，较小吨位的轮船已经开始在各大洋之间穿梭航行，海上事故发生率（碰撞、搁浅、触礁、风浪损坏、火灾、自沉）及海员死亡率很高。据统计，英国海员死亡率高达 20%，仅 1861—1870 年，在英国海域沉没的船舶就高达 5826 艘，因沉船淹死的则有 8105 人。[①] 1894 年，英国《商船法》第 422 条规定，海上船舶发生碰撞事故时，他船有救助的法定义务；第 428 条规定，船舶上所有雇员及船长均有携带救生装备的法定义务；第 430 条规定，若海上船舶不能依法携带救助人命装备，将给予相应处罚；第 431 条规定，海上船舶在提供服务时必须应用救生装备。[②] 1897 年，国际海事委员会（Comité Salvage Convention）在布鲁塞尔就海上碰撞和救助举行会议，明确了船长的救助义务，体现在《1910 年布鲁塞尔救助公约》第 8 款中，"船长有义务在不对其船舶、船员和乘客造成严重威胁的情况下，尽可能协助另一艘船舶、船员和乘客"。[③] 1914 年，《国际海上生命安全公约》（International Convention for the Safety of Life at Sea）对所有航船提出安全航行要求。可惜由于第一次世界大战爆发，该公约未能生效。此后，国际联盟和联合国通过多个《国际海上生命安全公约》（1929 年、1948 年、1965 年、1974 年、1994 年和 2011 年），规定各国在其领海和公海上应当尽力救助海上遇险者。

在海上救助遇险船舶与人员，救助者和被救者都要承担巨大风险，都可能面临财产与人身的损伤。于是，欧洲出现一种商业合同救助，即救助者与被救者经过协商谈判，形成商业性契约，然后开始施救。在完成施救工作后，救助者收受一定数额的报酬。由于人们签订的合同条款存在各种漏洞，当救助工作完成后，救助报酬就成为双方争执的焦点。为节约时间、快速达成协议，并防止事后争执，在实践过程中逐渐产生了规范性的劳氏救助合同。

劳氏救助合同格式最早由英国律师威廉·瓦埃敦（Sir William Walton）提出，

---

① N. Jones, *The Plimsoll Sensation: The Great Campaign to Save Lives at Sea*, London: Little Brown and Company, 2000, p. 3.

② *Merchant Shipping Act 1894*, Section 422, Section 428, Section 430, Section 431.

③ *Convention for the Unification of Certain Rules Relating to Collision*, Brussels, and French, 23 September 1910, United Nations Library & Archives Geneva, File R2042/3D/34674/34674.

他发现缺乏可供参考和适用的标准救助合同格式，不利于救助事业的顺利发展。1890年，英国劳埃德委员会委托威廉·瓦埃敦起草标准的救助合同。1891年，威廉·瓦埃敦向劳埃德委员会提交合同草案。但劳埃德委员会认为这份合同草案内容过长，要求律师行再起草一份言简意赅的标准救助合同。该简明合同于1892年被批准施行，但在推行过程中出现了一些困难。1896年10月1日，劳埃德委员会发出备忘录，提倡救助人使用标准的简明海上救助合同，并要求律师行起草新的标准的救助合同。

1908年1月15日，由英国劳埃德委员会正式推出新的标准合同，即"劳氏救助合同"（Lloyd's Standard Form of Salvage Agreement），是被救助船船长代表被救各方与救助者之间签订的契约。劳氏救助合同有以下几项内容。第一，双方可事先了解合同内容，不必为达成协议而争执不休。救助双方要么全部接受合同条款，要么对某些条款加以保留，从而大大节省了宝贵的救助时间。第二，"无效果无报酬"（No Cure，No Pay），按照救助成效大小决定报酬多少，双方共担风险。对于有效救助的标准是，救助者要把获救的财产送到安全地点。救助有成效，救助者就有权获得报酬；救助不成功，则无权索取报酬。救助者与被救助者无须事先确定报酬数额，只要救回一部分财产就算有效果的救助，法律不要求在条件不允许的情况下救回全部财产。在救助作业完成后，双方按照救助效果来协商确定，如果协商不成，则由法院或仲裁机构决定。按合同约定的报酬比例应符合行业基本标准，如果数额过高或过低，可以请求法院或仲裁机构重新确定，报酬的最高额不得超过获救财产价值。第三，海难可能发生在公海，也可能发生在某一国家管辖的海域，因此海难救助往往涉及不同国籍的当事人，在法律适用问题上容易出现争执。由于合同中明确规定了准据法（如本合同及其仲裁均适用英国法），有效避免了争执。第四，该合同一经签订便具有法律效力，对救助与被救助双方都具有约束力，从而确保海上救助作业顺利进行，保障双方合法权益。劳氏救助合同就此顺利解决了海上救助合同快速签订、积极履行以及事后争议解决程序等问题。从19世纪至今，该合同确定的"无效果无报酬"以及"救助报酬确定"等原则，在海难救助中得到普遍理解和遵守。

## （二）中英海上救助观念与制度比较

在海上船舶遇险救助中，无论在中国还是在欧洲，都是以国家机构为主体的义务救援模式。清代官方将海上救助视为一种责任和义务，无论是人命救助还是财产救助，从未向漂民索取过任何报酬。西方各国也在海商法中明确规定国家机构作为救助者不得向被救者索取报酬。例如，英国法律规定，救助者有"公共义务"时，救助报酬的请求不能成立。这里的公共义务主要是指港口当局或者负有在危难时刻救助海上船只义务的机构。因为，这种机构主要为公众利益服务，不像民间专业救助公司那样，把救助海上船只当作盈利手段。于此可见，无论在中国还是在西欧，官方的海上救助都是没有报酬的公务活动，都是责任和义务。

17—19 世纪，在相距遥远的东方和西方对于海难中生命和财产同时实施了人道主义的扶危济困，这种救助行为建立在共同的道义论之上。在东方，孔子强调的"君子喻于义，小人喻于利"① 影响久远，到宋明时期发展为一切人的行为，"惟看义当为与不当为"，② 并通过胞与为怀观念，将扶危救急的范围进一步扩展到天下人，从而将外国人纳入其中，外化为怀柔远人政治措施，充分体现中国人扶危救急的观念。在西方，柏拉图认为，人生的根本目的就是达到至善；康德认为，"一切目的的主体是人"，扶危济困是人类必须履行的"可嘉的责任"。③ 东西方提倡道义的观念，鼓励了人们扶危济困、仗义行善。

海难救助行为具有相当的冒险因素，实施海上救助有相当风险性，因此不仅要有道义上的肯定，而且应当在经济上加以鼓励。19 世纪末 20 世纪初，面对海上救助的混乱状态，中国和西欧国家采取了不同的管理方式。中国面对时有"乘机抢夺"不顾生命的混乱状况，强化官方管理的"有效果有报酬"奖惩模式。以英国为代表的西欧国家面对"勒讲报酬"延误海上救助时机以及事后有关报偿的复杂纠纷，走上规范商业合同，并由仲裁委员会仲裁的"无效果无报酬"模式。

英国法院在给予救助者报酬方面有一定灵活性，并尽力平衡救助者和被救者的利益，即在被救者可以承受范围内应当体现对救助者的经济鼓励。由于获救的财产数量千差万别，任何固定的比例都难以做到令人心悦诚服地接受。因此，劳

---

① 刘宝楠：《论语正义》卷 5《里仁》，高流水点校，北京：中华书局，1990 年，第 154 页。
② 程颢、程颐：《二程集》卷 16《伊川先生语二》，王孝鱼点校，北京：中华书局，1981 年，第 176 页。
③ 康德：《道德形而上学原理》，苗力田译，上海：上海人民出版社，2005 年，第 49—50 页。

氏救助合同给予裁判员较大的裁量权，意在鼓励救助者积极展开救助工作。例如，1854 年英国《商船法》第 458 条规定：无论船舶在何时遇到危险，只要发生在英国海岸附近，对遇险船舶任何人给予救助后，均有权获得船舶所有人相应报酬和救助过程中产生的合理费用。该法律条文凸显了人命救助的优先权，指出当船舶及财物遭遇全部损失时，在没有可供支付救助报酬财产情况下，商务官员可以酌情考虑从海商基金中拨款向救助者支付报酬。1908 年版的劳氏救助合同第 19 款规定：本协议所指服务报酬应由劳氏委员会任命的裁判员确定，并有权作出临时裁决，下令按照公正公平条款支付公正公平的费用。劳氏救助合同旨在鼓励人们自愿施救遇难船只。

清代虽然有民间海上救助组织，但在官方控制下，没有按照商业模式形成规范的救助合同。晚清政府颁布了四个章程，显然是对先前"无偿无差别"救险制度的完善和发展。晚清官方通过选任绅耆为救助公局董保或地甲，负责具体救助事宜，并通过评估海上救船、救货和救人的效果，牢牢掌握了海上救助的组织权及海上救援效果评估权、分配权和仲裁权。加之，官方对于指挥抢险的官弁给予晋升奖励，对于参与抢险的局绅、员弁、兵勇人等酌给适当的物质奖励。例如，山东"赏项分作四等：难救而数少者，提赏三分之一；难救而数多与易救而数少者提赏四分之一；易救而数多者提赏五分之一；如货物已落水，小民贪利不顾性命泅水捞摸者，地方官验明，货物果系海水湿透，应提赏三分之二，归于船主三分之一。所提赏项，由董事开单禀明地方官按数分给，庶几赏厚而劝行，惟既立公所董保、差役人等，势难枵腹从公，应由赏项内不论何等提出十成之一，以作公费，由地方官督同董事支用"。[①] 这对于调动救助者积极性和防止"乘机抢夺"行为具有重要作用。不过，这种奖励机制虽然有一定激励作用，但与欧洲流行的劳氏救助合同相比，效果肯定是不同的。必须指出的是，晚清官方海上救助尽管纯属公务活动，但在一定程度上吸收了商业有偿救助模式。晚清政府不仅鼓励海难发现者积极报告情况，而且明确标定海上救船、救货和救人获得奖赏标准。这种准商业的"有效果有报酬"奖惩救助模式在中国沿海的出现，既是中国近海海

---

① 《山东巡抚张曜呈酌议山东沿海保护失事船只章程清单》，光绪十四年三月二十四日，录副奏折，档号 03—7135—083。

难事故频发的现实需要，也是洋务派倡导者和实践者丁日昌、刘坤一、张曜等人主动吸收欧洲海上商业救助合同经验的积极尝试。

### （三）"有效果有报酬"的学术价值与社会实践意义

清前期，官方对在中国海岸附近遇险的外国船舶和人员采取"无偿无差别"救助制度，到了晚清，逐渐演变为"有效果有报酬"海上救助制度。光绪时期的四个章程共同体现了"有效果有报酬"精神和原则，既适合遇险船舶财产救助，也适合海难人员救助。英国 1854 年《商船法》规定了遇险船舶人员救助的优先权，1908 年版劳氏救助合同的"无效果无报酬"原则，又为救助者和被救助者关于获救财产纠纷找到了合理快速的解决方法。从海难事故救助的历史嬗变来看，中英两国海难救助制度的产生，都是为了抵御海上风险对船货安全的威胁，实现海上物流利益的顺利增长；其演变显然顺应了船舶航行安全这一重要历史使命，完全符合海疆稳定与商业交通发展的客观需要。因此，1910 年 9 月 23 日，在布鲁塞尔召开的第三次国际海洋法外交会议上，各国代表正式签署《救助公约》，[1] 明确规定了海上救助者与被救助者的权利与义务，并将"无效果无报酬"和"无偿救助人命"确定为海难救助的基本原则。《1967 年议定书》[2] 《1989 年国际救助公约》[3] 都肯定了这两个重要海难救助原则。[4]

"无效果无报酬"原则主要体现了西欧国家传统海难救助制度对"物"救助的积极鼓励。强调报酬以效果为标准，即"有效果有报酬，无效果无报酬，部分效果部分报酬"。[5] "无偿救助人命"原则强调人的生命无价，无法用金钱衡量。

---

[1] *Convention for the Unification of Certain Rules of Law Relating to Assistance and Salvage at Sea, 1910*，1910 年 9 月 23 日签署，1913 年 3 月 1 日生效。

[2] *Protocol to Amend the Convention for the Unification of Certain Rules of Law Relating to Assistance and Salvage at Sea*，1967 年 5 月 27 日签署。

[3] *International Convention on Salvage, 1989*，国际海事组织于 1989 年 4 月在伦敦召开的外交大会上正式通过。

[4] 1993 年 12 月 29 日，第八届全国人民代表大会常务委员会第五次会议通过了加入此公约的决定。

[5] 王国华：《海事国际私法研究》，北京：法律出版社，1999 年，第 51 页；傅志军：《海难救助价值目标发展的研究》，胡正良编：《海大法律评论 2008》，上海：上海社会科学院出版社，2009 年，第 284 页。

现代海商法对海上人命救助与财产救助采取两种截然不同的制度：对于人命救助，将其规定为相关人员的一项法定义务，原则上是无偿的，救助者不能向被救者索取报酬；对于财产救助，则采取私法制度的逻辑，允许救助者向被救者索取一定报酬。之所以有这种差别，是因为人的生命贵重，救助是一项人道主义义务，不能用金钱来计算。而财产没有人的生命重要，损失的只是私人或公司的利益，因此，财产救助不能被设定为相关方必须履行的义务，可以代之以有偿服务。然而，这种旨在凸显生命优于财产的救助区别，可能导致事与愿违的结果。因为，人员救助不仅没有报酬，而且还可能有善后负担，便会导致救助者的动力不足，从而降低救助效果。例如，如果遇到财产和人员同时需要救助，救助者可能倾向于选择财产而罔顾生命。因此，"无效果无报酬"与"无偿救助人命"原则在海事立法中看似并行不悖，但由于将救助报酬与获救财产挂钩，而与获救人命脱钩，因而难免造成财产救助受重视，生命救助被轻视。纯粹的人道主义救助，由于缺乏物质报酬的激励，反而可能导致现实中非人道事件的发生。从各国海商法实施效果来看也是如此，由于一些国家的传统立法未将单纯的人命救助列入海难救助报酬请求权范围，因而在一些案件中有人认为救助者没有请求权。正是因为存在这种偏差，当代一些法学家要求重新审视现行的"无效果无报酬"救助分配体系，建议人命救助报酬应由"第三者"承担。例如，英国学者明确提出，应参照英国海商基金会的方式建立海难人命救助基金，避免帮助人因船舶优先权的规定而无法及时、全额获得人命救助报酬。①

晚清的"有效果有报酬"救助制度尽管相对比较粗疏，存在某些漏洞和弊端，但作为一种原则，既能适应遇险船舶财产救助，也能适应海难人员救助，在一定程度上可以纠正"无效果无报酬"原则产生的救助财产重于生命的问题。这种救助模式既符合当时中国实际情况，也符合当今国际海难救助制度发展方向，无论在学理上，还是在社会实践中均具有一定借鉴价值。

总之，清代中国形成了"有效果有报酬"的海难救助制度，英国形成了"无效果无报酬"海上救助模式，中英两国海上救助模式可谓各有特色。尽管双方救

---

① Rhys Cliff and Robert Gay, "The Shifting Nature of Salvage Law: A View from a Distance," *Tulane Law Review*, Vol. 79, 2005.

助原则不尽相同，但鼓励海难救助的精神一致。从实施效果来看，英国的"无效果无报酬"救助模式虽有无偿救助人员的相关规定，但容易导致救助者将重心置于财产救助的实践效果。中国的"有效果有报酬"救助模式兼有救助财产的内容，重心在于人员救助。晚清官方按照获救人数多少设立各种奖励，鼓励人们冒险抢救船舶遇险人员的生命，更加符合人类社会的现实需要。

　　尽管清代海难救助制度存在某些局限性，例如没有发展出一种救助者与被救者相互协商的商业救助合同，这既与中国海上运输能力相对不足有关联，也与官府长期压制民间海上救助活动有因果联系。然而，作为官府长期坚持的海上救助活动，无论是清代前期的"无偿无差别"救助制度，还是晚清的"有效果有报酬"救助制度，均有其合理性，也符合当时中国海上管理实际需要，值得肯定。就世界近现代海难救助制度史演进来说，除了对"物"采取"有效果有报酬，无效果无报酬，部分效果部分报酬"之外；对人员的救助，必须遵循"有效果有报酬"原则，通过法定优先救助生命与"第三方"（国家海事机构或海商基金会）给予救助者报酬等方法，达到海难救助的最佳效果。

〔作者王宏斌，陕西师范大学人文科学高等研究院驻院研究员〕

（责任编辑：黄　娟）

# 清季民初汉学者的心性论述<sup>*</sup>

## ——从陈澧到章太炎

余一泓

**摘　要**：汉、宋学之分立与互动是清代思想史上的重要问题。清季汉学者陈澧与黄以周上承戴震、阮元等人批评宋学的心性论述，又具有明显的汉宋调和倾向，并以各自方式抉择、批评宋明旧说，尤其重视批评其中某些带有僭越色彩的心性论。崇奉程朱理学的朱一新紧扣儒家性善论立场，深入汉学者心性论说之营垒，系统批评各类不利于儒家思想现实践行的"异端"。辛亥革命冲击儒家文化的制度基础，改变学术争论的环境，但对话宋明思想、论说心性以回应时下道德问题的尝试并未消失。革命派士人刘师培、章太炎接引西学、佛学资源，修正宋明清学者的德性观念。章太炎对汉学治学方法和儒家道德观念的重释引来后辈学者的建设性批评。这是中国近代思想史上的重要一环，对思考中华优秀传统文化的创造性转化、创新性发展不无借鉴意义。

**关键词**：清代理学　汉宋之争　心性论　章太炎　朱一新

　　明清之际理学家孙奇逢有言，"晦翁没而天下之实病不可不泄"，"阳明没而天下之虚病不可不补"。① 持世救偏为学人职事所在，也是后人眼中清代学术发展的一大动力。汉宋学术分歧是清代思想史上的重要问题。清中后期，学术思想

---

* 本文系国家社科基金后期资助项目"马一浮与近代儒学研究"（23FXZB031）阶段性成果。

① 孙奇逢：《夏峰语录》，转引自梁启超：《中国近三百年学术史》，汤志钧、汤仁泽编：《梁启超全集》第 12 集，北京：中国人民大学出版社，2018 年，第 348 页。

日趋活跃，汉学与宋学的互动也随之产生新变化。①

　　当代研究者已发现，清代汉学兴起之后，程朱之学仍受很多士人的尊奉。②
在《四库总目》纂成后趋于"失语"又广泛存在的宋学，既是乾嘉学者之义理
学兴起的重要背景，又是后来汉学者思考义理问题、重访宋学的土壤。③ 汉宋互
渗的学术史复杂性，一直未曾淡出学者视野。至少从钱穆的《中国近三百年学术
史》开始，通过史料和史观的更新，在章太炎、胡适与梁启超的清代学术史叙述
中黯淡无光的宋学已得到重估。④ 如果将目光从当时一线学者身上移开，可以看
到，早在胡适撰成《中国哲学史大纲（上）》前后，已有不止一位老派学人从宋
学视角观照清代学术。他们的尝试都带有和戴震、江藩对话的意味。⑤ 当代学者
也在从宋学视角切入探索清代学术史自身理路方面创获甚多。⑥

---

① 汉、宋二学含义甚广。为收束问题，本文所涉汉学，侧重训诂考证之学，未及师法义
例、微言大义等学风特点；所涉宋学，侧重性理探究之学，未及不信旧注、以理限事
等特点，仅在解说特定文献时区分理学和心学、汉人之汉学和清人之汉学、宋人之性
理学和明人之性理学。如刘师培专门批评汉人之汉学迷信，章太炎特重宋明之心学、
阳明后学之心学。在更多时候，本文顺承宽泛的"汉""宋"标签行文，保留它们本
有的模糊性。
② 李帆：《清代理学史》中卷，广州：广东教育出版社，2007年，第194页。
③ 参见夏长朴：《四库全书总目发微》，北京：中华书局，2020年；张循：《道术将为天下
裂：清中叶"汉宋之争"的一个思想史研究》，桂林：广西师范大学出版社，2017年。
④ 王汎森：《重访钱穆的〈中国近三百年学术史〉》，彭国翔主编：《人文学衡》第1辑，杭
州：浙江大学出版社，2019年，第240—244页。
⑤ 学者谢无量和钟泰已将与戴震辩难的彭绍升写入自著的《中国哲学史》（《谢无量文集》
第2卷《中国哲学史》，北京：中国人民大学出版社，2011年，第490—492页；钟泰：
《中国哲学史》，北京：东方出版社，2008年，第353—355页），二者显然受到江藩《宋
学渊源录》影响。刘咸炘在与胡适《戴东原的哲学》对话时批评戴震、潘德舆等学者对
理与气、心与性的僵化理解，试图修正他们在明儒理气一元论基础上的退步之见（即对
"虚理"的排斥）。参见余一泓：《论刘咸炘之理事说及其困境》，张宏生、卢鸣东主编：
《人文中国学报》第33期，上海：上海古籍出版社，2021年，第179—213页。
⑥ 杨向奎将戴震视为程颢、张载之后的理学殿军人物，参见杨向奎：《〈清儒学案新编〉
跋》，《清儒学案新编》第8卷，济南：齐鲁书社，1994年，第629—633页。吴飞指出，
通过回应戴震等乾嘉学者对理学问题的检讨，清季的南菁学派学人调和了汉宋义理分歧。
参见吴飞：《〈中庸大义〉与唐蔚芝汉宋兼采之学》，《首都师范大学学报》2019年第1
期，第82页；《礼学即理学——微居学派的思想脉络》，吴飞主编：《南菁书院与近世学
术》，北京：三联书店，2019年，第47—89页。

从上述先行研究来看，视角的选取固然重要，① 但更重要的是将得当的视角和具体文献结合起来。② 在清人、近人专集不断披露的今日，清季民国学术思想史的研究大有可为。黄式三有言："读书而不治心，犹百万兵而自乱之。"③ 道咸以至民国一些精研汉学的学者，既重视切实的"事外无理、人伦不虚"，也意识到虚灵的人心在持守伦教方面的作用。他们的心性义理论述长期未获得深入挖掘，仍有较大的研究价值。从陈澧到黄以周再到章太炎，我们可以看到批评、推进并见的学术演化线索，进而从汉学内部去理解清季儒者所亲验的汉宋学问、义理问题。④ 乾嘉汉学所树立的知识分类、字词考析典范，是后来思考义理问题的学者

---

① 以不同视角阅读钱穆《中国近三百年学术史》及其所述史事，会看出不同的重点和意义。百年来学者对清代理学的观察又何尝不是如此。清代学术史研究的预设视角或说观察重点，包括章太炎的"学隐"（反清的民族主义为汉学动力）、胡适的"文艺复兴"（代表独立思考的实证科学之萌芽）、梁启超的"经世"（学者的实践关切）、钱穆的"宋学"（汉学家的宋学思想背景）、刘咸炘的"气学"（学者对气质之善的理解）、杨向奎的"唯物论"（学者的思想在多大程度上与唯物论和科学吻合）和吴飞的"礼学"（强调人伦优先性的义理学论述）。

② 比如特重义理的学者，虽然敏感于清儒心性论说在形而上方面的理论缺憾，却未能给予大量清季义理学文献以必要注意，只是发现章太炎、欧阳竟无对于清代考证学风的补救意义，参见唐君毅：《中国哲学原论·原性篇》，《唐君毅全集》第 18 卷，北京：九州出版社，2016 年，第 414—415 页。牟宗三多次使用更加尖锐的语言表达他对清人心性观念的批评，参见《从陆象山到刘蕺山》，《牟宗三先生全集》第 8 册，台北：联经出版事业股份有限公司，2003 年，第 5 页。

③ 徐世昌等编纂：《清儒学案》卷 153《儆居学案上》，沈芝盈、梁运华点校，北京：中华书局，2008 年，第 5931 页。

④ 黄以周对陈澧《汉儒通义》的批评参见黄以周：《〈经训比义〉自跋》，詹亚园、韩伟表主编：《黄以周全集》第 6 册，上海：上海古籍出版社，2014 年，第 2421 页。章太炎《菿汉昌言》屡提及《汉儒通义》，不满其选择材料的门户、品类之见，一条特别具体的批评参见章太炎：《康成子雍为宋明心学导师说》，《章太炎全集·太炎文录续编》，黄耀先等点校，上海：上海人民出版社，2014 年，第 50 页。章氏跟黄以周亦有数谒之缘，呼为先生，所作《黄先生传》颇重视黄以周跟朱子学、汉学的双重关联，参见章太炎：《黄先生传》，《章太炎全集·太炎文录初编》，徐复点校，上海：上海人民出版社，2014 年，第 221—222 页。特需说明的是，汉宋学者互动、持世救偏的努力所涉范围甚广，庙堂、草野无不存在，本文仅仅是立足上述具体学术史文献、侧重心性论问题、侧重汉学者角度的尝试性研究。本文没有关注陈澧、黄以周同期的宋学者例如吴廷栋等人，其实他们的理学讲论及其现实关怀，也有很大的研究价值，最近的研究参见丘文豪：《十九世纪经世风潮的异议者们——以北京理学圈与吴廷栋为中心》，《新史学》（台北）第 35 卷第 1 期，2024 年，第 1—56 页。

无法绕过的。① 清季民初新知的输入和政制的变革，又推动汉宋两家学者注目儒学藩篱之外的人生理想。② 本文将集中分析陈澧、黄以周、章太炎三位学者对心性问题的看法和相关学术史的评论，③ 兼及朱一新的汉学批评和刘师培吸收西学后的心性新论。④ 上述学者虽有学术立场、学术资源和具体观点的差异，但他们都可以视作根底汉学、打开眼界，以"救汉学之碎"的同类。⑤ 其中部分学者的论述更是由反省旧学弊病出发，触及变革时代的社会秩序和道德人心问题，展现了中国学术持世救偏的抱负。

## 一、清季汉学之心性说：以陈澧与黄以周为例

### （一）阮元、陈澧的仁说

作为清季"汉宋兼采"学风的重要策动者之一，⑥ 粤人陈澧及其兼采主张在

---

① 对佛学、宋学和汉学都很熟悉的张尔田从这个角度详细说明清代汉学在治学方法论方面的重要意义，参见张尔田：《与王国维》五十、《与吴宓》一，《张尔田书札》，梁颖等整理，上海：上海人民出版社，2021 年，第 195、262—263 页。

② 所以上述学术史演化线索，还具有链接中国传统文化跟现当代中国哲学、宗教学研究的历史地位。章太炎虽多受现代新儒家诟病，但对他连接清学与现代新儒学的特殊位置，唐君毅已有察觉。除前揭《中国哲学原论·原性篇》外，《中国哲学原论·原教篇》也简要说明章氏对清代汉学入乎其内出乎其外的立场。此非本文主题，不予赘述。从这一视角出发，近来比较重要的观察可参见张志强：《朱陆·孔佛·现代思想——佛学与晚明以来中国思想的现代转换》，北京：中国社会科学出版社，2012 年，第 18—31 页。

③ 学者谈论心性思想的时候，常常兼论不同思想之历史流变、思想人物之学术风貌。事实上谈这些学术史问题，就是在谈学术思想本身的"大纲"，参见罗志田：《大纲与史：民国学术观念的典范转移》，《历史研究》2000 年第 1 期，第 168—174 页。所以本文聚焦学者对心性问题的看法，在此基础上合论他们的学术史点评，以完整认识他们的相关看法。

④ 朱、刘二人一能以精密理性之路径深入"汉学家论义理"之堂奥而操戈问难，一与章太炎同为汉学经师和革命先锋之混合体。加上他们的全集文献整理齐备，先行研究颇为丰厚，作为援引比较的对象非常合适。另外，严格来说朱一新、刘师培和章太炎直面的西学应该是"东学"，具体分析在此不便展开，请读者参考李帆、茅海建、彭春凌等学者的专著。

⑤ 民初旧学重要人物钱基博受章学诚学术影响颇深，特别重视学术源流之辨析。在他看来，陈澧、朱一新、黄以周都是"救汉学之碎"的典范，陈、朱之书也很值得一同阅读，参见钱基博：《〈古籍举要〉序》，傅宏星主编：《序跋合编》，龚琼芳校订，武汉：华中师范大学出版社，2014 年，第 85—87 页。

⑥ 钱穆：《学籥》，《钱宾四先生全集》第 24 册，台北：联经出版事业股份有限公司，1998 年，第 121 页。

其生前即遭浙人黄体芳、黄以周的苛评，以为不无穿凿之嫌。这些苛评或与陈澧对俞樾等江浙汉学名家"破碎经义"的指责直接相关。① 在地域性学派的争论以外，黄以周和浙江汉学后进章太炎的东塾学批评，还与他们自身重访宋学的尝试有关。他们在走出陈澧"兼采"之拘泥的同时，也在不断与陈澧之先河戴震、阮元的汉学式义理研究对话。如果说二黄作为清人犹未明示此意，那么到章太炎，问题就很明显了——他将陈澧及其先河阮元的宋学论述都视作"皮相之谈"，远未触及宋学真相。② 为理解相关思想史背景，在分析陈澧和黄以周的文献之前，本节将首先介绍阮元的论述。

阮元名文《〈论语〉论仁论》《〈孟子〉论仁论》《性命古训》，本《仪礼》《礼记》郑玄注解中之"相人偶"说，③ 批评高标"虚灵"④ 的朱子。在以汉学方法研究宋学议题的学者当中，戴震的形象尤为突出，汉学者多顺承、修正其论说，批评汉学者又喜欢拈出"以欲为理"当靶子。可是在戴震和陈澧之间，一个很具体的学术传薪人却是阮元。陈澧直接承继、修正的对象其实也是阮元。⑤ 着眼戴震，可见义理变化之大端；着眼阮元，更显学术史演进之具体关节。

阮元在解释《孟子·告子章句上》"夫仁亦在乎熟之"一语时说：

① 於梅舫：《学海堂与汉宋学之浙粤递嬗》，北京：社会科学文献出版社，2016 年，第 227—231、168—172 页。除批评俞樾之《科场议》诸文有发表外，陈澧对其他汉学家如高邮二王的批评在生前身后并未大量流布（现存《东塾杂俎》《东塾遗稿》等非当时的公开出版物）。考虑到东塾学派当时的声势，不排除他的"私议"被其弟子传播的可能。事实上陈澧本人跟江浙汉学传统也有很深的因缘，参见麦哲维：《学海堂与晚清岭南学术文化》，沈正邦译，广州：广东人民出版社，2018 年，第 266—289 页。
② 章太炎：《与吴承仕》三十五，《章太炎全集·书信集》，马勇整理，上海：上海人民出版社，2017 年，第 428 页。
③ 阮元：《揅经室一集》卷 8《〈论语〉论仁论》，《揅经室集》，邓经元点校，北京：中华书局，1993 年，第 194 页。
④ 朱熹：《〈中庸章句〉序》，《四书章句集注》，北京：中华书局，1983 年，第 14 页。
⑤ 从张尔田、钱穆到今天，戴震已获得众多的肯定和批判，不暇尽举。阮元之为"汉学义理家"传薪人的地位，亦有越来越多的新研究，例如康宇：《从阮元的经学诠释思想看乾嘉汉学之变新》，《广东社会科学》2023 年第 3 期，第 45—54 页。有关陈澧及其学派承接阮元而救正汉学之偏的学术史地位，参见陆胤：《政教存续与文教转型：近代学术史上的张之洞学人圈》，北京：北京大学出版社，2015 年，第 94—103 页。

此章言仁具于人心性，犹五谷之种。谷种须种之方熟，仁须为之方成，乍见即谷初生也。谷乃美种，可比人之性善，莨稗则牛羊之比矣。①

与此相对，如学者不勤于"为仁"，而专在性善之种上求仁，则会失之"灵明太过"，与孟子之教背驰。《〈论语〉论仁论》又云："圣贤之仁，必偶于人而始可见，故孔子之仁必待老少始见。安怀若心，无所著便可言仁，是老僧面壁多年，但有一片慈悲心，便可毕仁之事，有是道乎！"他举此"相人偶"说，其意在于反驳"即心即仁"说。② 检《性命古训》，可知阮元对唐宋"性"论的批评与《〈论语〉论仁论》《〈孟子〉论仁论》是一以贯之的，重点即以实代虚、以事代心，恢复儒家心性学说的本相：

> 商周人言性命多在事，在事故实，而易于率循。晋唐人言性命多在心，在心故虚，而易于傅会，习之此书是也……按《周易》"寂然不动"乃言卦爻未揲之先，非言人之心学也……盖释氏见性，只是明心，不但不容味色声臭安佚存于性内，即喜怒哀乐亦不容于性内，甚至以不生情为正觉，性明照则情不生……"寂然静明，感照通复。"以此为事，可以炼身体，可以生神智，可以为君子，可以为高士，可以为名臣，可以守廉介，可以蠲嗜欲，可以澹荣利，亦有用有益也。然以为尧、舜、孔、孟相传之心性，则断断不然。③

阮元的这段批评针对宋学心性论的两处根脉而发：李翱的《复性书》（"习之此书"）与禅家的"心镜"④ 观念。他的批评虽较前辈学者为温厚，然而"喜怒哀乐亦不容于性内"的尖锐指责，很容易使读者联想到程朱理学"喜怒哀乐之未发，谓之中"的命题。根据他的指责，儒家性善、自诚明之教，断不如程朱所

---

① 阮元：《揅经室一集》卷9《〈孟子〉论仁论》，《揅经室集》，第202页。
② 阮元：《揅经室一集》卷8《〈论语〉论仁论》，《揅经室集》，第196、178页。
③ 阮元：《揅经室一集》卷10《性命古训（附威仪说）》，《揅经室集》，第235—236页。
④ 参见戴密微：《心镜》，彼得·N. 格里高瑞编：《顿与渐——中国思想中通往觉悟的不同法门》，冯焕珍等译，上海：上海古籍出版社，2010年，第3—30页。

言可以求诸虚灵之心、未发之性。① 这与明清以降，相当部分的儒者（包括一些"理学家"）反对"气质之性"外别有"义理之性"的立场是相似的。② 而清中期思想家方东树的《汉学商兑》在谈及"虚灵不昧"时，则有一段与阮元此语对垒的论述。③ 汉学对虚灵之心的批评及视宋学为异端的观点，确是汉宋两家起诤的导火索之一。阮元主持学海堂时的高徒陈澧晚年有《东塾读书记》，④ 以"不分汉宋门户"自期，同样很注意这个问题。

大体来说，陈澧对于心性的看法顺承戴、阮，接受"性者，生之质"古说，服膺郑玄"人之心皆有仁义，教之则进"的观点。⑤ 因扣紧乾嘉汉学之"神主"郑玄这条线索，陈澧似乎更容易在王鸣盛一类汉学前贤处找到"汉宋兼采"的友声，"学者若能识得康成深处，方知程、朱义理之学，汉儒已见及。程、朱研精义理，仍即汉儒意趣，两家本一家"。⑥ 不过从《东塾读书记》对宋学的批评中可见，"兼采"并不意味着调和的成功实现，更不意味着门户之消泯。陈澧对北宋理学家谢良佐"仁"说的批评便是一例：

① 对比之下，戴震自不待言，钱大昕对"程子言性中无孝弟"的批评也比阮元直接许多（《十驾斋养新录》卷 3《程子言性中无孝弟》，杨勇军整理，上海：上海书店出版社，2011 年，第 44 页）。与更早也对阮元有直接影响的毛奇龄相比，阮氏持论更是温和许多，参见於梅舫：《学海堂与汉宋学之浙粤递嬗》，第 74—76 页。

② 杨儒宾：《异议的意义：近代东亚的反理学思潮》，台北：台湾大学出版中心，2012 年，第 23—30 页。

③ "'虚灵不昧'，状心之体，无过此四字之确；'具众理'、'应万事'，说心字之义，亦无如此之确。明善复初，诂'明明德'，亦无如此谛当。政使出于释典，用之亦无害，况所明在善，则非般若'无知'之旨，尚何虑其为病也？"参见方东树：《汉学商兑》卷中之上，黄爱平、吴杰编：《中国近代思想家文库·方东树唐鉴卷》，北京：中国人民大学出版社，2015 年，第 40 页。民国时期，傅斯年、蒙文通都在各自著作中运用历史学方法回应《性命古训》，为宋儒的"二层性说"正名，可见清代汉宋之学的后世影响。

④ 陈澧：《东塾集》卷 4《复刘叔俛书》，黄国声主编：《陈澧集》第 1 册，上海：上海古籍出版社，2008 年，第 167 页。

⑤ 陈澧：《东塾读书记》卷 15《郑学》，《陈澧集》第 2 册，第 269 页。"性者，生之质"亦见于《庄子》等书，然陈澧是从郑玄《中庸》注文所引《孝经》中看来。戴震的类似看法参见钱穆：《中国近三百年学术史》，《钱宾四先生全集》第 16 册，第 435 页。有关郑玄在清代学术史上的地位，尤其是乾嘉、嘉道学人由之表达的寄托，参见赵四方：《郑玄在清代学术史上的形象演变》，《福建论坛》2022 年第 9 期，第 155—165 页。

⑥ 陈澧：《东塾读书记》卷 15《郑学》，《陈澧集》第 2 册，第 270 页。

朱注云："仁者，爱之理，心之德也。"此乃朱注之大义也。仁者爱之理者，谓仁非必指爱之事。若论事，则颜子闭户，安能与禹、稷同道乎？心之德者，谓心之德主乎仁，犹目之德明，耳之德聪也……凡《论语》"仁"字，以"爱"解之，以"心德"解之，而稍觉未密合者，以"肫恳"之意增成之，则无不合者矣（注曰：《上蔡语录》云"吕晋伯初理会'仁'字不透，吾因曰：世人说仁，只管著爱上，怎生见得仁？只如力行近乎仁。力行关爱甚事，何故却近乎仁？推此类具言之。晋伯因悟曰：公说'仁'字，正与尊宿门说禅一般。"澧案：樊迟问仁，子曰："爱人。"著"爱"字，乃孔子之教。上蔡云怎生见得仁？何其慎也。力行近乎仁，即是肫恳。如博学而笃志，切问而近思，仁在其中矣。亦是肫恳。此甚明白，何必与尊宿门说禅一般乎）。①

基于汉学立场，陈澧尝试合理化朱子"心学"的元素，淡化阮元"相人偶"说与宋学的尖锐对立。② 不同于阮元，陈澧拈出朱熹集注四书中"仁者，爱之理，心之德也"一语，区分朱注中的"仁理"与"为仁"（爱之事），并以代表实践的"肫恳"补充侧重内在性质的"心德"。在引文后段，陈澧把谢良佐列为反例，因后者主张以"说似一物即不中"③ 的禅学语言释仁，遗落仁之实事（"爱"）。这与阮元的观点是相似的。

此外，陈澧还提出一个重要见解："若论事，则颜子闭户，安能与禹、稷同道乎？"即认为需要特别强调朱注对"爱之理"和"爱之事"的区分，使同一的仁德能在权位千差万别的现实世界中获得恰当安顿。《〈孟子〉论仁论》以对"孔子之谓集大成"的评论为结，阮元称"盖有仁而未圣者矣，未有未仁而圣者也。此章定是始智、中仁、终圣"，观此可知"仁不必圣"的用意所在：人有圣人之德，不必有圣人之事。阮元引《孝经》"夫孝始于事亲，中于事君，终于立身"语，分析出

---

① 陈澧：《东塾读书记》卷 2《论语》，《陈澧集》第 2 册，第 36—37 页。

② 朱一新批评阮元"相人偶"说刻意与宋儒立异，误读郑注并忽视仁根于心的事实。他还指出，古人质朴，于心、事意涵分别不明，宋儒的辨析大有功于儒门。参见《无邪堂答问》卷 1，《朱一新全集》，上海：上海人民出版社，2017 年，第 47—49 页。

③ 道原：《景德传灯录》卷 5，收入大藏经テキストデータベース委员会：『大正新脩大藏経』、T2076_.51.0240c12—17、https://21dzk.l.u-tokyo.ac.jp/SAT/satdb2015.php? lang=en、访问日期：2023 年 6 月 1 日。

"始智、中仁、终圣"的德行实践次序，特别凸显"事君"的重要性。① 《孟子》称颂孔子"终条理"、"集大成"的圣人之事，是不可强求的。对儒书中高妙之说的追求往往意味着危险的僭越。② 《东塾读书记》有一番跟汉儒"性三品说"近似的论述。③ 在宋儒中，陈澧所取者唯有朱子，视周、程、张、陆一概为"误人"、"太简"。④ 救偏之道亦不在辩破宋儒杂禅之义理，而在寓破于立，示人以儒学本相。由此，天下偏驳之学自然能返于纯正。⑤ 《东塾读书记》与更早撰写的《汉儒通义》皆为此而作，⑥ 二者所反映的局限性也很类似。

## （二）《汉儒通义》与《经训比义》

据上节所述，陈澧汉宋"两家本一家"的见解说到深处，终究是要屈"宋"就"汉"，他的学生文廷式对此已有觉知。⑦ 陈澧中年的重要著述《汉儒通义》比起《东塾读书记》更突出展现这一张力："节录其文，隐者以显，繁者以简，

---

① 阮元：《揅经室一集》卷9《〈孟子〉论仁论》，《揅经室集》，第210页。

② "后儒见佛书高妙简易之说而心羡之，乃于五经孔孟之书求高妙之说以敌之，而不知五经孔孟之书，无高妙之说也。如孟子曰：人皆可以为尧舜，又曰：子服尧之服，诵尧之言，行尧之行，是尧而已矣，又曰：鸡鸣而起，孳孳为善者，舜之徒也。所谓人皆可以为尧舜者，如此而已。岂谓人皆可以为尧舜之巍巍荡荡乎？"陈澧：《东塾遗稿·学思录默记》，广东省立中山图书馆、中山大学图书馆编，桑兵主编：《续编清代稿钞本》第77册，广州：广东人民出版社，2009年，第389页。

③ 陈澧：《东塾读书记》卷3《孟子》，《陈澧集》第2册，第44页。陈澧对董仲舒人性论的接受参见《东塾读书记》附录《西汉》，《陈澧集》第2册，第332—333页。

④ 陈澧：《东塾读书论学札记》，《陈澧集》第2册，第394页；《东塾杂俎》卷7《北宋》，《陈澧集》第2册，第590页。《东塾读书记》对谢良佐及其师程颐等宋儒的批评较为严厉，参见陈澧：《东塾读书记》卷3《孟子》，《陈澧集》第2册，第48页。在写作《东塾读书记》时所作笔记中，陈澧更将谢良佐之"以觉为仁"、程朱之"虚灵不昧"和"喜怒哀乐之未发"视为谬论"无善无恶心之体"的先声。参见陈澧：《东塾杂俎》卷7《北宋》，《陈澧集》第2册，第592—593页。

⑤ 陈澧：《东塾集》卷4《复戴子高书》，《陈澧集》第1册，第165—166页。

⑥ 陈澧有《学思录序目》，为《学思录》（亦即《东塾读书记》）之提纲。此编与《汉儒通义》的内容颇有重叠，参见《学思录序目》，《陈澧集》第2册，第773页。

⑦ 文廷式对汉、宋、佛学持更开放态度。他指出其师陈澧《东塾读书记》对宋儒高妙之说的批评虽有深意，但因为"斡旋"太过，反而遮蔽了宋人谈玄的本相。参见文廷式：《〈东塾读书记〉评语》，汪叔子编：《文廷式集（增订本）》第3册卷10《笔记下》，北京：中华书局，2018年，第1407—1408页。

类聚群分，义理自明，不必赞一辞也。"①《汉儒通义》的文献择取，隐含扬汉抑宋之意。②

在《汉儒通义》的心、性条目篇首，陈澧引用《释名》《说文》《白虎通义》为其心性说奠定基调，继而征引《春秋繁露》《韩诗外传》《尚书大传》之经说和郑玄、赵岐所为之经注，说明心、性在汉儒实践理论中的位置。观其引述可知，他认为：（1）心是认知的官能、制行之主宰。心为气之君，本身亦属精气。③ 故心不可虚说，必须与践形尽性之事合论；④（2）性为人之"阳气"中性善者，与"情"（阴气）不同。人受性于天，皆可以为善，然性善有贤愚不肖之等差，为不可易（命）。四端（仁义礼智）五德（仁义礼智信）皆在性中，而"心以制之"。⑤

需要特别注意的是陈澧对性有差等的强调。《汉儒通义》提出：

> 赵氏《孟子章句》曰："圣人亦人也，其相觉者，以心知耳。"又曰："圣人受天性，可庶几而不可及也。"⑥

这段话是东汉末赵岐对《孟子》"圣人与我同类者"和"智，譬则巧也。圣，譬则力也。由射于百步之外也，其至，尔力也；其中，非尔力也"的注解，恰可呼应上节末所论"终条理"、"集大成"的问题。结合前文所述，可知陈澧终身所持的观点有以下数端：心只是具体工夫的主宰，不可以虚灵说之；性善（仁）必待为而成，且性善亦有差等；就"仁之理"而言，圣凡相同，可以心

---

① 陈澧：《〈汉儒通义〉序》，《陈澧集》第 5 册，第 115 页。该书体例上模仿《原善》和《性命古训》二书，不过没有按语，以为"类聚群分，义理自明"，读者默观自得即是。鉴于该书卷首对"天地"生成过程的引述隐有与《近思录》卷首《太极图说》对照之意，可知"义理自明"的目的亦无非扬汉抑宋。

② 杨思贤：《论陈澧〈汉儒通义〉》，《孔子研究》2011 年第 2 期，第 113—120 页。

③ 非但心是气，"魂魄精神"亦是气。参见陈澧：《汉儒通义》卷 3《魂魄精神》，《陈澧集》第 5 册，第 176 页。

④ 陈澧：《汉儒通义》卷 3《心》，《陈澧集》第 5 册，第 152—153 页。陈澧引用《释名》说心的选择与阮元是相同的，参见阮元：《揅经室一集》卷 1《释心》，《揅经室集》，第 5 页。

⑤ 陈澧：《汉儒通义》卷 3《性》，《陈澧集》第 5 册，第 154—156 页。

⑥ 陈澧：《汉儒通义》卷 2《圣贤》，《陈澧集》第 5 册，第 135 页。

知；然而圣凡天性不同，为仁之事也绝不可同。如果说第一点仍然与朱子可以沟通，那么对差等秩序的敏感就使得陈澧远离宋儒，直趋南朝梁经学家皇侃和更早的人性理解。[1] 屈宋就汉、舍宋趋汉，《汉儒通义》如是，《东塾读书记》频繁接引朱熹平实的义理学论述，亦未尽数摆脱此特质。

其实即便以汉学而论，《汉儒通义》也未能很好地调和诸家之说、将其冶为一炉。以"性具五德"为例，陈澧一方面以仁义礼智信为"性"，另一方面又接纳郑玄"人之心皆有仁义，教之则进"的论点（亦见于后来的《东塾读书记》），却对心、性两者关系不予评断，[2] 不免有含混笼统之弊。由此，汉学背景的学者不满于《汉儒通义》"通"的尝试，便不显得奇怪了。在陈澧完成《汉儒通义》前后（1854—1856），黄以周也完成《经训比义》，但后书迟至1896年方刊布于世。黄以周自跋中对"依附经义"、"未睹全体"的责难，[3] 正指向风靡当时的"汉宋兼采"，意在修正、推进陈澧持世救偏的部分宗旨（崇奉郑、朱，避虚就实）。不同于《汉儒通义》解释字义、类聚汉儒传说的体例，《经训比义》紧扣经文，于汉宋诸儒的解释皆有采撷：

> 论性者，血气与心知不可歧而二之。后儒分理、气以言性，是二之也。抑知气有秩然不可紊者，是谓理；气有天然之理，是谓性。孟子道"性善"，亦只就气之正者言，初未尝歧而二之也。阮氏曰此"血气心知"，即孟子所谓"性也，有命焉"、"命也，有性焉"。"应感起物而动"，即《中庸》喜怒哀乐之既发也。有血气无心知，非性也；有心知无血气，非性也。

此段引文是对《礼记·乐记》"血气心知"的解释，体现黄以周的汉学立场。他引述孔颖达、罗钦顺的一元论性说阴斥宋儒"气质之性"／"天命之性"

---

① John Makeham, *Transmitters and Creators: Chinese Commentators and Commentaries on the Analects*, Cambridge, MA and London: Harvard University Press Asia Center, 2003, p. 249. 又参见皮迷迷：《"隐圣同凡"：〈论语义疏〉中的孔子形象》，《哲学研究》2020年第5期，第76—85页。
② 陈澧：《汉儒通义》卷3《仁义礼智信》，《陈澧集》第5册，第160页。
③ 黄以周：《〈经训比义〉自跋》，《黄以周全集》第6册，第2421页。

说（"后儒分理、气以言性"），继而明申戴震、阮元"血气心知"不分之义。在此条之后，黄以周解释《孟子》"圣人先得我心之所同然"道，"血气、心知皆出于性，未可歧而二之矣。然圣人先得人心同然之理义；非圣人，不能先得之"。[①] 其说圣人不可及之义，也与阮元、陈澧相应。在本条释义之末，黄以周引述黄宗羲"心是形色之大者，而耳目鼻口其支也。圣人践形，先践其大者，而小者从之"语与其父黄式三"气质之善者，即性之善也。人之心为质，心之所运为气，心之静而正为性之善"语互相发明，而后下断语曰：

可见孟子未尝别血气于心知之外也。孟子举气质之正者，以明性善。而其粗驳者，不专委于性而忍之，故曰"忍性"。此即君子不谓性之说也。[②]

陈澧在《汉儒通义·性》与《东塾读书记·孟子》中已关注孟子"忍性"说与黄宗羲的气论，但远不如黄以周此处释义之条理粲然。早在阮、戴之前，明季理学的"心亦气"说已有理学家陆陇其阐发。[③] 黄式三虽不取戴震对朱子的苛评，但《论语后案》说性却袭用戴说。[④] 既然"气质之性"外本无"天命之性"，黄氏父子看法是一致的：先儒提出"气质之性"不过是提醒学者需要"忍性"，以去其粗驳者而已。[⑤] 诚然，《经训比义》与宋学的对话比陈澧要深入，但这种深入更加凸显了汉、宋学之分界。[⑥] 或者说，明显的分界感，是《经训比义》实现与宋学之"调和"而非皮面"兼采"的基石：

---

① 黄以周：《经训比义》卷上《性》，《黄以周全集》第 6 册，第 2272 页。
② 黄以周：《经训比义》卷上《性》，《黄以周全集》第 6 册，第 2273 页。
③ 杨向奎：《三鱼学案》，《清儒学案新编》第 1 卷，济南：齐鲁书社，1985 年，第 648 页。
④ 陈峰：《黄式三〈论语后案〉研究》，硕士学位论文，湖南大学岳麓书院，2015 年，第 69 页。根据黄以周弟子唐文治的回忆，黄以周也认为戴震说理固然无弊，但对宋儒近乎"毁骂"，并不可取。参见吴飞：《斯楼应许附千秋》，赵统：《南菁书院志》，上海：上海书店出版社，2015 年，第 4—5 页。
⑤ 黄式三：《申戴氏"性"说》，程继红、张涅主编：《黄式三全集》第 5 册，上海：上海古籍出版社，2014 年，第 68 页。
⑥ 例如黄氏称许朱子"心统性情"之说条理分明，但同时批评朱子的"性之本体"说侧重"先天"，偏离孟子原意，显与陈澧"高妙"之议同调。以上先后参见黄以周：《经训比义》卷上《心》《情》《性》，《黄以周全集》第 6 册，第 2296、2287—2288、2278 页。

尽其心者，扩充其恻隐、是非、羞恶、辞让之心也。能尽此心者，知吾性之有仁义礼智，且即知仁义礼智之性本于天矣。此学之初基也。存其所尽之心，以养其所知之性，操而存，不梏而亡，"所以事天也"，视知天之学为进矣。"夭寿不贰"，所谓造次颠沛必于是也；"修身以俟之"，所谓创业垂统为可继也；命自我立，所谓自作元命也。此圣人之极功，视事天之学尤大矣。旧解尽心知性，于文倒说，与下文不顺，且以尽心为造理，不论功用，存心为履事，亦无关本体。揆之于义，殊难分晓。①

这是对《孟子》"尽其心者，知其性也"一章的评论，兼赅"内圣"（尽心知性）、"外王"（创业垂统、自作元命）两端，而以"修身事天"充实其间，与阮元"始智、中仁、终圣"的《孟子》释义有异曲同工之妙。殊难分晓的"旧解"则指朱子《孟子集注》中的释义。朱熹认为，心为"具众理而应万事者"，由此他眼中的"极功"就成了"尽乎此心之量"的穷理之事，而非"事天"、"立命"的践履之事。② 黄以周批评他"于文倒说"，而且把"造理"、"履事"打作两橛，所以"殊难分晓"。刻深言之，依阮、黄所论，"终圣"、"立命"的践履之事自有等差。凡夫哪怕穷理尽性、"尽乎此心之量"，也不意味着成就"圣人之极功"。罕言汉宋门户的黄以周，在谈及虚灵之心时仍径用阮元说。③ 与多数汉学者相似，黄氏父子避免虚说心、理，仅将二者视为认知、践履礼之节文的一部分，④ 由此尽心不为僭越。正是在这个意义上，黄以周较乾嘉儒者与时贤为精密的心性说，体现了有分寸的，亦是真正具体的汉宋调和。

钱基博对比《东塾读书记》和另一"汉宋调和"名著《无邪堂答问》，认为："陈君经生，朴实说理，学以淑身。朱生烈士，慷慨陈议，志在匡国。"⑤ 此

---

① 黄以周：《经训比义》卷上《心》，《黄以周全集》第6册，第2296页。
② 《孟子集注》卷13《尽心章句上》，《四书章句集注》，第349页。
③ 黄以周：《经训比义》卷上《心》，《黄以周全集》第6册，第2297页。
④ 吴飞：《礼学即理学——儆居学派的思想脉络》，吴飞主编：《南菁书院与近世学术》，第47—89页。反映这种看法的文本不少，参见黄以周：《礼书通故》卷15《叙目》、《经训比义》卷中《礼》，《黄以周全集》第6册，第2191、2341页。
⑤ 钱基博：《〈古籍举要〉序》，傅宏星主编：《序跋合编》，第87页。

论妥帖。可是也应当注意到，阮元、陈澧、黄以周论学都指向"淑身"之外的风气问题。维持人伦的理想秩序，是他们论学的现实关怀。在特定的历史条件、现实语境中，这一关怀又可以得到更加完整的开展。《无邪堂答问》成于戊戌变法之前数年，此时论学环境跟阮、陈时期已经有变。晚年的黄以周同样感受到了类似变化，故而论述心性问题，较之早年已有不同。

### （三）黄以周与汉学心性说的转变之机

在《经训比义》后的《礼书通故》《子思子集解》等重要著作中，黄以周采取与"反复推究，语不嫌详"的宋儒著书之法不同的写作方式，专意说理之文字益少。① 不过据其南菁书院时期（1884—1898）② 所讲之《儆季子粹语》，可知其后期的心性观与数十年前写作《经训比义》并无太大差别。黄以周虽反复强调不可以"虚灵"说心，但他也接受《荀子》中的虚静、虚心之道。③ 其论养心制欲曰：

> 后人分理气为二，人欲与天理不并立，于是有绝欲之说，使其心空洞无所著，自谓得炯然之本体。顾泾阳因此反孟子之言，曰："寡欲莫善于养心。"盖据先立乎大之意为言。然先立乎大，谓立心也。立心与存心养心自有辨。立心者，使欲不能夺；存心者，其心不逐欲而去；养心者，欲反为我用。后人于斯三者不分，总而言之曰绝欲。用老子"不见可欲使心不乱"之说，与孟子养心之法既异，即与先立乎大之教亦乖，何则？耳之好声，目之好色，与心之好义理，皆欲也。欲即其官也，官有大小，以欲分之。先立乎大者，立其官之大者，心也。大乎心之官者，大其欲之正也。义理之悦我心者，欲也。悦我心，所以养我心也。则养心者，亦以心之所欲养

---

① 黄以周：《儆季杂著》卷 5《示诸生书》，《黄以周全集》第 10 册，第 594 页。
② 赵统：《南菁书院志》，第 36 页。
③ "《荀子》曰：'不以梦剧乱智，谓之静。''不以已藏害所将受，谓之虚。'此语最明。经传之言'四灵'、言'吊由灵'者，皆神灵之称，而训为'昭昭明明'以说心性者，未之有也。"黄以周：《儆季子粹语》卷 2《道德上篇第五》，《黄以周全集》第 9 册，第 616 页；《儆季杂著》卷 5《辨虚灵》，《黄以周全集》第 10 册，第 505 页。

之也。寡欲者，亦祛其有害于心者而已矣。如一空其所欲，则官为废官，心乌乎立？更何论其存与养。凡为学之道，必先立心，心立而欲退，欲退斯可寡，寡斯心存，存而后可养，其间节次未可掍说，一掍说，顾氏之论起矣。①

黄氏此论亦见于《经训比义》"欲"条。对比以"邪淫"、"无欲故静"释欲的《汉儒通义》，② 黄以周的解释不仅更为通达（"欲不可绝"），对宋明儒学的客观了解也深入一层。《礼书通故》云"礼官于天"，又云"荀子外礼以言性，不知性者也。老子离道德仁义以言礼，不知礼者也"，③ 恰与此处的"心之官在好义理"说相应："虚灵"绝欲的儒者流于老氏，而外礼于心的儒者则有荀子之失。依黄以周分析，明人顾宪成"寡欲莫善于养心"说的疏失根本在于后一种，亦即"外礼于心"。由于顾氏认为"外礼于心"，不明心之官能在欲求义理，他继而变乱孟子养心之法，以致"离道德仁义"——不先立好德之心，存养寡欲就只是老氏治心之道。黄以周成熟的心性论说中，有清代汉学者的差等性论、圣人不可及论和重视实践成性等观点的痕迹。但更值得重视的是他对宋学之接纳。黄氏将治心视为践履礼仪的基础，以礼俗、纲纪羽翼心性学说，捍卫原本《孟子》的宋学心性说之合法性。同时，他认为这样的治心之学也能为于衰世维持中国经教提供精神支撑：

夫中土士人文弱，必不能手执艺事如西人之不惮烦。即有知其法，亦能说不能行，曷若《大学》之教"三达德"、"五达道"，率我性分所固有，事事可见诸实践，无烦援其所不及、强其所不知如西学凿智斫性之为哉。《大学》之法，具在六经。能谨守其教而审行之，人才自出，国家可兴。如谓非西法不能靖世，岂中国数千年之天下皆泯棼之世邪？如谓时势有不同，岂知

① 黄以周：《儆季子粹语》卷2《道德上篇第五》，《黄以周全集》第9册，第621页；《经训比义》卷上《欲》，《黄以周全集》第6册，第2292—2293页。
② 陈澧：《汉儒通义》卷3《欲》，《陈澧集》第5册，第178页。
③ 黄以周：《礼书通故》卷1，《黄以周全集》第3册，第40页。

与时变迁者其术也，而道亘天地而不变？①

有论者指出，因清学不尚义理，清季民初包括汉学在内的显学，皆无力在变化时势中维系由学问成事功的传统，以致士人学习西法、西学时流于盲从和浅薄。② 在黄以周去世前一年（1898），变法、西化之议已成大观，让他不得不在前引的《示诸生书》中予以回应。这一回应立足朱子学之正典《大学》，颇具宋学意味，引文所论可以概括为：经教率我性分所固有、人人可学，谨守审行则国家可兴。可是，此种说教对于当时人而言，说服力是有限的。在黄氏去世后的 1902 年，南菁学子中就出现新旧两派的分化，而且其中一些守旧的、不想接触新知的学生，在几年后留学日本，还是改变了守旧的姿态。③ 如果再结合黄以周其他学生的情况来看，那么他在南菁宣教的成效可以说并不乐观。④ 西学佛学勃兴，老派学者需要通过对勘西人政教的方式，说明中国礼俗具体的优长何在。出于比照研究的需要，不妨将目光转向新潮大兴时，宋学家朱一新对汉学的批评和对儒家正学的论述。

---

① 黄以周：《示诸生书》，《黄以周全集》第 9 册，第 522 页。
② 杨国强：《清学和近代中国思想走向中的偏失》，《脉延的人文：历史中的问题和意义》，北京：北京师范大学出版社，2017 年，第 3—16 页。杨国强认为清代学术中宋学失落乃是上述问题的病灶之一。可是，被认为煽动恶劣趋新时风的康有为，正是从保守宋学的"汉宋兼采"主张者朱次琦门下"反出"。结合下一条注释所述之南菁书院门生中异端的涌现，更能说明清代宋学在面对世变时的窘境——事功压倒德性的趋势，从宋学立场出发的兼采之学也无能为力。关于朱次琦相对陈澧的保守性和乡土性，参见麦哲维：《学海堂与晚清岭南学术文化》，第 332—346 页。关于康有为对朱次琦"变化气质"、"通经致用"兼采之学的反叛，参见蔡乐苏、张勇、王宪明：《戊戌变法史述论稿》，北京：清华大学出版社，2001 年，第 69—83 页。
③ 可参考当时趋新学生蒋维乔对守旧学生孟森的记述，叶舟：《因缘际会：南菁书院中的常州学人群体》，吴飞主编：《南菁书院与近世学术》，第 42—43 页。
④ 有关南菁学子，赵统《南菁书院志》已作开拓性探索。检核该书所列重要院生传记（第 344—471 页），可以看到一种突破传统礼教规约的多元性。年纪最长的曹元忠兄弟，是主张汉宋调和的老派经学家，也是坚定的遗民。同辈人里面主持新政、在民国保存旧学的唐文治，"守旧"的立场就不那么坚定。至于更新派的吴稚晖，有"线装书进茅厕"之议，政治、学术上更与曹氏已是冰炭。金松岑在黄以周去世当年（1899）进入书院，是曹元弼的"小师弟"，从游曹氏研究旧学，然而政治、文学观念皆与之不侔。其保存经术、保存国学的考虑，近乎章太炎——黄以周自己的另一个"学生"（下文将会涉及）。这种巨大的反差反映的正是"儒门淡泊，收拾不住"。

## 二、朱一新的汉学批评和心性论说

### （一）朱一新论心性正学

《无邪堂答问》作于朱一新执教广雅书院之际（1890—1894），倡习经史有用之学。[1] 因和维新派康有为有深入的口头、书信交流，兼之反思乾嘉汉学的流弊，近代思想史的讨论多将朱一新列为要角。[2] 对康有为经学新论、维新理念的批判性答复，以及《无邪堂答问》中反省汉学、申说儒家义理宗旨的内容，都是朱一新持世救偏之意图在学术上的表现。《无邪堂答问》在屡屡贬抑异学、异端的同时，又包含对后者的知识性了解，以及从实务利害方面对中西政教得失的评估。[3] 这和不知、不言异学，不用洋货的保守派如徐桐，有明显区别。对当时依然以儒学思维看待新学的读者来说，这些本于理智的论述可算激发思考的媒介。另外，朱一新辨正异学、异端的论述，堪称宋学心性旧说碰撞新潮所生之波澜。

朱一新义理论说的基本内涵，先行研究中已有不少讨论。[4] 其论说相对完整地出现在长信《答某生》中，此信以批判清代反宋学先驱颜元开头，申说五常德性是实非虚，认为如果不去讲说人类实有的德性，那么教化制度必流于胥吏法术。[5]

---

[1] 有关朱一新外在名声和自我学问定位，参见於梅舫：《学海堂与汉宋学之浙粤递嬗》，第238—243 页。朱氏学说在清末新政时期的传播参见张淑琼：《朱一新〈无邪堂答问〉之成书及其版本流传》，《肇庆学院学报》2013 年第 1 期，第45—49 页。

[2] 对两人交涉史实的研究参见吴仰湘：《朱一新、康有为辩论〈新学伪经考〉若干史实考——基于被人遗忘的康氏两札所作的研究》，《文史哲》2010 年第 1 期，第59—72 页。

[3] 参见张淑琼：《晚清广雅学人朱一新的西学视野——以〈无邪堂答问〉为中心》，博士学位论文，中山大学人文科学学院，2008 年。清《国史儒林传》原稿对朱一新的评论表明其作者注意到了这些论说。然《清史稿》一律删去，仅记其清流气节，参见《〈国史儒林传〉原稿》《〈清史稿〉朱一新传》，《朱一新全集》，第 1735—1739 页。

[4] 较近的讨论参见丘子杰：《朱一新儒学思想研究》，硕士学位论文，南昌大学人文学院哲学系，2021 年，第 15—23 页。

[5] 朱一新：《佩弦斋杂存》卷上《答某生》，《朱一新全集》，第 1358—1368 页。李泽厚（《康有为谭嗣同思想研究》，上海：上海人民出版社，1958 年，第 87—89 页）和龚鹏程（《龚鹏程讲儒》，北京：东方出版社，2015 年，第 225—227 页）先后分析过此信，前者认为他一味保守、落后时代，后者认为他有明道之识、不务琐细。二者有相反相成之趣。

培育学生的正见，是教学之基本。因此针对张载之《西铭》是兼爱的墨家学问的质疑，以及阮元等汉学者对程朱的批判，《无邪堂答问》都作出了辨正。朱一新在辨正《新学伪经考》后，还另与康有为进行性善天生抑或教化所成的探本之辩。这一过程在时间和内容上正好与《无邪堂答问》中相关条目的写作相对应。① 贯穿其中的一份总纲式答问，和庚寅（1890）八月的"问西铭之旨不同于兼爱其殊别安在"试题直接相关，旨在为学生解说天地生人、同具仁心和礼有等差、人伦殊别的问题：

> 惟其心中肫然有民胞物与之仁，故欲使之老安少怀，各得其所，即欲立立人、欲达达人之意，所谓能近取譬也……理一者，仁之体也；分殊者，仁之用也。理一即乾父坤母，民胞物与之同出一源也。分殊即亲亲长长，茕独鳏寡之各准其量也。盖《论语》言仁，合体用而言之也。孟子多言用，其言明白易解。《西铭》专言体，则易混于兼爱，故程子亟以理一分殊明之……但其用有等，其施有序，专为博施济众之举，而不知尊高年、慈孤弱之差，则从井救人，势且立蹶。墨氏之兼爱，释氏之慈悲，摩西氏之救世主，皆是物也。彼惟误认体为用，故其流弊不可胜穷，孟子与宋儒所以辟之不遗余力。不然，墨氏、释氏皆闲世一出之人，其意亦无恶于天下，方将进之不暇，而忍距之如此其严哉！②

本论前两段先后解释体和用问题。北宋张载之《西铭》是专言本体，解说人为天生、仁心天赋、人人不异的事实。而学生希望了解，这一事实如何不背于日用中的亲疏贵贱差别。进而言之，生活在必然有差等之实际生活中的学者，如何看待《西铭》。所以朱一新的首段回答末尾就说要"能近取譬"，下文更离开

---

① 根据前揭吴仰湘之文的考证，这封书信是在 1890 年夏末秋初寄出。根据广雅书院在庚寅（1890）八月有"问西铭之旨不同于兼爱其殊别安在"的试题，辛卯（1891）春季有名为"相人偶解"的试题，辛卯七月有名为"相人偶为仁说"的试题（参见廖廷相编：《广雅书院诸生课题》，转引自张淑琼：《晚清广雅学人朱一新的西学视野——以〈无邪堂答问〉为中心》，第 134、137、139 页），对应下文要讨论的两条《无邪堂答问》文本。

② 朱一新：《无邪堂答问》卷 3，《朱一新全集》，第 158—159 页。

《西铭》本身，从为仁之方法、仁心之发用的层面回答问题，指明仁心必验于"各得其所"之人伦分殊。同时，第三段效仿《孟子》辨正异说，引入过去（墨、释）、现在（摩西氏）的异端案例，强调为仁之正道在于遵礼之等差。最后一段是朱氏得意之谈，《无邪堂答问》成稿后，他将其放进和同年王咏霓的书信中，并总结说，"礼教明而仁在其中矣"。① 还可以注意的是，异端之为异端就像"从井救人，势且立蹶"一样，是可以从利害层面证成的。

另外，"礼教明"还有心性维度的要求，学者须得推扩自心之仁，进而总领孝、悌等日用节目。朱一新在另一教学答问中告诫学生，不能受汉学前儒毛奇龄、钱大昕等误导，认为程朱论体之言是忽视常行、求之空虚。② 试题答问之外，有学生提问佛老之"虚无"和儒学的关系。朱氏认为"虚无"二字本非正学所讳言，人心"虚灵"故有妙用，可以感触世间万般实物（"非实无体，非虚无用，以实触实，未有不激者也"），不宜如某些"近人"一般锻炼字词、讳言"虚灵"义理。③ 在这个词语关联的汉宋门户争论中，最可能的"近人"无疑是指阮元。

阮元与程朱立异，旨在崇实黜虚。他有文献上的根据，以及义理上的各种"先驱"，前述颜元便是其一。如前文所说，阮元后学陈澧虽主汉宋兼采、复宗朱子，但他的具体论述仍未尽脱阮氏羁范。广雅书院在1891年春季和七月，先后由张之洞和朱一新本人开出"相人偶解"、"相人偶为仁说"的试题，可谓阮学在粤的又一波反拨。④ 朱氏自认为史学优长，《无邪堂答问》辨正阮说的文字也呈现出归类谱系的风格，以阮说为义外之学，与墨子、告子无殊。⑤ 在这些文字中，尤可注意的一条论据是：

---

① 王氏来信认为，"随处体认，始识得仁字"，是事务家与讲学家有仁智之分。参见朱一新：《佩弦斋杂存》卷下《复王子裳同年》，《朱一新全集》，第1415页。根据现有文献，尚难推断二人是否交流过对西方事务的看法。

② 朱一新：《佩弦斋杂存》卷下《答林生鹤年问程子〈性中无孝悌〉语，钱竹汀谓极有病》，《朱一新全集》，第1431—1432页。参见钱大昕：《十驾斋养新录》，第44—45页。

③ 朱一新：《无邪堂答问》卷2，《朱一新全集》，第117—124页。

④ 相比之下，前述陈澧的学说可视为一种对阮氏不彻底的反拨。需注意的是，朱一新出的试题也有"朱子语类日钞跋"（廖廷相编：《广雅书院诸生课题》，转引自张淑琼：《晚清广雅学人朱一新的西学视野——以〈无邪堂答问〉为中心》，第128页），而《朱子语类日钞》应是陈澧所作，张之洞亦推崇陈澧。可见广雅学风相对于之前的承继性。

⑤ 朱一新：《无邪堂答问》卷1，《朱一新全集》，第49页。

大、小徐释仁从二为兼爱，必非许君本旨。许君言性宗孟子，岂言仁忽宗墨子？大、小徐之说，宜为王贯山所讥。桂氏《义证》引《春秋元命苞》曰：（注曰：《太平御览·人事部》引。）"仁者，情志好生爱人，故其为人以仁其立字，二人为仁。"此似可证相人偶之说。然既云情志好生，则非专以事言可知矣。①

此文使用王筠《说文释例》的研究结论，反驳阮元核心论点之一"仁必见于二人相偶之事"，上溯至对于《说文解字》旧注之辨正。据《说文释例》，《说文解字》的"仁"字"从二"之"二"是仁"以二为声"，不是以"相人偶"为义。② 可是，该书实际上没有说二徐《说文解字》旧注里面的"兼爱"二字乃是误宗墨子。因此朱氏此处的行文，实有借题发挥、强调阮氏谬误之嫌。此后，《无邪堂答问》又举出看似对"相人偶为仁说"有利的证据，提示学者：二人相偶之事（用）跟一人心中之"情志好生"（体）有如仁之两轮，缺一不可，哪一边出错，都有误入异端的危险。之所以辨正阮元之过，不惜拟为告子、墨子，正是为了防范这一危险。康有为和朱一新就性理之学曾经"剧谈彻夜"，又作长信往来。康有为清楚地意识到，朱氏宗旨之一在于性善真理"自告子、荀子之论出，乃始与老、庄、释氏相混"。③ 前述《无邪堂答问》论"虚无"，以为儒者心热，有心成物、立言尚仁，佛老反是心冷者。④ 在此前来信中，朱一新固知康氏一腔热血，却告诫其热血转冷、逃世败伦只在一线之间。⑤ 所担忧者，即讲异学者必几于异端的问题：

高明者率其胸臆，遂为异端……庄生之书，足下所见致确，而其言汪洋恣肆，究足误人。凡事不可打通后壁，老、庄、释氏皆打通后壁之书也。愚

---

① 朱一新：《无邪堂答问》卷 1，《朱一新全集》，第 48 页。
② 王筠：《说文释例》卷 3《以双声字为声》，北京：中国书店，1983 年，第 126 页。
③ 朱一新：《佩弦斋文存》卷上《答康长孺论性书》，《朱一新全集》，第 1118 页；康有为：《答朱蓉生先生书》，姜义华、张荣华编校：《康有为全集》第 1 集，北京：中国人民大学出版社，2007 年，第 330 页。1891 年秋初，前述《无邪堂答问》的性理学论说可能已经形成，但康有为信中明言当时尚未读到"大著"。
④ 朱一新：《无邪堂答问》卷 2，《朱一新全集》，第 121—122 页。
⑤ 朱一新：《佩弦斋文存》卷上《复长孺第二书》，《朱一新全集》，第 1105—1106 页。

者既不解，智者则易溺其心志，势不至败弃五常不止，岂老、庄、释氏初意之所及哉？①

这段"打通后壁"的批评屡见称引，结合语境观其本旨，可知朱一新认为讲异学的后果是：不信善性天成，僭越人伦。虽然康氏始终没有走回程朱学的正路，但他跟朱氏眼中严格意义上的异端还是有距离的。因为康有为"打通后壁"之后选择荀、董之说，不至于成为老、庄、释氏那样的"异端"。而真以性恶立教、任智外求者为西人，其法度如观星制历者，皆无裨于人道伦理。② 从康有为处，朱氏借读《旧约》了解不少西教知识。而康有为在疑经时所伴生之"视中、西为一辙，混儒、释为同源"，对他而言显然要比"打通后壁"更加刺耳。③ 西人的错误，较之"老、庄、释氏"这样义理不正的"异端"，乃是更加具体、醒目的。《无邪堂答问》从具体实例出发论说中西得失，呼吁学者辨清利害。

### （二）正学的现实意义

朱一新不喜魏源微言大义的经学，但肯定他的史学造诣。④ 魏源《海国图志》包含不少对西教的评论，其儒家立场和批判角度都跟《无邪堂答问》的相关论述类似。光绪十七年（1891）七月，朱一新开出"景教流行中国碑跋"试题，《无邪堂答问》附有相应长文，其中使用《海国图志》论宗教源流的材料，⑤ 论

---

① 朱一新：《佩弦斋文存》卷上《复长孺第二书》，《朱一新全集》，第1105—1106页。在康有为之前写给朱一新的信中，没有任何有关《庄子》的批判性论述。但此时二人交谈中已提及孔子改制问题，从《孔子改制考》里能看到朱一新观点的蛛丝马迹，即老庄以不仁之道自全，立言足以败坏教化。参见康有为：《孔子改制考》卷14《诸子攻儒考》，姜义华、张荣华编校：《康有为全集》第3集，第170页。

② 朱一新：《无邪堂答问》卷4，《朱一新全集》，第204—205页。朱一新评论西人以性恶立教的各种说法，参见张淑琼：《晚清广雅学人朱一新的西学视野——以〈无邪堂答问〉为中心》，第63—65页。

③ 朱一新：《佩弦斋文存》卷下《复康长孺孝廉》，《朱一新全集》，第1419页。

④ 朱一新：《无邪堂答问》卷1，《朱一新全集》，第32页。

⑤ 例见朱一新：《无邪堂答问》卷2，《朱一新全集》，第91页。试题记录参见廖廷相编：《广雅书院诸生课题》，转引自张淑琼：《晚清广雅学人朱一新的西学视野——以〈无邪堂答问〉为中心》，第139页。

述风格、知识来源都让张尔田有"大旨亦不出前人范围"之观感。① 朱一新通读了魏氏未尝论及的《旧约》，又据江南制造局译《四裔编年表》确定摩西成书之时间，② 但是他的读后感与魏源相当一致，对基督教称"天"立教持批评态度：

> 夫天一而已，何上帝如是之纷纷？盖各奉一神，即各自以为上帝，矫诬上天以布命于下，必如是而始便其私计耳。③

朱一新的《三山庙碑》认为鬼神奖惩是天意的体现，对之深表敬重。④ 从该文中敬天敬鬼、崇祀报神的儒家立场看，西教有躐等天人之嫌。下文中，《无邪堂答问》广搜博采，建构了西教中源的叙事："摩西—耶稣—天方/天主"出于释氏，释氏出于中土墨家，杨墨为老子流亚，皆以"师心自用"、"矫诬上天"为趣。《老子》一书道尽异端学理，杨墨释氏又曲尽其玄妙，然"三代政教未分，礼乐明备"，异说不能酿成异端。中国后人虽为杨墨释氏所惑，但是如西教之粗陋也只能败坏西土，无法令中国人起信。又观史事可知，中土自周以后政教分而衰退，西土自明以来政教分而进步，更可见其教之无益。⑤《无邪堂答问》又有小字间注，论说西人今日之富强，一成于异端之教还政君民，二成于封建共和：

> 礼制虽繁，虚文相尚，名虽兼爱，实则为我，故人人各保权利之说。近日愈倡愈行，弱者肆其诪张，强者奋其牙角。幸而未底于亡者，各国皆自为世仇，人怀好胜之念，互相猜忌，而猝莫敢先发耳。至其政治之可取者，莫善于兴学校，通下情，省刑罚。然刑罚太宽，下情太嚣，亦复利害相半。学校今盛于昔，固为振起人才之本。若下情之通不一端，乡官、议院二事，其

---

① 张尔田：《屏守斋日记》，《史学年报》第 2 卷第 5 期，1938 年，第 341 页。
② 对该译作的介绍参见邹振环：《〈四裔编年表〉与晚清中西时间观念的交融》，《近代史研究》2008 年第 5 期，第 89—97 页。
③ 朱一新：《无邪堂答问》卷 2，《朱一新全集》，第 92 页。魏源说参见《海国图志》卷 27《天主教考》，《魏源全集》第 5 册，长沙：岳麓书社，2004 年，第 821—823 页。
④ 朱一新：《佩弦斋杂存》卷上《三山庙碑》，《朱一新全集》，第 1325—1328 页。
⑤ 朱一新：《无邪堂答问》卷 2，《朱一新全集》，第 107—110 页。先行研究讨论参见张淑琼：《晚清广雅学人朱一新的西学视野——以〈无邪堂答问〉为中心》，第 55—67 页。

大要也。乡官惟封建乃能行之，西国犹多封建之遗，故其法可持而不敝，其他政令亦多有因此而类及者。（若选举、兵制之类，皆是也。日本去封建之世未远，故事亦易行。）即如英、美，赋税之繁苛甲于天下，商贾亦多偷漏，（见《环游地球新录》。）而税司罕闻中饱，由其乡举里选之法行，（议员皆由公举。）恐为公议所不容，将自绝于仕途也……近时法人置君如弈棋，民气愈嚣，国势遂弱，尤其明证。西国如意大利为教王所驻之地，而盗贼最多。法郎西为文学久著之邦，而风俗最靡。独德与俄在西土中犹为俭朴，势乃勃兴。觇国者可思其故矣。①

史学可以排比事实，进而较论利害。相比他对世界宗教源流的附会建构，朱氏坐井观天式的时务评论更展现其现实主义色彩的"理智"。上面描述的西方，是一个封建美俗（公议、上下通气等）跟败伦恶俗（无君父、性恶论、人相敌视之丛林状态）共存的社会，在权力均势中苟且运转。根据他掌握的世界知识，朱一新还得出以下结论：在德国和沙俄，没有宗教领袖、人民分享君权的现象，所以这两国风俗较好、前景最佳，可见君主制度有其优越性。若一国秩序仰仗共和、公议，则必不能葆其风俗，其势必不可久。甚至可以说，一国秩序不能仰仗"有道之君"以外的贤相之流。② 中国显然不能以洋务富强为借口，拥抱西人有利无义之恶俗。③

在朱一新看来，如今有法无礼、阴阳错乱、尊卑倒置的西人成功扰动中华之治，正如诸子之教竟有能力挑战儒宗一般，令人嗟叹。④ 在这些异端国家中间，尤其值得注意的是沙俄。对西夷的"觇国观风"，最应做的是翻译沙俄史志文献，

---

① 朱一新：《无邪堂答问》卷2，《朱一新全集》，第108页。他对《环游地球新录》关于税关的记载，有借题发挥之嫌，相关内容参见李圭：《环游地球新录》，谷及世校点，长沙：湖南人民出版社，1980年，第78—79、89—90页。

② 《无邪堂答问》中有专为辨正《明夷待访录》的内容，参见朱一新：《无邪堂答问》卷1，《朱一新全集》，第23—24页。在他看来，同光时期，《明夷待访录》之"流毒"已深潜士林，亟待辩驳。参见蔡纪风：《〈明夷待访录〉在清代中后期的传抄、阅读和接受》，《船山学刊》2022年第1期，第117—128页。

③ 参见朱一新：《无邪堂答问》卷2，《朱一新全集》，第108页。

④ 朱一新：《无邪堂答问》卷4，《朱一新全集》，第243—244页。

而不是了解其他势不可久的国家，乃至耽溺各色器物之小道。① 至于崛起中的东邻日本，也迟早要成为俄之附庸，不足深虑，更不足为强盟。② 对德、俄评价与朱氏类似的王韬也说过，对沙俄而言，当今是一个"方且世济其凶"的幸运时代。③ 当然，虽面对强敌乱世，中国人万不可观西人所得便邯郸学步。这个选择同样可从实际利害的角度得到"证成"，《无邪堂答问》中有关新疆是否该修铁路的答问便是例子。④ 在分析完种种利害之后，该答信结语评论称：

> 然则彼之所谓富者，亦恣睢一时之富耳。昔周末文胜，忧世者莫不思返之于质，而卒不能，至七雄而渐灭殆尽，至秦政而扫荡无余。汉兴，乃能斫雕为朴，用黄、老以致治，百年而礼乐兴，汉武乃能黜百家以崇儒术。故夫阴阳消长之机，有小阖辟焉，有大阖辟焉。历数千载而始一阖一辟者，固非旦夕之效也。战国诸子，纷纷藉藉，盖莫不应运而生，为儒教之驱除者也。西夷欲谋人国，则必先之以通商。通商之法，亦服洋药之法也。⑤

用朱氏自己的话说，西土异端并非在"体"，而是在事用的层面摇动中华政教。《无邪堂答问》之所以讲性理之外特重史学，又向学子反复论说西教、洋务之得失利害，正是有鉴于此。可是从相关辩说来看，朱一新应知隆等差、辨义利

---

① 参见张淑琼：《晚清广雅学人朱一新的西学视野——以〈无邪堂答问〉为中心》，第68—87页。

② 朱一新：《无邪堂答问》卷4，《朱一新全集》，第236页。

③ 王韬：《弢园尺牍新编》，陈玉兰辑校，上海：上海古籍出版社，2020年，第306页。

④ 朱一新：《无邪堂答问》卷5，《朱一新全集》，第294—298页。此问题试题集中未见，然囊括政经教理诸端，当属在问答完包括新疆形势在内的各种洋务、边事之后，即兴而作。该回答先后对修路的暂时必要性（短期致富）、修路在财政上的可能性和修路的长期必要性（开矿富国）进行讨论。前文提到，《无邪堂答问》认为西人有封建遗风，同时又以相仇敌对维持均势。所以朱一新先谈了封建遗风的地理基础，又指出敌对态势和国际通商正是相辅相成，然后笔锋一转，告诉学子这不同于中国大一统的境况。朱一新认为，中国各方不争商业之利，修路卖货产生不了价值、利益不到人民，加之地广人稠，修路之后的商业勃兴反而可能会影响人民生计。这是他1882年上疏所言之清流"正论"中已有的观念（参见朱一新：《佩弦斋文存》卷首《敬陈管见疏》，《朱一新全集》，第1055—1057页）。该疏末尾提出的建议也与《无邪堂答问》所言相似：西俗商与士合，富商即巨绅，可依赖商人集资办事，中国无此习俗，必然不可。

⑤ 朱一新：《无邪堂答问》卷5，《朱一新全集》，第298页。

的儒家之政，当下很难与"官与民近"、"商贾之道"的西国竞争得胜。所以《无邪堂答问》引文的第三部分，很无奈地把中胜于西之实效寄托在天运大势之上，不免透出消极意味。

从朱一新在《无邪堂答问》中多次抨击异端，在与康有为之书信中又极力匡正其异学之倾向来看，他的儒家立场仍是坚定的。在朱氏去世前不久、《无邪堂答问》辑定之际，他仍告诫门人汉宋之学同天同功，为学应从居敬穷理开始。① 此时，趋新、功利风势已盛，朱氏仍有自信说，广雅诸生"幸多就我绳墨，以此为教，庶鲜流弊"。② 在他身后，趋新思潮不可避免地愈演愈烈。前文提到，黄以周晚年以立心为循礼之基，又以心性论述与经学教育相互助成，而《无邪堂答问》"汉学筑基、宋学为归"的旨趣跟黄说有异曲同工之妙，③ 较之阮元、陈澧之学问有明显推进，是为清季汉宋调和学风之极诣。二人共同标举的性善、忠君、差等之旨，在更年轻"汉学者"当中，也不再是天经地义。

## 三、政治革命与心性新说：清季民初的刘师培与章太炎

### （一）刘师培的心性说和伦理学

1905 年，出身汉学世家的刘师培在《国粹学报》发表《理学字义通释》和《汉宋学术异同论》。④ 前者反映他研治义理学的成果，后者序言对其研究宗旨有简明概述："上古之时，学必有律。汉人循律而治经，宋人舍律而论学，此则汉宋学术得失之大纲也"。⑤ 在《汉宋学术异同论》中，刘师培将清代学术分为"主汉"（戴、阮）与"兼采"（陈澧）两派，视"本原之性"为误会

---

① 朱一新：《佩弦斋文存》卷下《答门人孙慕韩书》，《朱一新全集》，第 1130—1133 页。
② 朱一新：《佩弦斋文存》卷下《答龚菊田刺史书》，《朱一新全集》，第 1137—1138 页。
③ 吴仰湘：《朱一新经学批评中的阐释思想》，《中国文化》2023 年第 1 期，第 158—167 页。
④ 刘师培与章太炎在 1902 年相识，此文发表时，章太炎尚在狱中。就《格物解》等论文来看，二人议论有不少微妙的契合之处。虽说刘师培发论较早，但这些论说的来源暂时难以断定。本文仅取其与章太炎无明显相似者。
⑤ 刘师培：《汉宋学术异同论·总序》，《仪征刘申叔遗书》第 4 册，万仕国点校，扬州：广陵书社，2014 年，第 1586 页。

伪书之说，① 承袭前代汉学者的痕迹非常明显。在批评宋儒"求之高远精微"外，刘师培认为，汉学有律而宋学无律，是评定二者得失之大纲。《理学字义通释》序言正是对这一大纲的注释：

> 夫字必有义。字义既明，则一切性理之名词，皆可别其同异，以证前儒立说之是非。近世巨儒，渐知汉儒亦言义理，然于汉儒义理之宗训诂者，未能一一发明；于宋儒义理之不宗训诂者，亦未能指其讹误。不揣愚昧，作《理学字义通释》（注曰：《宋史》撰《道学传》，然宋人之学，兼伦理、心理二科。若"道学"二字，只能包伦理，不能该心理也。若日本"哲学"之名词，亦未足该伦理，故不若"理学"二字所该之广也。）远师许、郑之绪言，近撷阮、焦之遗说。《周诗》有言："古训是式。"盖心知古义，则一切缘词生训之说，自能辨析其非。此则古人正名之微意也。②

《理学字义通释》的研究对象是宋学，而其取径依然是汉学的："盖心知古义，则（宋儒）一切缘词生训之说，自能辨析其非。"尽管如此，受新知影响的刘师培在方法上已与前人不同。③ 借助"伦理"、"心理"两个新名词，刘师培尝试恢复宋人理学之本相。这一新尝试使他的心性论说越出陈澧等"近世巨儒"的藩篱，成为取径清季汉学但结论却"非汉非宋"的义理之学。以下仍就《理学字义通释》而论，试探刘师培心性说的创新之处：

> 乃前儒之言"性"字者，或言"性善"……或言"性恶"……众说纷纭，折衷匪易。然律以《乐记》"人生而静"之文，则"无善无恶"之说，立义最精。性无善恶，故孔子言"性相近"……而阳明王氏亦言无善无恶为"性之体"也。然孔子又言"习相远"者，则以人有心知，（注曰：与禽兽

---

① 刘师培：《汉宋学术异同论·汉宋义理学异同论》，《仪征刘申叔遗书》第 4 册，第 1586—1587 页。
② 刘师培：《理学字义通释·序》，《仪征刘申叔遗书》第 4 册，第 1333—1334 页。
③ 参见都重万：《严复对刘师培学术思想及〈国粹学报〉学术宗旨之影响》，习近平主编：《科学与爱国——严复思想新探》，北京：清华大学出版社，2001 年，第 258—268 页。

不同。）有可以为善之端……亦有可以为恶之端……惟未与外物相感，故善、恶不呈。（注曰：《告子》言"性无善恶"，本属不误，但误其在于不动心。"不动心"者，即欲心念之不起也，已蹈宋儒灭情断欲之弊。）及既与外物相感，日习于善，则嗜悦理义之念生……此董子所由言"性必待教而后善"……而阳明王子复言"有善、有恶，性之用"也。但以"有善、有恶"为"性"用，则又不然。夫人性本无善恶。善恶之分，由于感物而动。习从外染，情自内发，而心念乃生。（注曰：即"意"与"志"也。）心念既生，即分善恶。是则有善有恶者，"情"之用，与"性"固无涉也……盖中国前儒，多误"情"为"性"……汉儒以阴阳言"情"、"性"，（注曰：……《说文》亦以阴阳言"性"。又，汉儒以"性"为五常，见《白虎通》；又以仁、义、礼、智、信配"性"，谓其取象五行，见《礼·中庸》及《诗笺》；又以五常分合五藏，皆阴阳家言。近儒孙渊如《原性篇》引伸之甚详。）立说已流为迂诞；而宋儒之说，尤属无稽……近儒矫宋儒之说，然立说多偏。①

《理学字义通释》对"性"的看法是"无善无恶"，与陈澧、黄以周的立场直接冲突。刘师培此处刻意将"无善无恶心之体"替换为"性之体"，下文径称"思想未起之前，心为静体，故宋儒体用之说，实属精言"，为宋学虚灵之心体正名。② 这与刘师培从"心理学"获得的洞见有关。他认为"心念既生，即分善恶"，故情之善恶与性无涉。宋明儒者能分别性、情，自然能得正论（尽管多有于古训"无稽"之处），宋儒的问题只是不明训诂。比较之下，刘师培对汉儒和清儒的批评更猛烈。在刘氏看来，不仅是袭用阴阳家言的汉儒，凡论及五德、五行的清代汉学者如江藩与黄以周，③ 皆不得免于"迂诞"。在刘师培从西学新知

---

① 刘师培：《理学字义通释·性、情、志、意、欲》，《仪征刘申叔遗书》第4册，第1342—1346页。

② 刘师培：《理学字义通释·心、思、德》，《仪征刘申叔遗书》第4册，第1360页。

③ 江藩：《隶经文》卷4《书阮云台尚书〈性命古训〉后》，《江藩集》，漆永祥整理，上海：上海古籍出版社，2006年，第74页；黄以周：《儆季杂著》卷5《德性问学说》，《黄以周全集》第10册，第503页。

出发的观察下，① 好以阴阳五行言性的汉儒更"不科学"。

刘师培以"哲学"为"以绝对之名词，定物质之本体"，求"宇宙真理"之事。② 在他看来，宋儒于名词古训虽有未达，在求真上却胜于迂诞的汉儒。同时，在 1909 年《释理》中，刘师培又指出戴震宋学批评的偏宕处：

> 由是而言，物由心别者，理也；心能别物者，亦理也。宋儒以理为浑全之物，昧于训理为分之旨。戴氏诠理，又以理为专属事物。然物由心知，知物即在心之理。嗣凌、阮诸氏以礼该理，盖较戴氏为尤偏矣。③

刘师培认为，戴震立说的偏颇之处在于对"物由心知"事实的忽视。戴震虽然纠正宋儒训诂方面的疏失，但遗落了宋儒"混全"之理说中的洞见。虽然订正戴震，刘氏并不打算简单地回到陆王之学，而是希望以此将陆王之学纳入"伦理"、"心理"的理路之中。他在 1905 年《伦理学教科书》中指出，探讨伦理起源，须了解心理之作用正是作为"伦理学"、"心理学"的思想先声，注重心性问题的理学（尤其是陆王之学）对今人才是有意义的。作为一方面主张保存国粹，另一方面又主张政治革命的激进派人物，刘师培在朝野合作保存国粹的背景下，偶然获得借由学制改革传播思想的机会，创作《伦理学教科书》。此书虽然未被清廷采用，但也产生不小影响。④ 这一现象说明，即使清廷与革命派政治立场如同冰炭，但在共同学术文化论题上面仍有积极互动的可能。⑤

---

① 例如性具五常（之气）的观点，从先秦到宋代文献中都能发现。参见泽田多喜男：《〈荀子〉和〈吕氏春秋〉中的气》，小野泽精一、福永光司、山井涌编：《气的思想——中国自然观与人的观念的发展》，李庆译，上海：上海人民出版社，2014 年，第 71—74 页。

② "大抵谓宇宙真理，无质无形，仅以不可思议之妙理，显不可思议之作用而已，故以绝对之名词，定物质之本体。"刘师培：《左盦外集》卷 8《中国哲学起原考》，《仪征刘申叔遗书》第 10 册，第 4529 页。

③ 刘师培：《释理》，李帆编：《中国近代思想家文库·刘师培卷》，北京：中国人民大学出版社，2015 年，第 438 页。

④ 黄进兴：《从理学到伦理学：清末民初道德意识的转化》，北京：中华书局，2014 年，第 118、111—112 页。

⑤ 罗志田：《国家与学术：清季民初关于"国学"的思想论争》，北京：三联书店，2003 年，第 137—142 页。

然而这一切也只是可能。以今天的眼光重新审视刘师培当时对人性、人伦的论述，其现实指向乃是一个跟清朝格格不入的民主共和国。① 从心性学问方面超越汉宋门户、博收东西知识，在现实方面坚持践行共和平等的政治理念，当然也是一种持世救偏。可是，这种学术理想未能在刘师培的生命中落实。1909 年后，刘师培的义理学思考和他的革命活动一样进入低潮，《伦理学教科书》是他短暂生命中的一个瞬间。有论者指出，理学概念在"伦理学"知识中的"蒸发"和"迈向以权利为基底的伦理"，共同促成传统理学在近代的变化（或者说淡出）。② 这个变化是在梁启超之《新民说》、刘师培之《伦理学教科书》打响先声后迅速开展的。与学思未尽的刘师培相比，同样汉学功底深厚、参与过革命的章太炎获得了更多时间，思考、实践了自己的新义理学。

### （二）章太炎的新义理学

章太炎学尚"征实"、"理知"。1904—1906 年和 1914—1916 年的两次幽禁经历，给章太炎创造了深入阅读大乘佛学、宋明理学典籍的机缘。他在成熟期的义理学著述中，对"训诂之实"与"义理之实"有如下看法：

> 戴东原已能灼知儒效，而封执名言，不能废诠谈旨，此拘于声量，不任见量、比量之过也……《荀子》又称："凡观物有疑，中心不定，则外物不清；吾虑不清，则未可定然否也。"《管子》亦云："正心在中，万物得度。"此则真见量，真比量，皆从寂定得之。斯道至常，何闲于缁素也？③

> 知行岂无异乎？闻而知之，所谓声量也；思而知之，所谓比量也；行而知之，所谓现量也。真知者唯现量，非比量、声量。④

---

① 参见许浒：《刘师培人性论之渊源及其现代转型》，《台湾师大历史学报》总第 51 期，2014 年，第 1—50 页；杨贞德：《从"完全之人"到"完全之平等"——刘师培的革命思想及其意涵》，《台大历史学报》总第 44 期，2009 年，第 93—152 页。

② 黄进兴：《从理学到伦理学：清末民初道德意识的转化》，第 151—152、167 页。

③ 章太炎：《菿汉微言》，《章太炎全集·菿汉微言、菿汉昌言、菿汉雅言札记、刘子政左氏说、太史公古文尚书说等》（下文简称《章太炎全集·菿汉微言等》），虞云国、马勇整理，上海：上海人民出版社，2015 年，第 45、47 页。

④ 章太炎：《菿汉昌言》，《章太炎全集·菿汉微言等》，第 95 页。

据章氏晚年（1932）所讲述的《广〈论语骈枝〉》，此处"声量"和"比量"的关系意味着如下治学方法："今依音韵训诂解释之，既不可决，故须依哲理以释之。"① 不同于清代汉学中有律可依的"声量"，"比量"是依"现量"而说，同时，思而得之的哲理也有三教九流之分。对章太炎来说，1905 年后的唯识学阅读与思想经验，促成他对"语文"（声量）、"哲理"（比量）与"经验"（现量）关系的突破性理解。他在这一突破中，将属于心理经验、② 位于语言支配之外的思想活动纳入知识性理解的对象域里面。由此，哲理与音韵训诂的语文学知识一样是可靠的知识，彼此相辅相成，唯清儒不察而已。③ "斯道至常，何闲于缁素"象征着章太炎将戴震（素）与唯识学（缁）同时纳入其知识体系的努力。撰成于辛亥革命前后的《国故论衡》《齐物论释》诸编即是显例。其中《国故论衡》对此处所引《荀子》《管子》之心论着墨尤多。

在这些著作当中，章太炎毫不讳言"心"的特殊地位。④ 如果单是接引"心理学"等西学新知重访旧学，那么章氏之说不会与前述刘师培之新说有太大区别。正是佛学、宋学的渐次登场，让章太炎的心性论述特别不同。《国故论衡》以《辨性》发明新义理学"自心以外，万物固无真"的基本论点，以《明见》《原道》分述"内圣"、"外王"之学。其中《明见》尤重对"哲学"、"道学"等义理学问题的讨论。⑤ 该篇基于真谛所译《决定藏论》与《大

---

① 章太炎：《广〈论语骈枝〉》，《章太炎全集·演讲集》，章念驰编订，上海：上海人民出版社，2015 年，第 438 页。
② 章太炎完成这一突破之前，对佛书中的心理知识已有了解，参见《从〈訄书〉初刻本（1900 年）看章炳麟的早期佛教认识》，龚隽、陈继东：《作为"知识"的近代中国佛学史论——在东亚视域内的知识史论述》，北京：商务印书馆，2019 年，第 187—221 页。
③ 章太炎笔下的"声量"、"比量"可以粗略地与"汉"、"宋"二学对应。关于哲学方法论意义上的汉宋比较，参见陈少明：《由训诂通义理：以戴震、章太炎等人为线索论清代汉学的哲学方法》，《中国社会科学》2018 年第 7 期，第 41—58 页。
④ "自心以外，万物固无真；骛以求真，必与其痴相应，故求真亦弥以获妄。"章太炎：《国故论衡（校定本）》下卷《辨性下》，《章太炎全集·国故论衡先校本、校定本》，王培军、马勇整理，上海：上海人民出版社，2017 年，第 330 页。
⑤ 章太炎：《国故论衡（校定本）》下卷《明见》，《章太炎全集·国故论衡先校本、校定本》，第 305—306 页。

乘起信论》，① 对《荀子》"解蔽"作了创造性阐释：

孙卿曰："人生而不知，知而有志。志也者，臧也。然而有所谓虚，不以已臧害所将受，谓之虚。心生而有知，知而有异，异也者，同时兼知之；同时兼知之，两也。然而有所谓一，不以夫一害此一谓之壹。心卧则梦，偷则自行，使之则谋，故心未尝不动也。然而有所谓静，不以梦剧乱知谓之静。"臧者，瑜伽师所谓阿罗耶识。谓其能臧、所臧、执臧……（五官）虽异受，大领录之者，意识也。内即依于阿罗耶识，不惩期会，与之俱转，故曰不以夫一害此一……然而阿罗耶识善了别，意识有以梦剧乱，是则无乱。（按：荀子言心，兼阿罗耶、意识，此则其未析处。）彼以阿罗耶识为依，足以知道。马鸣有言，心真如相，示大乘体；心生灭相，示大乘自体相用。此之谓也。②

与刘师培相似，章太炎对汉代儒学中的阴阳之术亦有不满，在本篇中明指"气"为阴阳家谬说，宋儒承此疏失，妄分理气以自误。③ 这一判断反映了两位汉学素养深厚学人的共同新见。④ 但是，《国故论衡》不采刘师培所据之"伦理"、"心理"等"科学"资源，而是假途佛学重审诸子本相（现量）。这一选择的意义是重大的。前述黄以周、刘师培皆引用荀子《解蔽篇》说明"虚"的意

---

① 二书为下面引文中的"阿罗耶识"（此为真谛译名，通名为"阿赖耶识"）与"心相"之来源，参见《决定藏论》，大蔵経テキストデータベース委員会：『大正新脩大蔵経』、T1584_.30.1018c05—12；《大乘起信论》，大蔵経テキストデータベース委員会：『大正新脩大蔵経』、T1666_.32.0575c23—24（下文涉及《大乘起信论》处俱不赘引）。不过在解释"能臧"、"所臧"和"执臧"义时，章太炎使用的是《成唯识论》的解释。参见章太炎撰，庞俊、郭诚永疏证：《国故论衡疏证》，北京：中华书局，2008 年，第 550 页。对真谛译本的倚重，显示章太炎与推崇玄奘学说的支那内学院在唯识学观点上有根本不同。

② 章太炎：《国故论衡（校定本）》下卷《明见》，《章太炎全集·国故论衡先校本、校定本》，第 306—308 页。

③ 章太炎：《国故论衡（校定本）》下卷《明见》，《章太炎全集·国故论衡先校本、校定本》，第 316 页。

④ "二叔"对汉儒迷信的反思显然与他们排斥"孔教"的共同立场有关。刘师培言"居今日而欲导民，宜革中国之神教，而归孔学于九流之一耳"（《左盦外集》卷 9《论孔教与中国政治无涉》，《仪征刘申叔遗书》第 11 册，第 4564 页）。

涵，然皆认为其指虚心、谦退而不是"虚灵"。① 章太炎的态度较之已有变化，他肯定"灵"的态度，见于随后撰写的《菿汉微言》中对《国故论衡·明见》"《荀子》知阿赖耶识"论的补充，即"《庄子》'灵台有持'等三十八字说阿赖邪识缘起"。② 人心既虚且灵，何须讳言之？承认心之虚灵性格，也是释放心在知识论、本体论层面上的巨大能量。引文将《荀子》中的"心"析别为意识与阿赖耶识，认为"不以夫一害此一"的虚静工夫指的是屏绝掉人的意识对其阿赖耶识"了别"能力的干扰。这一过程也就是所谓"不以梦剧乱知谓之静"。引文下文又引用《起信论》称，具有"了别"能力的心（阿赖耶识）也就是具有世界本体意义的"真如心"。如此强大的心力，撑起了《訄书》所言的"大独必群，群必以独成"，《齐物论释》所言的"不齐而齐"、"一往平等"。③ 章太炎作为革命者追求国民平等、文明平等的诸多实践，堪称此心之呈现。

　　这一历程，实际上意味着宋学在章太炎思想中地位的抬升。诚然，在《国故论衡》和更早的《驳神我宪政说》等革命气质浓郁的作品中，章太炎对宋明理学皆有苛评，然而他在为提倡佛学作辩护的《答铁铮》中就已指出，阳明学和佛学皆能成就学习者的独立自重。④ 同时，与刘师培相似，在批评宋学之余，章太炎认为部分清代汉学名家迷信汉儒，反不如理学者能识人事政理。⑤ 在这一背景下，汉学者对宋学的"玄虚"、"支离"之苛评更不能成立，陈澧以汉学立场开展的汉宋兼采亦属"举细故而遗大义"。⑥ 另外，章太炎的思考与清季具有宋学、佛学背景的学者也有一定关联。宋学"孤军"方东树之《汉学商兑》有云，"古今

---

① 黄以周的看法见前文，刘师培从黄说，参见《左盦外集》卷 8《中国哲学起原考》，《仪征刘申叔遗书》第 10 册，第 4552—4553 页。

② 章太炎：《菿汉微言》，《章太炎全集·菿汉微言等》，第 50 页。

③ 章太炎：《明独》，《章太炎全集·〈訄书〉初刻本、〈訄书〉重订本、检论》，朱维铮点校，上海：上海人民出版社，2014 年，第 53 页；章太炎：《齐物论释》，《章太炎全集·齐物论释、定本、庄子解故、管子余义、广论语骈枝、体撰录、春秋左氏疑义答问》，沈延国等点校，上海：上海人民出版社，2014 年，第 5 页。

④ 章太炎：《答铁铮》，《章太炎全集·书信集》，第 387、393 页。

⑤ 章太炎：《检论》卷 4《学隐》，《章太炎全集·〈訄书〉初刻本、〈訄书〉重订本、检论》，第 491 页。

⑥ 章太炎：《检论》卷 4《通程》，《章太炎全集·〈訄书〉初刻本、〈訄书〉重订本、检论》，第 464—465 页。

神圣，一切智愚动作云为，皆心之用"；又云："且如龟山近乎禅，陆、王全乎禅，而其德业功名成就如彼，岂今汉学诸人所能梦见？故使天下学者，果人人皆能如禅家之刻苦治心，斩情断妄，其胜于俗儒之密对根尘，坚生情执，日夜汩没，终身交滚于贪、嗔、痴、淫、杀、盗、妄言、绮语、恶口、两舌、颠倒、梦想、恐怖、窒碍、烦恼、忧惑，老死不悟者已多矣。"① 方东树对心之威能的赞许，对宋学修身、治事之优长的肯认，几为章太炎之先声。

方东树沟通儒、释，提倡心学的努力萃于《向果微言》。② 方氏身后，此书遭遇佛教学者杨文会的酷评。③ 从章太炎的角度看，方氏的会通之学或失之学力不足，但杨文会的居士立场则更是迂执，不足以持世救偏。④ 代表章太炎思想成熟期义理学思考的《菿汉微言》《菿汉昌言》可被视作调停方、杨两种看法的尝试：在承认佛学之为"究竟"与佛学高于理学的同时，理解理学的价值。这些思考始于其 1914—1916 年幽于北京、身心皆困之际，⑤ 作于同期而反映章太炎"回真向俗"心路的《检论》，⑥ 颇能体现其学思之变化：

> 上《经》始乾坤，"既成万物"，而下《经》讫于未济"物不可穷"，言成"既济"者，斯局促矣……夫成败之数，奸暴干纪者常荼，而贞端扶义者常踣。作《易》者虽聪敏，欲为贞端谋主，徒衃补其创痍耳。由是言之，"既济"则蕝，"未济"其恒矣！是亦圣哲所以忧患。⑦

---

① 方东树：《汉学商兑》，《中国近代思想家文库·方东树唐鉴卷》，第 27、113 页。
② 参见林存阳、李文昌：《方东树理学观新论》，《安徽史学》2019 年第 1 期，第 117 页。
③ 杨文会：《评方植之〈向果微言〉》，《杨仁山全集》，周继旨校点，合肥：黄山书社，2000 年，第 399—400 页。
④ 对此章太炎有所批评，参见章太炎：《菿汉微言》，《章太炎全集·菿汉微言等》，第 11 页。
⑤ 章太炎其时（1913 年 11 月）心境参见《与汤国梨书》二十三："今日所观察者，中国必亡，更无他说。余只欲避居世外，以作桃源，一切事皆不闻不问，于心始安耳。"（《章太炎全集·书信集》，第 682 页）
⑥ 陈壁生：《从〈訄书〉到〈检论〉——章太炎先生〈检论手稿〉的价值》，《人文杂志》2019 年第 11 期。
⑦ 章太炎：《检论》卷 2《易论》，《章太炎全集·〈訄书〉初刻本、〈訄书〉重订本、检论》，第 385、390 页。

章太炎此时（1914）自言，他少时学问重心不在《易经》，但明白《易经》是一部忧患之书，阅读者人生经历影响其对书的理解。① 经历革命前后的风波，章太炎对人生忧患体悟自然更深。从下文的讨论中可以看到，章太炎认为乾、坤二卦分表前文《国故论衡》所言及之"阿赖耶识"与"意识"，而统于《大乘起信论》之心体。② 这里的《易》说，旨在抒发他对中国礼俗、道德在革命既成后危若累卵的忧虑。"既成万物"之后，治心、修德、应世所面临的挑战依然存在，甚至更强烈了。③ 章太炎的师辈黄以周将治心视为践履礼仪的基础，复以礼俗、纲纪羽翼心性正学，而章太炎所面对的现实（"奸暴干纪者常茶，而贞端扶义者常踬"）与黄氏已经不同。章太炎的思考同样接引了许多宋明理学的遗产，其中所包含的张力，却超出了调停汉宋的前儒之学。

## 四、排遣门户与重访宋学：晚年章太炎的尝试

### （一）重访宋明心学：论章太炎对汉宋调和的超越

鉴于众人持我见自高又借高名"以理杀人"，章太炎从《齐物论释》到《菿汉昌言》里面都强调虚心无我、随顺俗情的重要性。④ 不过需要看到，章太炎的虚心跟清儒讲虚心守礼存在根本差异，这在对阳明学的评价上有集中体现。章太炎中年后推崇唯识学心论，而根据其高足吴承仕秉其意旨所作之《王学杂论》，章太炎认为王阳明的"无善无恶心之体"恰好是最接近心灵真相的思想，而这也是陈澧

① 章太炎：《读〈周易图〉题记》，《章太炎全集·太炎文录补编》，马勇整理，上海：上海人民出版社，2017年，第509页。

② "余少尝遍治诸经，独不敢言《易》，尝取乾坤二卦以明心体，次乃观治乱之所由兴，与忧患者共之而已。"章太炎：《〈周易易解〉题辞》，《章太炎全集·太炎文录续编》，第152页。

③ 修德不辍的同时也要"惧以终始"，是章太炎与王夫之在阅读"既济"、"未济"二卦时共有的感受。王夫之观点参见谷继明：《王船山〈周易外传〉笺疏》，上海：上海人民出版社，2016年，第183页。当然，章太炎的忧患意识也跟坚信天地"生生"不息的王夫之不同。

④ 石井刚：《"随顺"的主体实践：〈大乘起信论〉与章太炎的"齐物哲学"》，《汉语佛学评论》第6辑，上海：上海古籍出版社，2018年，第50—56页。《大乘起信论》是章太炎义理学架构中的基石，为说明此书作为大乘经典的合法性，他有专文回应日本学界提出的《大乘起信论》伪书问题，参见《章炳麟与〈大乘起信论〉真伪之辨》，龚隽、陈继东：《作为"知识"的近代中国佛学史论——在东亚视域内的知识史论述》，第421—438页。

等清季汉学者至为排斥的一点。① 从章太炎留下的批语看，他对清儒非常敏感的心学"僭越"特质是了然于胸的。② 具体来说，就是章太炎非常明白、认可他的师辈黄以周包容汉宋、循规蹈矩的学风，但他自己的治学却坚持一条截然不同的路线。章太炎的《黄先生传》是跟《俞先生传》同样精到的学术史文献，目前渐有学者注意到该文对黄以周不喜陆王、汉宋兼采的描述，非常接近历史真相。③ 兹节引《黄先生传》文，说明章太炎对前辈的理解，以便比照他自己的学术选择：

> 初宋世四明之学，杂采朱、陆。及近世万斯同、全祖望学始端实，至先生益醇，躬法吕、朱，亦不委蛇也。尤不憙陆、王，以执一端为贼道……其余有《子思子辑解》、《经训比义》、《古文世本》、《黄帝内经集注》及《儆季杂著》五种，皆卓然可传世……先师任自然，而先生严，重经术，亦各从其性也。清世大人称程、朱者，多曲学结主知，士民弗蹢，则专重汉师，抑洛、闽。其贤者诚弘毅，知质文之变，而末流依以游声技，愈小苛，违道益远，夷为食客而不知耻。先生博文约礼，躬行君子，独泊然如不与世俗成亏者。④

章太炎认可《子思子辑解》《经训比义》重访宋学的努力，更认可黄以周"博文约礼，躬行君子"的学问实效。汉学之于宋学的一大意义，本身在于以道抗势、持世救偏，用求真自由的朴质矫正诬罔依附之文饰（"质文之变"）。而务求琐屑、为人食客的汉学，则正是悖逆上述旨趣的。黄以周的学问既跟"大人称程、朱"的官方宋学不同，亦不落汉学流弊，具有一种"不与世俗成亏"的超拔感。或许正是迈出门户，才能真正持世救偏，同时成为汉宋两大传统的忠臣。俞樾和黄以周一宽一严的作风，清末的章太炎可能更喜前者，至民初则不然。

① 吴承仕：《王学杂论》，《国故》1919 年第 1 期。
② "名物度数，安有不学而能者？若云'发而中节'，自然无施不可，此惟居天位者可。尔若犹是百僚也，安能舍当今之制，而由己损益耶？"章太炎：《王守仁〈王文成公全书〉批语》，《章太炎全集·眉批集》，罗志欢等整理，上海：上海人民出版社，2017 年，第 282 页。
③ 任慧峰：《关于黄以周在清代学术定位中的几个问题——以章太炎〈黄先生传〉为中心的讨论》，《中国典籍与文化》2013 年第 2 期，第 48—54 页。
④ 章太炎：《黄先生传》，《章太炎全集·太炎文录初编》，第 221 页。

如前所述，政治上激进的国粹派一度与清政府保有文化上的共识。在"新文化新道德"的思潮当中，过去的新派人物章太炎已然显得保守，他以不同于黄以周的心学路径，重访了后者修身循礼的问题意识。这一重访绝非简单顺承前代儒者，其主要特点就是否定他们所部分肯定的朱子学。在《〈王文成公全书〉后序》（1924）中，章太炎认为清儒与时人之弊皆与朱子学有关。因为后者的"格物穷理"说忽视己心在修德中的优先性，而"新民"说又使得以虚心随顺为内容的修德之学，变成强人就己、破坏传统礼俗的宣教。① 由是，章太炎撰写提倡虚心和修德的《致知格物正义》与《康成子雍为宋明心学导师说》，于 1925 年刊布于旨在持世救偏的《华国月刊》上。汉、宋心学的洪流源自先秦、越过朱熹、直抵阳明：

> 《孔丛子》言心之精神是谓圣，微特于儒言为超迈，虽西海圣人何以加是？故杨敬仲终身诵之，以为不刊之论。前有谢显道，后有王伯安，皆云心即理，亦于此相会焉。此皆举其荦荦大者，非若陈氏《汉儒通义》，毛举碎文以相附也。②

回到"格物"与"心之精神"的古代本义，是清季汉学者重释宋学议题时的治学风格，章太炎保有此风，又以采自佛学的心灵观念发展之。③ 这一发展对应前述声量、现量、比量的知识论新思。立足基本的历史语言知识，章太炎以自家心灵的自由体证为准绳，对比衡估佛学和宋学的诸多概念，实现真正的汉宋（佛）"兼采"。子书风格和经史风格的学问在此反映为主观和客观之学。梳理学术源流以重定知识秩序，第一步是学术史的"客观"之学，归趋却是"主观"的借事明理、成一家之言。哪怕某些义理新释的结论跟汉学前贤一样，路径方法

---

① 章太炎：《〈王文成公全书〉后序》，《章太炎全集·太炎文录续编》，第 114 页。

② 章太炎：《康成子雍为宋明心学导师说》，《章太炎全集·太炎文录续编》，第 50 页。

③ 《孔丛子》中"由乎心。心之精神是谓圣"一语，是孔子对子思"物有形类，事有真伪，必审之，奚由"之问的答复，是将"心之精神"视为人的认知能力和辨别能力。参见傅亚庶：《孔丛子校释》卷 2《记问第五》，北京：中华书局，2011 年，第 96 页。这一条"古义"，很适合用来附和《菿汉微言》《菿汉昌言》所立（能了别）之阿赖耶识义，这是一种在新学说框架内创造性返回古义的解释路径。所以说章太炎与黄以周一样支持郑玄的格物观，同归而异路。

却是不同的。① 这种方法层面的巨大差异，可以从《菿汉昌言》中看到，章太炎在书中数次批评《汉儒通义》，"陈兰甫《汉儒通义》不录马融语，恶其人也"，"《汉儒通义》以断限故，不取魏晋下人"。② 历史断限、真书伪书和作者德性，都跟此前的汉宋门户一样，不应成为新义理学的限制。《菿汉微言》和《菿汉昌言》反映出从心性义理问题谈到诸子得失、以史鉴今问题的"本—末"式秩序。二书意在由本而末地阐述一套现实、理想互不相碍的学说，重现儒学在支撑人伦良俗方面的意义。清季汉学者重访宋学、新释宋学议题的尝试，乃是章太炎治义理学之学术史背景；前人所不言之宋明心学尤其是阳明学以及后学，则是他晚年推进学问之枢纽。明代前贤讲习义理之际的心境，③ 也"隔代遗传"到了《菿汉微言》《菿汉昌言》之中。

### （二）排遣门户之后：《菿汉微言》和《菿汉昌言》的心说

《菿汉微言》写于章太炎被袁世凯幽禁于北京的1914—1916年间。此后，他对理学的了解愈加深入，进而在1920年判断"理学家验心"的学问（亦是"中国哲学"）确有益于人事，于孔佛老庄之下，自有价值可言。④ 感于世运，章太炎详读宋明儒书，撰写《菿汉昌言》以会通宋学与佛学之心说。⑤ 两书开头，都曾牵引《大乘起信论》内容，结合佛教术语和《易经》乾、坤二卦的意象，对人心和实践的关系作了阐述（见下表）：

① 章太炎以孔子为例，区分考史、立言之事："有商订历史之孔子，则删定《六经》是也；有从事教育之孔子，则《论语》《孝经》是也。由前之道，其流为经师；由后之道，其流为儒家。"《菿汉雅言札记》，《章太炎全集·菿汉微言等》，第177页。由此观之，"菿汉三言"文本更接近后面一类。

② 章太炎：《菿汉昌言》，《章太炎全集·菿汉微言等》，第111页。

③ 王阳明与官运亨通的学术同道聂豹有多次通信，寄望同志合力、朝野连通，改进政教生态。但此愿不遂，这既反映实际参与政治的难处，也反映讲学变政的难处，故章太炎批注通信称："读先生此书，当知处衰世者，尚无术以化谗忌胜恣之习。虽功盖天下，无补于治乱之数也。"章太炎：《王守仁〈王文成公全书〉批语》，《章太炎全集·眉批集》，第304—305页。

④ 章太炎：《研究中国文学的途径》，《章太炎全集·演讲集》，第288—289页。

⑤ 参见姚奠中、董国炎《章太炎学术年谱》（太原：山西古籍出版社，1996年）相关年份的记述。前引《〈周易易解〉题辞》著于1931年，可推知章太炎以乾坤二卦配心体的《菿汉昌言》此时已经完成。

**《菿汉微言》与《菿汉昌言》关于乾、坤二卦的论述对比表**

| 《菿汉微言》 | 《菿汉昌言》 |
| --- | --- |
| 余以所谓"常乐我净"者，"我"即指真如心。而此真如心，本唯绝对；既无对待，故不觉有我；即此不觉，谓之无明。证觉以后，亦归绝对……今应说言依真我，（注曰：如来藏是实遍常。）起幻我；（注曰：阿赖邪非实遍常。）依幻我说无我，依无我见真我……未证无我者，依比量可得证成无我，依见量不能证成无我。 | 乾元虽曰资始，其实曷尝有始？坤之有常，承天而时行耳，亦非真常也。是故能用九六，则证得转依，乾坤于是息矣……良观之人，世或有之，能用九六者唯文王。以之见天则，则化声泯而万物齐；以之宅天下，则九五之大人又不足道。吾乃今知文王之圣也！ |
| 乾即阿赖邪，先有生相，即起能见，能见而境界妄见矣，故曰大始。坤即末那，执此生为实，执此境界为实，皆顺乾也，故曰成物。阿赖邪识有了别，无作用，故曰知。末那恒审思量，思即是行，故曰作……且《坤》卦言"先迷后得主"，迷者，无明不觉之谓。依如来藏，有此不觉，不觉而动，始为阿赖邪识，故曰"先迷"。阿赖邪识既成根本，无明转为我痴，执此阿赖邪识，以为自我，故曰"后得主"。以其恒审思量，故《传》曰"后得主而有常"；以其执持人法，故《传》曰"含万物而化光"，明万法依是建立也。 | 夫能知此心无首者，自可使天下无首。此非高谈妄行所能就也。《系辞》"一阴一阳之谓道"，依真如起无明，觉与不觉，宛尔对峙，是之谓道，非常道也。"继之者善也"，继，谓相续不断；善者，《释名》云："善，演也。演尽物理也。"此所谓一切种子如瀑流者也。"成之者性也"，《荀子》云"生之所以然者谓之性"，由意根执前者为我，于是有生也。虞仲翔说及。余前述《微言》皆未尽。意之对境，所谓朋也，不思则朋不从，无意则我不立。文王、孔子所明一也……性之本义，直谓生理而已……诸言性善、性恶、性无不善、性善恶混者，皆不能于阿赖邪识之外指之。 |

资料来源：章太炎：《菿汉微言》《菿汉昌言》，《章太炎全集·菿汉微言等》，第 3、6、7、17—18、75—78 页。

　　自因"苏报案"入狱详读佛书以后，章太炎一直以佛教"无生"之义为"究竟"，唯至"无生"，"无明"始销、心乃自由。用引文的话说，要令"心生灭"至于不生，那就要让乾（阿赖耶识）、坤（末那识）一同停止作用，进而证会"无我"。但正如左栏引文所言，"依比量可得证成无我，依见量不能证成无我"，章太炎不认为能依靠体验证觉乾坤俱歇的无生状态。原因在于，人心"不觉有我"正是因无知而成的无明（"如小儿蒙昧，不解文义"），[①] 而人心一旦有知又成妄心（"能见而境界妄见矣"）。随着人的成长，"自觉有我"的人心又直接造成我见、谬见（"无明转为我痴"）。讽刺的是，这种妄心、谬见却是人文生活成立的基础（"执持人法"、"万法依是建立"）。就像人无法真的返老还童一般，人也无法永远超脱于人事、生理之流动，上契"无我"。文王、孔子高悬无我境界为心性修养之鹄的，复而入世，在人文世界中树立典范（王道、师道）。

---

① 章太炎：《菿汉微言》，《章太炎全集·菿汉微言等》，第 3 页。

《菿汉昌言》判断，这是一种受道家引导的"儒家学说"。① 《菿汉昌言》上探政术，比起《菿汉微言》以人事为幻我所造的伦理思想显然更进了一步。但也需要看到，虽然《菿汉昌言》是对《菿汉微言》的发挥，但它的背后仍然是佛、道出世之学所启发的，屏除我执的修心法门。② 论述至此，汉、宋与训诂之实、义理之实等门户已然不存，留待排遣、超越的，还有"儒学"之名。

既然人文世界中的事业生于人心之迷执，那么此前儒家的心性思考更不免纠缠虚妄之中。这就是为什么即便阳明后学中的达者能一窥人心实相，却总不能斩断天理、天性的束缚，臻至无我境界。《菿汉昌言》有如下批评称：

> 王门后贤如王子植，习定之精纯，论心之微眇，真所谓智过其师者也。最可惜者，既识乾为知体，坤为意根，然不悟用九用六，自舍其乾元坤元。既云"真常不变之理为性，默运不息之机为命"，然又云"但有生机，更无无生之本体"。若然，此真常不变者，亦生机邪？一念未达，至自入岐路，悕矣。（注曰：宗门观父母未生身前本来面目，原非了义。本来面目，即在生灭中，何得向前寻讨？子植盖知此语之误，然何不曰生机本幻，即此生机即是无生邪？）③

如此较论心学、禅宗，已是此前受汉学熏陶的清代儒者难以想象的尝试。前代学者如江藩等，或许有丰富的佛教知识，但是清季民初时期的章太炎、张尔田

---

① 即周道—老子—孔子—颜回—庄生的脉络，参见章太炎：《菿汉昌言》，《章太炎全集·菿汉微言等》，第78页。同时可以看到，右侧引文认为治世的君主如果通过"比量"推见无我的理想（"见天则"、"此心无首"），则必然能实现大治（"以之宅天下"）、超过一般的君王（"九五之大人又不足道"），这是圣君任民为治的道家旨趣。

② "孔子犹谓心有初相，觉可修得，闻老聃言，始知其如梦如幻也。观此初心无念，唯证相应，依正不二，唯心所见，觉非修作，毕竟无得。诸胜义谛，非老子不能言，非仲尼不能受，非颜回无与告也，所谓传正法眼藏者欤？"章太炎：《菿汉微言》，《章太炎全集·菿汉微言等》，第23页。

③ 章太炎：《菿汉昌言》，《章太炎全集·菿汉微言等》，第83页。本文所引用的王塘南语录，分别来自《明儒学案》收录的"答邹子尹"和"与贺汝定"两信，参见黄宗羲：《明儒学案》卷20《江右王门学案》，吴光主编：《黄宗羲全集》第7册《明儒学案》（上），夏瑰琦、洪波校点，杭州：浙江古籍出版社，2012年，第548、545页。从笔者目前掌握的文献来看，章太炎对明代理学的了解主要靠精读《明儒学案》。有关心学家的文献，他曾细读杨简、王阳明文集，然对王塘南《友庆堂合稿》之类恐未涉猎。

公然比较儒典与佛经的议论，① 是前人未及的。《菿汉昌言》的分析，还推进了章太炎在革命以后持续思考的另一个问题：如何"调和"入世与出世的学问？从 1927 年的一封书信中可以看到，就他的人生体验而言，无我的理想心学境界，实际上从未调适进入世之学当中。② 他晚年实践心性学问所得"定论"，似仍在宋学的范围内。而且如《菿汉昌言》所论，心学之内修，同样指向外在之礼节：

> 良知之说所以有效者，由其服习礼义已成乎心也。若施于婆罗洲杀人之域，其效少矣；施于今之太学，其效更少矣！我慢者，缁素以为公患。然羞恶之念，实自我慢发之。非是，人亦不知自贵于禽兽。是故泛行之术，使人去矜傲，就辞让，未尝汲汲于去根本我慢也。宋世儒学，实自范希文造端，其始只患风俗愉靡，欲以气节振之。明之白沙，亦以名节为道之藩篱，其时世衰道微，未如今之甚也。当今之世而欲使人殊于禽兽，非敦尚气节，遵践名教，又何以致之！③

此论不妨与前述黄以周的心性论述并参。章太炎排遣门户、重访宋学之方法、取资、收获不必尽同前人，④ 而持世救偏之用心、捍卫道德常识之归趣，却

---

① "以内典例之，《孝经》，净土也；《论语》，四阿含也；《儒行》，毗奈耶也；《大学》，般若波罗密也；《中庸》，扶津谈常涅槃常住也；《孟子》，则又龙树之大无畏论也。吾儒大乘之书，略具于兹，其余等之十八部执可矣。若六经，以实质言之，不过婆罗门之奥义书耳"，参见张尔田：《与陈柱》十四，《张尔田书札》，第 28 页。此论视野同样开阔，不以佛学为洪水猛兽，也不以儒经为天下独一。

② "当晏坐时，胸中澄彻，不知我之为我，坐起则故我复续，齐死生尚易，破主宰最难，即孟子尚堕神我之见，况自此以下者乎？然胸中乐境，与汇节两不相妨，即此已自可得。前书所谓不能学孔、颜，且学孟子、白沙，盖亦自顾驽劣，不得已而求其次也。"章太炎：《与徐仲荪》，马勇编：《章太炎书信集》，石家庄：河北人民出版社，2003 年，第 877—878 页。

③ 章太炎：《菿汉昌言》，《章太炎全集·菿汉微言等》，第 100 页。

④ 毕竟从清季汉学者的角度看来，《菿汉微言》把人事视为妄心、幻我所造的论述，显然是比"虚灵不昧"更离弃人伦、背离儒家立场的说法。而且，这一观点在章氏深入研究佛学前就已形成："人之有生，无不由妄，而舍妄亦无所谓真。是故去其太甚，而以仁义檠栝諟矫之，然后人得合群相安。"参见章太炎：《菌说》，《章太炎全集·太炎文录补编》，第 182 页。慕唯仁对这一观点的语境和意义作了透彻的分析，参见 Viren Murthy, "Ontological Optimism, Cosmological Confusion, and Unstable Evolution: Tan Sitong's *Renxue* and Zhang Taiyan's Response," in Viren Murthy and Axel Schneider, eds., *The Challenge of Linear Time: Nationhood and the Politics of History in East Asia*, Leiden and Boston: Brill, 2014, pp. 49 – 81.

可以跟前人比较。如果大胆推论，可以视为儒学、佛学等传统义理思想自我更新、完成"否定之否定"的例子。

章太炎心性论成为此后众多哲学、宗教学研究者对话、批评的对象。相关的批评，大多还是深具建设性的。譬如来自现代新儒学者的批评，可视为儒家立场的现实精神之哲学表达。[①] 来自现代佛学研究者的批评，可视为汉译佛典术语使用、中印宇宙观差异分析的学术史参考。[②] 两种批评，恰好让宋明儒学的旁观者章太炎置身于严格的宋明儒学观点和严格的印度佛学观点之间，凸显出章氏的学术史意义。深刻的错误，自有其"弥近理而大乱真"的意义。[③] 如果一位学者仅仅是"时有善言"，[④] 大概不会享受这么多严肃的学术批评。杨向奎更是在批评章太炎宋明心学论述的同时，探索了程朱—戴震的"科学儒学"谱系。[⑤] 当代的

---

① 熊十力：《十力语要·答谢石麟》，萧萐父主编：《熊十力全集》第 4 卷，武汉：湖北教育出版社，2001 年，第 89—90 页。熊十力对章太炎思想的认识也有一个有趣的辩证过程。他首先是推崇王夫之，其后是肯定章太炎、否定王夫之，最后又是否定章太炎、归宗王夫之。"余曩治船山学，颇好之，近读余杭章先生《建立宗教论》，闻三性三无性义，益进讨竺坟，始知船山甚浅。"（熊十力：《心书》，《熊十力全集》第 1 卷，第 6 页）。在熊十力的后学看来，熊十力从事的儒家哲学研究，恰好是对章太炎所代表的佛化人生观之反拨，参见牟宗三：《心体与性体》第 1 册，《牟宗三先生全集》第 5 册，第 601 页。

② 参见姚彬彬：《1921—1922 年章太炎、吕澂、黎锦熙论学书简考释》，《佛学研究》2014 年第 1 期，第 326—339 页。学术史意义分析参见 Lin Chen-kuo, "The Treatise on Awakening Mahāyāna Faith and Philosophy of Subjectivity in Modern East Asia: An Investigation Centered on the Debate between the China Institute of Inner Learning and the New Confucians," in John Makeham, ed., *The Awakening of Faith and New Confucian Philosophy*, Leiden and Boston: Brill, 2021, pp. 455 –496. 文集编者梅约翰素重中国哲理对印度元素之消化，而林镇国之文触及章太炎与内学院论辩过程中的中印文明互鉴价值，取以为文集殿军，十分恰当。

③ 《〈中庸章句〉序》，《四书章句集注》，第 15 页。

④ 王培德依李笑春所记纂录：《熊逸翁先生语》，《熊十力全集》第 8 卷，第 390 页。

⑤ "太炎说王阳明的格物说'廓清之功伟矣'，正好道出了它的唯心主义实质。王阳明廓清了物，赶走了物，在他的思想体系中不存在客观物质，在他心中无物！……太炎先生自反对程朱格物说起，进而反对近代自然科学，他也许认为这是在作'廓清之功'？……太炎站在唯心主义立场，首先排斥物质，进而排斥科学，以为三纲九法之坏，罪在科学，这些意见的水平堕落到清末昏庸腐朽的保皇党下面"，参见杨向奎：《余杭学案》，《清儒学案新编》第 6 卷，第 582—583 页。杨氏眼光独特，较早重视章太炎和宋学之间的关联。当然，他和"保皇派"的形似，如前文所述，还是有待商榷的，扣紧某些谬误而忽视章太炎政论反复、学术矛盾背后的张力，与前揭熊十力之酷评同样不够客观。

思想史研究者，有的依旧重视章氏心性论述在学术史之外的政治文化史意涵，[①]另一些则开始主动接续章氏"人格性"哲理创见的思考。[②] 从清季之汉宋调和到民初之儒佛攻错，因时而生的不同著作，为后世留下了丰厚遗产。

# 结　语

在戴震、阮元、陈澧、黄以周等几代学者的努力之下，汉宋互竞的思想交涉趋向于汉宋调和的学术沟通。陈澧的兼采之学拈出宋学中的朱子学一脉，尝试在汉学视界中提炼宋学的心性思考，转益汉学本身的心性论述。但并不意味着汉宋调和的成功实现，更不意味着汉宋门户之消泯，两家分界的一大关键，是对人心之力量、性质的认识。罕言汉宋门户的黄以周，在谈及宋学虚灵之心时仍径用阮元之说加以批评。与多数汉学者相似，他避免虚说心、理，仅将二者视为认知、践履礼之节文的一部分，由此尽心不为僭越。正是在这个意义上，他较乾嘉儒者与时贤更为精密的心性说，体现了有分寸的汉宋调和，亦是具体的汉宋调和。

黄以周将治心视为践履礼仪的基础，从汉学一端重释宋学义理。不过如宋学健将朱一新所见，汉学者的宋学新释让儒家性善心性论的地位不够牢固。以宋学之心性论为据，朱氏在《无邪堂答问》中多次掊击西教、诸子之流弊。他意在从根本处着眼，对抗晚清新潮当中趋新、功利、尊西的风势。黄、朱二人从汉宋两端重释宋学义理，意在以论学维护良俗。然二氏泥于君政、差等之义，其论说难以进一步实现传统在变革时代的活化、转进。

在此情况下，新的心性学说在下一代学人中应运而生。汉学背景深厚的革命派学人刘师培接引西学重释汉宋调和之旧题，其心性论说对话汉学之训诂、宋学之穷理，又具有非宋非汉、无善无恶的现代特质。民初时期，刘师培之汉学同调章太炎引入佛学思想，承认心之虚灵性格、表彰心力之大用。这些心性论说不仅对话了此前的汉宋调和论辩，也反映了革命者的人生道路选择。章太炎进一步分别主观、客观之学，超出其师辈黄以周等人的汉宋门户，他主张从理论逻辑、实用价值两端评

---

[①] 朱维铮：《章太炎与王阳明》，《求索真文明——晚清学术史论》，上海：上海古籍出版社，1996 年，第 299—332 页；金文兵：《接着说"章太炎与王阳明"》，《读书》2010 年第 8 期。

[②] 张志强：《朱陆·孔佛·现代思想——佛学与晚明以来中国思想的现代转换》，第 98—107、116—118 页。"人格性"亦是当代中国思想史研究先驱侯外庐在评论章太炎思想时的提法。

判主观的义理之学，进一步摆脱了创作时间、作者归属、学派预设等因素对于"主观之学"研究的限制，旨在重现儒学在个人修养、支撑良俗两方面的意义。章氏之后期著作兼顾现实条件和理想关怀，探索了传统在变革时代实现活化、转进的可能性。

宋人在经说、儒学方面自树新义，试图在学术上超迈汉唐，进而成就更好的政治社会风气。宋学者不同于前儒的心性论述，可以说是这些努力在儒学方面的体现。其中，宋代理学"心统性情"论的思想史线索，能往上追溯到唐代的《复性书》和南北朝的《大乘起信论》。① 众多儒学之外乃至来自"西方"（印度）的思想在隋唐佛教中汇合，成为滋养宋学的土壤。高妙的圣贤境界人人可学，亦可渗入一切文章、学术、政治事业之中。② 过于高妙乃至空泛的问题是存在的，脱离儒书过度发挥的问题也是存在的，但总的来说，博采佛老思想的宋代心性学说无疑是一笔宝贵的遗产。③ 同怀利益生民、转变风气之愿心，章太炎和之后一些学者走出门户，重视《大乘起信论》等晋唐要籍，正是在创造性地继承宋学之精神。

章太炎翻转"汉学心性论"、打通汉宋门户的一条关键文献，是《孔丛子》的"心之精神是谓圣"。然文中的"圣"字，在汉代学者语境中很难说是一种普遍的学问目标。因为"圣"指向的外在境界是"君人南面"，"心之精神是谓圣"显豁在外，终归是一种为政者的学问气象。对此，章太炎非常清楚。他形容程颢、陈献章的心学作用是"为吏则百姓循化，处乡而风俗改善"，④ 又质疑王阳明"心体应事"之论："名物度数，安有不学而能者？若云'发而中节'，自然无施不可，此惟居天位者可。"⑤ 心性之学，不能离开特定的知识条件以及学者的社会位置来谈。从这个角度来说，章氏未必不赞成陈澧的思考，即"孟子曰：人皆

① John Makeham，"Chinese Philosophy's Hybrid Identity," in Ming Dong Gu, ed., *Why Traditional Chinese Philosophy Still Matters: The Relevance of Ancient Wisdom for the Global Age*, London and New York：Routledge, 2018, pp. 154–166.
② 总纲性讨论见钱穆：《国史大纲》，《钱宾四先生全集》第27册，第408页。关于唐宋学术发展在文章、学术方面"明道"的历史意义，也可参考包弼德、刘宁的著作。
③ 最著名的评价来自陈寅恪，更值得一提的还有蒙文通对汉、宋思想的鸟瞰式解说，以及汤用彤借由佛学史研究接通汉宋的努力，参见余一泓：《文化传统之派汇：论汤用彤、蒙文通的思想史研究》，《清华中文学报》（新竹）总第30期，2023年，第145—182页。
④ 章太炎：《菿汉微言》，《章太炎全集·菿汉微言等》，第45页。
⑤ 章太炎：《王守仁〈王文成公全书〉批语》，《章太炎全集·眉批集》，第282页。

可以为尧舜……岂谓人皆可以为尧舜之巍巍荡荡乎？"由文献基础、知识秩序、社会位置等角度具体地了解心性之学，以经验主义式的风格反思"人人可学"、"学之必成"的心性理想，是清代汉学者重读、推进宋学心性思想的取向。宋人、清人的学风在章太炎这代学者的心性论思考中汇合，留下宝贵的思想遗产。

除了反思宋学问题，求汉宋调和之平正，又是在反拨清学本身因求实而破碎、反不利实用的考证学流弊。[①] 以切实有用为归宿、以朴厚中庸为至德，是儒学的特质，在乾嘉时代政治、社会各方面因素的共同作用下，这些特质得以强化，刻板、滞重乃至破碎问题也由之而生。清季学人黄以周和朱一新论心性，虽汉、宋学角度不同，追求"笃实"、"中正"，严防一切偏至的宗旨却一致。[②] 其立说务于中正平实，却未必能因应世变。在君政变革的时代，清人的学思方式有待转化。革命者章太炎的心性说，是在民主革命的时代潮流中承继前人思考的结晶。就持世救偏的社会关切而言，汉宋分治、调和汉宋，背后都是对思想和实践关系的不断反省。后人迈出汉宋门户，平视西学、佛学、宋学，不意味着舍弃清季学者追寻成德之学和德行践履之有机统一的问题意识。在承认传统思想之时代、地域局限的同时，客观地了解其真相、评估其价值，乃是史学工作者的任务。相信随着更多文献的披露、出版，不同学科、地区的人文学研究者能深化比较研究，了解中华文化圈内的共性、特性，[③] 进而为中华优秀传统文化创造性转化、创新性发展总结历史经验，汲取历史借鉴。

〔作者余一泓，海南大学人文学院历史系副研究员〕

（责任编辑：焦  兵  郑  鑫）

---

① 钱基博：《〈古籍举要〉序》，《序跋合编》，第 87 页。

② "虚灵"未必不可取，可是要把致良知、隆气节等"高论"落到实处，却断断不可。准确地说，追求"实行"、"实用"、"气节"，全都不能太过，不然就是不中正、不笃实，远于天理之公。例证见吴廷栋的言说，参见丘文豪：《十九世纪经世风潮的异议者们——以北京理学圈与吴廷栋为中心》，《新史学》（台北）第 35 卷第 1 期，2024 年，第 22—23、36—38 页。

③ 韩国文学（修辞学）研究者在对比朱熹、阮元、日本学者荻生徂徕论"仁"的差异后，发现荻生徂徕有比阮元更加强烈的反对宋学、强调圣凡等差的立场，更具"汉儒遗风"。参见柳旻廷：《从东亚观点看阮元和其仁学——以〈论语论仁论〉为中心》，王中江、李存山主编：《中国儒学》第 20 辑，北京：中国社会科学出版社，2023 年。

# 被告伍廷芳[*]

## ——西南关余诉讼案研究（1920—1922）

### 张晓宇

**摘　要：**西南关余讼案是在近代中国对外丧失法权、内部政治分裂的情境下，将内政纠纷置诸外人法庭进行裁判的典型案例。1920 年 3 月，伍廷芳携关余款离穗赴港转沪。为了争夺此款，岑春煊和北京政府先后在港沪穗三地中外法庭发起 5 场诉讼，遍历港英法院、英国在华法院、会审公廨和中国法院等 4 种法律体系。南北各方政治格局的嬗变，始终左右着案件进程。英国驻华使领则通过各种方式影响沪港法庭的审判，以使判决与其对华政策同步。内政分裂和主权缺失造就的司法夹缝，最终使孙中山和伍廷芳获得实质性胜利，诉争的款项先后用于孙中山的革命事业。

**关键词：**西南关余　孙中山　伍廷芳　领事裁判权　会审公廨

孙中山在广州三次建立政权以后围绕关余问题展开的交涉，素为中国近代史学界所关注的重要论题。1921 年初，北京政府在办理关余交涉时写道："西南关余三条，一现存税司者，二现在沪港者，三将来停付。"[①] 其中"现存税司"者，即 1920 年 4—12 月扣存于海关税务司的西南关余款，围绕此款的斗争为关余提取交涉。所谓"现在沪港"者，即伍廷芳 1920 年离穗时带走存于沪港银行的关余

---

[*]　本文系国家社科基金青年项目"晚清英美在华领事裁判权体系中的华洋诉讼研究（1843—1912）"（21CZS034）阶段性成果。

① 《西南关余三条》（1921 年 1 月），中国第二历史档案馆编：《北洋政府档案》第 69 卷，北京：中国档案出版社，2010 年，第 341 页。

款，由此引发关余诉讼。而"将来停付"者，为 1921 年以后北京政府拒绝继续履行关余分割协议，孙中山及其领导的南方政府先后多次要求继续分拨而引发的交涉，即关余争拨交涉。

长期以来，学界对关余争拨交涉，尤其是 1923 年以后的关余争端颇多着墨。吕芳上最早系统梳理了 1918 年以降，特别是孙中山第三次在广州建立政权以后，南方政府就关余问题与列强的交涉过程，并指出关余交涉的失败促使孙中山明确提出收回海关主权和关税自主权、废除不平等条约的诉求，并放弃对英美的幻想，走上联俄之路。[1] 黄文德着重探究北京公使团在 1912—1924 年关余交涉中的角色和立场。[2] 虞崇胜梳理了 1923 年孙中山领导的南方政府试图截留粤海关关余的过程。[3] 王建朗则将 1923 年广东政府谋夺关余事件纳入废约大背景中审视。[4] 陈诗启概述了护法军政府就关余问题与公使团、总税务司的斗争过程，论述重心也是 1923 年孙中山第三次在广州建立政权后的关余交涉。[5] 饶品良注意到 1923—1924 年粤海关危机时，南方政府领导的民众运动。[6] 张俊义以英国外交部档案为中心，研究了 1923—1924 年南方政府截取关余事件中英国政府的反应，指出英国政府这一时期延续其多年的炮舰政策思维，对孙中山和南方政府采取敌视态度，动辄以武力相威胁；而港英政府则力主采取务实态度，主张接受孙中山的要求。在饱受国民革命的打击后，英国政府方改弦更张，重新调整其对华政策。[7] 徐静玉也将视角对准白鹅潭事件中的英国政府。[8] 张生、陈志刚在吕芳上研究的

---

[1] 吕芳上：《广东革命政府的关余交涉（1918—1924）》，高纯淑编：《中国国民党党史论文选集》第 3 册，台北：近代中国出版社，1994 年，第 647—690 页。

[2] 黄文德：《北京外交团与近代中国关系之研究——以关余交涉案为研究中心》，硕士学位论文，台湾中兴大学历史系，1999 年。黄文德另有专文研究北京外交团的形成及其运作，参见《北京外交团的发展及其以条约利益为主体的运作》，《历史研究》2005 年第 3 期。

[3] 虞崇胜：《孙中山与截留粤海关关余的斗争》，《广东社会科学》1989 年第 4 期。

[4] 王建朗：《中国废除不平等条约的历程》，南昌：江西人民出版社，2000 年，第 137—143 页。

[5] 陈诗启：《中国近代海关史》，北京：人民出版社，2002 年，第 550—568 页。

[6] 饶品良：《1923 年—1924 年广州关余事件中的民众运动》，《党史研究与教学》2005 年第 2 期。

[7] 张俊义：《南方政府截取关余事件与英国的反应（1923—1924）》，《历史研究》2007 年第 1 期。

[8] 徐静玉：《从强硬到妥协——白鹅潭事件中的英国政府》，《社会科学辑刊》2008 年第 2 期。

基础上，详细梳理了 1923 年关余危机对孙中山联俄政策的催化作用。① 刘杰从多元视角梳理了 1923—1924 年粤海关危机时，孙中山与北京政府政治交锋以及与公使团外交博弈的过程。②

亦有部分学者注意到 1923 年前关余的形成过程，及南北政府围绕关余产生的斗争与对外交涉。③ 张志云揭示了辛亥革命爆发后，关税的征收、保管和解汇的权力从华籍海关监督转至外籍税务司的历史过程。④ 张北根以英国外交档案（British Documents on Foreign Affairs）为中心，以孙中山 1920 年 11 月第二次在广州建立政权为界限，概述了 1918—1921 年英国政府对待关余问题的态度变化。⑤ 张俊义也分析了 1918—1922 年南方政府就关余分配问题的斗争与交涉，即将这一时期的关余提存交涉与关余争拨交涉兼而论之。⑥ 只有徐静玉注意到 1918—1919 年南北政府达成关余分割协议的过程，及英国政府在其中所起的重要作用。⑦ 此外，徐静玉的专著上起 1918 年南北和谈和关余分割协议的确立，下至1926 年国民政府开征产销税作为关余款的替代方案，⑧ 是研究这一时期中国南北政府关余交涉以及英国对华政策最系统的著作。

即便如此，前述论著对于西南关余诉讼案仍不甚明了。关余诉讼案"因进行颇为秘密，此事未见具体经办文书"，⑨ 是学界代表性观点。刘霆对 1920 年伍廷

① 张生、陈志刚：《一九二三年关余危机与广州大本营外交之嬗变》，《历史研究》2010 年第 6 期。

② 刘杰：《多维政治博弈视野下的孙中山与 1923—1924 年粤海关关余争拨》，马敏主编：《近代史学刊》第 23 辑，北京：社会科学文献出版社，2021 年，第 16—42 页。

③ 相关论著有陶文钊：《中美关系史（1911—1950）》，重庆：重庆出版社，1993 年；石源华：《中华民国外交史新著》，北京：社会科学文献出版社，2013 年；等等。

④ 张志云：《革命时期的财政秩序——辛亥革命与海关结余存放权之转移》，唐启华等：《近代中国的中外冲突与肆应》，台北：政治大学出版社，2014 年，第 145—186 页。

⑤ 张北根：《1918—1921 年英国对待关余问题的态度》，《民国档案》2004 年第 4 期。

⑥ 张俊义：《1918—1922 年南方政府争取关余分配权的斗争及交涉》，《暨南学报》2016 年第 12 期。

⑦ 徐静玉：《英国政府与南北和谈——以关余问题为中心》，《湖南科技大学学报》2011 年第 6 期。

⑧ 徐静玉：《广州政府与英国的政治交涉研究（1918—1926）——以关余、杯葛问题为中心》，北京：社会科学文献出版社，2013 年。

⑨ 徐静玉：《广州政府与英国的政治交涉研究（1918—1926）——以关余、杯葛问题为中心》，第 55 页。

芳出走引发的西南关余案进行了探究，同时论述了 1920 年 4 月以后提存于海关总税务司关余款项的交涉。[1] 可惜的是，受资料范围和研究视野限制，该文对关余诉讼案的史实未能梳理清楚，对于案件背后的南北政争、中外交涉也涉及不多。伍廷芳作为近代中国著名政治家、法学家、外交家，其生平和思想素为法学界和近代史学界熟知，然而学界对于伍廷芳生平唯一一次成为被告的案件——西南关余诉讼案，却知之甚少。伍廷芳的传记和相关研究，都曾提及他 1920 年 3 月的出走及其引发的诉讼，[2] 但对于案件的来龙去脉及伍廷芳在本案中的立场、角色，均缺乏深入研究。

一个本属中国内政的政治斗争，如何外溢为外国法庭承审的司法案件？领事裁判权体系在诉讼过程中发挥了什么作用？法庭之外的各方博弈在多大程度上影响法律裁决？案件又对时局产生何种影响？利用英国国家档案馆所藏英国外交档案、《北华捷报》上登载的完整法庭审判记录，辅之以南北政府的外交档案和相关报刊，可以较为详细地还原西南关余诉讼案的过程，并在此基础上审视其历史影响。

## 一、伍廷芳出走与西南关余诉讼案的兴起

所谓关余，是指"海关税收净数，除按照原来条约及合同之规定，于偿付担保之外债及赔款后所余之税款"。[3] 这一钱款本极为有限，直至 1916 年银价上涨，以金本位标记的债务成本随之相对降低，加上贸易发展，海关税款在抵扣海关行政经费、偿付各项债赔后仍有不少盈余。1917 年孙中山在广州成立护法军政府，关余遂成为同样陷入严重财政困境的南北政府争夺的重要财源。

1917 年 8 月后，经公使团同意，海关总税务司先后将关余款 1000 万两分 4 次交予北京政府。[4] 军政府对于北京政府单独占有关余甚为不满，多次要求将关

---

① 刘霆：《"西南关余案"之探析》，《江苏社会科学》2013 年第 6 期。
② 相关论著有丁贤俊、喻作凤：《伍廷芳评传》，北京：人民出版社，2005 年；张礼恒：《伍廷芳的外交生涯》，北京：团结出版社，2008 年。
③ 魏尔特：《关税纪实》，海关总税务司公署印行，1936 年，第 551 页。
④ 魏尔特：《关税纪实》，第 554 页。本文涉及的关余款计量单位，如无特别说明，指规平银时以"两"为单位，指香港银元时以"元"为单位。

余款均分或按照比例分割。① 第一次世界大战结束后，国人望和心切，而分裂战乱的中国亦不符合列强在华利益，如意大利公使称，在南北交战区域外人无法游历、生命财产受到威胁等。② 战后逐渐恢复的欧美列强亦希望加强对中国的商品倾销和资本输出，故希望南北议和。而与关余问题直接相关的，则是列强忌惮军政府索款不成强行接管海关。

为了增加财政收入，1918 年 2 月孙中山就考虑截留广东的盐税和海关收入。③ 次月，军政府正式宣布强行接管两广盐务署，以阻止盐税流入北京政府。④尽管驻粤领事团一再抗议，但军政府仍不为所动。⑤ 1918 年 9 月，《字林西报》忽然曝出一则消息，称由岑春煊、伍廷芳和伍朝枢三人联署的文件已经正式送交粤海关，宣布南方政府如遇必要将强行接管粤海关。⑥ 尽管伍廷芳稍后通过英国路透社辟谣，称强占海关之说系敌人捏造，其目的在于毁坏护法者信用。⑦ 但这一新闻及其潜在的可能性，仍然极大刺激了北京公使团。若粤海关被接管、关款被截留，引发各地军阀效仿，海关统一的行政管理体系被瓦解，将极大动摇以海关税收偿付外债和赔款的稳定性、持续性，是列强所不乐见的。故 1918 年 10 月，北京政府再次向公使团提出拨付关余款的要求时，公使团予以明确拒绝，并将此事由驻粤领事团函告南方政府。⑧ 时任英国公使朱尔典（J. N. Jordan）称，倘公使团将关余款单独付予北京政府，则恐南方政府将南方各省海关占据作为报复，而"西南原有占据各该海关之实力"，盐税事件即为证明。只有"南北和会实行开议，且双方代表对于放还关余一节均表示同意"，则公使团或允将关余款放还。⑨ 1918 年 12

① 《军政府请提关税余款之交涉》，《民国日报》（上海）1918 年 11 月 25 日，第 6 版。

② 《收意华署使照会》（1918 年 11 月 4 日），《国民政府接收前外交部案卷·提用关余案抄档》第 400 号第 2 册，第 133 页。

③ 《粤海关情报》（1918 年 2 月 13 日），广东省档案馆编译：《孙中山与广东——广东省档案馆库藏海关档案选译》，广州：广东人民出版社，1996 年，第 160 页。

④ 《军政府已接管两广盐务署》，《民国日报》（上海）1918 年 3 月 14 日，第 2 版。

⑤ 《广东盐税问题之解决法》，《申报》1918 年 3 月 20 日，第 6 版。

⑥ "Canton Threatens to Seize Customs," *The North-China Daily News*, Sept. 6, 1918, p. 7.

⑦ "The Canton Customs," *The North-China Daily News*, Sept. 12, 1918, p. 7.

⑧ 《军政府请提关税余款之交涉》，《民国日报》（上海）1918 年 11 月 25 日，第 6 版。

⑨ 《收英馆问答关税盈余事》（1919 年 1 月 10 日），《国民政府接收前外交部案卷·提用关余案抄档》第 400 号第 2 册，第 183—185 页。

月，列强同时向南北政府发出议和劝告书。① 1919 年 1 月，北京政府再次向公使团申请发放关余 1200 万元，并承诺分拨广东治河经费 100 万元时，仍遭到公使团拒绝。驻粤领事团将此事函告军政府，称南北双方若不能在 1 月 25 日前召开议和会议，并就关余用途达成协议，则关余款不能发放。② 由此可见，列强明确将南北议和、双方同意设为提取关余的先决条件。

在各方压力下，耽延已久的南北议和于 1919 年 2 月在上海正式举行，关余分配也成为双方谈判的重要议题。然北京政府实无诚意与南方政府分享此项钱款。1919 年 3 月议和遭遇顿挫时，伍廷芳向海关总税务司声索关余 300 万元，并重申南方政府立场，要求均分或者按比例分割关余。函件末尾还指出，"非不得已，本政府不愿采取任何令人不快的手段"，③ 实际上就是以强行接管海关相胁。粤海关对此忧心忡忡，他们建议北京政府，称鉴于公使团坚持原议，关余款南北各取其半亦无不可。④ 驻粤领事团亦建议公使团和总税务司，在关余或别项收入中拨款资助南方政府。⑤ 延至 1919 年 6 月 11 日，议和实际上已陷入停顿，北京政府仍令总税务司饬知粤海关，拒绝南方政府分割关余的提议。但和议迟迟不决，钱款一日不提，北京政府如坐针毡。仅两日后，北京政府外交次长陈箓即在会晤英使馆参赞时试探到，若将关余尽数提出，抽出数十万拨予南方政府，只要英美两国同意，其他各国公使应不致反对。⑥ 这表明北京政府已经开始转变态度。

---

① 《五国公使劝告南北调和》，《民国日报》（上海）1918 年 12 月 6 日，第 3 版。

② 《协约国驻广州领事致军政府函》（1919 年 1 月 16 日），广东省档案馆编译：《孙中山与广东——广东省档案馆库藏海关档案选译》，第 370—371 页；《唐在章致朱启钤电》（1919 年 1 月 15 日），中国科学院近代史研究所近代史资料编辑组编：《近代史资料专刊第一号·1919 年南北议和资料》，北京：中华书局，1962 年，第 101 页。

③ 《伍廷芳致总税务司安格联函》（1919 年 3 月 6 日），广东省档案馆编译：《孙中山与广东——广东省档案馆库藏海关档案选译》，第 372 页。

④ 《收粤海关监督函·关税余款事》（1919 年 3 月 20 日），《国民政府接收前外交部案卷·提用关余案抄档》第 400 号第 2 册，第 213 页。

⑤ 《南方拨款事》（1919 年 6 月 1 日），《八年关税备拨赔款案》，北洋政府外交部档案，档号 03—08—013—02—001，台湾"中研院"近代史研究所档案馆藏。

⑥ 《收国务院公函·南方拟提关余事》（1919 年 6 月 11 日）、《收次长会晤英馆哈参赞问答·关税盈余事》（1919 年 6 月 13 日），《国民政府接收前外交部案卷·提用关余案抄档》第 400 号第 2 册，第 225、229 页。

1919 年 6 月 27 日，海关总税务司与南方代表刘玉麟最终商定，西南军政府① 得关余全数的 13.69386%，北京政府得全数的 86.30614%。如此支配，是根据 1918 年全中国各海关全年收入总数核算，其中广东省的汕头、广州、九龙、拱北、江门、三水 6 关所出关余，占中国关余金总数的 10%；广西的梧州、南宁、北海、龙州，云南的蒙自、思茅、腾越，海南的琼州，八个关口所出关余，共占中国关余金总数的 3.69386%。② 当时广东、广西、云南、海南皆在西南军政府控制下。这一协议深刻体现了实际控制原则。于是，尽管南北政府的政治争议无法调和，但亟须用款的双方却务实地在如何分钱的问题上达成共识。从 1919 年 7 月至 1920 年 3 月，总税务司先后向军政府汇款 6 次，共计规平银 3095610 两，折合香港银元约 473 万元，均交军政府七总裁之一，且兼任外交部长、财政部长的伍廷芳收领，分存于沪、港汇丰银行。③

在数次提取关余的过程中，各国公使多次对中国政府进行刁难、要挟，借机勒索其他利益，让中国政府费尽周折。1919 年 7 月，陈箓照会英国驻华使节，提议修正《税款归还外债办法》第 2 条，要求总税务司将关余款"酌量相当时间或半年放还一次"，并在文末括号内加入如下内容：

> 其在中央政府与西南各省之政治问题尚未解决以前，所有关余应按照比例成数拨付中央政府及广东军政府。④

---

① 1917 年 9 月，孙中山在广州建立中华民国护法军政府。因参与的主要省份有广东、广西、贵州、云南等，地处西南，故北京政府和舆论以"西南军政府"称之，国民党人也常使用"西南政府"、"西南护法政府"等自称。然因军政府历经 1918 年孙中山离开广州、1920 年驱桂战争、1922 年驱陈战争等变动，故学术界目前一般用"南方政府"等指称 1917—1924 年间的广州政权。

② 直至 1920 年 7 月，财政窘迫、风雨飘摇的桂系西南军政府在向北京政府讨要关余时，方才透露 1919 年南北政府谈判时确定关余分割协议的内幕细节。详见《军府力争关税余款之照会原文》，《香港华字日报》1920 年 7 月 17 日，第 4 版。

③ 《总税务司拨付广东军政当局关余证明书》（1922 年 7 月 24 日），《西南关余提用之纠纷案》，北洋政府外交部档案，档号 03—19—007—01—002。

④ 《修正税款归还外债办法第二条条文》（1919 年 7 月 18 日），《八年关税备拨赔款案》，北洋政府外交部档案，档号 03—08—013—02—004。

此议若能通过，不仅北京政府的关余提取程序能够定期化、制度化、常态化，南北政府的关余分割协议亦能随之条约化而获得公使团的保证和监督，对南方政府不失为一件好事。但以英国公使为首的公使团明确表示，不同意此项修改同意。① 可见，列强至多允许关余提取和分配成为一种可控的惯例，而不准将其上升为一种制度，对列强在关余问题上的最终决定权形成制约，为后来的关余诉讼、关余交涉埋下了伏笔。

1920 年 3 月 29 日，伍廷芳与子伍朝枢（总务厅长）、傅秉常（印铸科长）及亲信差弁等离开广州前往香港。次月伍廷芳再赴上海与孙中山会合，彻底与岑春煊决裂。这并不是伍廷芳政治生涯中的第一次出走。1917 年张勋复辟时，伍廷芳携中华民国外交总长印信潜出北京前往上海，继续履行外交总长之职。他这次故技重施，出走时带走了军政府的关余款账册存单，不仅使岑春煊政府陷入财政危机，亦使随后的关余收领程序产生断裂。1920 年 2 月后，桂系莫荣新以李根源替换李烈钧，图谋强制改编驻粤滇军，引发驻粤滇军反弹，爆发"二李"北江之战。3 月 27 日，岑春煊亲自前往广东韶关，调停李根源与李烈钧的冲突。故伍廷芳出走时，岑并不在广州城内。岑春煊深知事态严重，于是人情、政治、法律三管齐下力挽颓局。他多次派人前往香港恳请伍氏父子尽早返回，并承诺伍返回后，各项政令任其自由、悉听尊裁，态度十分诚恳，但均遭伍廷芳拒绝。② 劝返不成，岑即以温宗尧代伍廷芳外长之职，以陈锦涛代伍廷芳财长之职。此外，岑春煊亦向北京政府发电，称伍卷款赴港，现已将其免职，要求北京转饬总税务司，电令上海汇丰银行阻止伍廷芳提取 3 月份关余款，并将 4 月以后的关余款直接交给岑本人。③

4 月 1 日前后，伍廷芳在香港接受记者采访时指出，他南下参与护法运动的初衷，在于恢复和平、拥护法律、维持秩序，而个人名利之心早已置之度外；然而自抵粤以来，"所遇之人多属争权夺利之辈，置国务于脑后，以私利或党利为前提"，让他灰心失望。而关余款的分配，是伍廷芳与岑春煊决裂的重要因素。

① 《修改存拨关余办法第二条事领衔英朱使照复不能同意希查照由》（1919 年 9 月 19 日），《提拨关余案》，北洋政府外交部档案，档号 03—19—005—03—013。
② 《西南军府之近状》，《申报》1920 年 4 月 14 日，第 7 版。
③ 《照录岑西林来电》（1920 年 4 月 13 日），中国第二历史档案馆编：《北洋政府档案》第 69 卷，第 64 页。

伍指出，关余款拨到后，却被岑春煊多次以各种名义作为军费开支，故他离粤的重要原因之一，即防止关余款被岑春煊滥用。①

伍廷芳出走后，岑春煊政府即通知广州各银行，希望提取伍廷芳账户中的存款。内务次长冷遹在与莫荣新、杨永泰等商议后，即由冷、莫以军政府及各督军的名义，派员分别谒见广州沙面各外国银行，称伍廷芳所存款项系军政府公款，非伍廷芳个人私款，要求各银行此后不准其提取，并改用岑春煊名义存储。这一要求遭到各银行经理拒绝，他们皆称，从前北京总税务司汇往广东的关余，均注明只许伍廷芳签名提取，② 因此伍廷芳存于各银行的款项也只用个人名义。岑春煊曾试图签名提款 6 万元，银行拒绝支付。银行称，他们遵守的是本国银行法，非由伍廷芳本人亲笔签名不能提款。此举使政学系诸人异常懊恼，遂又派员赴沙面谒见英国领事，请其要求银行停止向伍廷芳支付款项，亦不得要领。随后他们又派代表前往香港，以西南军政府名义，聘请律师分函各银行不得向伍廷芳支付伍名下存款。③

既然劝返和提款皆不能行，岑春煊等即诉诸法律手段。1920 年 4 月 10 日，岑政府以岑春煊、陆荣廷、林葆怿、莫荣新、文群五人名义，委俞凤韶为代理人，以伍廷芳为被告在香港高等法院正式提起诉讼。原告提出三项诉求：其一，被告应返还其控制的军政府公款 2633306.48 元及其他账册和文件；其二，被告应交出所有包括前述账户在内的军政府账户；其三，请求法庭冻结被告在港多家银行中的钱款。本条明确指出，伍廷芳在区德④ 所创办的昭隆泰银行存有款项。⑤ 随

---

① 《粤战事调停后之新现象》，《申报》1920 年 4 月 5 日，第 7 版。

② 对于北京政府而言，如果以西南军政府名义拨款，即实际上承认了西南军政府之合法地位。而北京政府自认为是中国唯一合法政府，此举断不能接受。而海关总税务司在法理上属于中国政府之行政单位。

③ 《政学系最近的策画》，《民国日报》（上海）1920 年 4 月 8 日，第 6 版。

④ 区德，香港商人，字泽民，祖籍广东南海县，昭隆泰银行创办人。他曾与曹善允等组"启德营业有限公司"。伍廷芳的钱存于区德处，应和港商何启家族有关系。何启的长子何永贞娶区德之女，而何启之长女何瑞金嫁予伍廷芳之子伍朝枢，何启五女何瑞锡则嫁予傅秉常。而傅秉常即伍廷芳之助手，更是本次关余案中的重要参与人。从亲属关系上讲，区德与何启是亲家，何启与伍廷芳也是亲家，傅秉常与伍朝枢则是连襟。

⑤ In The Supreme Court of Hongkong, Original Jurisdictions Action No. 62 of 1920, Funds Deposited with Hongkong & Shanghai Bank by Dr. Wu Ting Fang, Leader of Southern Party, FO 371/6641, p. 103.

同提交的，还有原告俞凤韶的声明，称伍廷芳不辞而别，带走了前述公款，现已被军政府解除职务等。伍廷芳和涉案的汇丰银行、昭隆泰等银行，也聘请律师出庭应诉，引发中外瞩目，称此"为罕见之大案矣"。① 为了应付该诉讼，伍廷芳一度推迟了前往上海与孙中山会合的行程。

4 月 12 日，港英法庭循原告所请，通过了针对伍廷芳银行账户的临时禁制令。4 月 19 日，伍廷芳向法庭提交答辩状，就俞凤韶的指控逐条反驳。伍廷芳否认他已辞职，并称军政府七总裁只有三人在广东，原告一切行为皆数无效，而他将前往上海与其他三总裁会合；他带走关余是为防止公款被军阀滥用，原告无权获得此款。声明末尾伍廷芳特意指出，军政府现时仍未获得国际承认。4 月 30 日，俞凤韶向法庭说明，称军政府各总裁已经改任，完全合法；且关余分割协议经过包括英国公使在内的北京公使团同意，关余款完全隶属于南方政府而非伍个人；伍带走的款项并未用于政府公事，如将约 12 万元存入昭隆泰银行，汇 30 万元给先施公司等。5 月 3 日，伍朝枢代其父发表声明，强调被告所有的财务行为，皆经过七总裁中四人之多数同意，行为有效，而原告根本无权代表军政府。② 总之，两造控辩的焦点，皆围绕关余款的所有权和谁才是军政府的合法代表两个问题。最终，港英法庭通过了原告的诉前财产保全申请，判令"昭隆泰及各银行，凡伍廷芳名下存款，一律止付"，但是对于案件的实体争议并不作评判。③ 随着伍廷芳离港赴沪，诉讼的主战场转移到上海。

在香港起诉的同时，岑春煊也委派章士钊，以中华民国军政府驻沪代表名义在上海英国在华法院（The British Supreme Court for China）提起诉讼，要求法院向汇丰银行发出禁制令。因伍廷芳是中国人，按照近代华洋诉讼属人主义的管辖权归属原则，英国在华法院对案件的实体争议并无管辖权。但由于涉案的汇丰银行属于英国法人，而伍廷芳本人也将离港赴沪，故原告方预先在此申请禁制令。④ 1920 年 4 月 12 日，

① 《岑伍与关余 香港方面之控案》，《申报》1920 年 4 月 21 日，第 7 版。
② In The Supreme Court of Hongkong, Original Jurisdictions Action No. 62 of 1920, FO 371/6641, pp. 103 – 105.
③ 《关余诉讼事件经过情形》（1922 年 4 月），《西南关余提用之纠纷案》，北洋政府外交部档案，档号 03—19—007—01—001。
④ "Law Reports: H. M. Supreme Court, Dr. Wu Ting-Fang and Military Government Funds," *The North-China Herald and Supreme Court & Consular Gazette*, Apr. 17, 1920, p. 155.

英国在华法院召开听证会，原告方在诉状中指出，伍廷芳既已离职，其以个人名义所存的关余，应属中华民国军政府（即岑春煊政府）所有。① 不过，岑春煊政府并不知道伍廷芳存于上海汇丰银行的实际款额，而汇丰银行也基于为客户保密原则，拒绝向岑政府及其代理人透露相关信息。② 4 月 15 日第二次听证会上，汇丰银行的代理律师高易（D. McNeill）出庭应诉，费信惇（S. Fessenden）律师代表伍廷芳出席。开庭伊始，原告律师先表达了己方立场，即禁止伍廷芳或者其任何代理人提取其名下在汇丰银行所存的所有款项，直至有管辖权的法院对本该属于军政府的基金作出相应判决为止。汇丰银行代表提出抗议，指出该禁制令有失公平，因为它不仅冻结了伍廷芳在汇丰所存的该笔争议款项，还冻结了伍廷芳名下所有私人存款，更可能影响银行与客户之间的信用。③ 法官鉴于原告方已经在香港提起诉讼，遂通过临时禁制令。4 月 19 日第三次听证会召开，法官认定，该笔关款应属于由私人支配的政府基金，银行与该基金并无利害关系，而关余的所有权也只能由即将开始的诉讼判定。法官判定临时禁制令延长，直至会审公廨作出实体判决为止。④

尽管岑春煊在 3 地发起多起诉讼，但控辩双方瞩目之处，仍主要集中在会审公廨中。以中国人为被告的案件，本应由中国法院管辖。但由于伍廷芳身处租界，租界内以华人为被告的华洋诉讼事务，由混合法院会审公廨管辖，时任法官为英国副领事包克本（A. D. Blackburn）和北京政府任命的李莘仙。4 月 17 日，章士钊延聘律师在会审公廨将伍廷芳等送上被告席，诉状内容与英国在华法院基本相同。⑤ 4 月 26 日，伍廷芳的代理律师费信惇向法庭提起动议，声明两点：其一，章士钊并非中华民国军政府的合法代表；其二，会审公廨对此案并无管辖权。⑥ 4 月

① 《章士钊请谕汇丰留军府款项》，《申报》1920 年 4 月 14 日，第 10 版。
② "Law Reports：H. M. Supreme Court, Dr. Wu Ting-Fang and Military Government Funds," p. 155.
③ 《章士钊请留军府款项之复审》，《申报》1920 年 4 月 16 日，第 10 版。
④ "Law Reports：H. M. Supreme Court, Dr. Wu Ting-Fang and Military Government Funds," *The North-China Herald and Supreme Court & Consular Gazette*, Apr. 24, 1920, p. 218.
⑤ 《章士钊又在公廨请留关余款》，《申报》1920 年 4 月 18 日，第 10 版。
⑥ Enclosure No. 2 in Shanghai Despatch No. 125 of Jun. 12, 1920 to Peking, in the International Mixed Court at Shanghai Civil Jurisdiction, Customs Surplus Revenues：Disposal of Deposit by Wu Ting-fang in Hongkong & Shanghai Bank, FO 671/450, file. 544, p. 146.

28 日，会审公廨开庭审理此案。伍廷芳除却聘请律师出庭外，还派傅秉常出庭应诉。伍廷芳提交的答辩状，共列举 17 条事实，指出军政府七总裁有四人多数一致行动，所余三人之行动不合法；关余款系公款，他从未辞职，是关余款的管理人；原告无代表军政府之资格。答辩状的落款，不仅有伍廷芳的签字，还有孙中山、唐绍仪的签字，并附言作证："余等（唐绍仪、孙逸仙）已将上文读过，特为证实所载各节均属的确无讹。"① 随同答辩状附上的还有唐继尧通电，以证明七总裁中四位一致行动。② 随后，双方律师展开辩论，焦点仍围绕会审公廨对此案是否有管辖权、关余款的性质及其归属权、原被告双方谁能代表军政府等问题。

庭审中法官明确声明，会审公廨无意也无权解决本案中的宪法争议，因此，对于原被告所争论的"军政府四名总裁出走，导致剩余三名总裁是否继续有权处理南方政府事务"问题，法庭无法判定；同样，法庭无意也无权判定伍廷芳被军政府撤销财政部长职务的决定是否非法，以及伍廷芳离开广东的行为是否导致其财长职务自动免职等问题。前述问题实质上都是孙、伍与政学系的政治斗争在法庭上的延伸。法庭认为，原告所诉款项属于信托基金，而非伍廷芳的个人财产，在这种情况下法庭所能作的唯一正确的选择，就是尽可能保存这些资金，不允许它被用作其他目的，直到争议双方就资金处理达成协议。③ 此次庭审，延长了关余款的禁制令，但法官的态度也为各方所见——会审公廨不愿就此复杂的政治议题进行强制裁判。

司法诉讼外，岑春煊、章士钊也通过各种渠道，希望与伍廷芳达成和解。此时孙中山正在上海重组军政府，招徕在广东的旧国会议员离粤赴沪重开国会，以续法统。此举会动摇岑春煊政府的合法性，岑春煊自然不希望伍廷芳的关余款落入孙中山手中，成为驱桂战争军费。关余款即便不能为岑所用，退而求其次亦不

---

① 《伍廷芳对于关余案辩诉原文》，《申报》1920 年 4 月 30 日，第 14 版。

② Telegram from Tang Chi-yao Dated Apr. 14, 1920, Received Apr. 18, 1920, FO 671/450, file. 544, p. 149.

③ Enclosure No. 3 in Shanghai Despatch No. 125 of June 12th to Peking, Statement Made in Mixed Court in Case of Tsang Shih-chao v. Wu Ting-fang on Apr. 28, 1920, FO 671/450, file. 544, pp. 150 – 151.

能为孙所用，因此，借助筹建西南大学这一公共议题谈判，是最恰当不过的了。5 月初，章士钊致信伍廷芳，提议可否将西南大学基金提出，余款则由伍廷芳和唐绍仪商酌处理，但必须经过军政府同意；如果作为国会经费，那么只能限于发给回粤议员等。① 回粤议员，即是选择支持岑春煊的议员。伍廷芳回信质问：此军府为何军府，是岑春煊之军府还是孙文、唐绍仪之军府？因此"无论如何，断无承认此等条件之理由"。② 和解不成，则诉讼重开。

5 月 4 日，伍廷芳的代理律师费信惇再次向会审公廨提交动议，提出 5 项诉求，层层递进：其一，原告提起该诉讼是为支持某特定政治权力方，公廨不应受理，应予驳回；其二，基于前述理由，法院不应该接收任何原告就此问题所提交的任何证据；其三，基于前述理由，关于被告的禁制令应取消；其四，法庭既认为关余为信托基金性质，只有基金信托人有资格提请对该笔基金申请禁制令；其五，法庭称直至原被告双方和解方可解除禁制令，显系错误，因原告非基金信托人。③ 总之，费信惇仍在原告资格和关余款性质上，向会审公廨的判决提出抗议。5 月 19 日，公廨再次开庭，两造双方再次展开激烈辩论，耗时甚久，引经据典，但焦点无过于两点：其一，被告方认定章士钊无权代表军政府；其二，被告方认为会审公廨并非完整意义上的中国法庭，无权管辖中国政治事务。原告则称伍已经离职，此事无关乎政治问题。④ 6 月 2 日，会审公廨判决出台，禁谕继续有效，判词主要如下：

查此等案件，虽或可以将其详细分辨，指为不涉政治，然又不能谓其纯非政治。本公堂之不欲讯理者，益非用公理裁判之。公堂不应涉于政治事中，只为本公堂不欲预问中国政府之党争，更不欲将公堂用诸于租界中之此种争端也。但本公堂既不受理此一造之控诉，若任彼一造将所争之物，在此

① 《章行严致伍秩庸之两函，请求拨付关余中之学款》，《申报》1920 年 5 月 3 日，第 10 版。
② 《关余案调解消息：章士钊提出调解办法》，《申报》1920 年 5 月 2 日，第 10 版。
③ Enclosure No. 4 in Shanghai Despatch No. 125 of June 12th to Peking, in the International Mixed Court, at Shanghai Civil Jurisdiction, between Chang Shih Chao, Plaintiff, and Wu Ting Fang, Customs Surplus Revenues: Disposal of Deposit by Wu Ting-fang in Hongkong & Shanghai Bank, FO 671/450, file. 544, pp. 151 – 152.
④ 《关余案辩论终结》，《申报》1920 年 5 月 20 日，第 14 版。

享用而无所阻碍，是则又失公允。所以本公堂承认，一面对于伍廷芳博士颁发一种禁谕，一面关于伍博士之控案，拒绝受理，此乃本公堂权宜之办法，益非按照何种法律何种成例办理。其惟一之主义，乃欲使两造无所偏倚耳，职是之故。

本公堂以为，此案除非由两造商议妥洽，或则伍廷芳博士离去租界，置身于公廨治权以外之时，则现在之谕禁，必须继续而碍难撤销者也。惟前谕恐犹有歧义，本公堂现再明白宣谕，所有南政府与伍廷芳博士之讼事，本公堂拒不受理，现将前次禁谕撤回，另颁新谕如下："兹谕伍廷芳博士不得将各银行中所存北京政府汇交军政府之关余银两移动。"①

会审公廨此时的态度，颇有两不相帮之感。究其原因，其一，北京政府此时对于诉讼的既定政策，是不愿关余落入岑春煊或伍廷芳任何一方手中，因为二者此时在北京看来皆属"叛乱"团体。其二，会审公廨真正的控制者并非华员李夸仙，而是英国驻上海副领事包克本。禁制令的发布，不只是会审公廨中中外法官的合意，也是北京政府和英国在华利益契合的结果。

判决出台前，汪精卫、陈独秀和李石曾致信章士钊，希望解除关余款中拨付西南大学 85 万元经费的冻结状态，将其提取，"以示学费与其他政治军事用项、纯为两事"，章士钊表示同意。② 6 月 16 日，伍廷芳、伍朝枢也对外界宣布，经孙中山、唐绍仪等同意，愿意将存于香港的款项，拨出 85 万元作为西南大学经费。③ 伍廷芳的声明颇有巧妙之处，因他应允之款存在香港，而非上海。章士钊再次质问，上海有款不拨，为何拨香港之款？难道伍博士将上海之款作为政治之用了？若伍廷芳真有诚意，在上海汇丰银行开一支票即可，他愿协助办理云云。④ 章士钊已从伍氏父子的声明中察觉到问题的关键。因为此时存于上海汇丰银行的

---

① 《上海会审公堂英陪审官堂谕》（1920 年 6 月 2 日），中国第二历史档案馆编：《北洋政府档案》第 69 卷，第 165—171 页。
② 《章行严覆李陈汪函，允关余中西南大学经费取消停付》，《申报》1920 年 5 月 31 日，第 10 版。
③ 《关余事件之公函·伍博士允拨大学经费》，《申报》1920 年 6 月 16 日，第 10 版。
④ 《指拨港款之章行严函》，《申报》1920 年 6 月 23 日，第 10 版。

款项，实际上已经在广东银行李煜堂的帮助下，变相取走。因此前述未能施行，西南大学也未能得建。随后，上海关余诉讼案就此消失在公共舆论中一段时间。

伍廷芳任西南军政府财政部长期间，曾将一笔钱借给广州先施公司，为数 30 万元。① 先施公司给伍廷芳的抵押物，则有广九车站前崇义堂地契两张，河南芳草围兴业堂、长堤兴盛堂、广九车站前合德堂、东沙马路六和堂地契各一张，连同先施股票数百股，共值时价 50 余万元，原订以一年为期，月息一分计算。② 沪港鞭长莫及，但广州地方政府此时还在岑春煊的掌控中。于是这笔钱就成为岑春煊势在必得的嘴边肥肉。相比于本案中其他诉讼的漫长拖沓，这场官司倒是迅速。岑春煊任文群为财政部次长，在广州地方审判庭提起诉讼，申请将该笔款项假扣押。③ 5 月，广东地方审判厅民二庭向先施公司股东王国旋发出传票，同时对伍廷芳和文群发出咨文。然先施公司并不想如此就范，其称此案与先施无关，且此案已经在香港涉诉，自应听候香港的审判结果，遂拒收传票。法官朱兆泰强令，若先施公司三次传讯仍不到庭，即强制执行。④ 5 月 17 日，文群的假扣押声请获得通过。⑤

7 月 30 日，法庭判决广东财政部可以随时向先施公司提取 30 万元，先施公司如若不允交付，则以严厉手段对付。⑥ 但判决出台后，先施公司仍拒不执行。其由英国驻粤领事出面，向广州地方法院表达抗议，称先施公司系在香港注册，属于外国法人，广州法院无权对先施公司审判。意即以先施公司为被告的诉讼，亦应在港英法院提起。对此，军政府外交部称，该公司虽然在香港注册，但其办理公司之人的国籍是中国，且其开业所在地亦为中国，因此中国有统治权，须受中国法庭裁判，英国领事不得干预等。⑦ 延至 8 月 13 日，陈炯明的粤军压力日甚，岑春煊备战乏金，决定强力解决。一日，先施公司广东经理马祖金正在酒店

---

① 《伍博士对于关余案之谈话》，《申报》1920 年 5 月 22 日，第 10 版。
② 《军府关于关余之控案》，《申报》1920 年 5 月 10 日，第 7 版。
③ "假扣押"是民初法律词语，直至今日仍在中国台湾地区民事诉讼法中使用。此处之"假"，乃暂时、临时之意。
④ 《扣留伍廷芳存放先施款项近闻》，《香港华字日报》1920 年 5 月 4 日，第 4 版。
⑤ 《先施存款判准假原文》，《香港华字日报》1920 年 6 月 1 日，第 4 版。
⑥ 《财政部派员向先施取款》，《香港华字日报》1920 年 8 月 9 日，第 4 版。
⑦ 《先施存款之轇轕》，《香港华字日报》1920 年 8 月 14 日，第 4 版。

宴请宾客，尚未终席，警察就上门，将其"请"至警察厅面见厅长魏邦平，限令其若不克日清偿，则即行扣押。马祖金无奈，只得具结，承诺于四周内分期清偿。① 此事似告一段落。然而，随着孙中山回粤重掌政局，这一判决也成为"伪判决"而被推翻。1920 年 12 月，徐谦重掌广东司法，以"伪总裁岑春煊、伪财次长文群、伪地方审判庭第一庭长朱兆泰等强逼先施公司交还债款一案，大不合法，特呈请政务会议，请将庭长朱兆泰所判之案取消云"。② 而在此案中出力甚勤的警察厅长魏邦平，则在粤军回粤中的大潮中反戈一击，适时地倒向了孙中山阵营，因此并未受到追究。

## 二、岑春煊下野与关余诉讼案的承继

1920 年 6 月，会审公廨禁制令发布后不久，孙中山与唐绍仪、伍廷芳、唐继尧四总裁在上海发布联合通电谴责岑春煊，③ 并遣陈炯明积极备战，驱桂战争拉开帷幕。1920 年 7 月，面临政治、军事压力的岑春煊政府，要求北京政府继续履行 1919 年的关余分割协议。理由是，汕头、广州、九龙、拱北、江门、三水 6 关均在广东境内，受广东政府保护，该 6 关所出的关余占比 10%，自应拨付广东，作为维持治安、保存秩序之用；即便军政府发生内讧，亦不得扣留前述钱款。至于其余八关中，海南的琼州、广西的北海都在广东政府控制下，剩余六关的产出所占比例非常小，"谓其全在广东范围之海关所出"也不为过。岑春煊还指出，关余分润两年来，广东省内虽然盗匪众多，但政府仍能维持秩序，保证商民太平，实有赖于此款；而自 1920 年 4 月以后关余不再拨付，"实令地方官于兵饷、政费无所措手，饥军哗变，实属堪虞"，④ 即广东政府因财政危机而难以维持社会秩序。至于孙、伍、二唐皆已被军政府免职，其行为属于"无责任之私人"，公使团以此为借口，扣留军政府的应得关余，理有未合。文末，岑春煊还提醒公使团，如果继续扣留关余，极有可能导致军队哗变，发生战祸。结果照会

① 《先施公司允交关余》，《香港华字日报》1920 年 8 月 18 日，第 4 版。
② 《取消先施判案》，《香港华字日报》1920 年 12 月 22 日，第 4 版。
③ 《在沪军府四总裁宣言电》，《申报》1920 年 6 月 4 日，第 10 版。
④ 《军府力争关税余款之照会原文》，《香港华字日报》1920 年 7 月 17 日，第 4 版。

发出后三个星期，公使团对于岑政府的要求不闻不问。① 延至 8 月，岑春煊、温宗尧再次与公使团交涉，希望全部提取所积存的关余款，至少也要提取 7/8。② 公使团一度准备支付一部分给岑春煊政府。③ 伍廷芳得知此信，即刻会同在上海的其他三位总裁向公使团提出抗议。鉴于西南军政府的分裂，公使团最终决定暂留停付。④

8 月陈炯明誓师回粤，桂军节节败退，岑春煊政府危在旦夕，岑春煊与北京政府逐渐走向联合。9 月，形势窘迫的岑春煊急需用钱，北京政府曾向外交团讨要被扣存的关款，希望至少能拨发岑春煊数十万两，以济急需。公使团认为，岑政府只能代表西南之一部，不能代表西南全体，故不能放款。⑤ 10 月，即将倒台的岑春煊宣布隐退，并呼吁西南各省取消自主、南北统一。⑥ 岑春煊、陆荣廷、林葆怿、温宗尧四人联署发表敬电，宣布"取断然之处置，即日自决，辞去总裁，解除军府职务"，⑦ 北京政府亦随后宣布"南北统一"。⑧ 孙中山、伍廷芳历来宣称岑春煊无权代表军政府，对他的通电更是拒绝承认，坚持军政府依然存在。⑨ 11 月 28 日，孙中山与伍廷芳返回广东，重建军政府。

政治局势的变化，给关余诉讼案带来新变动。孙中山一度想复制岑春煊的手法，将岑、莫等人送上香港法庭被告席。传闻莫荣新逃往香港时带走数百万元，存入台湾银行。孙中山命孙科密切注意莫等人动向，待莫到港"即当搜罗证据，控彼私吞公款，以归刑事犯"。⑩ 可惜或因证据不足，或考虑胜诉难度太大，诉莫之事再无下文。而岑春煊代表军政府的合法性趋于丧失，他在沪港法庭的原告

① 《军府力争关税余款之照会原文（续）》，《香港华字日报》1920 年 7 月 20 日，第 4 版。
② 《岑军府谋取关余不得》，《民国日报》（上海）1920 年 8 月 29 日，第 10 版。
③ 《续拨关余消息》，《民国日报》（上海）1920 年 8 月 15 日，第 6 版。
④ 《岑军府谋取关余不得》，《民国日报》（上海）1920 年 8 月 29 日，第 10 版。
⑤ 《法使署雷参赞与卫科长谈话纪》（1920 年 9 月 4 日），中国第二历史档案馆编：《北洋政府档案》第 69 卷，第 317—319 页。
⑥ 《公电·岑春煊通电》，《申报》1920 年 10 月 28 日，第 6 版。
⑦ 《关于统一之文电》，《新闻报》1920 年 11 月 4 日，第 1 版。
⑧ 《国内专电》，《时报》1920 年 10 月 31 日，第 2 版。
⑨ 《致徐世昌等电》（1920 年 10 月 31 日），丁贤俊、喻作凤编：《伍廷芳集》下册，北京：中华书局，1993 年，第 883 页。
⑩ 《孙中山全集》第 5 卷，北京：中华书局，1985 年，第 375 页。

资格自成疑问。岑对此心知肚明，因此建议由北京政府接手此案，承继原告资格。① 于是，香港的诉讼变成谁才是原告合法承继人的争夺。

1920 年 12 月 11 日，伍朝枢以原告离港、法院无权管辖为由，要求香港法庭将案件撤销，但未得准许。② 12 月底，北京政府决定承继岑春煊的原告资格，继续香港诉讼。③ 既然岑春煊是以军政府代表人名义提起诉讼，那么如果孙中山在法庭中承继军政府代表人的原告资格，原告与被告主体合一，自无诉讼的必要，无论是提款还是撤诉，皆合乎法理。1921 年 2 月 11 日，伍朝枢代表孙中山、伍廷芳、唐绍仪、唐继尧，向港英法院提出申请，要求承继军政府总裁之资格，代替岑春煊为原告。孙中山还专门聘请律师曹善允出庭应诉。④ 2 月 14 日，法庭再次开庭，北京政府派黄克勤、尹徽光为原告代理人参与诉讼。⑤ 黄克勤强调，岑春煊军政府早已于 1920 年 10 月与北京政府合二为一，北京政府才是前岑春煊军政府的合法承继人。香港华民政务司秘书罗斯（Stewart Ross）也提供证词，证明黄克勤的陈述。⑥ 伍廷芳逐条反驳北京政府的主张：其一，孙中山之广东政府，系军政府之继承者，应享有军政府遗留之财产；其二，岑春煊军政府之取消与其归并于北京政府，均不合法，应作无效；其三，伍廷芳为此宗款项之掌管人，从未改变；其四，军政府称免伍职，既不合法，亦无效。更进一步言之，则广东为合法政府，而北京为非法政府，因此关余款应为广东政府所有。⑦

1921 年 4 月 7 日，广州非常国会选举孙中山为非常大总统。此举直接挑战的

---

① 《收财政部覆国务院公函·西南关余诉讼案事》（1920 年 11 月 24 日），《国民政府接收前外交部案卷·西南关余案抄档》（商三第 399 号），第 36—38 页。

② 《关余诉讼事件经过情形》（1922 年 4 月），《西南关余提用之纠纷案》，北洋政府外交部档案，档号 03—19—007—01—001。

③ 《国务院为请阻止香港政府将西南关余交给孙文伍廷芳致外交部函》（1920 年 12 月 25 日），中国第二历史档案馆编：《北洋政府档案》第 79 卷，第 637—638 页。

④ In the Supreme Court of Hongkong, Original Jurisdictions Action No. 62 of 1920, FO 371/6641, p. 107.

⑤ 《关余诉讼事件经过情形》（1922 年 4 月），《西南关余提用之纠纷案》，北洋政府外交部档案，档号 03—19—007—01—001。

⑥ In the Supreme Court of Hongkong, Original Jurisdictions Action No. 62 of 1920, FO 371/6641, p. 105.

⑦ 《关余诉讼事件经过情形》（1922 年 4 月），《西南关余提用之纠纷案》，北洋政府外交部档案，档号 03—19—007—01—001。

是北京政府代表中国的合法性，北京方面自然强烈反对。4月11日，港英法庭宣判，驳回孙中山等要求承继原告资格的申请。判词指出，如果伍朝枢方的申请获得支持，那么实际上即终结了该诉讼，因为申请人对于被告表示完全同情；且原告资格在誓章中的理由更为明确，他们有权参加诉讼并提出诉求。① 4月16日，北京国务院就此案通电全国各督军、省长：

> 上海讼案已于二月十七日经英按署判决，此项关余在未经中国法庭判决以前，禁止汇丰银行交付。香港讼案亦于本月十一日判决取消被告请求。两造堂费，全由伍廷芳担任。查此案交涉经年，始得此圆满结果。两案一致胜诉，可见该逆等亦为友邦所许可，是非自有公论。英政府主张公道、敦重邦交之盛谊，更可概见。②

这个判决成为北京宣传英国不承认孙中山政府的绝好材料。随后，北京政府委派夏清贻加入原告团，伍朝枢提出抗议，未被法庭采纳。原告要求伍廷芳交出2633306.48元，被告辩称并无如此之多，但是拒绝透露户头中还剩下多少。而银行虽然被下达了禁制令，但是法官并未强行查阅银行账目。据原告代理律师希士廷所访查，可能有100余万，经过夏清贻查认能确定的，只有万国银行、友华银行、昭隆泰三家，共约三四十万元。③ 然而这些都是案件的细枝末节，港英法院从未对两造双方的实体争议进行判裁。

　　香港的诉讼由北京政府接手，但从1920年4月以后扣存在海关总税务司的251万两关余款仍下落未明。已遁入上海当上寓公的岑春煊，依然惦记着这笔巨款，以图东山再起。他致电北京，称桂省统一后，各军欠饷甚多，北京并未拨款以资善后，"殊足阻自立省分归诚内向之志"，希望北京政府向公使团交涉，将前

---

① In The Supreme Court of Hongkong, Original Jurisdictions Action No. 62 of 1920, Funds Deposited with Hongkong & Shanghai Bank by Dr. Wu Ting Fang, Leader of Southern Party, FO 371/6641, pp. 109 – 110.

② 《北京国务院通告关余诉讼一案删电》（1921年4月16日），《各方往来电文原案及录存》，阎锡山史料档案，档号116—010108—0028—010，台北"国史馆"藏。

③ 《关余诉讼事件经过情形》（1922年4月），《西南关余提用之纠纷案》，北洋政府外交部档案，档号03—19—007—01—001。

拨给西南的关余一律发给广西省留用。北京政府则以广东省也在激烈索取关余，责成主管部处会同核办，顺势把岑春煊搪塞过去。①

尽管南方政府在香港的诉讼遭遇顿挫，但在上海会审公廨的诉讼则获得意外成功。1921 年 1 月，伍廷芳的律师费信惇向会审公廨提起申请，要求撤销案件，同时撤销 1920 年 4 月 17 日会审公廨所作出的禁制令。申请书指出，原告章士钊本无权代表七总裁中的四人多数，且岑春煊等人已经通电辞去军政府总裁职务，而被告伍廷芳等四人已经返回广州，因此法庭应撤销禁制令，将诉争关余款返还广东。② 1921 年 1 月 15 日，会审公廨开庭审理此案，伍廷芳的律师代表出庭，但原告方及其代理律师都未出庭。在李尊仙的要求下，包克本决定延期一周再作宣判。1 月 19 日，原告代理律师谢永森（Y. S. Ziar）向公廨提交了一份申请，称 1 月 22 日原告将向法庭提起动议，要求公廨认定 1920 年 4 月 17 日所发布的禁制令依旧有效。③ 这一策略旨在延缓公廨发布判决。包克本拒绝了该申请，理由是该申请其实只是对被告申请的反对，本该在适当时候提出。意即 1 月 15 日开庭时原告方未出庭反对，即应承担缺席后果。原告方律师麦克劳又解释说，因当时他的当事人已经不能再代表广州政府。这更加剧了原告方法律资格的混乱。④

许沅认为，军政府既已撤销，则广东方面无权提取该款，多次密嘱李尊仙在会审公廨维持原判。⑤ 让许沅担心的仍然是原告资格问题。许沅也催促北京，先与英国公使接洽，再派专人办理此案。为了加强北京承继原告资格的合法性，许沅建议仍然由西南诉讼班底继续诉讼，原告代表人仍以章士钊为宜，律师仍聘哈华托，便

---

① 《岑西林请拨关余》，《新华日报》（北京）1921 年 2 月 3 日，第 2 版。

② In the International Mixed Court at Shanghai, between Chang Shih Chao, Plaintiff, and Wu Ting Fang, Customs Surplus Revenues: Disposal of Deposit by Wu Ting-fang in Hongkong & Shanghai Bank, FO 671/450, file. 555, pp. 178 – 179.

③ Enclosure 2 in Shanghai Despatch No. 29 of Jan. 25, 1921, in the International Mixed Court at Shanghai Chinese Civil Jurisdiction, Funds Deposited with Hongkong & Shanghai Bank by Dr. Wu Ting Fang, Leader of Southern Party, FO 371/6641, p. 88.

④ Enclosure 3 in Shanghai Despatch No. 29 of Jan. 25, 1921, Chang Shih Chao v. Wu Ting Fang, Funds Deposited with Hongkong & Shanghai Bank by Dr. Wu Ting Fang, Leader of Southern Party, FO 371/6641, p. 90.

⑤ 《收上海特派员电·西南关余事》（1921 年 1 月 13 日），《国民政府接收前外交部案卷·西南关余案抄档》（商三第 399 号），第 52 页。

于诉讼。此后许沅多次催促北京政府早派代表前来应诉。他在上海密嘱李葊仙,希望会审公廨延期开庭,如若不能延期,则努力维持原判。结果直至 1 月 15 日会审公廨开庭,北京仍未派原告代表出庭应诉。包克本以原告业已消失,认为案件应该撤销。在李葊仙的要求下,包克本允许延期宣判。1 月 18 日,北京复电许沅,同意委章士钊和哈华托继续诉讼。① 1 月 22 日,会审公廨开庭,费信惇和赫士代表伍廷芳出席庭审,麦克劳和谢永森代表章士钊出庭,斐斯(Dr. Fischer)继续代表北京政府观审。包克本指出,上周开庭时,原告未出庭反对。麦克劳解释称,当时未能获得北京政府出庭的指示。既如此,包克本称,法庭无法就案件中的政治争议进行判决,原告既未出庭,法庭认为没有理由不接受被告的申请。② 随后包克本宣布判词:

> 本席仍然坚持在本诉讼中素来保持之态度,即绝对拒绝就任何政治争议进行裁判。因此,本席提请注意被告申请书之第六段,该文指出,被告自 1921 年 11 月 29 日以来一直在广州。本院 1920 年 6 月 2 日之判决取代 4 月 17 日之判决时即声明,本院作出如此判定之目的,系为防止公共租界之避难功能遭到滥用。本席还补充说:"除非由两造商议妥洽,或则伍廷芳博士离去租界,置身于公廨治权以外之时,则现在之谕禁,必须继续而碍难撤销者也。"在审理本申请时,本席业已声明,众所周知,伍廷芳博士现不同意和解。因此,针对他的禁谕之理由不复存在;否则即为对中国政治事务的直接干涉,此乃吾人长久以来力图避免的。基于此,本院同意被告之申请,撤销本案,并撤销本院于 1920 年 6 月 2 日所作出之判令。③

---

① 《上海许沅电》(1921 年 1 月 13 日)、《上海交涉员许沅来电》(1921 年 1 月 14 日)、《上海交涉员许沅电》(1921 年 1 月 15 日)、《上海许沅电》(1921 年 1 月 21 日),中国第二历史档案馆编:《北洋政府档案》第 69 卷,第 105—106、108—109、116、118—119、121 页。

② "The Canton Two Millions: Mixed Court Injunction Dissolved and Control Given to Dr. Wu," *The North-China Herald and Supreme Court & Consular Gazette*, Jan. 29, 1921, p. 309.

③ Enclosed 2 in Shanghai Despatch No. 29 of Jan. 25, 1921, Customs Surplus Revenues: Disposal of Deposit by Wu Ting-fang in Hongkong & Shanghai Bank, FO 671/450, file. 555, pp. 181 - 182. 中译文引号内部分,同时参考《上海会审公堂英陪审官堂谕》(1920 年 6 月 2 日),中国第二历史档案馆编:《北洋政府档案》第 69 卷,第 165—171 页。

简而言之，包克本撤销禁制令，理由有三：第一，被告离沪，不属会审公堂管辖；第二，事关政治，会审公堂不应审理；第三，前堂原告未出庭反对。① 前两项是管辖性理由，第三项为程序性理由，法庭并未对原被告双方的实体争议进行任何评判，哈华托反对无效，只好宣称将另行起诉，但他深知同一案件若无新证据新事实，公廨不可能再次受理立案。

会审公廨撤销禁制令意味着孙中山和伍廷芳的胜利，大大出乎北京政府的预料。伍廷芳抓住政学系与北京政府司法衔接上的空当适时提出撤销案件的要求，获得会审公廨支持，不过本质上是公共租界为了维护自身利益而作出的判决。判决出台后，北京政府开始反思此案得失。许沅认为，孙、伍回到广东后，因财政紧张，在诉讼中全力相争；岑春煊亦称伍廷芳在事前极有布置，故能在会审公廨诉讼中占得优势。会审公廨撤销案件的 3 条理由中，前两条许沅难以辩驳。第三条则归咎于原告方无人出席，许沅也只能诿过于事出仓促等。②

此后，北京政府的司法策略主要有三。其一，继续在会审公廨提起诉讼，要求撤销前次判决；其二，在英国在华法院提起诉讼，向汇丰银行发出禁制令；其三，在中国法院审理关余案。北京政府命章士钊再次在会审公廨提起诉讼。③ 包克本在与英国驻上海总领事傅磊斯（E. H. Fraser）商议后，驳回了章士钊的起诉，理由是此案纯为政治问题，被告亦不在公廨的管辖权之内。④ 第一条策略受阻，许沅决定向英国在华法院提起诉讼，申请禁制令。这一策略的立意是，基于领事裁判权，英国在华法院仍对汇丰银行这种在华英国法人拥有司法管辖权。2月 7 日，哈华托先赴英国在华法院提起申请，获得临时禁制令。⑤

---

① 《上海许沅电》（1921 年 1 月 22 日），中国第二历史档案馆编：《北洋政府档案》第 69卷，第 123—124 页。

② 《国务院秘书厅为交钞财政部江苏交涉员屡陈西南关余事办理经过各情形电》（1921 年 1月 25 日），中国第二历史档案馆编：《北洋政府档案》第 69 卷，第 129—139 页。

③ Enclosure 4 in Shanghai Despatch No. 29 of Jan. 25, 1921, in the International Mixed Court at Shanghai Chinese Civil Jurisdiction, FO 371/6641, pp. 92 – 93.

④ His Majesty's Consul-General, Shanghai, to His Majesty's Minister, Peking, Jan. 25, 1921, FO 371/6641, pp. 84 – 85.

⑤ 《收院交上海许交涉员代电·关余事》（1921 年 2 月 8 日），《国民政府接收前外交部案卷·西南关余案抄档》（商三第 399 号），第 142 页。

然而，只在英国在华法院提起诉讼并无实际意义，因为汇丰银行只是关余案中的利害相关第三方，英国法庭对伍廷芳本人及中国内政事务并无属人主义的司法管辖权。所以哈华托建议，先由中国政府的检察厅对伍廷芳提起公诉，控告伍犯有侵占公款罪，再以此为根据向英国在华法院申请禁制令，以达到保留关款的目的。① 北京政府司法部一度派员赴沪调查，讨论将该案移京审讯的可能，甚至讨论筹设特别高等法庭，以审讯"不享治外法权国人民之案件事"。② 最终，北京政府还是部分采纳了哈华托的建议，先行在中国法庭提起诉讼。随后，北京财政部委托修订法律馆纂修郑天锡、司法部委派梁敬錞，在上海地方审判厅提起诉讼。在北京所控制下的法院中，一切程序简单而迅速。2月11日，上海地方审判厅开庭，郑代表财政部提起针对伍廷芳名下关余款的禁制令，法庭以伍廷芳临讯不到，缺席判决"伍廷芳以其个人名义在上海汇丰银行与香港汇丰银行及其他各地银行所存属于中华民国政府之关款项，伍廷芳不得移动"。③ 法院亦将文书送达伍廷芳在上海戈登路的寓所。但此时伍廷芳早已回粤，寓所无人接收。④ 且判决易出，而执行实难。不过值得注意的是，与1920年岑春煊在广州组织的审判相同，上海地方审判厅并未如哈华托最初建议的以刑事罪名起诉伍廷芳，而是指派民事庭法官负责此案，即未将伍廷芳视为罪人，而是将全案归入民事争议。⑤ 南北双方在司法博弈的同时，亦留有不少回旋空间。

上海地方审判厅的判决出台后，国民党对该判决讥讽有加。《民国日报》发表文章称，西南关余是军政府向外交团争取得来的，伍廷芳不过是关余款的保管人，故关余款完全为军政府所有。作者指出，北京政府想要把这笔钱夺去，便硬指此为伍廷芳个人款项，对于军政府一字不提，"地审厅奉北京政府意旨，自然不敢违拗，其受理同判决，全属私相授受，绝非正当"。该文还称，外交团断不

① 《国务院秘书厅为交钞财政部江苏交涉员屡陈西南关余事办理经过各情形电》（1921年1月25日），中国第二历史档案馆编：《北洋政府档案》第69卷，第129—139页。
② 《政府与关余讼案》，《申报》1921年2月14日，第6版。
③ 《收司法总长函·关余案派员赴沪由》《照录江苏上海地方审判厅民事决定》（1921年2月11日），《国民政府接收前外交部案卷·西南关余案抄档》（商三第399号），第120、135页。
④ 《关余案之昨讯》，《申报》1921年2月14日，第8版。
⑤ 《关余款又请止付续志》，《申报》1921年2月12日，第10版。

会舍军政府而听从北京政府空无一物的所谓"统一令"。①

许沅则将上海地方审判厅的判决书盖印证明，交给哈华托律师送英国领事处加签，作为在英国在华法院起诉的根据。② 2 月 14 日，英国在华法院开庭，上海汇丰银行聘请律师高易出庭辩论，反对禁制令。他讽刺"数月前有人自称代表军政府向伍索款，今则此人又代表北京政府索取伍款"，实属离奇可笑。高易建议法庭审查章士钊代表资格的有效性，不能听凭原告一面之词。③ 原告律师麦克劳起身反对，与高易激烈辩驳。当日法庭并未当庭宣判。④ 随后，章士钊在上海登船前往法国，⑤ 他的诉讼资格由北京政府委西南旧人温宗尧继之，具体的诉讼活动则仍由律师哈华托代理。⑥ 2 月 17 日，英国在华法院发布判词，对伍廷芳账下款项的禁制令继续延长。法官认为，"本案性质，与余去年所审章士钊控汇丰银行一案相同"。判词的主要内容是法官回应原被告双方的辩论内容，论述在华法院有权审理此案，可以适用英国法律，故准原告所请，令汇丰银行在中国法庭未判决前不得付款。⑦不过法官亦强调，两造双方皆有随时请求取消该禁谕的权利。⑧

英法院判决出台次日，伍廷芳就此案致电北京政府及诸政要徐世昌（总统）、靳云鹏（总理）、颜惠庆（外交总长）、董康（司法总长）、王宠惠（大理院院长）。电文中伍坦言，他所带走的关款不过百余万，此时存于上海汇丰银行的只剩 1700 余两，存于香港各银行的也不过 40 余万。伍廷芳特地强调南北双方为此微末之款对簿外庭所带来的耻辱感，"岑等不惜损失国体，起诉外国法庭，廷尝心痛之"。他指出，诉讼中无论南北双方谁胜谁负，既结怨于国内，又贻笑于友邦，"稍知大体，断不为此"。他

---

① 际安：《西南关余底所有者》，《民国日报》（上海）1921 年 2 月 13 日，第 11 版。
② 《收上海特派员电·关余案》（1921 年 2 月 13 日），《国民政府接收前外交部案卷·西南关余案抄档》（商三第 399 号），第 122 页。
③ 《英按察署续审关余案纪》，《申报》1921 年 2 月 16 日，第 10 版。
④ 《收院交上海交涉员代电·关余事》（1921 年 2 月 14 日），《国民政府接收前外交部案卷·西南关余案抄档》（商三第 399 号），第 140 页。
⑤ 《章士钊行将赴法》，《申报》1921 年 2 月 16 日，第 10 版。
⑥ 《收国务院函》（1921 年 2 月 20 日），《国民政府接收前外交部案卷·西南关余案抄档》（商三第 399 号），第 131 页。
⑦ 《大英按察使署堂谕译文·中华民国控汇丰银行》（1921 年 2 月 17 日），《国民政府接收前外交部案卷·西南关余案抄档》（商三第 399 号），第 155—157 页。
⑧ 《关余案英公堂之判词》，《申报》1921 年 2 月 18 日，第 10 版。

奉劝北京不要受岑春煊和章士钊挑唆继续诉讼，免得贻笑于中外。①

北京接获此电后，最关心的不是所谓"对簿外庭"的耻辱，而是伍廷芳账户中的真实余额。这关系官司是否有必要继续。对于伍廷芳的说法，岑春煊和温宗尧颇不以为然。岑称伍廷芳带走的关款至少有 260 余万元，② 存于上海的至少有54 万两，③ 温则称由港汇沪的至少还有近 100 万元。岑所言的 54 万，为 1920 年3 月经上海汇丰银行拨给西南的关余款。④ 而温所指，则是伍廷芳去往香港后，拨往上海预备重开国会的专项经费。⑤ 此外，伍廷芳还曾从关余款下拨 2.8 万元接济参议院，5.6 万元接济众议院，2 万元接济两院秘书厅；所有赴港议员每人再资助 200 元作为前往上海的旅费，计有 200 余人。上述花费至少在 14.4 万元以上。⑥ 这些信息都登载在报纸上，岑、温所言也并非虚妄。但最关键的是，他们始终无从确定伍廷芳账户中的具体余额。1920 年双方在上海开讼后，许沅曾派人与汇丰银行联络，询问伍廷芳账下具体数额，但汇丰以个人存款保密为由拒绝，故北京和政学系一直不知确数。⑦ 许沅也通过外交途径，向英国驻上海总领事询问。据该领事私下向许沅表示，伍廷芳名下款项自诉讼以来，从未支付。许沅据此判断，如果伍廷芳账户中仅有少量财产，那么伍何必花费重金聘请律师历次出庭应诉，又何必在会审公廨中申请撤销案件？⑧ 由此，许沅和政学系皆认为伍廷芳所言不实。

3 月 8 日北京政府回电伍廷芳，称关余案既已成讼，自应提回中国法院审理。伍廷芳再复电驳斥，称会审公廨亦属中国法庭，既已注销案件，则案件完全终

---

① 《收广州伍廷芳电·关余事》(1921 年 2 月 18 日)，《国民政府接收前外交部案卷·西南关余案抄档》(商三第 399 号)，第 151—153 页。

② 《许沅电》(1921 年 1 月 29 日)，中国第二历史档案馆编：《北洋政府档案》第 69 卷，第141、143—145 页。

③ 《收国务院函·沪存关余确数抄送许交涉员来电请查照由（附件）》(1921 年 3 月 19 日)，《国民政府接收前外交部案卷·西南关余案抄档》(商三第 399 号)，第 179—182 页。

④ 《总税务司拨付广东军政府当局关余证明书》(1921 年 7 月 24 日)，中国第二历史档案馆编：《北洋政府档案》第 70 卷，第 125 页。

⑤ 《西南国会分裂之现象》，《申报》1920 年 4 月 12 日，第 7 版。

⑥ 《吴景濂之国会形势谈》，《申报》1920 年 4 月 14 日，第 10 版。

⑦ 《许沅电》(1921 年 1 月 29 日)，中国第二历史档案馆编：《北洋政府档案》第 69 卷，第141、143—145 页。

⑧ 《收国务院函·沪存关余确数抄送许交涉员来电请查照由（附件）》(1921 年 3 月 19 日)，《国民政府接收前外交部案卷·西南关余案抄档》(商三第 399 号)，第 179—182 页。

了，何须再次提回中国法庭？他指出，关余诉讼显系政治问题，非上海法庭所能审理；且司法未能独立，上海法庭隶属于北京政府，所谓提回审理不啻掩耳盗铃。他再次呼吁北京取消提回审理的建议，免得贻笑中外。①

对于北京政府而言，此时继续在上海通过诉讼方式追讨关余款，也遇到了司法上的严重障碍。上海地方审判厅和英国在华法院都只是通过禁止提款的禁制令，皆未对关余案实体争议进行审判。许沅与律师哈华托分析，如果上海地方审判厅继续审理，强行判决汇丰银行将伍廷芳账下财产强制划拨给中国政府，"不但难期实益，且须向英按署更提新诉"。因汇丰银行为英国法人，在中国丧失治外法权的状况下，中国法庭无权要求英国法人履行法律义务。而此时存款既难知确数，证据也不充分；且中国法院对被告伍廷芳只有法理意义上的属人管辖，但他本人尚且在粤，北京政府鞭长莫及。若依据属地主义，伍廷芳在上海的住宅、存款都在公共租界内，而在会审公廨的诉讼也以北京政府的实质性失败告终。如果再次在英国在华法院提起新诉，"万一新诉审理之结果因种种之牵碍，并止付禁谕而取消之，转陷于困难地位"。郑天锡和梁敬錞也认为，在地审厅方面，原告方谋求诉讼中止即可，这样可以将案件无限期延期，禁制令一直有效，从法理上伍廷芳也无从提款；待到时机变化，再为徐图之策。总之，许沅建议，上海诉讼以维持现有状态达到"保留"关余目的即可。② 上海关余诉讼案就此无疾而终，各方再未有新动作。

关余诉讼案也成为当时南北各派政治斗争的重要抓手。直皖战争时，岑春煊与直系结成同盟，孙中山即与皖系联合驱桂。直皖战争结束后，直奉矛盾开始凸显，又逐渐形成皖、奉、粤反直三角联盟。皖、奉还支持以梁士诒为核心的交通系组阁。靳云鹏内阁时，北京派往香港的代表为夏清贻。梁士诒上台后，改遣其侄梁倣诰赴港办理。1922 年 3 月，北京外交部命令香港的代理律师事务所"非本部再有训令，务希坚保原状"，③ 实际上即是暂停了关余诉讼。报载梁倣诰在此

---

① 《收广州伍廷芳电·关余案》（1921 年 3 月 23 日），《国民政府接收前外交部案卷·西南关余案抄档》（商三第 399 号），第 185—186 页。

② 《收国务院函·关余案》（1921 年 3 月 2 日），《国民政府接收前外交部案卷·西南关余案抄档》（商三第 399 号），第 158—159 页。

③ 《外交部致香港海诗汀大律师电》（1922 年 3 月 26 日），《十一年西南关余讼案》，北洋政府外交部档案，档号 03—19—007—04—008。

期间赴粤联络，双方约定由梁傲谔以北京政府名义在香港法庭撤销诉讼。① 然而 4 月梁士诒即在直系的攻击中下野，撤诉约定尚未实现，赴港代表再度换回夏清贻。4 月上旬，夏清贻由京赴港路过天津时，谒见梁士诒和叶恭绰。梁解释他为何以梁傲谔代替夏，且他明知道梁傲谔并不能了结此案，"故不欲以有用之人置之善用之地"，是因为他认为关余案根本不值得如此重视。随后叶恭绰的话就更让夏清贻惊异，叶称，"余知此款早经动用，所余不过一二十万"。夏清贻大骇，称此款既经香港高等法院传知各银行止付，如何能够动用？叶恭绰笑道，"方法正多，即法院之判单亦大有解释之余地"。② 具体承办人尚且不知钱款被提走，而梁、叶却对此种状况心知肚明，说明交通系早已与孙中山等达成某种政治默契。

岑春煊虽然下野，但并未放弃对香港存款的追索。他在抵御粤军回粤时大举借债，欠下不少旧账被债主追讨。他在北京的政治盟友是曹锟和吴佩孚等直系，香港的诉讼事务则由杨永泰③委托李锡贞具体负责。吴佩孚素反对梁士诒组阁，梁士诒内阁在关余交涉上的"失败"，就成为直系"问鼎中央"的绝好话柄。4 月 22 日，吴佩孚致电曹锟，称香港汇丰银行所存的前军政府关余 140 万元，已被孙、伍以"伪军政府名义提取"。次日曹锟即向北京发电，将办理不力之责归咎于梁士诒。曹锟称，这根本就是梁士诒故意向孙中山示弱，以便输掉官司；如果案件被推翻，则"不啻予孙氏以北犯之一大助力"。他要求北京政府撤换梁傲谔，仍以岑春煊的代表李锡贞为主办理。5 月 28 日，曹、吴再次致电北京，指斥"梁士诒与伍廷芳等秘谋推翻前案"，长此以往，必然"将国家正当收入供为作乱之资"。次日，北京复电称，已将梁傲谔撤换，仍派夏清贻主理其事，并加派李锡贞会同办理。④ 随后，香港诉讼再次进入停摆状态，直至 1922 年 6 月。

① 《国内要闻·北京通信》，《申报》1922 年 3 月 31 日，第 6 版。

② 《夏清贻致颜惠庆函》（1922 年 4 月 6 日），《西南关余提用之纠纷案》，北洋政府外交部档案，档号 03—19—007—01—002。

③ 杨永泰，岑春煊政府时广东省长，政学系成员之一。

④ 《曹锟漾电》（1922 年 4 月 23 日）、《保定曹锟等来电》（1922 年 5 月 28 日）、《复保定曹巡阅使吴巡阅使》（1922 年 5 月 29 日），《十一年西南关余讼案》，北洋政府外交部档案，档号 03—19—007—04—010、03—19—007—04—012、03—19—007—04—012。

## 三、陈炯明叛变与关余诉讼案终结

1922 年 6 月，广东局势丕变。6 月 15 日晚陈炯明叛变，炮轰越秀山总统府。孙中山潜行而出，登上海军舰艇与陈军对峙，并组织北伐各军回师围剿。政变发生当晚，伍廷芳尚在省署，在隆隆炮声中度过惊险一夜，直至次日清晨方被魏邦平救出。当他得知孙中山意图以炮击广州城逼迫陈炯明退却时，大惊失色，亲自登舰面晤孙中山，劝其保全桑梓，未能成功。17 日，孙陈大战，炮火连天。伍感怀时事，精神上受此刺激，健康每况愈下，终于 6 月 23 日在医院去世。[①] 24 日，伍朝枢为父举办火葬礼，陈炯明派部将叶举等协助。1922 年 8 月，孙中山组织各军反攻陈炯明失败，避走上海。

伍廷芳去世和孙中山失势，使得延宕两年之久的关余诉讼案再添变数。孙中山此时陷入比两年前的岑春煊更严重的困境：广东军政府的主体资格是否依旧存续？伍廷芳去世后，谁是伍廷芳控制的关余款的合法继承人？北京政府就此问题详询香港律师。律师回称：其一，粤政府既倒，被告主体资格消失；其二，伍廷芳去世，无人能继承其权利；其三，本案已无被告，应先向香港法庭申请撤销案件、提取钱款，但此需证明原军政府已与北京政府合二为一，关余款系属北京政府公款。[②] 岑春煊和北京政府感到机会来临，决定抓住机会了结此案。随后，北京迅速命令财政部、外交部，整理 1919 年以来关余分拨和交涉的各项文件寄往香港，以期证明北京政府是军政府的合法承继人。[③]

安葬伍廷芳后，伍朝枢分别向沪港两地法庭提起申请，要求继承其父在两地的财产。他前往香港亲自办理此事，得到香港法院支持。在上海的诉讼，伍委托律师到会审公廨投状，请求允许继承。根据公廨要求，先登报声明，其间无人提出异议。10 月初会审公廨开庭，民四庭廨员俞奠孙，会同英国副领事包克本共同

---

① 《伍廷芳逝世之前后》，《时事新报》1922 年 7 月 1 日，第 2 张第 1 版。

② 《香港李锡贞来电》（1922 年 7 月 4 日），《十一年西南关余讼案》，北洋政府外交部档案，档号 03—19—007—04—013。

③ 《税务处公函十一年字第 344 号》（1922 年 7 月 22 日），中国第二历史档案馆编：《北洋政府档案》第 70 卷，第 115—118 页。

核准，准予伍朝枢将伍廷芳所有财产一并继承。①

1922 年 8 月起，教育总长王宠惠暂代国务总理一职，9 月 19 日正式署理北京国务总理。其间，伍朝枢致电王宠惠，要求将关余诉讼案撤销，另行和解。② 王宠惠认为伍廷芳去世，南北局势也发生根本变化，关余案的解决时机已到，遂以私人名义致函蒋梦麟，请蒋与伍朝枢商议案件的了结办法。伍朝枢覆函蒋梦麟，称可将关余完全作为国会经费，北京与广东皆不分润。③ 岑春煊得闻王宠惠将与伍朝枢撤案，甚为不安。他遣其子赴京游说总统黎元洪，要求黎出手阻拦。他指王宠惠与伍朝枢私交甚笃，"似未明此事真相"，恐人情重于公事；而关余案系属公款，非父子可以私相授受；且伍朝枢非关余的管理人，根本无权处分关余。如果和解结案，"伍必不肯和盘托出，必至多被乾没所得无几"，岑就提款无望了。岑坦陈自己在上海为债主逼迫的窘境，"春煊为前军府各欠户环围追索，日处愁城"，"此款若以私和而无著落，则环索追呼必且益甚比时……而春煊则辗转于枯鱼之肆不可就矣"。他希望黎元洪督促王宠惠停止和解，趁"秩庸身故、孙政府已倒，彼方根据丧失"的大好时机，速派人赴港取款结案，以便清偿他在广东的债务。④

1922 年 10 月，岑春煊再遣其子岑德广等前往洛阳面见吴佩孚，要求北京派人到港结案取款，以偿还他在广州时期的欠款。在给北京的电文中，吴佩孚称，此款既经过港英假扣留，那么诉讼未终结前，无论何方对于该款均不得支用，而各银行亦有保存责任；"故依法律论假扣留之当时为二百三十三万三千三百零六元四角八分，则此时仍应认定此数为现实存在之数，至何方面之支取与否，皆可不问，各该银行应负全责"。吴、岑所言在法律上并非无据。即便钱款已被提取，但只要禁令仍在，未来官司如果胜诉，原告仍可追究银行的连带责任，由银行承担损失。在电文末尾，吴佩孚强烈呼吁依照法律手续解决此案：

此事既经法律解决，自应一切均依法律手续为准，理该件件依据，所有

① 《伍廷芳之遗产》，《时事新报》1922 年 10 月 4 日，第 3 张第 2 版。
② 《国内专电·北京电》，《申报》1922 年 9 月 18 日，第 4 版。
③ 《关余诉讼案将解决》，《顺天时报》1922 年 9 月 26 日，第 2 版。
④ 《岑春煊就西南关余问题派杨晋等面陈函》，《北洋军阀史料·黎元洪卷六》，天津：天津古籍出版社，1996 年，第 688—690 页。

关于该件之各项证据，自应详细公布以昭核实。事关公款，断不能为私人自利之计含混了结也。西林之能及续取此款，固须严重考虑。此既为公款，不能不彻底核究，以期水落石出。尚希依据法律秉公决断，务使款尽归公，案无遁饰，无任盼切之。①

后人读至此，可能会感叹一介军阀的"法治精神"缘何如此充沛。实际上，陈炯明叛变就发生于其与吴佩孚达成协议后，斩断孙中山可能获得的一切财源，才符合吴、陈的政治利益。汲汲于强调法律，是因为此时的法律和政治状态都有利于北京政府。失去了对广东的掌控，孙中山代表西南军政府的合法性就会日趋消解。如果政治颓势未能逆转，孙中山在关余诉讼中只能是越来越被动。所以，吴佩孚才会极力反对北京政府与孙中山私下和解，强调以公开的法律手段解决。

但关余案久拖不决，对岑春煊也并无好处。1922 年 9 月以后，岑春煊陆续向王宠惠表达过和解意愿。只要和解协议中有自己的份额，总好过一分未得。但岑、伍对于如何分配余款意见差异太大。于是王宠惠提出，先派人查实诉争关余款项的实数；至于查账代表，他提议北京国务院派一人，伍、岑各派一人，三方再公推两人，组成五人小组共同查账，待账目查清后再作决断。伍、岑表示赞成，王宠惠遂派遣国务院秘书瞿宣颖赴沪查账，同时致电香港律师暂停诉讼。然瞿宣颖抵达上海后，伍朝枢忽称要对查账手续进行变更，王宠惠不同意，去电反对；随后查账未及实行，王宠惠即因罗文干案于 1922 年 11 月离职。② 岑伍和解也暂时搁置。

然而，陈炯明的叛变亦使关余案出现另一重转机。此时孙中山最大的敌人已非岑春煊，而是盘踞广东的叛将陈炯明。团结一切可团结的势力，争取一切可用之钱，成为孙中山的当务之急。在筹备驱陈的军事计划中，财政问题至关紧要。招募、宣传、策反等活动均需钱款，财政压力巨大。1922 年 11 月在给林森的信

① 《吴佩孚江电》（1922 年 10 月 3 日），《西南关余提用之纠纷案》，北洋政府外交部档案，档号 03—19—007—01—002。
② 《国务院咨覆议员白逾桓质问孙岑伍瓜分关余案文（2 月 14 日）》，《众议院公报》第 3 期常会第 14 号《公文》，1923 年 2 月，第 4—5 页。

中，孙中山称，"目前万事，自以筹款为最要……无财政则军队嗷嗷，无以自守"。在 12 月给刘玉山的信中，孙中山也坦陈经济紧张的局面，"此间无日不以接济各路义师为务，只以经济久困，巨万之款，非顷刻可办"。甚至因为财政紧张无力供养，孙中山还屡次命令部下停止招募民军、停止策反其他部队等："此间财用甚困，无从为力。故凡有响应之军队，皆当静候以待他军发动之后，乃再约动。"① 而陈炯明此时亦有部队占领广西一部。面对共同的敌人，孙岑走向联合。孙中山抵达上海后，即有岑春煊的代表郭椿森等人前来联络，称桂军沈鸿英部愿协助许崇智回粤。孙中山左右均赞成，即派汪精卫奔走于孙岑之间。双方最后达成条件，桂系沈鸿英协助国民党驱逐陈炯明，换取国民党支持广西"自治"，② 实际上就是允诺政学系主政广西。12 月，孙中山在给朱培德的信中确认，"岑、沈与我方有所接洽，吾人为专力讨贼计，自当与彼提挈，共靖粤乱"。③

　　1922 年 12 月 11 日，因汪大燮辞职，王正廷短暂署理北京国务总理 20 余日。而王正廷与孙中山、伍廷芳父子皆关系匪浅。孙中山发起护法运动后，王正廷就任西南军政府外交部次长，部长即是伍廷芳。1919 年巴黎和会时期，南北政府组织联合代表团，王正廷和伍朝枢皆为南方政府代表。终结关余案的条件终于成熟。1922 年 12 月 14 日，上任第四天的王正廷即任命岑春煊之子岑德广为北京政府代表，携件赴港撤销此案。发给代理律师行的训令明确承认，北京政府已与所有原始原告一致同意与被告达成和解，诉讼标的金额将按照双方满意的份额进行分配：

　　关于 1920 年 O. J. A. 第 62 号讼案，本政府与所有原始原告一致同意与被告达成和解，据此，诉争标的金额，将按照双方满意的份额进行分配。

　　特此要求阁下采取必要的步骤从法院撤诉，并使法庭解除针对已故伍廷芳博士，及任何以伍廷芳或伍秩庸之名存于不同银行的基金的禁制令，随函附上一份正式陈述书，以供递交法庭。

　　任命岑德广先生为本政府代表，有关详情请向他请示。

署理国务总理王正廷

---

① 《孙中山全集》第 6 卷，第 625、658、658 页。
② 《叶冯所谈粤局剧变原因》，《申报》1923 年 2 月 1 日，第 7 版。
③ 《孙中山全集》第 6 卷，第 664 页。

发给香港高等法院的正式声明书内容如下：

> 在香港高等法院悬而未决的案件中，众所周知的 1920 年 O. J. A. 第 62 号，原告岑春煊等诉被告伍廷芳案，随后本政府介入，委代表夏清贻追列为共同原告。初始原告也自称为本政府之代理人，获本政府授权而行事。
>
> 本政府现正式宣布不再起诉，从法庭撤回上述诉讼；本案原告夏清贻，及初始原告岑春煊等人代表政府行事之权亦随之撤销，特此声明。
>
> 署理国务总理王正廷①

关余诉讼案迁延 2 年 8 个月之久，双方对此花费不菲。许沅为上海关余诉讼案所付的律师费共计 3544 元之多，② 伍廷芳估计也不在其下。而香港诉讼的花费更高。北京政府先后派遣俞凤韶、尹徽光、梁俶诒、夏清贻等前往香港办理，所花费的差旅、律师费及向法庭提交的保证金 10000 元，共计 29000 余元。③ 其中 13400 元还是由杨永泰、李锡贞和港商李亦梅、刘铸伯垫付。④ 夏清贻还向在香港承办此案的相关人等承诺，于案件胜诉后给予酬劳，多者 40000 元，少者 5000 元。夏清贻曾指出，结案无期，手续繁重，即便判决获胜，也只是一审胜诉而已，被告伍廷芳焉能善罢甘休？如果被告上诉，就要到伦敦开庭，结案不知何日！⑤ 诉讼成本之高，令人咋舌。继续缠讼，对原被告双方毫无好处。就此结案，北京政府、岑春煊和孙中山三方皆大欢喜。

---

① 《中华民国国务院撤销前西南关余诉讼案声明书抄件》（1922 年 12 月 14 日），《十一年西南关余讼案》，北洋政府外交部档案，档号 03—19—007—05—029。原文为英文，标题和内容皆为笔者所译。

② 《本署垫付关余诉讼案律费未奉拨发恳祈转咨拨汇以清手续由》（1921 年 9 月 21 日），《十一年西南关余讼案》，北洋政府外交部档案，档号 03—19—007—04—002。

③ 《关余诉讼案院垫款目》（1922 年 5 月 26 日），《十一年西南关余讼案》，北洋政府外交部档案，档号 03—19—007—04—011。

④ 李亦梅，又名李鸿材，香港商人、东华医院主席，是近代香港富商李陞家族第二代，李陞之侄；刘铸伯，又名刘金祥、刘鹤龄，是近代香港华人领袖，1917 年任香港首席华人非官守议员，东华医院创始人之一。

⑤ 《关余诉讼事件经过情形》（1922 年 4 月），《西南关余提用之纠纷案》，北洋政府外交部档案，档号 03—19—007—01—001。

此时，得到政治和经济实利的岑春煊，也不再纠缠关余款是否公款、能否私分。1922 年 12 月 26 日，讨陈各部于广西藤县白马庙会盟誓师，驱陈战争拉开序幕，孙岑联合也渐为世人所知。"沪传岑春煊与孙文言和，岑允取销关余诉讼，孙沈实行携手"。① 在香港银行所余的 30 万关余款也派上大用场。港报明确指出，孙、岑提用存于香港的西南关余款 24 万元接济各部，滇军 8 万，沈鸿英部 10 万，刘震寰部若干，各军得款后即开始行动。② 除接济军事外，驱陈之后广东、广西两省议会重开，亦有赖于这笔钱。"此次军兴，经孙中山、岑西林在沪筹画关余分配，除接济各军外，广东第二届省议会，广西省议会均各领得款项若干。"③ 1923 年 1 月中旬，国民党正式承认孙岑联合，"此次粤桂之事，中山与西林取合作态度，二人交谊已形恢复"。④ 1 月 13 日，岑春煊在上海寓所正式宴请孙中山，陪同出席的还有莫荣新、汪精卫、胡汉民等人。⑤

在孙岑和解提取关余的同时，备战的陈炯明也在处处筹款。他委派刘玉麟与英国驻广州领事联络，以开筑公路等市政活动的名义声索部分关余。国民党得知此信，即通过旅沪广东自治会向英国领事发出公电，强烈抗议。电文称，陈名为筑路，实为割据，为运输援桂祸闽的粮饷，增长广东商民的痛苦。故该会强烈要求英国领事不能将关余款拨给陈炯明。⑥

对于孙岑和解分配关余，直系和陈炯明相当不满，他们通过北京政府国会议员白逾桓提出抗议。当滇桂联军猛攻陈炯明时，白逾桓还曾向时任内阁总理张绍曾提议，要求派大军援助陈炯明，并称唐继尧已派兵入桂，前后夹击，可击溃孙岑的滇桂联军，张绍曾不置可否。⑦ 由此可见，白逾桓明确支持陈炯明、反对孙中山。1923 年 1 月 6 日，白逾桓领衔部分国会议员，在众议院提出质询。白逾

① 《沪传岑春煊余孙文言和》，《香港华字日报》1923 年 1 月 1 日，第 2 版。

② 《西南关余与粤桂军事之关系》，《香港华字日报》1923 年 1 月 17 日，第 3 版。

③ 《林正煊抵省，省议会领得关余》，《香港华字日报》1923 年 1 月 19 日，第 3 版。

④ 《孙岑交谊恢复》，《民国日报》（上海）1923 年 1 月 15 日，第 10 版。

⑤ 《岑春煊宴请孙中山》，《香港华字日报》1923 年 2 月 3 日，第 6 版。

⑥ 联署者有：陈广港、汤抱真、黄宗汉、凌翼之、陈鸿流、杨海云、李希贡、陈培芝、黄敬棠、唐远参等。详见《旅沪广东自治会电阻关余》，《香港华字日报》1922 年 12 月 21 日，第 6 版。

⑦ 《白逾桓见张绍曾》，《民国日报》（上海）1923 年 1 月 15 日，第 2 版。

桓等称，岑春煊自取消西南军政府后，即失去了军政府总裁资格；伍廷芳去世后，总裁的名义也不是其子伍朝枢所能承继的，因此关余款应为国家公款，非孙、岑、伍三人所能私分。白逾桓向北京政府质问：其一，岑德广进京时，北京政府为何不派人赴港接收此款，而是撤销诉讼，是何理由？其二，南北各派互相厮杀之际，政府以巨款济孙岑，不仅无助于统一，更易助长叛乱，如何自解于天下？其三，闻此关款有 80 余万，而今只剩 30 余万，其余钱款去处，政府是否详知？文末还给出期限，要求内阁在文到 3 日内详细答覆。①

然而近一月后，王正廷仍未回复，白逾桓等再次提出质询，指斥王正廷"竟敢以如斯钜款送之孙伍岑私人"，实属荒谬，还声称要追究王正廷的行政渎职之责。② 1923 年 3 月，王正廷始正式回复。微妙的是，王正廷并不想详细解释个中缘由，他称此案的和解，早在王宠惠署理国务总理任内就已开始，"当时为保持国体及息事宁人起见，遂商定结束之法"；他上任后，"以处分款项应由阁议决定，遂于上年十二月三十日电令在案"。至于王宠惠办理此案的详细情形，他"均未深悉，碍难详覆"，又将皮球踢给了王宠惠。随后，北京国务院再就此事询问王宠惠。王宠惠则称，他署理国务总理期间，伍朝枢和岑德广对关余案都曾先后表示希望和平解决，但是各方意见一直未能统一。后经王宠惠协调，伍、岑同意，北京派瞿宣颖赴沪查账。然未及成行，王宠惠即离职，查账之事不了了之。③

二王的回复，皆不痛不痒，以分段"切香肠"的方式，将关键性的政治密谋尽数隐去。即便是北京国务院，也认为两人的回复"未得要领"，但只能以"此案关乎两任总理经办之事，辗转函询，延迟自不能免"来搪塞众议院。④ 而孙中

---

① 一同提出的议员还有蒙民伟，联署的则有金永昌、易次乾、高杞、杜树勋、赵烜、胡鄂公、陆昌烺、汤松年、恩克阿穆尔、祁连元、阮毓崧、黄云鹏、贾鸣梧、岳秀夫、魏郁文、刘昭一、李元亮。详见《议员白逾桓等为孙岑伍瓜分关余八十余万事质问书》，《众议院公报》第 3 期常会第 10 号《质问书》，1923 年 1 月，第 19—20 页。
② 此次一同提出的议员仍为蒙民伟，联署者则在原有基础上增加张鸿俦。详见《议员白逾桓等为孙岑伍瓜分关余八十余万质问书》，《众议院公报》第 3 期常会第 13 号《质问书》，1923 年 2 月，第 8—10 页。
③《国务院咨覆议员白逾桓质问孙岑伍瓜分关余案文（2 月 14 日）》，《众议院公报》第 3 期常会第 14 号《公文》，1923 年 2 月，第 4—5 页。
④《国务院咨覆议员白逾桓质问孙岑伍瓜分关余案文（2 月 14 日）》，《众议院公报》第 3 期常会第 14 号《公文》，1923 年 2 月，第 4—5 页。

山与政学系的联合亦属昙花一现。共同之敌陈炯明被驱逐后，沈鸿英即再次向吴佩孚输诚，背叛孙中山，孙、岑也渐行渐远。一桩将内政纠纷诉诸外国法庭的案件，就此落下帷幕。

但自陈炯明被驱逐出广州后，孙陈战事从未断绝，孙军始终未能攻下陈炯明控制的惠州。至1923年10月下旬，战事再度升级，陈炯明大军从闽南回援惠州并展开反攻，连克东江北岸的各处孙军要塞。① 11月11日，孙中山亲往广州外围的石龙要塞指挥军队反攻，但仍难以阻止滇桂联军的溃退。广州城一度危如累卵，失败情绪在国民党内蔓延，孙中山甚至在演讲中称，"故使陈炯明即能再下广州，亦不过一场空欢喜"。军事压力外，此时的孙中山还面临着严重的财政危机。"粤当局最困难之点莫如筹款"，即便是以善于榷计的交通系执掌财权，也有一筹莫展之感。② 要求北京政府和公使团继续履行关余分割协议，拨付关余，成为孙中山的一个重要着力点，第一次白鹅潭危机由此爆发。

作为孙中山的敌人，陈炯明自然不希望北京将关余拨付孙中山。1923年12月中旬，在听闻北京拟拨付部分关余给孙中山后，陈炯明的部将林虎以潮汕联军总指挥名义向汕头领事团提出抗议，指出孙中山不仅不能代表西南，也不能代表广东一省，理由是粤军现已占领广东省境2/3，"即以地域分配关税，广东一省亦应拨归粤军"。③ 不独如此，驻粤领事团在拒绝孙中山的要求时也持类似观点："如真拨付关余，则潮琼两关所占部分究竟拨交何人"，④ 即潮汕（陈炯明）和海南（邓本殷）此时并不在孙中山控制下，潮海关和琼海关所出关余也不能拨付给孙中山。12月底，林虎等再次向汕头交涉员转咨广州领事及京使团，呼吁不能将关余交予孙中山，否则将"延长粤乱"，称"孙之暴民政治"影响将蔓延至香港等地。⑤ 由此可见，诉诸地盘和实力原则，既是南方各大小军阀声索关余款的主要依据，也是外交使团决定是否拨付关余的重要考量。

① 段云章、沈晓敏编著：《孙文与陈炯明史事编年》，广州：广东人民出版社，2003年，第740页。
② 《粤局紧急中之各消息·孙中山之革命精神》，《申报》1923年11月16日，第10版。
③ 《粤军反抗孙文提取关税》，《香港华字日报》1923年12月15日，第3版。
④ 《相持中之关余问题（专访）》，《香港华字日报》1923年12月19日，第3版。
⑤ 《国内专电二·香港电》，《申报》1923年12月29日，第6版。

## 四、司法诉讼外的外交交涉

西南关余诉讼案从来就不是单纯的法律案件。自西南关余诉讼案兴起后，司法博弈的同时，南北各方一直希望通过外交交涉，解决在香港和上海的诉讼，提取钱款。伍廷芳出走后，岑春煊也致电北京财政部，一面要求从1920年4月开始的西南关余款直接拨给他本人签收，另一面要求北京政府转致上海汇丰银行，禁止支付伍廷芳名下的关余款。不过，此时北京政府仍视岑春煊及西南军政府为"地方叛乱政权"，西南势力削弱，于北京政府乃统一的大好时机。长芦盐运使丁乃扬即称，岑春煊的要求只为其一方面着想。北京政府随后照会外交团，并转饬海关总税务司，要求即刻停止对西南政府的关余拨付。外交团和总税务司经过商议，认为西南局势不明，骤然停止拨付，又恐西南方面用武力胁迫粤海关扣留关税，最终决定将每月提出的13.7%关余款，暂存于海关税务司。①

对于存于沪港银行的关余，从1920年4月起，北京政府即要求英国公使函告汇丰银行，禁止任何人提取伍廷芳名下存款。北京此意并不是支持岑政府，而是也想夺得此款。当时南北政府仍在议和，北京政府一度想利用此款作为西南善后或者遣散军队之费。② 1920年4月6日，英国驻上海总领事傅磊斯立即联系上海汇丰银行司理史蒂芬（A. G. Stephen），要求汇丰银行限制伍廷芳账户中关余款的提取，等待北京和岑春煊政府的信息后再作决定。③ 其后，岑春煊派章士钊先后在英国在华法院和上海会审公廨提起诉讼，获得对伍廷芳账户下财产的禁制令。汇丰银行回复北京称，已奉上海英国在华法院禁令，停止支付，听候法庭裁判等。④

---

① 《国务院公函第722号》（1920年4月7日）、《国务院公函第760号》（1920年4月10日）、《长芦盐运使为如何回复西南岑春煊庚电致财政部李思浩函》（1920年4月14日）、《国务院公函第903号》（1920年4月25日）、《财政部与为停止拨付西南关余与总税务司安格联谈话记录》（1920年4月28日），中国第二历史档案馆编：《北洋政府档案》第69卷，第55、59、63、244—245、247—252页。

② 《政府将调停关余案》，《民意日报》（北京）1920年4月21日，第2版。

③ The Letter of Stubbs to Stephen, Apr. 6, 1920, Customs Surplus Revenues: Disposal of Deposit by Wu Ting-fang in Hongkong & Shanghai Bank, FO 671/450, file. 537, pp. 125 – 126.

④ 《译汇丰银行函》（1920年4月15日），中国第二历史档案馆编：《北洋政府档案》第69卷，第66页。

在外交方面努力的并不只有北京政府。1920 年 4 月 27 日，云南督军唐继尧照会英国驻云南领事奥泰蔚（H. A. Ottewill），声明支持伍廷芳，与孙中山、唐绍仪等四总裁一致行动。唐继尧还要求英国驻上海领事阻止岑春煊对伍廷芳的诉讼。[①] 对于唐的要求，奥泰蔚建议唐继尧最好还是聘请一名律师代表出庭观审，傅磊斯也回信称他无法干涉中国法庭（会审公廨）的事务。[②] 5 月，唐继尧向岑春煊发出公电，提出三项要求：其一，军政府不能私选总裁；其二，关余不能向外国法庭诉讼；其三，质问岑春煊单独与北京政府媾和事。[③]

港英政府则通过私人和半官方渠道，影响在香港的诉讼进程。伍廷芳离港抵沪后，4 月 26 日港督司徒拔（R. E. Stubbs）致信傅磊斯，请傅磊斯向伍廷芳转达一份"半官方"信件，表达港英政府对于关余案的态度：

> 在伍博士逗留香港期间，广东督军在香港法庭提起了诉讼，索要伍博士作为财政部长所持有的大笔资金。在首席大法官（the Chief Justice）和辅政司（the Colonial Secretary），及五名律师的努力下，他们同意将此案转移到上海。华民政务司（the Secretary for Chinese Affairs）不得不派人去联系伍博士并警告他，香港政府不能容忍他利用香港作为政治阴谋的基地，无论是通过诉讼还是其他方式。不久，伍博士就明智地离开了香港，我注意到，同样的案件已在上海提起诉讼。[④]

信中称，岑春煊对伍廷芳提起诉讼后，香港法院首席大法官、辅政司长官符烈槎（A. G. M. Fletcher）皆劝告原被告方将此案转移到上海。港英政府自认无权审判中国内政纠纷，不想承审关余案。但最为关键的是，港英政府不想得罪北京和岑春煊政府。香港华民政务司认为有必要派人明确警告伍廷芳："香

---

① The Letter of Ottewill to Fraser, Apr. 29, 1920, Customs Surplus Revenues: Disposal of Deposit by Wu Ting-fang in Hongkong & Shanghai Bank, FO 671/450, file. 539, pp. 128 – 133.

② The Letter of Fraser to Ottewill, May 13, 1920, Customs Surplus Revenues: Disposal of Deposit by Wu Ting-fang in Hongkong & Shanghai Bank, FO 671/450, file. 540, p. 134.

③ 《陆唐破裂之西南形势》，《晨报》（北京）1920 年 5 月 11 日，第 2 版。

④ The Letter of Stubbs to Fraser, Apr. 26, 1920, Customs Surplus Revenues: Disposal of Deposit by Wu Ting-fang in Hongkong & Shanghai Bank, FO 671/450, file. 538, p. 127.

港政府不能容忍他利用香港作为政治阴谋的基地，无论是通过诉讼还是其他方式。"

5 月 10 日伍廷芳给符烈槎回信，向港督司徒拔转达他的立场："贵国政府似乎对我的态度有些误解，我有必要通过陈述案件事实来澄清这一点。"伍廷芳声明，他身为西南军政府七总裁之一，负责财政和外交事务，西南关余款的获得亦是他与海关税务司谈判争取而来，管理关余款系职责所在，若将关余款继续留在广州，必将被军阀巧取豪夺。随后，他详细叙述了赴港后的经历和他对于关余案的态度：

> 一到香港，我就找不到合适的轮船去上海。岑春煊等人获得了禁制令，禁止银行支付这笔钱给我，并在香港高等法院起诉我。我没有别的办法，只能为自己辩护。我就这样被置于一种不是我自己寻求的且无法控制的境地。虽然我的职业是律师，但我自己从来没有起诉过任何人，也没有被任何人起诉过。因此，当我发现自己在晚年卷入这样一场公共诉讼时，我感到非常痛苦。如果这是我私人之事，我会不惜一切代价来解决它；但这是公事，是公众的委托，我必须履行我的职责，不管这对我来说有多么不快。

> 我完全理解你所说的"根据英国的法律规则，在香港法庭审判纯属中国人的政治纠纷"是不可取的。但我是本案的被告，而不是原告。毫无疑问，我从未希望"利用殖民地作为针对中国大陆政府政治行动的有利阵地"。相反，作为一个中国人，我非常不喜欢在外国法庭中自证清白（washing of soiled linen），这对我个人而言没有任何好处。但作为一个中国人，一个护法主义者（Constitutionalist），我可以付出一切。我有许多种方法让我的同胞们了解我的观点。如有必要，也可以让外国人了解我的立场，而不必求助于英国法庭。这个案子已经在香港法院开审，我不愿意把它转移到上海，因为我的律师从策略角度向我如此建议。即使是现在，为了尊重香港的政府意愿，我们也已阻止了案件的公开审理，代之以在内庭中（Chambers）就初步反对意见召开聆讯。

> 我目前无意来香港，除非案件最终必须在法庭公开审理，且法庭要求我出席在场，这是极不可能的。我知道香港政府极不愿意将此地作为任何形式

的针对中国的政治活动的有利阵地，因此我可以向你声明，我现在或将来都无意这样做。①

他明确表示，他非常理解香港政府不希望将香港作为针对北京政府敌对行动的阵地，但他不愿意将此案转移到上海法庭，同时也声明不会再回香港出席庭审。他极力避免出席外国人的法庭，代之以律师出庭；他尽量避免让关余案公开开庭审判，代之以在内庭中进行法律程序上的层层阻击。

1920年6月，北京政府听闻章、伍有和解提取西南大学款项的意向，再次致电英、法两国驻京公使，要求英国公使转饬汇丰银行，伍廷芳名下存款，任何人不得提取，俟大局底定后，再由北京政府告知如何支配此项公款。② 英国公使回称，"查在中国之本国银行关于经营银行事务之事，非于合格之本国法庭起诉无从制理"，此案既已在英国在华法院提起诉讼，已非行政事务而纯为法律问题，公使、领事难以干涉，就此回绝北京。③

就上海诉讼进行交涉的同时，北京政府也在努力通过外交途径解决香港关余案。1921年1月以后，北京先后派遣俞凤韶、黄克勤赴港解决香港关余案，但终无进展。1921年6月，北京政府外交总长颜惠庆就香港关余诉讼会晤英国公使艾斯敦（Beilby Francis Alston），直接询问香港西南关余诉讼案可否通过外交手段解决，并称香港法院既已判定伍廷芳不得提取款项，则只有北京政府可取此款。英国公使回称，此案既已由法庭受理，公使不能干涉；且法庭发布的只是临时禁制令，非终局审判，"法庭之用意，系在两造争执未定胜负以前，伍君不得提动该款"。④ 总之，

---

① The Letter of Wu Ting-fang to Fletcher, May 10, 1920, Customs Surplus Revenues: Disposal of Deposit by Wu Ting-fang in Hongkong & Shanghai Bank, FO 671/450, file. 541, pp. 136 – 138.

② 《照录致领衔法柏使、英艾使照会》（1920年6月7日），中国第二历史档案馆编：《北洋政府档案》第69卷，第72—75页；From Wai Chiao Pu to H. M. Minister, Jun. 7, 1920, Customs Surplus Revenues: Disposal of Deposit by Wu Ting-fang in Hongkong & Shanghai Bank, FO 671/450, file. 546, pp. 157 – 158.

③ 《照录英艾使来照》（1920年6月26日），中国第二历史档案馆编：《北洋政府档案》第69卷，第85—86页；British Legation, Jun. 26, 1920, Customs Surplus Revenues: Disposal of Deposit by Wu Ting-fang in Hongkong & Shanghai Bank, FO 671/450, file. 546, pp. 158 – 159.

④ 《收总长会晤英艾使问答·伍廷芳存放银行之关余事》（1921年6月15日），《国民政府接收前外交部案卷·西南关余案抄档》（商三第399号），第187—188页。

北京政府亦曾努力通过外交途径解决在沪港的诉讼，不过所有的外交交涉，皆被英国以事关法律诉讼非外交所能干涉而拒绝。

尽管艾斯敦和傅磊斯素来以关余诉讼案已为法律问题，外交人员无从干涉为由，屡次拒绝北京政府外交部和上海交涉员许沅、岑春煊的要求，但实际上英国公使和领事，一直通过各种方式关注、影响乃至操纵会审公廨和英国在华法院的判决。会审公廨中的洋员为英国驻上海副领事包克本，会审公廨的历次关键性判决都是包克本与傅磊斯商议后的结果。1920 年 6 月 2 日会审公廨禁制令生效后，傅磊斯致信艾斯敦，报告英国在华法院和会审公廨中关余案审判的详细过程。傅磊斯坦陈，尽管这一判决超出原告方的请求范围，且他明知判决已明显不符合英国法律的某些原则，但他认为判决符合常识，并且创造了一个处理类似问题的方式："将公共租界中的会审公廨用作判决中国人的政治争端是相当不明智的。因为若鼓励中国政治人物将公共租界视作一种避难所，让他们以为在其中相当安全且不受任何干扰，这同样是不明智的。"傅磊斯称，自会审公廨接办此案后，李葶仙就收到来自不同政府、不同党派等的游说，试图影响他的判决。傅磊斯指出，中国人特别容易受此影响，故"在此情况下，会审公廨的审判是正确的"。傅磊斯总结道：

> 任何一方均未能在会审公廨中获得有利于他的判决，这大概会使在华法院的禁制令生效。这样，只要伍廷芳没有藐视法庭的话，他就不能动用以他名义存于银行的关余款，即便是存入了他的私人账户为其个人支配，他也不能从汇丰银行获得任何金额。但是，一般来说我们并不知道这笔钱存于何处，以及金额多少。如果伍廷芳博士不服从会审公廨之命令，毫无疑问，要想指控这一行为是相当困难的。我的私人信息显示，大部分资金都是在香港，据信类似的诉讼正在进行中。①

此后，上海关余诉讼进入沉寂，直至 1920 年 10 月岑春煊下野，11 月孙、伍

---

① Report on Proceedings in Supreme and Mixed Courts, Jun. 12, 1920, Customs Surplus Revenues: Disposal of Deposit by Wu Ting-fang in Hongkong & Shanghai Bank, FO 671/450, file. 545, pp. 142 – 144.

重回广州。1921 年 1 月 15 日，会审公廨以原告方未出席，预备判决取消禁制令时，北京政府也意识到问题的紧急性。北京国务院指令外交部就沪港诉讼与英国公使、领事和港督联系，"对于所存关余，务仍照旧保存，候由中央派员接办，暂勿发交伍廷芳等"。① 随后外交部照会公使团领衔的西班牙公使白斯德（Luis Pastoryde Mora），声明北京政府立场：

> 查前广东军政府因关余款项在沪涉讼，现军政府业经取消，一切案件移交中央政府，所有前项涉讼之款，自应照旧保存，候由中央政府派员接办，相应照会贵领衔公使查照，并烦转达各国驻京公使。②

1921 年 1 月 19 日，颜惠庆曾就关余诉讼案与艾斯敦等会晤，英方告知颜惠庆，伍廷芳所带走的关余款，并非如常人所言存于上海汇丰银行，实际上此时钱款已基本被伍廷芳取走。此言当时让颜惠庆大为惊异，他立刻致电许沅彻查西南关余到底存于上海还是香港。许沅回电称，据岑春煊所言，该款存于沪港两地汇丰银行。③ 同日，许沅在上海照会傅磊斯，"中央拨付西南关余款项存放汇丰，此款未经中央政府决定以前，无论何人不得提取"。④ 鉴于北京政府对上海关余案严重关切，1 月 22 日，艾斯敦紧急致电傅磊斯，称鉴于中国政府强烈反对，建议会审公廨推迟宣判。⑤ 然而在艾斯敦发电当日，会审公廨已经开庭审理，以伍廷芳已离开公共租界不在其管辖范围、会审公廨不应受理中国内政事务、1 月 15 日原

---

① 《收国务院函·西南关余事（存司）》（1921 年 1 月 18 日），《国民政府接收前外交部案卷·西南关余案抄档》（商三第 399 号），第 62 页。

② 《发领衔日白使照会·西南关余涉讼之款应候由中央派员接办由》（1921 年 1 月 18 日），《国民政府接收前外交部案卷·西南关余案抄档》（商三第 399 号），第 63 页。

③ 《收颜总长会晤英艾使问答·伍博士自广东携出之款存在何处事》（1921 年 1 月 19 日）、《收上海特派员电·西南关余事》（1921 年 1 月 20 日），《国民政府接收前外交部案卷·西南关余案抄档》（商三第 399 号），第 66、68 页。

④ 《交涉员许：中央拨付西南关余款项存放汇丰此款未经中央政府决定以前无论何人不得提取》（1921 年 1 月 19 日），Customs Surplus Revenues：Disposal of Deposit by Wu Ting-fang in Hongkong & Shanghai Bank，FO 671/450，file. 549，pp. 166 – 168.

⑤ Telegram Received From Peking, Customs Surplus Revenues：Disposal of Deposit by Wu Ting-fang in Hongkong & Shanghai Bank，FO 671/450，file. 549，p. 162.

告未出庭反对等三条理由，宣布撤销 1920 年 4 月 17 日会审公廨所宣布的禁制令。①

撤销判决一出，立刻引发一场外交大战。司法的失败迫使北京政府不得不从外交上着手解决关余案。颜惠庆致函艾斯敦，再次陈明北京态度：南方军政府早已取消，关余当然由"中央政府"收回应用，要求英国公使迅速饬电汇丰银行，仍将关余扣留，不得支付。同时，北京政府致电驻英公使施肇基，命他就此案向英国政府交涉。1921 年 1 月 26 日，颜惠庆再就关余案与艾斯敦商谈，指出"前军政府既已取消，中央政府对于该军政府所遗之合法利权，自系处于继承人之地位"，陈明北京政府对于西南关余三事的明确立场：

> 一、军政府未取消之时，其已拨西南关余，现尚存留于上海、香港各外国银行者；二、军政府取消以后，仍照旧定成数历次扣存者，悉应完全拨归中央政府接收；三、扣存关余分拨西南之举，此后应即取消。②

1921 年 2 月，顾维钧接替施肇基任驻英公使，继续与英国政府就关余案进行交涉。北京指示顾维钧，继续就西南关余事向英国政府表明立场。③ 英国外相寇松（George Nathaniel Curzon）则回称，"贵政府既向法庭起诉，是已入司法范围，碍难转饬汇丰银行"。不过，关余诉讼显然引起英国外交部关注，寇松致电艾斯敦，要求艾斯敦就上海和香港诉讼向他详细汇报。④

---

① Enclosure 3 in Shanghai Despatch No. 29 of Jan. 25, 1921, Chang Shih Chao v. Wu Ting Fang, Funds Deposited with Hongkong & Shanghai Bank by Dr. Wu Ting Fang, Leader of Southern Party, FO 371/6641, p. 90.

② 《发英艾使函·西南关余事》（1921 年 1 月 24 日）、《发英京施公使电·西南关余事》（1921 年 1 月 24 日）、《收总长会晤英艾使问答·西南关余事》（1921 年 1 月 26 日），《国民政府接收前外交部案卷·西南关余案抄档》（商三第 399 号），第 70、71、78—80 页。

③ 《收驻英顾公使电·粤收海关事又关余事》（1921 年 2 月 4 日）、《发驻英顾公使·西南关余事》（1921 年 2 月 5 日），《国民政府接收前外交部案卷·西南关余案抄档》（商三第 399 号），第 109、110 页。

④ 《收驻英顾公使电·粤收海关事又关余案》（1921 年 2 月 16 日），《国民政府接收前外交部案卷·西南关余案抄档》（商三第 399 号），第 130 页；Earl Curzon to Sir. B. Alston（Peking），Foreign Office, Mar. 1, 1921, Funds Deposited with Hongkong & Shanghai Bank by Dr. Wu Ting Fang, Leader of Southern Party, FO 371/6641, p. 60.

颜惠庆在北京会晤艾斯敦，施肇基和顾维钧在伦敦与英国政府交涉的同时，许沅也在上海与傅磊斯交涉，要求傅磊斯阻止汇丰银行向伍廷芳支付关余。1月24日许沅照会傅磊斯，"汇丰银行存款，军府已经取消，应由中央处置，仍请以友谊协助"。① 傅磊斯称他不能干涉在华法院的事务，建议许沅寻求法律帮助。傅磊斯称，许沅千方百计地要求李蓉仙拒绝伍廷芳的申请，"他不仅书面命令廨员这样做，而且派他的秘书去口头劝说"。②

即便是艾斯敦，也对会审公廨的判决未能遵循他的外交节奏而感到不满。③此时正值南北政府就扣存关余与外交团、税务司交涉期间，伍廷芳曾以军政府外交总长名义致电北京索取，称若不应允，西南军政府将考虑截留境内海关关税以为抵制。④ 北京政府也致电中国驻外公使，要他们向各国政府声明北京立场："查中国海关制度，向系统属于总税务司，决不容其强分畛域，任意割裂。该省此举，中政府断难承认。"⑤ 艾斯敦认为，在伍廷芳发表如此无视外国条约权利宣言的当口，向伍支付关余将对中国内政外交产生不良影响。他急电傅磊斯，通知上海英国在华法院、汇丰银行和香港，要求它们立即推迟支付：

中国政府现在恳求英国当局采取我们有权采取的任何措施，推迟向伍廷芳支付存于上海或香港英国银行的任何款项，直到在香港和上海英国法庭的诉讼结束。1月22日上海会审公廨解除了先前发布的禁制令，可能导致银行放款。

毫无疑问，在伍廷芳刚刚发表无视外国条约权利宣言的同时，向伍廷芳

① 《交涉员许：汇丰关余存款军府已经取消应由中央处置仍请以友谊协助》（1921 年 1 月 24 日），Customs Surplus Revenues：Disposal of Deposit by Wu Ting-fang in Hongkong & Shanghai Bank, FO 671/450, file. 554, pp. 171 – 173.

② His Majesty's Consul-General, Shanghai, to His Majesty's Minister, Peking, Jan. 25, 1921, Funds Deposited with Hongkong & Shanghai Bank by Dr. Wu Ting Fang, Leader of Southern Party, FO 371/6641, pp. 84 – 85.

③ Telegram Received From Peking, Jan. 24, 1921, Customs Surplus Revenues：Disposal of Deposit by Wu Ting-fang in Hongkong & Shanghai Bank, FO 671/450, file. 550, p. 163.

④ 《伍廷芳以军府外长名义电索关余》，《时事新报》1921 年 1 月 20 日，第 1 张第 1 版。

⑤ 《发驻英美法义比日本各使电·粤省收回海关自办中政府断难承认由》（1921 年 1 月 26 日），《国民政府接收前外交部案卷·西南关余案抄档》（商三第 399 号），第 187—188 页。

支付海关关余，将会对中国内政和永恒关系产生不良的政治影响。英国法庭和银行若能采纳我的建议，在这一问题上采取措施推迟支付，我将会非常高兴。①

傅磊斯接到电文后，即刻致信上海汇丰银行司理施迪（C. H. Stitt），告知其艾斯敦的立场，以作补救。② 随后，他复电艾斯敦，详细解释关余案在会审公廨和在华法院的诉讼流程，及 1 月 22 日会审公廨撤销禁制令的缘由。③ 包克本认为，1920 年 6 月 2 日的禁制令，是为了防止伍廷芳滥用公共租界的中立地位来行反对北京政府之事，鉴于伍廷芳已经返回广东，这一理由不再适用；继续维持禁制令只会被视为对中国内政的直接干涉，所以不如取消；伍廷芳身在公共租界时，原告方不得不在租界起诉，现在他们可以将此案件诉至中国法庭。④ 傅磊斯则强调：

我无须多言，这种将政治考量纳入会审公廨裁决的企图，会多么严重地影响会审公廨的权威性，而且允许以这种方式篡改法官的判决是多么不明智。众所周知，北京政府正在全力阻止广东获得这笔资金。因此我认为，包克本先生完全正确地超越了他中国同事的顾虑，决心严格遵守公廨 6 月 2 日判决中所确定的规则。那天维持禁制令的唯一理由是，伍廷芳身处公共租界之中，中国法院无法对他行使管辖。现在，他身处广州，受中国法庭之管辖，前述理由即不再有效。否则，法院的任何其他判决都会被指责为

---

① Copy of Telegram to Shanghai and Hongkong, Jan. 24, 1921, Funds Deposited with Hongkong & Shanghai Bank by Dr. Wu Ting Fang, Leader of Southern Party, FO 371/6641, p. 83.

② Enclosure 7 in Shanghai Despatch No. 29 of Jan. 25, 1921, the Letter of Fraser to Stitt, Funds Deposited with Hongkong & Shanghai Bank by Dr. Wu Ting Fang, Leader of Southern Party, FO 371/6641, p. 96.

③ His Majesty's Consul-General, Shanghai, to His Majesty's Minister, Peking, Jan. 25, 1921, Funds Deposited with Hongkong & Shanghai Bank by Dr. Wu Ting Fang, Leader of Southern Party, FO 371/6641, pp. 84 – 85.

④ To Peking, Jan. 20, 1921, Customs Surplus Revenues: Disposal of Deposit by Wu Ting-fang in Hongkong & Shanghai Bank, FO 671/450, file. 548, p. 161.

偏袒。①

不过傅磊斯认为，尽管会审公廨撤销了禁制令，但是从法理上看，英国在华法院1920年4月19日对汇丰银行所发布的禁制令并未失效，未经在华法院同意，汇丰银行仍不得向伍廷芳支付关余款。② 且随后不久，章士钊等即代表北京政府于英国在华法院再次申请禁制令。而在艾斯敦的"建议"下，英国在华法院也适时再次通过针对伍廷芳关余款的禁制令。此后，颜惠庆多次会晤艾斯敦，要求通过外交手段解决香港关余案。此时南方政府强行接管海关的危机暂时过去，英国的态度再次回到一切以法律为准的说辞中。③

在关余诉讼案进行的同时，关余提取和争拨交涉亦在进行。1920年4—12月，本应分拨给南方政府的关余款一直扣存于海关总税务司，累计有251万两。经过激烈交涉，1921年3月各方达成协议，从被扣存关余中拨42万两予南方政府作为河工经费。④ 但从1921年起，南北政府的关余分割协议便不再履行。由于南北议和失败，伍廷芳出走、军政府内讧，公使团对于调和南北争端已不再抱有希望。陈炯明叛变后，列强对于南方政府能否稳定存续更是深表怀疑。直至1925年两次东征彻底击败陈炯明势力前，南方政府也未能稳定控制广东一省。加之列强敌视孙中山领导的护法运动，期望他们承认南方政府，实属难上加难。

另外，基于实际控制原则的关余分割协议，也一度给诸多地方实力派带来共享关余的希冀。岑春煊、熊克武、唐继尧、张作霖、陈炯明等军阀，都曾以己方

---

① His Majesty's Consul-General, Shanghai, to His Majesty's Minister, Peking, Jan. 25, 1921, Funds Deposited with Hongkong & Shanghai Bank by Dr. Wu Ting Fang, Leader of Southern Party, FO 371/6641, pp. 84 – 85.

② His Majesty's Consul-General, Shanghai, to His Majesty's Minister, Peking, Jan. 25, 1921, Funds Deposited with Hongkong & Shanghai Bank by Dr. Wu Ting Fang, Leader of Southern Party, FO 371/6641, pp. 84 – 85.

③ 《收总长会晤英艾使问答·伍廷芳存放银行之关余事》（1921年6月15日），《国民政府接收前外交部案卷·西南关余案抄档》（商三第399号），第187—188页。

④ 《致总税务司函》（1921年3月23日），中国第二历史档案馆编：《北洋政府档案》第69卷，第513—518页。

控制地域内有海关税收为由，要求公使团和海关总税务司按比例分割关余。对于列强而言，各地方势力变幻莫测、此消彼长。此例若再开，则海关的统一体系和担保偿付机制又有崩溃之虞。故1921年以后，公使团不再同意将关余摊交未经列强正式承认的政府，而主要作为北京政府整理案内公债还本付息之用。[①] 此后，孙中山领导的南方政府在关余争拨交涉中所得寥寥。

## 五、西南关余诉讼案的焦点与影响

伍廷芳到底带走了多少钱、如何提取、用作何处，这些事实是探查关余案历史影响的重要问题。尽管从法律上，伍廷芳在沪港银行的账户自1920年4月10日就被冻结，但并未真正影响孙中山和伍廷芳对关余的提用。伍廷芳出走后，为了支持在沪港的诉讼，岑春煊指令其财政部清算账目。伍廷芳曾交给岑春煊一份关余收支清单，截至1920年1月他收到的关余款共计香港银元3969359.61元，除支出外，仍存1533306.48元；另有先前借给中国银行，后还回的30万元，故结余1833306.48元。1920年3月海关总税务司又汇至伍廷芳在上海汇丰银行的账户规平银548000两，折合香港银元83万元左右。如此算来，伍廷芳带走的关余款确有266余万元。1920年4月，伍廷芳在向港英法庭提交的誓章中也承认，其控制的该笔款项有200余万元。[②] 不过，尽管港英法庭、英国在华法院及会审公廨都发布针对伍廷芳账户的禁制令，但也仅止于此，三法庭皆未允准原告请求，清查伍廷芳的账户，因此岑春煊和北京政府一直无法得知伍廷芳在沪港银行存款的确数，更遑论控制该笔款项。

1921年2月英国在华法院宣布禁制令继续有效后，伍廷芳致电北京政要，告诉他们他所带走的关余款不过百万，而今账户中只剩下不足1700元。实际上伍廷芳所言有虚有实。他所带走的款项不止"百万"。具体数额，直至1922年10月岑春煊父子与伍朝枢和解谈判时方得确认。伍廷芳坦陈此时钱款已大部提走，应属事实。傅秉常晚年在回忆录中述及：

---

① 魏尔特：《关税纪实》，第565页。
② 《粤军府谋撤伍及禁提关余》，《申报》1920年5月5日，第7版。

及伍廷芳先生抵沪，同意余看法，先派余往上海一家存款较小之广东银行，向主持人李煜堂说明上述理由，洽商提款。李与其律师商量后，允许提款，旋汇丰银行亦准予提款。支票签字地点均写杭州，此款遂陆续全部提出。以后粤军回粤，迎中山先生重返广州，即赖此款供军需之用。①

伍廷芳于4月16日抵达上海，李煜堂6月6日离开上海赴美参加中国邮船公司在北美的股东大会。② 如果傅秉常所述无误，那么伍、李二人商议提款的时间，只能是在此期间内。1921年1月，傅磊斯致电艾斯敦称，上海汇丰银行司理施迪告诉他，伍廷芳在上海汇丰的账户中只剩下不足2000元，且自1920年4月以后，从未动用过。③ 傅磊斯强烈怀疑伍廷芳在上海的诉讼，只是转移人们注意力的计谋，可能早在离开广州前，"伍博士和他的盟友们，已将其控制下的资金，用化名转移到了中外数家银行中"。傅磊斯又补充称，"与中国的银行客户打交道的经历使我相信，即便是在上海我们银行的本地部门中，你也能找到用类似太极图章所开的账户——但是我不知道他们是如何逃避监管的"。④ 傅磊斯坦陈，如果伍廷芳博士不服从会审公廨的禁制令，毫无疑问，"要想指控这一行为是相当困难的"。⑤

1923年初，白逾桓在众议院就"孙岑瓜分关余案"提出质询后，有人在报纸上放出消息，详述了关余诉讼案的起因及岑、伍和解的内情。作者熟知关余案内情，且明显同情政学系，甚至称岑春煊对于白逾桓质问和查账要求"无所容心"乃至喜闻乐见，不免让人怀疑此内幕就是政学系故意放出的。该文称，伍廷芳带走的钱款共计260余万元，直至岑、伍和解时已支去223万余，绝大部分都用于陈炯明粤军回粤、接济滇军的军费，另有数十万元用于供给吴景濂等离粤赴沪的旧国会议员的生活。至于伍廷芳如何取走这笔款项，该文称"伍氏乃设法改

① 《傅秉常先生访问记录》，台北：台湾"中研院"近代史研究所，1993年，第17页。
② 《中国邮船公司股东代表赴美》，《申报》1920年6月9日，第10版。
③ The Letter of G. H. Stitt to E. H. Fraser, Jan. 25, 1921, FO 671/450, file. 557, p. 192；To Peking No. 12, Jan. 26, 1921, FO 671/450, file. 558, p. 193.
④ The Letter of E. H. Fraser to Alston, Jan. 26, 1921, FO 671/450, file. 559, pp. 194 – 195.
⑤ Report on Proceedings in Supreme and Mixed Courts, Jun. 12, 1920, FO 671/450, file. 545, pp. 142 – 144.

由日本各地之各该行支店提出动用，迹近取巧"，① 即伍廷芳在日本期间，通过异地签单提取的方式取走。1920 年 6 月，会审公廨禁制令出台后不久，伍廷芳即从上海赴日，报载其离沪原因即为躲避关余诉讼的追索。② 如此观之，前文所言并非无因。

总之，存于香港汇丰银行的款项，早在 4 月香港法庭发出禁制令前就已转出一部分。被港英法庭所冻结的，主要是存于香港万华银行、昭隆泰等银行中的部分，直至 1922 年底仍有 30 余万元。在广东银行李煜堂帮助下，伍廷芳以变通方式，取走存在上海汇丰银行的大部分款项。伍廷芳赴日期间，又通过异地签单方式提取钱款。换言之，岑春煊和北京政府在沪港提起的旷日持久的诉讼，争夺的都是一个所剩无几的空户头。1920 年 4 月诉讼刚起时，存于沪港汇丰银行的钱款并未完全提出，伍廷芳和孙中山仍积极应诉答辩，以法庭为战场，明修栈道。岑春煊和北京政府，乃至英国驻华使节皆未曾料到，汇丰银行敢对中外法庭的禁制令阳奉阴违、暗度陈仓，与孙、伍里应外合将钱款取走。伍廷芳的关余款，就这样在中外追击中金蝉脱壳，先后用于支持孙中山招徕国会议员赴沪、驱桂战争、驱陈战争、两广议会重开等。

在关余案中，"对簿外庭"的耻辱感，自始至终皆为伍廷芳和国民党人斥责岑春煊与北京政府的有力武器。1920 年 4 月，北京《益世报》称，外人对于南方政府代表章士钊在上海会审公廨控告伍廷芳一事"极表嘲笑之意"。③ 1920 年 4 月 15 日，署名为佐治的文章痛斥岑春煊勾结曹锟、李纯出卖护法军政府，迫使伍廷芳出走、国会议员离粤；延聘英国律师，为争夺关余存款而将伍廷芳控告至港英法庭，"惟知争利，不顾人格，且乏常识"，"控华人且同为总裁者于英廷，自居于英人法权管理之下，可耻孰甚"，简直是亡国奴的根性使然！④ 4 月 16 日，旅沪旧国会议员王宗尧领衔发电，痛斥章士钊向外人法庭控告军府总裁的行为，

---

① 《西南关余案之如是我闻旧事重提》，《京报》1922 年 12 月 31 日，第 6 版。
② 《伍博士避债赴东瀛：仅仅为避债吗》，《时事新报》1920 年 6 月 15 日，第 3 张第 1 版。
③ 《外人之关余诉讼观》，《益世报》（北京）1920 年 4 月 18 日，第 3 版。
④ 佐治：《亡国奴之根性》，《民国日报》（上海）1920 年 4 月 15 日，第 2 版；《益世报》（北京）1920 年 4 月 19 日，第 2 版。

实属紊乱纲纪、丧失国权。① 1920 年 5 月 19 日会审公廨辩论结束后，伍廷芳在对记者谈话中指出：

> 此事纯属内部政争，彼方特假手于此为破坏计耳。彼等不顾以军府之尊严，受外人之裁判，辱损国体至于极点！且上海会审公廨，半属北庭管辖，半属领团主持。彼等讵不知之，乃竟然出此，夫复何言？②

1920 年 10 月，驻琼滇军在驱桂战争中通电反正，斥责岑春煊的一大罪状即"不惜以护法政府之尊严，为关余对簿外人法庭，受其裁判，阴险卑劣，令人愧愤"。③ 1921 年 2 月，伍廷芳致电北京政府诸政要，特地强调诉讼中无论南北双方谁胜谁负，既结怨于国内，又贻笑于友邦，"稍知大体，断不为此"。④ 在给港督的信中伍廷芳称，"作为一个中国人，我非常不喜欢在外国法庭中自证清白"。⑤ 他所能做的，是从未亲自出席过沪港法庭中的任何一场诉讼。其他社会团体如上海广肇公所等，也指责双方"以国帑提取之权取决于外人裁判之下"，实属"鹬蚌相争，渔翁得利"。⑥ 对于这些指控，直至全案撤诉和解，岑春煊和北京政府从未正面回应。1921 年 1 月，北京政府委托律师林行规赴港接手香港诉讼。临行前，林行规特地就此事询问北京政府聘用的法籍法律顾问宝道（Georges Padoux）："政府派员赴港，催促关余案，与体面有关否？"宝道称："国际间不乏先例，并不伤体面。"⑦ 于是林行规方决定南下。可见，北京政府办案诸人内心，亦认为此诉讼颇有"不体面"之虞。

---

① 联署者有王宗尧、高福生、邓天一、杨大实、祝震、周学宏、魏吴涛、李正阳、张华澜、卢一品、巴达玛、林沁、白瑞童、杭时、张瑞萱、丁惟汾、白逾桓、姚桐豫等共计 18 人。详见《旧国会议员致六总裁电》，《申报》1920 年 4 月 17 日，第 10 版。
② 《伍博士对于关余案之谈话》，《申报》1920 年 5 月 22 日，第 10 版。
③ 《琼州宣布独立电》，《申报》1920 年 10 月 14 日，第 6 版。
④ 《收广州伍廷芳电·关余事》（1921 年 2 月 18 日），《国民政府接收前外交部案卷·西南关余案抄档》（商三第 399 号），第 151—153 页。
⑤ The Letter of Wu Ting-fang to Fletcher, May 10, 1920, FO 671/450, file. 541, pp. 136–138.
⑥ 《广肇公所对关余控案之劝解》，《申报》1920 年 4 月 19 日，第 10 版。
⑦ 《林行规赴港之任务》，《益世报》（天津）1921 年 1 月 26 日，第 3 版。

尽管"对簿外庭"未必让北京政府感到耻辱，但诉讼失败的耻辱感倒是清晰地传导给了北京政府，促使他们积极筹谋收回会审公廨。在西南关余诉讼中，伍廷芳和国民党系议员数次指责会审公廨隶属北京政府，盖因从法律角度，会审公廨并非纯粹的外国法庭，而是中外混合法庭，被告也是身在公共租界中的华人，公廨中则有北京政府任命的华员李葶仙。自关余诉讼兴起后，北京政府上海交涉员杨晟、许沅即通过李葶仙了解案情、影响审判。1920 年 6 月，上海交涉员杨晟即命令廨员，任何人不得提取伍廷芳名下关款。岑春煊下台后，北京恐伍廷芳趁机取走关款，许沅密告李葶仙，要其格外注意。因直至 1921 年 1 月前，会审公廨的判决都是维持禁制令，因此许沅对李葶仙的表现颇为满意，称李能"仰体斯旨，将被告代表律师之请求切实驳拒"。① 这也给北京政府造成错觉，认为他们能够通过李葶仙操纵审判。然而会审公廨撤销案件的判令，让北京政府措手不及，也让许沅意识到真正能够控制会审公廨的并非华员李葶仙，而是英国人。

1921 年 1 月会审公廨撤销禁制令的判决证明，即便是北京政府也难以控制会审公廨的审判，会审公廨被西人操控，其判决体现的是公共租界及在华西人的利益。许沅颇为无奈，痛陈法权失却、不操诸己手的痛苦。他哀叹，自辛亥以来，中国政府在公廨的法权丧失，华员对公廨的控制能力薄弱：

> 会审华官亦不能据理力争，则其他华人诉讼案件更可难推。况现无上诉机关为之救济，当事人即有屈抑，亦属无从伸理，诚无怪租界华人对于公堂之任意武断思虑极深也。

在他看来，自辛亥革命以后，会审公廨完全操于外人之手，即便是华人廨员的任命和辞退也要听从外人的意见；而外国法官则多半是刚来华的副领事，既不熟悉法律，也缺乏审判经验，更重要的是完全不熟悉中国民情，因此审判华洋诉讼时"意为轻重"，审判"恒失其平"；而华人廨员则各个"噤若寒蝉"，只能"徒坐

---

① 《收上海杨特派员电·复七日电关余事》（1920 年 6 月 9 日）、《收江苏交涉公署呈·西南关余经会审公廨谕禁提取报请鉴核由》（1920 年 12 月 3 日），《国民政府接收前外交部案卷·西南关余案抄档》（商三第 399 号），第 25、45—47 页。

啸而画诺"，"致人权失其保障"。许沅称，自其调任上海以来，这种情况屡见不鲜，今日政府尚且吃此大亏，普通百姓就更是深受其害。① "不独人民任其宰割，甚至诉讼涉及政治问题，以及中央政府、本省长官交办案件，亦无不受其挟持，侵害国权，至此已极！"关余案无疑是最具代表性的案件之一。许沅为此先后五次入京面谒当局，呼吁政府积极筹划，尽早收回会审公廨。② 1926 年初，北京政府外交总长王正廷与法权会议主席王宠惠，协同向公使团提出议案，将会审公廨改为特别法庭，布局收回会审公廨。③ 上海地方则由孙传芳委任丁文江为总办、许沅为交涉员，具体办理收回公廨的谈判和交涉事务。④ 关余案中的原告律师谢永森也出任收回上海公共租界会审公廨法律委员会委员，为许沅出谋划策，直至达成协议。⑤

个案上的失败或许只是切肤之痛，而司法主权缺失造成的国本动摇，才是真正威胁北京政府的剜心之疾。会审公廨作为华洋混合法庭，是关余诉讼案中唯一一对身处公共租界的华人伍廷芳和英国法人汇丰银行都具有属人和属地管辖权的法庭。但实际控制会审公廨的英国副领事包克本自认对案件实体争议无管辖权，拒绝对关余款究竟应该给谁进行裁判，持骑墙之态。港英法院和英国在华法院也是如此。三法院通过的禁制令，都只是一种程序性诉讼保全措施。相较而言，岑春煊政府和北京政府各自控制的广州和上海法庭，审判过程迅速凌厉、判决结果毫无悬念，司法完全为各自政治利益服务。但尴尬的是，尽管上海法庭在法理上对伍廷芳具有属人主义的管辖权，也对关余款的归属作出明确判决，但无法对伍廷芳采取强制措施，更无法对英国法人汇丰银行采取任何强制执行措施。北京政府对汇丰银行所有的要求，只能通过英国使领、港英法院、英国在华法院和会审公廨提出，且多遭到敷衍、拒绝。而对存于中国法人先施公司的款项，岑春煊政府稍加手段即唾手可得。两相对照，反差极大。内政分裂以及殖民地、领事裁判

---

① 《江苏交涉员关于与英领事为西南关余案接洽情形及英员堂谕致财政部函》，中国第二历史档案馆编：《北洋政府档案》第 69 卷，第 152—164 页。

② 《条约委员会科员许沅对于上海临时法院之条陈》（1929 年 8 月 10 日），《领事裁判权问题》（二），档号 020—990600—2326，台北"国史馆"藏。

③ 《撤废领事裁判权之进行》，《时事新报》1926 年 2 月 2 日，第 3 张第 1 版。

④ 《孙传芳电告沪廨案协定内容》，《申报》1926 年 7 月 28 日，第 7 版。

⑤ 《公廨协定签字后消息》，《申报》1926 年 8 月 26 日，第 13 版。

权、租界体系存在，造就程序裁判与实体裁判两相脱节的司法夹缝。伍廷芳的关余款，就在夹缝中成功躲过中外法庭的监管和追击，先后用于支持孙中山的革命事业。

## 结　语

长期以来，学界对于近代领事裁判权问题的研究，较多集中于领事裁判权在华确立过程和中国人民废除不平等条约的努力等方面，而对近代中国人在领事裁判权体系中的诉讼活动，以及革命力量对租界、领事裁判权体系的技术性利用及其影响关注不足，值得我们深入探究。西南关余诉讼案是近代中国对外丧失法权、内部政治分裂情境下，将内政纠纷置诸外人法庭进行裁判的典型案例。本属中国海关的税款，却需要外国公使团允许方能决定如何拨发，甚至还要到外人的法庭打官司，在外国法官面前证明己方才是中国唯一合法政府、对方为伪政府，近代中国政治的半殖民地性质由此可见一斑。该案历时两年、涉及三地，遍历港英殖民地法庭、会审公廨中外混合法庭、英国在华领事裁判权法庭和中国法庭4种法律体系，共计5场诉讼，最终以孙中山和伍廷芳的实质性胜利告终。在此过程中，政治局势变幻，南北各方势力消长连横，始终左右着案件进程。将内政诉诸外庭的耻辱感，也始终萦绕在涉案诸人心头。

自鸦片战争以后，以英国为代表的列强通过层层不平等条约，建构起一个纷繁复杂的在华特权体系。但在面对同一问题时，体系内部不同的利益方也常抱持不同立场。如何具体协调"叠床架屋"的条约特权以保证自身在华利益最大化，始终是英国政府及其驻华使节的重要考量。西南关余诉讼案正好串联起英国在华不平等条约体系的四大核心——殖民地、租界、领事裁判权和关税控制机制，并揭示了体系内部的协调机制。有研究指出，20世纪20年代前期英国对中国的内政纷争采取不介入的"静观政策"，支持北京政府维持现状，但在保持海关管理权完整方面态度坚决。[1] 英国在关余案中的态度深刻体现了这一特点。港英政府因与广东省的地缘关系，不希望开罪广东政局的实际掌控者，但也不愿因此违逆

---

[1]　参见张俊义：《南方政府截取关余事件与英国的反应（1923—1924）》，《历史研究》2007年第1期。

北京政府。会审公廨则意图使租界及会审公廨在纷繁复杂的中国政局中保持中立地位，认为"租界不能成为密谋反对该国和平与治安及其合法政府的温床"。①故英国人控制的沪港法庭，都只是在程序上通过对伍廷芳名下财产的禁制令，从始至终都拒绝对关余款的实体争议进行裁判。但从诉讼开始，英国驻华使领即通过各种方式影响乃至控制上海关余诉讼案的判决，同时亦与港英政府沟通信息，协调审判。会审公廨的历次判决，皆为英国驻上海领事傅磊斯与副领事包克本商议的结果。而当南方政府为争夺扣存关余、要求继续履行关余协议，并以收回海关相胁时，英国在华法院又再次"适时地"通过针对伍廷芳关余款的禁制令。不难看出，案件的审判基本与英国对华政策同步，是这一时期中英关系走向的集中反映。

纵观西南关余案的诉讼及相伴而生的多方博弈，呈现出司法、政治、外交相互交织的复杂态势，既影响了南北双方推动废除领事裁判权的行动，亦影响了历史进程。王铁崖指出，领事裁判权制度构成整个不平等条约的主要部分，它严重侵害了中国的司法权力，粗暴侵犯了中国主权。② 时任北京政府司法总长、法权讨论委员会委员长张耀曾在其主持的研究报告中明确指出："外人来华，既不必服从中国主权，有恃无恐，可任意作紊乱中国国宪、妨害中国治安之事。"③ 民国建立后，无论是南方政府主导的废约外交，还是北京政府主导的修约外交，废除领事裁判权乃至整个不平等条约体系的远景目标是一致的。④ 关余案中的参与人多为中国近代史上著名的政治家、法学家等，亦是废约和修约外交的主导人物。他们在司法主权已然残缺的状况下，聘请律师积极参与诉讼、提供证据，将中国的内政纠纷转换为英国法意义上的法律关系，采取灵活的诉讼策略，在繁杂的法律程序中为己方争取利益，诉讼的最终结果对南北双方均产生了直接且深远

① 郭泰纳夫：《上海会审公堂与工部局》，朱华译，上海：上海书店出版社，2016 年，第280 页。

② 邓正来编：《王铁崖文选》，北京：中国政法大学出版社，1993 年，第 321 页。

③ 法权讨论委员会编：《列国在华领事裁判权志要》，法权讨论委员会事务处印制，1923年，第 56 页。

④ 王建朗：《中国废除不平等条约的历程》，第 203—209 页。关于北京政府修约外交的研究，参见唐启华：《被"废除不平等条约"遮蔽的北洋修约史（1912—1928）》，北京：社会科学文献出版社，2010 年。

的影响。

南方政府围绕关余的三场交涉，正好处于孙中山革命事业几经起落的时期，通过关余诉讼争得的 266 万元，对财源困顿中的孙中山而言不啻雪中送炭，也是孙、伍竭尽可能必欲获得诉讼胜利的现实考量。1923 年初孙中山回到广州第三次建立政权后，关余争拨再次被提上日程。列强宁可选择以炮舰政策，弹压南方政府强行接管粤海关的企图，也不愿意继续履行关余分割协议，由此造成 1923 年 12 月和 1924 年 10 月的两次"白鹅潭危机"。1924 年 9 月，公使团还以粤省政局紊乱为由，拒绝南方政府要求加征海关附加税的替代方案，只同意在粤海关收入项下月拨规平银 1.4 万两作为广东治河经费。① 南方政府的所求与所得，悬殊至此。这也是列强只愿意承认北京政府、不承认南方政府合法地位的结果。关余争拨交涉失败和"白鹅潭危机"爆发，最终促使孙中山放弃对英、美、日等列强的幻想，走上联俄、联共、扶助农工的道路。1924 年中国国民党第一次全国代表大会发布宣言，明确提出废约主张，要求取消包括租借地、领事裁判权、关税控制等在内的一切侵害中国主权的不平等条约；同时通过《海关问题议决案》，历述关余分割协议的确立和履行历史，强调南方政府声索关余的合法性，明确提出收回海关。② 北京政府在关余诉讼案中的失败，促使他们积极筹备关税特别会议和法权会议，希望实现关税自主、收回会审公廨、撤废领事裁判权的目的，间接推动了修约外交进程。围绕西南关余展开的交涉，就此成为南北政府废约和修约外交的重要分水岭。

〔作者张晓宇，山东大学历史学院副研究员〕

（责任编辑：刘 宇）

---

① 《临时执政府秘书厅公函第 1809 号》（1925 年 9 月 5 日），《关税备拨赔款续筹使费垫款暨法委员经费案》，北洋政府外交部档案，档号 03—08—013—03—026。
② 《中国国民党第一次全国代表大会宣言及决议案》，中国国民党中央执行委员会刊行，1924 年，第 14、22—24 页。

# 维持战略核优势：艾森豪威尔政府禁止核试验谈判政策考察<sup>*</sup>

刘子奎

**摘　要：** 20 世纪 50 年代末，美国、英国和苏联在日内瓦就禁止核试验举行会谈。美方谈判政策既有防止核扩散的考虑，也有争取人心、塑造美国"爱好和平"的形象等考量，但最基本的出发点是维持本国战略核优势。因而，即使美国军方、能源部和原子能委员会等机构强烈反对禁止核试验，艾森豪威尔仍然坚持会谈，努力达成协议。但是，为防止会谈结果可能损害自身战略核优势，艾森豪威尔政府在会谈中设置重重障碍，不断提出苏联无法接受的要求和主张，禁止核试验会谈必然走向失败。

**关键词：** 核试验　艾森豪威尔　冷战　美国　苏联

　　1958—1960 年，美国、英国和苏联三国在日内瓦就禁止核试验举行会谈，此系国际社会通过禁止核试验防止核扩散的开端。20 世纪 80 年代以来，学者对艾森豪威尔政府参与禁止核试验谈判多有研究，主要围绕以下问题展开。

　　其一，艾森豪威尔在制定美国裁军政策过程中的作用。学者或认为艾森豪威尔是一个积极领导者，处于政策制定的中心；或认为他不作为、优柔寡断且立场一再变化，缺乏领导能力，不能协调政府内不同观点。[1]　此类研究或过分强调艾

---

*　本文系国家社科基金重大招标项目"美国防扩散政策档案收集、整理与研究（1945—2017）"（20&ZD242）阶段性成果。

① David Tal, *The American Nuclear Disarmament Dilemma*, *1945 - 1963*, Syracuse：Syracuse University Press, 2008, pp. 52 - 115；John L. Gaddis, ed., *Cold War Statesmen Confront the*

森豪威尔在全面禁止核试验会谈中的作用，或认为他没有发挥应有作用，甚至认为他根本不想达成协议。众所周知，总统在美国官僚机构中居于中心地位，无论是外交政策制定还是实施，都发挥着主导作用，但由于美国社会的多元性和两党制，其作用颇受限制。因而，过分夸大或忽视艾森豪威尔在外交中的作用都不可取。

其二，有研究者认为，除艾森豪威尔外，国务卿、国防部长、参谋长联席会议主席和原子能委员会主席等总统的主要助手，在会谈中发挥了重要作用。其中，国务卿杜勒斯最受关注。[①] 国务卿和国防部长等在美国外交决策中确实有重要作用，研究他们有助于全面认识艾森豪威尔政府参与会谈的初衷和立场变化，以及会谈最终失败的原因。但是，此类研究存在两方面不足：一是基本立足于赞成或反对层面，探讨号称美国历史上最有权力之国务卿杜勒斯对会谈的作用，但未注意到其立场实际上随国际和国内环境变化而变化；二是过分强调或突出美国政府不同部门在禁止核试验上的分歧，未充分认识部门间的协调一致性。冲突固然值得探索，但协调一致性可能对会谈政策影响更大。

其三，英国或其他主要盟国对艾森豪威尔政府会谈政策的影响。[②] 此方面的研

---

*Bomb: Nuclear Diplomacy since 1945*, New York：Oxford University Press, 1999；Ira Chernus, "Eisenhower：Turning Himself Toward Peace," *Peace and Change*, Vol. 24, No. 1, 1999, p. 49；David S. Patterson, "President Eisenhower and Arms Control," *Peace and Change*, Vol. 11, 1986, pp. 3 – 24；Martha Smith-Norris, "The Eisenhower Administration and the Nuclear Test Ban Talks, 1958 – 1960：Another Challenge to 'Revisionism'," *Diplomatic History*, Vol. 27, No. 4, 2003, pp. 503 –541；Thomas Soapes, "A Cold Warrior Seeks Peace：Eisenhower's Strategy for Nuclear Disarmament," *Diplomatic History*, Vol. 4, No. 1, 1980, pp. 57 –71；Robert Divine, *Blowing on the Wind: The Nuclear Test Ban Debate, 1954 – 1960*, New York：Oxford University Press, 1978, p. 314；Stephen E. Ambrose, *Eisenhower*, New York：Simon and Schuster, 1984, pp. 150 – 151, 522 – 523.

① David Tal, "The Secretary of State versus the Secretary of Peace：The Dulles-Stassen Controversy and US Disarmament Policy, 1955 – 58," *Journal of Contemporary History*, Vol. 41, No. 4, 2006, pp. 721 –740；Robert Divine, "Eisenhower, Dulles, and the Nuclear Test Ban Issue：Memorandum of a White House Conference, 24 March 1958," *Diplomatic History*, Vol. 2, No. 3, 1978, pp. 321 –330.

② J. P. G. Freeman, *Britain's Nuclear Arms Control Policy in the Context of Anglo-American Relations, 1957 –68*, New York：St. Martin's Press, 1986, pp. 77 – 101；Susanna Schraftstetter and Stephen Twigge, *Avoiding Armageddon, Europe, the United States, and the Struggle for Nuclear Nonproliferation, 1945 –1970*, Westport：Praeger, 2004, pp. 85 – 162.

究过分强调美国各盟国尤其是英国对其外交的影响。必须承认，在冷战背景下，盟国对美国外交特别是涉及主要盟国安全关切的政策确有一定影响。但作为世界最强大国家，美国外交政策归根到底是基于本国利益制定的，无论主动还是被动，西方盟国在绝大多数情况下都会遵守和服从，尽管美国的决定有时并不符合它们的利益。

中国学者对艾森豪威尔政府核裁军和核军控的研究相对较晚，所涉及内容也少得多。陈波专门考察了该政府的海外核部署，[①] 赵学功考察了科学家对该政府禁止核试验政策的影响，[②] 刘子奎则对美国早期防扩散政策与禁止核试验会谈的关系作了讨论。[③]

上述研究有助于认识艾森豪威尔政府禁止核试验政策，但对政策出台过程及意图关注不够。更重要的是，既有研究未能把艾森豪威尔政府的禁止核试验政策纳入美国冷战核战略总体框架考察，只注意到政策的不同侧面，未能认识其变化和实质，因而产生诸多争论。此外，大多数成果产生于 20 世纪 80、90 年代，诸多重要原始文档没有解密，因而这些研究基本上没有或很少使用艾森豪威尔政府相关档案文献。本文以美国国务院对外关系文件、数字国家安全档案（DNSA）中有关防扩散评估、防止大规模杀伤性武器扩散的记载，以及美国国家情报评估（NIE）等原始档案为基础，结合美国国务院裁军文件和相关研究成果，从三个层面认识艾森豪威尔政府的禁止核试验政策。一是着眼于政府各部门在政策制定和实施过程的角色，分析美国国内政治对政策出台的影响。二是探讨艾森豪威尔政府与英国等盟国在禁止核试验问题上的冲突与协调，分析国际因素对政

---

① 陈波：《突破"禁忌"：艾森豪威尔政府的核武观与美国大规模海外核部署》，《上海师范大学学报》2021 年第 6 期；《"大规模报复"战略与美国海外核部署》，《世界历史》2021 年第 2 期；《艾森豪威尔时期美国在联邦德国的核武器部署》，《史林》2021 年第 5 期；《20 世纪 50 年代美国在欧洲部署核武器政策探析》，《史学月刊》2021 年第 9 期；《艾森豪威尔政府与美国在意大利的核部署》，《华东师范大学学报》2021 年第 1 期；《"威慑"与"禁忌"：艾森豪威尔政府在韩国的核部署》，《历史研究》2012 年第 2 期。

② 赵学功：《美国科学家与核禁试问题（1954—1963）》，《中国历史研究院集刊》总第 6 辑，北京：社会科学文献出版社，2023 年，第 251—289 页；《日内瓦核禁试谈判与艾森豪威尔政府的立场和政策》，《世界历史》2022 年第 5 期。

③ 刘子奎：《美国早期防扩散政策与美英苏禁止核试验谈判》，《历史研究》2015 年第 4 期。

策制定所起的作用。三是将艾森豪威尔政府禁止核试验政策的制定、实施及相关外交活动，置于美苏地缘政治争夺的战略语境中分析，考察冷战战略对其政策的影响。

## 一、防扩散与会谈缘起

自核武器问世以来，美国政府就担心其扩散到他国。随着美苏由盟友变为敌人，以及美苏关系紧张成为世界政治中的突出现象，苏联获得核武器的前景让美国政府忧心忡忡。1949 年和 1952 年，苏联和英国分别爆炸原子弹，世界出现 3 个核武器国家，美国核垄断地位被打破。尽管苏联和英国在短时间内有了核武器，但美国毫无疑问仍拥有巨大优势。

为维持自身核优势地位，同时防止核武器进一步扩散，艾森豪威尔 1953 年底提出和平利用原子能计划。[①] 该计划呼吁在一段时间内比如两年，暂停生产所有用于核武器的物资（U–235 和钚），乃至停止生产用于民用目的的核物资。该计划还建议，在两年内开始谈判，寻求恢复生产裂变物资的安全方式，以阻止其被转用于生产核武器的任何可能。[②] 尽管和平利用原子能计划在相当程度上实现了化核剑为犁，但忽视了"核犁"可重铸为剑的可能性。因此，该计划的提出与实施，不仅未能有效防止核扩散，相反打开了进一步扩散的大门。美苏军备竞赛尤其是核军备竞赛不断升级，两国都制订了庞大的发展核武器计划。

1952 年和 1953 年，美国和苏联分别成功爆炸氢弹。作为热核武器，氢弹威力更大，毁灭性更强。美苏不仅竞相开发新型核武器，而且进行大量核试验。1954—1958 年，美国核试验次数依次为 6 次、18 次、18 次、32 次和 77 次，苏联相应的次数为 7 次、5 次、9 次、15 次和 27 次。作为不断增加核试验的结果，两国的核弹头及运载工具（洲际弹道导弹和轰炸机）持续增加。1956—1960 年，美国核弹头为 2123 枚、2460 枚、2610 枚、2496 枚和 3127 枚，运载工具分别为

---

① 关于防扩散与和平利用原子能之间的关系，参见刘子奎：《核扩散问题与艾森豪威尔政府和平利用原子能计划》，《世界历史》2016 年第 5 期。

② From the Files of Lewis L. Strauss: Drafts of Message to the American People from President Eisenhower Announcing the Establishment of the International Atomic Energy Agency, Mar 24, 1958, DDRS, CK3100123192 – CK3100123194.

1470 具、1605 具、1620 具、1551 具和 1559 具。苏联同期核弹头分别为 84 枚、102 枚、186 枚、283 枚和 354 枚，运载工具分别为 22 具、28 具、56 具、108 具和 138 具。双方核武器和运载工具数量大为增加，核试验爆炸当量不断提高。1954 年，美国在比基尼环礁进行达 1500 万吨 TNT 当量的氢弹试验。苏联不甘落后，进行了近 5800 万吨 TNT 当量的氢弹试验。[1]

由于大量进行核试验，美国核武器数量越来越多，质量也不断提高，同时核武器小型化获得巨大进展。到 1953 年艾森豪威尔上台前后，美国已拥有大到可摧毁一个城市的氢弹，小到可在战场上投入使用的小型核武器，即所谓战术核武器。从核弹头及其运载工具数量和核武器质量看，美国优势明显。同样明显的是，苏联尽管处于劣势，但追赶速度很快。美国认为，如果不能对苏联发展核力量进行实质性限制，在不远的将来其核武器数量不仅会赶上乃至超过美国，而且质量也可能赶上美国，甚至可能开发出可投入使用的清洁核武器。艾森豪威尔政府不愿意看到此种局面。通过谈判达成核军控和核裁军协议，冻结美苏核力量状态，保持美国对苏联的优势，对该政府来说无疑是最好的选择。在该政府看来，最有效的核裁军和核军控方式就是禁止核试验。

与此同时，20 世纪 50 年代中期以后，出于种种考虑，法国、瑞典、中国和以色列等国家或纷纷决定开发核武器，或认真考虑是否实施开发计划。[2] 核扩散势头加剧。艾森豪威尔政府认为，如果不采取措施，未来 10 年将有超过 10 个国家

[1] Thanos P. Doks, *Negotiations for a CTBT, 1958 – 1994*, New York: University Press of America, 1995, pp. 2 – 3.

[2] 瑞典在 20 世纪 50—60 年代一直秘密从事核武器研究计划。在相当程度上，因朝鲜战争以来屡遭美国核威胁，中国于 1955 年开始实施核武器计划。法国在二战前就秘密从事军事核研究，后被二战打断。1952 年法国制订第一个原子能五年计划，1955 年开始实施核武器开发计划。Thomas B. Johansson, "Sweden's Abortive Nuclear Weapons Project," *The Bulletin of the Atomic Scientists*, Vol. 42, No. 3, 1986, pp. 31 – 34; France's First Atomic Explosion, February 13, 1960, DNSA, WM00038; Gordon H. Chang, "To the Nuclear Brink: Eisenhower, Dulles, and the Quemoy-Matsu Crisis," *International Security*, Vol. 12, No. 4, 1988, pp. 121 – 122; Susanna Schraftstetter and Stephen Twigge, *Avoiding Armageddon*, p. 90; Avner Cohen, "Israel and the Evolution of U. S. Nonproliferation Policy: The Critical Decade (1958 – 1968)," *The Nonproliferation Review*, Vol. 5, No. 2, 1998, p. 3; 李觉等主编：《当代中国的核工业》，北京：中国社会科学出版社，1987 年，第 11 页。

仅利用国内资源就能制造名义上（20 千吨—40 千吨）的核武器。艾森豪威尔政府尤其担心中国开发核武器。在相当程度上，由于朝鲜战争爆发以来，美国不断威胁对中国使用核武器，中国领导人决定发展自己的核武器。① 1957 年，中国制订了 5 年内建立一套完整、小而全的核工业体系计划，并在当年 10 月与苏联签订《国防新技术协定》。艾森豪威尔政府认为，中国拥有核武器对核扩散的影响不容忽视，一旦其拥有核武器，印度的反核立场也会弱化。② 必须指出，把中国开发核武器与印度相比是不恰当的，因为没有任何国家像中国那样多次遭受美国实实在在的核威胁和核讹诈。

苏伊士运河危机使法国相信，核武器对于恢复其大国地位是必要的。同时，法国也怀疑美国作为其核保护伞的可信性。因而，法国政府决心尽快拥有核武器，加快开发步伐，1957 年 8 月决定建设同位素分离厂和核试验场。美国中央情报局（CIA）估计，法国正处于决定发展核武器的临界点，最快将在 1958 年底1959 年初开始核试验。③ 艾森豪威尔政府认为，一旦法国拥有核武器，如果没有国际控制，将对西德构成强大压力。据美国估计，即使完全依靠自己低等级的裂变物质供应，西德也可能会在未来 10 年有能力生产核武器。但如果不受限制地获得高等级铀矿，或者得到反应堆中的裂变物质，西德可能 5 年内就会生产出核武器。而如果有另外的设施并给予极高优先性，西德甚至能在更短时间内生产出。④ 西德政府获得核武器的任何努力，都会在德国内部造成严重政治分裂及与盟国关系的纠葛，还会引发严重东西方关系危机。美国政府需竭力避免出现此种局面。

---

① Gordon H. Chang, "To the Nuclear Brink: Eisenhower, Dulles, and the Quemoy-Matsu Crisis," pp. 121 – 122; John Wilson and Xue Litai, *China Builds the Bomb*, Stanford: Stanford University Press, 1988, pp. 34 – 39.

② National Intelligence Estimate （以下简称 NIE） 100 – 2 – 58 （Supersedes NIE 100 – 6 – 57）, Development of Nuclear Capabilities by Fourth Countries: Likelihood and Consequences, July 1, 1958, DNSA, WM00027.

③ Nuclear Weapons Production in Fourth Countries: Likelihood and Consequences, June 18, 1957, DNSA, WM00020; France's First Atomic Explosion, February 13, 1960, DNSA, WM00038; Susanna Schraftstetter and Stephen Twigge, *Avoiding Armageddon*, pp. 90 – 91.

④ NIE 100 – 2 – 58, Development of Nuclear Capabilities by Fourth Countries: Likelihood and Consequences, July 1, 1958, DNSA, WM00027.

若无法达成国际禁止核试验协议，瑞典、加拿大、比利时、日本等国都会试图研制核武器。据推断，加拿大 1963 年将能生产 100 千克钚，1968 年能生产 350 千克钚。若决定制造核武器，加拿大约在 1 年内就会具有生产和试验的能力。瑞典钚生产工厂 1961 年将能制造 10 枚核武器的钚，1964 年为 35 枚，1967 年为 65 枚。即使不考虑外国援助，比利时 1967 年将有能力从事核武器生产。如果解除日本获得铀矿供应的限制，日本可能在 10 年内生产出核武器，到 1970 年甚至将拥有飞机运载的可投入战斗的核能力。[1] 一旦诸多非核武器国家拥有核武器，可能在军事上更为自信、政治上更为独立，美国国家安全将面临更多不确定性，西方联盟可能变得更不稳定。

1958 年的核扩散形势似乎印证了艾森豪威尔政府的判断。因在 1958 年台湾海峡危机中遭艾森豪威尔政府核威胁，中国加快了核武器开发步伐。戴高乐重新上台后，法国变得更具民族主义倾向，认为如果没有核武器，本国将被排除在核俱乐部外。法国加入北约后，其大国地位不仅没有得以维系，相反加速衰落。为恢复大国地位，法国把获得核能力作为优先目标。1958 年 4 月，法国高调宣布核武器开发计划，正式决定进行核试验，并在西撒哈拉建立核试验场。[2]

同时，随着苏联国力增长，美国的影响力比过去更弱。1957 年后苏联核打击能力增强，进一步加剧了艾森豪威尔政府推进核军控和核裁军的紧迫感。此年 8 月，苏联发射世界上第一枚洲际弹道导弹，具备直接打击美国本土的能力。对此，苏共中央第一书记赫鲁晓夫说，在我们工厂的装备线上，每年可生产出 250 枚带氢弹头的导弹。如果这些致命的东西在某个国家爆炸，那里什么也不会留下。自此，洲际弹道导弹"进入"国际关系并极大影响了国际政治。

尽管赫鲁晓夫相当程度上是夸大其词，但对美国的西欧盟国产生极大影响。它们担心，美国因害怕本土遭苏联核打击而不愿在西欧面临安全威胁时提供援助。显然，它们越来越怀疑美国是否能有效威慑苏联，或是否愿意使用自己的力量威慑苏联。欧洲领导人担心，在自己国家与苏联因利益关切而对抗时，美国会袖手旁观。因此，欧洲各国希望获得独立威慑能力的愿望增强，出现联合开发核武器的迹象。

---

[1] V. F. Davidov, *Translation: Nonproliferation of Nuclear Weapons and U. S, Policy*, JPRS L/9667, April 16, 1981, Foreign Broadcast Information Service, p. 41.

[2] France's First Atomic Explosion, February 13, 1960, DNSA, WM00038.

其中，法德合作意愿更明显，德国科学家担任位于阿尔萨斯的法德联合研究机构项目负责人，并为法国将要进行的核试验狂热工作。美国甚至担心，在法德首脑会谈中，戴高乐和阿登纳可能还商讨了核武器计划。法国、西德和意大利出现联合开发核武器的趋势，三国防务官员经常就成立既能生产核武器也能生产常规武器的西欧武器联盟展开讨论。[①] 按此种势头，三国可能在 1963 年就开发出热核弹头，甚至在 1964—1967 年形成具有作战能力、能携带热核弹头的导弹。[②] 在美国看来，更严重的是，无论是法国独立拥有核力量还是法德等联合拥有核力量，都可能侵蚀联盟团结。而美国把维持与盟国尤其是与英法的友好关系置于优先地位。

无论是非核武器国家开发核武器，还是苏联核打击能力提高，都让艾森豪威尔十分忧虑。艾森豪威尔的国家安全政策有 3 个焦点，即防御、威慑和裁军。防御和威慑苏联，都需发展足够战略力量，也即所谓"新面貌战略"，其核心是发展和改进核武器，面临苏联日益增长的核能力，美国寻求维持"强大的军事态势，重点是通过进攻性打击力量施加大规模报复的能力"，[③] 包括发展"大规模报复"力量和限制对手力量两方面。在艾森豪威尔看来，面临新的核扩散形势，采取措施防止核武器扩散并限制苏联核力量尤为重要。

首先，阻止核扩散有利于维持美国对苏战略优势和实现对苏战略目标。直到艾森豪威尔政府任期结束，美国在核武器数量和质量方面都处于优势地位。但如前所述，苏联势头很猛，如果不能达成限制核武器的协议，其势必短期内赶上甚至超过美国核力量。美苏冷战是一场除直接战争外所有方面和领域的争夺，维持美国对苏战略优势进而取得全面胜利是美国最终目标。如果能通过政治和外交措

---

① Memorandum of Conversation with Dr. Friedrich Zimmerman, Secretary General of the CSU, February 14, 1958, February 17, 1958, DNSA, NP00388. 关于该时期法德核会谈的细节，参阅 Wilfred L. Kohl, *French Nuclear Diplomacy*, Princeton: Princeton University Press, 1971, pp. 54 – 61; Catherine McArlde Kelleher, *Germany and the Politics of Nuclear Weapons*, New York: Columbia University Press, 1975, pp. 146 – 153.

② Office of Current Intelligence, Central Intelligence Agency, "French Nuclear Weapons Program," *Current Intelligence Weekly*, September 18, 1958; Memorandum of Conversation with Dr. Friedrich Zimmerman, Secretary General of the CSU, February 14, 1958, February 17, 1958, DNSA, NP00388; Wilfred L. Kohl, *French Nuclear Diplomacy*, pp. 54 – 61.

③ Ira Chernus, *Eisenhower's Atoms for Peace*, College Station: Texas A&M University Press, 2002, p. 120.

施维持美国战略核优势，无疑是最好的选择。苏联在美国爆炸原子弹后不久就爆炸原子武器和热核武器，表明美国核保密政策的失败。面对苏联在战略武器领域奋起直追并逐步缩小与美国差距的局面，艾森豪威尔认为，军备竞赛尤其是核军备竞赛不仅不是实现安全的方式，相反只能走向毁灭。他希望通过谈判达成核裁军或军备控制协议以阻止核扩散，同时缓和国际紧张局势，限制和束缚苏联核力量的发展，维持美国战略优势。相比而言，后者是更主要的目标。因而，防扩散成为艾森豪威尔政府对苏冷战的理想工具。

其次，艾森豪威尔政府认为，核扩散既不利于美国对苏冷战，也不利于美国维护世界霸权。该政府相信，核扩散"肯定会产生许多难题，在大多数情况下，由于地区冲突的扩大，会增加爆发总体战的可能"。[1] 一方面，艾森豪威尔政府根本不相信苏联，担心东西冲突时，苏联会先发制人发动军事打击。一旦出现此种情况，世界将无可避免地走向核灾难。如果停止军备竞赛，美国核威慑军事政策应能切实减少防务费用，同时具有足够力量阻止苏联侵略。[2] 同时，艾森豪威尔信奉克劳塞维茨的学说，担心使用核武器违反了其所说军事胜利必须服务于政治目的之原则，[3] 即美国对苏军事威慑应服务于遏制苏联的政治目的。另一方面，随着拥有核武器国家增多，全球爆发热核战争的可能性会增加，使本已岌岌可危的国际体系更危险。在美苏全球对抗态势下，依附于苏联或美国的小国间发生冲突或争夺，可能最终促使美苏卷入，从而发生美苏核大战，美国政府需竭力避免此种情况。艾森豪威尔说，即使很小的国家不久后拥有核武器，我们也将处于混乱之中。[4] 何以会更加危险和混乱？艾森豪威尔时期的国家计划协会（Nation Planning Association）认为，其他国家拥有核武器，可能刺激它们采取更有进攻性的政治行

---

① NIE 100 – 2 – 58, Development of Nuclear Capabilities by Fourth Countries: Likelihood and Consequences, July 1, 1958, DNSA, WM00027.

② John Gaddis, *Strategies of Containment: A Critical Appraisal of American National Security Policy during the Cold War*, New York: Oxford University Press, 1982, pp. 133 – 136; Samuel F. Wells, Jr., "The Origins of Massive Retaliation," *Political Science Quarterly*, Vol. 96, No. 1, 1981, pp. 31 – 52.

③ John Gaddis, *Strategies of Containment*, p. 135.

④ Memorandum of Discussion at the 199th Meeting of the National Security Council, May 27, 1954, *FRUS, 1952 – 1954*, Vol. II, National Security Affairs, Part 2, pp. 1452 – 1456.

动，甚至在危急情况下使用核武器，① 因而发生战争的可能性更大。如果在一场冲突中使用核武器，冲突扩大为全球战争的风险会大得多。另外，"不负责任"的小国可能通过蓄意模拟一个大国发动对另一大国的攻击而发动一场全球战争，或者使非核冲突升级为核冲突。而且一些国家在经济或其他方面的压力下可能出售核武器，导致核武器为"非法分子和革命者"掌握。"狂热分子"或"独裁者"统治下的政府可能鲁莽行事，意外或未经批准使用核武器的可能性会大大增加。因此，必须防止由于核武器扩散而引发的灾难，禁止核试验被认为有可能阻止核扩散。

再次，努力阻止核扩散有助于维护美国致力于世界和平的形象，为赢得冷战宣传战的胜利服务。在东西方尖锐对抗下，尤其是在美苏双方核能力都能毁灭世界多次的情况下，艾森豪威尔认识到和平问题为大多数公众所关注，他希望美国成为降低此种担忧的主要国家，但实际情况让他更忧虑美国在世界舆论中的形象。苏联在斯大林死后发动和平攻势，表示愿与西方真正对话以降低世界紧张局势。苏联部长会议主席马林科夫在苏联最高苏维埃发表讲话，宣布社会主义和资本主义国家"和平共处"是可能和可取的，苏联已准备好在相互协商的基础上，与包括美国在内的其他国家以和平方式解决所有问题。② 1954 年 1 月 6 日，苏联呼吁不附加任何条件地禁止使用核武器。③ 苏联的行为极大改善了其在国际舆论中的形象。

与此同时，美国的形象持续恶化，相当程度上与它 1954 年 3 月在马歇尔群岛比基尼环礁进行氢弹试验有关。④ 此次核试验尤其是核武器巨大毁灭性后果披露

---

① NIE 100 - 2 - 58（Supersedes NIE 100 - 6 - 57），Nuclear Weapons Production in Fourth Countries: Likelihood and Consequences, June 18, 1957, DNSA, WM00027.

② David Tal, *The American Nuclear Disarmament Dilemma*, 1945 - 1963, p. 58.

③ Department of State, *Documents on Disarmament*, 1945 - 1956, Vol. I, Washington D. C.: Government Printing Office, pp. 390 - 391, 393 - 400.

④ 该试验的当量为 15 兆吨，远超过武器试验人员预期的 8 兆吨。它产生了被称为"美国历史上最严重的放射性灾难"，所产生的放射性尘埃扩散数百英里，污染 5000 平方英里左右的区域，"其强度足以危害人类生命"。实际上，日本"福龙丸"五号渔船的船员正是受此次放射性尘埃的辐照而死亡或生病。爆炸产生的放射性尘埃及其危险后果被披露后，尤其是美国原子能委员会主席施特劳斯（Lewis L. Strauss）公开承认，一颗氢弹甚至能毁灭纽约一个城市后，世界反核运动进一步高涨。关于此次试验所产生的放射性尘埃及其危害，参见 Robert Divine, *Blowing on the Wind: The Nuclear Test Ban Debate*, 1954 - 1960, pp. 3 - 5, 177.

后，禁止核试验开始成为公共问题，世界范围内爆发规模浩大的反核运动，2000万人签字要求禁止核试验。之后，国际社会支持禁止核试验的运动不断升温。1957年，许多具有世界影响的人士如诺贝尔和平奖获得者阿尔伯特·施韦泽（Albert Schweitzer）、拥有世界声誉的哲学家罗素和美国诺贝尔化学奖获得者鲍林（Linus Pauling）等公开反对核试验，教宗庇护十二世强烈要求美国和苏联停止核试验。除了非政府组织和知名人士外，多国政治领导人也呼吁停止核试验。英国工党要求召开大国峰会，就禁止核试验条约谈判。① 印度总理尼赫鲁呼吁立即停止所有核试验，要求联合国就全面裁军协议谈判。法国和加拿大支持尼赫鲁的建议。② 1957年秋以后，世界反核运动走向高潮。如果美国继续坚持核试验，其形象势必遭到极大损害，不利于赢得冷战。

冷战包括争取世界舆论的战斗。艾森豪威尔认为，不能让苏联形象不断改善而美国形象受损的情况继续下去。他在1954年5月的一次国家安全会议上说，"目前，看起来每个人都认为我们是讨厌鬼，爱好武力威胁，是好战分子，是剑走偏锋者和战争贩子。我们不应错过任何机会来表明和平目标"。③ 在他看来，要赢得世界舆论，改善美国形象，必须显得比苏联更讲道理和更爱和平，反对禁止核试验将使美国在道德上陷于孤立并面临国际社会巨大政治压力。如果美国继续进行核试验，将会冒被钉在原子"十字架"上的风险。④ 因此，必须采取措施，使美国人民在冷战中重获"心理上的优势"。⑤

---

① 关于要求禁止核试验的运动，参见 Documents on Disarmament, 1945 – 1959, Vol. I, pp. 408 – 411；Robert Divine, Blowing on the Wind: The Nuclear Test Ban Debate, 1954 – 1960, pp. 19 – 21.

② Statement by the Indian Prime Minister (Nehru) to Parliament Regarding Nuclear Tests, April 2, 1954, Documents on Disarmament, 1945 – 1959, Vol. I, pp. 408 – 411；Robert Divine, Blowing on the Wind: The Nuclear Test Ban Debate, 1954 – 1960, pp. 19 – 21；Joseph Levitt, Pearson and Canada's Role in Nuclear Disarmament and Arms Control Negotiations, 1945 – 57, Montreal：McGill-Queen's University Press, 1993, p. 227.

③ Gregg Herken, Cardinal Choices: Presidential Science Advising from the Atomic Bomb to SDI, New York：Oxford University Press, 1992, p. 84.

④ Memorandum of a Conference with the President, White House, June 24, 1957, FRUS, 1955 – 1957, Vol. XX, pp. 638 – 640.

⑤ Memorandum of Discussion at the 195th Meeting of the National Security Council, Thursday, May 6, 1954, FRUS, 1952 – 1954, Vol. II, pp. 1423 – 1429.

　　杜勒斯更看重舆论，表示"从长期看，赢得战争的不是核弹，而是公众的舆论支持"。① 因此，绝不应以道德孤立为代价继续进行核试验。艾森豪威尔的心理战顾问杰克逊（C. D. Jackson）敦促总统大胆行动，履行美国作为和平代理人所许下的诺言，并建议他进行谈判。② 如此行事有两个好处，首先是通过宣布暂停核试验并与苏联会谈，向世界表明核武器仍可借助谈判而处于可控水平；更重要的是通过倡议禁止核试验并邀请苏联会谈，美国向国际社会表明自己是和平缔造者，从而获得心理层面的胜利。如果苏联接受建议，意味着超级大国的合作不仅能保持日常和平与稳定，而且涉及国家安全层面的关键问题，同时也含蓄地表明美国在冷战中占得先机。

　　最后，美苏合作阻止核扩散是可能的。从理论上说，两个超级大国有望在出现新敌人时合作。双方都注意到核武器扩散给国际形势带来的变化，因而会努力控制形势，防止地区战争扩大。美国相信，尽管美苏存在巨大分歧，但在阻止核武器扩散方面仍存在共同利益。③ 艾森豪威尔甚至认为，"苏联从防止核武器扩散中获得的好处比我们多"。总统裁军特别助理史塔生非常赞同该看法，并补充说，尤其涉及西德和日本时更是如此。④ 国务卿杜勒斯也高度重视达成防止核武器扩散协议，强调解决核扩散问题是"美苏之间主要的共同基础"和"当务之急"。他甚至说，即使美苏不能达成实质性裁军协议，任何阻止核扩散问题的措施也能证明，美国目前所冒的一些风险是值得的。⑤

　　从现实看，苏联领导人的表态使美国有可能把防止核扩散与对苏战略结合起来。与艾森豪威尔一样，赫鲁晓夫设想通过达成禁止核试验协议，防止美国提高核技术，阻止美苏核力量差距扩大。1957 年 1 月，苏联参加联合国裁军谈判代表佐林（Zorin）在联大发言说，拥有核武器国家的数量但凡有所增长，都会使局势复杂化。他向美国反复表示对核武器可能落入"不负责任"的国家，以及被此类

① David Tal, *The American Nuclear Disarmament Dilemma*, *1945 – 1963*, pp. 66 – 68.
② Thomas Soapes, "A Cold Warrior Seeks Peace: Eisenhower's Strategy for Nuclear Disarmament," p. 59.
③ Fred Charles Ikle, "Nth Countries and Disarmament," *Bulletin of the Atomic Scientists*, Vol. 16, 1960, pp. 391 – 394.
④ *FRUS*, *1955 – 1957*, Vol. XX, pp. 487 – 490.
⑤ *FRUS*, *1955 – 1957*, Vol. XX, pp. 481 – 482.

国家拖入"与美国的冲突"的担忧。① 杜勒斯也认为核扩散问题很严重，表示如果不能达成协议，法国将会决定制造和试验核武器。一旦法国如此行事，联邦德国便会效尤，其他许多国家也会采取同样做法。那么，苏联就会感到必须向诸如中国、捷克斯洛伐克和东德提供核武器。② 因此，他相信苏联准备采取相关措施，以阻止核武器进一步扩散，该做法符合双方利益。③ 如此看来，与苏联共同阻止核扩散既是必要的，也是可能的，禁止核试验被美国决策者纳入防扩散的对策清单。

事实上，通过禁止核试验阻止核武器进一步扩散并非新主意。1954 年美国进行氢弹试验后，当年 4 月印度在联大第一次提出禁止核试验，美国以英国和苏联正开发氢弹，禁止核试验不利于自身国家安全为由而坚决反对。④ 但此后国际社会要求禁止核试验的呼声不断增强，出现规模浩大的反核运动。⑤ 1957 年秋，世界反核运动逐步走向高潮，美国反核人士成立明智核政策全国委员会（National Committee for a Sensible Nuclear Policy），不断发起反核武器运动，要求禁止核试验。⑥ 面对国内外越来越强大的反核压力，艾森豪威尔政府开始认真起来。

## 二、部门博弈与会谈僵局

由于美国核垄断地位已被打破，要真正禁止核试验，必须得到英国和苏联两个拥核国家支持。英国公开表示欢迎禁止核试验，但私下持保留立场，因为自身核国家地位不稳固，禁止核试验将终结本国的雄心。英国首相麦克米伦对杜勒斯

---

① Telegram from the Embassy in the United Kingdom to the Department of State, April 17, 1957, *FRUS*, *1955 – 1957*, Vol. XX, pp. 471 – 472, 487 – 490.

② Letter from the President's Special Assistant (Stassen) to the Secretary of Defense (Wilson), May 18, 1957, *FRUS*, *1955 – 1957*, Vol. XX, p. 527.

③ Conference at State Department on Disarmament, May 17, 1957, DNSA, Nuclear Non-proliferation, NP00312.

④ Discussion at the 203rd Meeting of the National Security Council, Wednesday, June 23, 1954 [International Moratorium on Future Test of Atomic Weapons], June 23, 1954, DNSA, NP00161.

⑤ 关于要求禁止核试验的运动，参见 Department of State, *Documents on Disarmament*, *1945 – 1959*, Vol. I, pp. 408 – 411; Robert Divine, *Blowing on the Wind: The Nuclear Test Ban Debate*, *1954 – 1960*, pp. 19 – 21.

⑥ Robert A. Divine, "Eisenhower, Dulles, and the Nuclear Test Ban Issue," pp. 321 – 330.

说，英国永远不会签署使本国永久处于三流国家地位的禁止核试验条约。为得到英国支持，杜勒斯向其保证，美国的目的不是要破坏英国的氢弹计划，而是防止出现更多核国家。① 得到保证后，英国开始支持艾森豪威尔政府的立场。②

自 20 世纪 50 年代中期以来，苏联一直呼吁禁止核试验。③ 苏联外长葛罗米柯认为最大的危险是核扩散，其曾对杜勒斯说，"不负责任的独裁者获得核武器后会扔向他希望扔的任何地方，如纽约或莫斯科。想到这样的人可能拥有核武器，真是不寒而栗"。④ 拥有洲际打击能力后，苏联 1958 年初公开呼吁美英苏暂停试验。3 月 21 日，苏联裁军谈判代表佐林告知艾森豪威尔裁军事务特别助理暨美国裁军会谈代表史塔生，"苏联未来安全的首要关切是核扩散"，苏联准备达成阻止核武器扩散的协议。⑤ 同时，苏联主张应把停止核试验与核查等问题分开，以此作为全面禁止核试验的第一步。⑥ 佐林还表示，苏联对核扩散问题的立场与史塔生很接近。

然而，是否禁止核试验，艾森豪威尔政府内部争执不下。国务院、美国裁军谈判代表、总统科学顾问委员会等机构支持达成禁止条约，原子能委员会、国防部和参谋长联席会议则坚决反对停止核试验。1958 年 1 月 17 日，国务院、原子能委员会和国防部就是否应禁止核试验展开讨论。原子能委员会副主席约翰·H. 摩尔斯（John H. Morse）说，目前苏联的核力量已有很大提高，美国可能无法依靠大规模报复战略取胜，实际上核优势要被抵消。他还表示，相对美国，苏联有常规力量和人力优势，美国要具备充分的防御能力，就必须拥有可投入使用的战术核武器，以反击苏联常规进攻。同时，由于美苏都不能依靠"大规模报复"战

---

① Susanna Schrafstetter and Stephen Twigge, *Avoiding Armageddon*, pp. 89 – 90.

② Department of State, *Documents on Disarmament, 1945 – 1959*, Vol. Ⅱ, pp. 734 – 736.

③ Letter from Philip J. Farley, Special Assistant to the Secretary of State for Atomic Energy, to Joseph J. Wolf, Director, Office of Political Affairs, United States Mission to NATO and European Regional Organizations (USRO), March 28, 1958, National Archives, Record Group 59, Department of State Records (hereinafter RG 59).

④ Memorandum of a Conversation, Department of State, Washington, October 5, 1957, *FRUS, 1955 – 1957*, Vol. XX, pp. 731 – 734.

⑤ Letter from the President's Special Assistant (Stassen) to the Under Secretary of State (Herter), May 7, 1957, *FRUS, 1955 – 1957*, Vol. XX, pp. 501 – 503.

⑥ Department of State, *Documents on Disarmament, 1945 – 1959*, Vol. Ⅱ, p. 607.

略，意味着苏联能更自由地部署常规力量，而不用担心美国核反击。①

参谋长联席会议和国防部完全支持原子能委员会的主张。在 3 月 13 日、21 日给国防部长麦克罗伊（Nei H. McElroy）的备忘录中，参谋长联席会议主席和国防部副部长认为，除非获得具有现代化运载系统全频谱且能随时发起攻击的武器，否则美国不会具有足够军事优势。因此，停止核试验从长远讲对美国有严重危险，因为核爆炸是否能最终服务于和平目的，取决于小型、清洁型热核爆炸试验。而实施核爆炸需要相当数量的试验。从军事角度看，如果苏联成功地逃避核查，并先于美国开发出清洁的战术武器和防御性武器，美国就会处于相当不利的地位。而且，美国目前不具备发现小型核试验的能力，地震测量装置不能区分小型核爆炸和每年发生的大量地震。② 就此而言，军方和原子能委员会之所以反对禁止核试验，是想通过继续进行核试验率先开发出低当量核武器，以维持美国战略优势。

国务院并不反对保持美国核优势，但不同意原子能委员会、参谋长联席会议主席及国防部要求继续核试验的主张，询问为何不能用目前当量为 1 千吨或更小的战术核武器。摩尔斯表示，因为美国拥有的低当量武器不是清洁武器，一旦使用就会产生放射性尘埃，对城市周边或人口稠密区有巨大损害，实际上相当于使用了战略核武器。大约需 4—5 年才能开发出低当量清洁核武器。此外，美国还需开发国土防空使用的反弹道导弹武器，也属于清洁武器，能减少可能散落在国土上的放射性尘埃。反弹道导弹核武器还处于设想阶段，同样需核试验才能达到预期效果。

国务院反对继续进行核试验，一方面因为艾森豪威尔已公开承认核试验是糟糕的；另一方面立即禁止核试验将冻结美苏核武器开发，即尽管美国因为禁止核试验而不能开发清洁核武器，但也不存在因为未禁止核试验而使苏联获得 4—5 年时间开发核武器的风险。但军方和能源部不接受国务院的立场，抱怨艾森豪威尔没有领会清洁核武器的重要性，强调应把开发清洁核武器作为国家安全政策的一个基本方向。因为苏联目前未开发清洁核武器，那是其忽视生命的结果。一旦

---

① Conversation with AEC［Atomic Energy Commission］and Defense on Nuclear Testing, Jan. 17, 1958, DNSA, NH00056.

② The Effects of a Total Suspension or Cessation of Nuclear Testing, March 21, 1958, DNSA, NP00401；Nuclear Testing, April 30, 1958, DNSA, NP00408.

苏联领导人认识到大量脏弹将严重影响苏联人民和全世界人民时，开发清洁核武器的兴趣就会不断增加，清洁核武器会很快成为苏联的标准装备。同时，军方和原子能委员会也不同意禁止核试验将冻结苏联核武器技术的看法，甚至认为停止核试验是屈服于苏联的压力。[1] 军方和原子能委员会的说辞并非全无道理，艾森豪威尔颇感无奈。

由于各部门意见分歧，1958 年 3 月 24 日白宫召开国家安全会议进一步讨论。杜勒斯注意到核扩散问题日益严峻，主要盟国要求禁止核试验的压力不断增大。从赢得冷战公共舆论的胜利和防止美国道德孤立的角度出发，他主张禁止核试验，表示苏联宣布停止核试验后，如果美国继续试验，在世界上将处于非常糟糕的地位，面临国际社会严厉批评和攻击，严重不利于美国打造的"自由世界"和平捍卫者形象。为恢复美国受信任的形象，必须采取某些行动以获得世界舆论认可。[2] 杜勒斯所谓"某些行动"就是禁止核试验。负责原子能事务的国务卿特别助理法利（Philip Farley）认为，禁止核试验确实可阻止非核武器国家开发核武器，可帮助苏联抵制来自中国和其他"苏联卫星国"要求开发核武器的任何压力，也有助于美国国家安全，但可能会给美国与北约的核武器合作带来障碍。[3]

国防部长麦克罗伊、参谋长联席会议主席特文宁（Nathan F. Twining）将军和原子能委员会主席施特劳斯（Lewis Strauss）强烈反对。他们认为，虽然美国在武器设计上有优势，但苏联在首先发动的战争中会掌握主动，因此禁止核试验将使美国在相当程度上处于不利地位。同时，开发反洲际弹道导弹、北极星和其他先进导弹系统都需试验。如果停止核试验，不仅顶尖科学家会在两年内流失，更重要的是美国将丧失核优势。[4]

---

[1] Clean Nuclear Weapons; Related Memoranda Attached, March 22, 1958, DNSA, NH00057.

[2] Robert A. Divine, "Eisenhower, Dulles, and the Nuclear Test Ban Issue," pp. 321 – 330.

[3] Letter from Philip J. Farley, Special Assistant to the Secretary of State for Atomic Energy, to Joseph J. Wolf, Director, Office of Political Affairs, United States Mission to NATO and European Regional Organizations (USRO), March 28, 1958, National Archives, RG 59.

[4] Memorandum of Conference with the President, March 24, 1958, Possible Suspension of Nuclear Testing, March 28, 1958, DNSA, NP00404; Martha Smith-Norris, "The Eisenhower Administration and the Nuclear Test Ban Talks, 1958 – 1960," p. 508.

杜勒斯试图说服军方不要反对，或至少不要强烈反对。为此，他用极为擅长的多米诺理论展现了核扩散的可怕前景：说如果不能达成协议，多国可能会获得核武器，大大增加战争爆发的危险，核战争会使美国和苏联卷入，也会对世界造成巨大创伤。① 最后，他愤怒地质问，"难道我们真的希望以美国的道德孤立为代价，继续进行核试验以改进美国核武器吗？"② 但原子能委员会和军方不为所动，施特劳斯认为，世界面临的真正危险不是核试验，而是核战争威胁。特文宁将军表示，看不出禁止核试验是如何真正降低世界紧张局势的，在美国拥有全频谱的、能对任何威胁实施报复的核能力之前，不应该禁止核试验。国防部助理部长洛珀（Herbert Loper）赞成原子能委员会和参谋长联席会议的看法，说不可预知的敌人所产生的威胁表明，增加而不是减少核武器才是现实的。③ 看起来，多米诺理论在美国动员别的国家支持其遏制社会主义国家时才有用，对协调美国政府内部不同意见似乎没用。

国务院与军方、原子能委员会之间的分歧看似非常严重，其实初衷是相同的。军方和原子能委员会单纯从军事战略出发，认为要维持美国对苏战略优势，必须进行核试验；而以杜勒斯为代表的国务院，从强烈反苏情绪和战后地缘战略现状以及美苏争斗的现实出发，坚持应禁止核试验。之所以出现冲突，缘于双方都相信自己的主张最符合美国利益。如杜勒斯"总是认为他是绝对正确的，任何不赞成他的人都是绝对错误的"。④ 但该认识并不意味着双方的冲突不可调和。

由于军方和原子能委员会强烈反对，倾向停止核试验的艾森豪威尔一时举棋不定。此时，科学顾问委员会的报告和苏联的举动，促使他决心暂停核试验。1957 年苏联发射第一颗人造卫星后不久，为应对苏联空间打击能力提高带来的巨

---

① Letter from the President's Special Assistant (Stassen) to the Secretary of Defense (Wilson), May 18, 1957, *FRUS*, *1955 – 1957*, Vol. XX, p. 527.

② Department of State Memorandum of Conversation, "Meeting with Disarmament Advisors," April 28, 1958, excised copy, Dwight D. Eisenhower Library (DDEL), Office of the Special Assistant for Science and Technology, box 1, Disarmament-General, April 1958.

③ Robert A. Divine, "Eisenhower, Dulles, and the Nuclear Test Ban Issue," pp. 321 – 330.

④ Harold Stassen and Marshall Houts, *Eisenhower, Turning the World Toward Peace*, St Paul: Merrill/Magnus Pub Corp, 1990, p. 134.

大威胁，艾森豪威尔下令成立由康奈尔大学物理学家汉斯·贝特（Hans Bethe）负责的国家安全委员会特别工作组，成员包括后来担任卡特政府国防部长的加利福尼亚大学放射实验室哈罗德·布朗（Harold Brown），以及美国国防部、原子能委员会、洛斯阿拉莫斯实验室和中央情报局等机构的科学家。艾森豪威尔明确要求工作组研究禁止核试验对美国的影响并提出建议。

在国家安全会议召开 3 天后，即 1958 年 3 月 27 日，工作组向艾森豪威尔的科学和技术特别助理詹姆斯·基里安（James R. Killian）提交了研究报告。报告认为，到 1958 年底，美国将完成从 100 磅到 20000 磅所有的弹头试验，将使美国在几乎所有重量的弹头上领先苏联，而且苏联还没有某些重量的弹头。至于美国较小较轻的武器和所谓"清洁武器"，尽管没有"达到预期的最终性能"，但苏联还没有可投入使用的清洁核武器。① 也就是说，美国目前在核武器技术和新型核武器上拥有对苏优势，禁止核试验将使美国多年内都会保持此种优势。

此外，美国尤其是军方和原子能委员会一直认为苏联不值得信任，即使达成军控协议，实际上也无法执行，需要通过有效核查、现场检查和飞越核查相结合，来监督全面禁止核试验是否得到遵守，因此就需要拥有成熟的技术。针对此点，报告说，美国的技术系统能探测苏联和中国从地表到 50000 英尺上空 10 千吨或更大当量的核爆炸，也能探测到 30% 的当量为 3 千吨的核爆炸，还能探测到当量为 10 千吨或更大的地下核试验。根据协议，如果在中国和苏联设立 70 个地震、声波和电磁站，足以保证有限的禁止核试验协议得到有效实施，苏联"将不可能利用试验来大幅提高其核武器能力"。报告在说明美国具有相当核能力的同时，承认探测系统能力有限，无法探测低当量地下核试验，难于区分地下核爆炸和地震。②

该报告给赞成禁止核试验和反对禁止核试验的机构都提供了理由。一方面，

---

① Report of the NSC Ad Hoc Working Group on the Technical Feasibility of a Cessation of Nuclear Testing［Appendix C and Part of Warhead Table Attached］, March 27, 1958, DNSA, NH00058.

② "Report of NSC Ad Hoc Working Group on the Technical Feasibility of a Cessation of Nuclear Testing," March 27, 1958, DDEL, Records of the Special Assistant for Science and Technology-Bethe Report.

报告促使艾森豪威尔决心进行禁止核试验会谈，提出的一些会谈措施，尤其是在中国和苏联建立核查装置的建议，为艾森豪威尔政府接受并在后来的会谈中作为美国立场提了出来；另一方面，报告使军方和原子能委员会反对禁止核试验时有了艾森豪威尔无法反驳的理由。

苏联认为，禁止核试验是阻止或至少是防止其他国家获得核武器的廉价方式，能阻止美国与其他北约国家在核武器上合作，也有助于苏联拒绝来自中国和"苏方卫星国家"开发核武器的要求。① 简言之，既有利于苏联与美国的冷战，也有利于阻止核扩散。因此，1958 年 3 月 31 日，赫鲁晓夫单方面宣布暂停核试验，并给艾森豪威尔和英国首相麦克米伦写信，敦促美英与苏联一起禁止核试验。② 苏联借此在相当程度上塑造了爱好和平的形象，获得冷战宣传上的巨大好处，对美国施加了巨大政治压力。艾森豪威尔政府认识到，反对禁止核试验将使美国在道德上陷于孤立，面临国际社会巨大政治压力；反之，如果同意禁止核试验，能削弱苏联在宣传上所获得的好处，进一步阻止核武器生产，还有助于消除美国的军国主义形象。③

代理国务卿赫脱（Christian Herter）与包括罗伯特·洛维特（Robert Lovett）、约翰·麦克罗伊等前高级官员和知名人士在内的裁军顾问小组的主张，也强化了艾森豪威尔的认识。在 4 月 28 日与裁军顾问的会议上，国务卿杜勒斯表示，美国需要采取行动以消除其"军国主义"国际形象，因为此点非常不利于美苏争夺人心的战斗。如果赞成禁止核试验，将有助于美国在宣传上战胜苏联。更重要的

---

① Letter from Philip J. Farley, Special Assistant to the Secretary of State for Atomic Energy, to Joseph J. Wolf, Director, Office of Political Affairs, United States Mission to NATO and European Regional Organizations (USRO), March 28, 1958; National Archives, RG 59; Department of State Records, Records of the Special Assistant to the Secretary of State for Atomic Energy and Outer Space, Records Relating to Atomic Energy Matters, 1944 – 1963, box 349, 18. 14 Weapons Test Moratorium Unilateral Suspension by the USSR, 1958.

② Department of State, *Documents on Disarmament, 1945 – 1959*, Vol. Ⅱ, pp. 978 – 980; Glenn T. Seaborg, Benjamin S. Loeb and W. Averell Harriman, *Kennedy, Khrushchev and the Test Ban*, Berkeley: University of California Press, 1981, p. 11.

③ Letter from Acting Secretary of State Herter to the President's Special Assistant for Science and Technology (Killian), August 5, 1958, 1958 – 1960, Vol. Ⅲ, National Security Policy, Arms Control and Disarmament, pp. 619 – 623.

是，如果不采取军备控制措施，会导致日本、德国和英国等主要盟友离美国而去。① 其说法与艾森豪威尔的认识完全一致，后者决心禁止核试验，不过考虑到军方反对，他采取了谨慎做法。作为禁止核试验第一步，他致信赫鲁晓夫，建议召开双边专家会议，主要任务是讨论如何确保禁止核试验得到真正核查，以及查证系统所需要的技术问题。苏联非常担心核武器扩散到诸如法德等国家，以及核武器为其"卫星国"所掌握，加之中苏关系恶化，赫鲁晓夫不希望中国成为核武器国家，② 他很快接受了美国建议。

根据双方安排，专家会议7月1日在日内瓦召开。艾森豪威尔想借美苏英专家会议达成的技术协议，推动禁止核试验会谈，8月13日他就美国禁止核试验政策召开国务院、国防部、原子能委员会和中央情报局等部门参加的专门会议，以推动就禁止核试验采取进一步措施及缓和争论。结果事与愿违，会议不仅未能缓和内部争论，相反矛盾进一步激化。军方和能源部所属的国家实验室从赢得冷战的军事需要出发，坚决反对停止核试验，认为此举会阻碍维护美国安全所需的核技术之提高，强调已达成的机制在发现低当量地下核试验方面存在缺陷。能源部利弗莫尔辐射实验室主任爱德华·泰勒（Edward Teller）给国防部和能源部提供了理论基础，认为苏联有可能在大洞穴中秘密进行试验而不被发现。他坚持美国不能信任苏联，断言停止核试验对美国的损害要比对苏联大。国防部赞成军方和能源部实验室的主张。③ 新任原子能委员会主席麦科恩（John McCone）以谈判可

---

① Department of State Memorandum of Conversation, "Meeting with Disarmament Advisors," April 28, 1958, excised copy, DDEL, Office of the Special Assistant for Science and Technology, box 1, Disarmament-General April 1958.

② William Thompson, *Khrushchev: A Political Life*, London：Macmillan Press, 1995, p. 188; Department of State, *Documents on Disarmament*, *1945 – 1959*, Vol. II, pp. 982 – 985.

③ Summary of Meeting Held in the State Department from 4：00 to 6：20 p. m. on August 13 ［Proposed Revision of the U. S. Position on the First Phase of Disarmament］, August 14, 1958, DNSA, NP00456; Nuclear Testing, August 15, 1958, DNSA, NP00458; Memorandum of Conversation with the President, January 12, 1959, 9：00 a. m. ［U. S. Position at the Geneva Disarmament Negotiations on Nuclear Testing］, January 19, 1959, DNSA, NP00516; Memorandum of Conversation, August 8, 1958, *FRUS*, *1958 – 1960*, Vol. III, National Security Policy；Arms Control and Disarmament, pp. 624 – 630; Record of Meeting, August 18, 1958, *FRUS*, *1958 – 1960*, Vol. III, National Security Policy；Arms Control and Disarmament, pp. 644 – 646.

能会无限期进行下去为由反对停止试验。①

国务院等从赢得冷战的政治需要出发，强调核扩散问题的严峻性，主张禁止核试验。国务院、总统科学顾问委员会和贝特委员会表示，美国必须立即同意停止核试验，才能阻止苏联在宣传上获得好处，否则美国在世界上将成为没有朋友和盟国的"好战国家"和"孤家寡人"，根本不可能赢得冷战。贝特委员会和国务院认为，从国家安全角度看，相比不受控制的核军备竞赛，苏联的欺骗无足轻重。中情局则认为，苏联根本不会违反达成的协议。美国核武库已达足够水平，由签字国组成的联合研究机构能纠正任何缺陷，停止试验更有利于美国而非苏联。停止试验固然使美国遭受某些危险，但被孤立带来的危险更大。总统科学和技术特别助理基里安甚至要求，应不附带任何条件地暂停所有核试验。②

军方、能源部和原子能委员会不接受国务院的说法。能源部原子能委员会主席施特劳斯对白宫支持禁止核试验非常不满。泰勒曾希望新任原子能委员会主席麦科恩游说艾森豪威尔，劝其改变支持禁止核试验的立场。由于担心与总统直接冲突，麦科恩没有同意，并要求施特劳斯进行干预。施特劳斯尽管不想与艾森豪威尔直接冲突，但他不仅坚决反对美国禁止核试验，甚至非常离谱地认为，禁止核试验的决定是苏联人和美国民主党反对派的胜利。③ 不得不说，此种认识是偏激的，显然是想把美国政府内部在禁止核试验上的争论，扩大为两党间的争论，并以禁止核试验是苏联阴谋动员国内更多力量反对。

原子能委员会副主席摩尔斯完全支持施特劳斯的立场，认为在苏联成功发射卫星后，美国处于根本不能再依靠大规模报复战略的境地，核能力被抵消了，苏

---

① Department of State Memcon, "U. S. Policy on Nuclear Tests," August 13, 1958, National Archives, RG 59, decimal files, 1955 – 1959, 700. 5611/8 – 1358.

② Summary of Discussion regarding Test Cessation Issues, November 18, 1958, DNSA, NP00496; PSAC Meeting on Test Suspension, November 21, 1958, November 24, 1958, DNSA, NP00498; Memorandum of Conversation, August 8, 1958, *FRUS*, *1958 – 1960*, Vol. Ⅲ, National Security Policy; Arms Control and Disarmament, pp. 624 – 630; Memorandum of Conversation, August 13, 1958, *FRUS*, *1958 – 1960*, Vol. Ⅲ, National Security Policy; Arms Control and Disarmament, pp. 631 – 636; Record of Meeting, August 18, 1958, *FRUS*, *1958 – 1960*, Vol. Ⅲ, National Security Policy; Arms Control and Disarmament, pp. 644 – 646.

③ Memorandum for the Files of Lewis L. Strauss, August 20, 1958, Herbert Hoover Presidential Library, Lewis Strauss Papers, box 69, AEC Memo for the Record.

联能更自由地部署常规力量而不用担心美国的核反击。停止核试验将使美国不能开发维护国家安全必需的小当量清洁核武器，以及反洲际弹道导弹。① 这些武器能随时打击美国确定的对象。国防部副部长夸尔斯（Quarles）甚至要求，美国在任何情况下都不应成为暂停核试验协议的一方。②

要言之，军方和原子能委员会认为，只有继续进行核试验，美国才能保证 1964 年前在核武器数量上不被苏联赶上，保持对苏核优势，停止核试验不利于美国冷战战略利益。

艾森豪威尔认为军方和原子能委员会的立场是有缺陷的，他不愿接受除了"无限期的军备竞赛而没有任何其他前景"的未来，③ 因而试图发挥科学家的作用。根据他的要求，总统科学顾问委员会提交了一份"关于暂停核试验的技术考虑及其影响"的报告，对全面禁止核试验的看法颇为积极，认为暂停核试验将使美国在相当长时间保持对苏核优势。④ 防务动员局科学顾问委员会主席拉比（Rabi）与总统科学顾问委员会的看法如出一辙，他在苏联成功发射人造卫星不久就对艾森豪威尔说，在核武器领域美国拥有明显优势，苏联要弥补差距只有继续进行核试验一条路。⑤ 言下之意是，如果禁止核试验，苏联就无法弥补与美国的差距。显然，总统科学顾问委员会和防务动员局科学顾问委员会都认为，全面禁止核试验是美国维持对苏核优势的重要方式。

艾森豪威尔最关心的是维持对苏核优势。从艾森豪威尔上台到 1958 年 3

---

① Conversation with AEC［Atomic Energy Commission］and Defense on Nuclear Testing, January 17, 1958, DNSA, NH00056; Martha Smith-Norris, "The Eisenhower Administration and the Nuclear Test Ban Talks, 1958 – 1960," p. 508.

② Memorandum from the Joint Chiefs of Staff to Secretary of Defense McElroy, March 13, 1958, *FRUS*, *1958 – 1960*, Vol. Ⅲ, National Security Policy; Arms Control and Disarmament, pp. 555 – 557; Memorandum From the Deputy Secretary of Defense（Quarles）to the Chairman of the Ad Hoc Panel on Nuclear Test Cessation（Bethe）, March 21, 1958, *FRUS*, *1958 – 1960*, Vol. Ⅲ, National Security Policy; Arms Control and Disarmament, pp. 563 – 566.

③ Memorandum for the Files of Lewis L. Strauss, 20 August 1958, Herbert Hoover Presidential Library, Lewis Strauss Papers, box 69, AEC Memo for the Record.

④ Analysis of a Report of the Presidents Scientific Advisory Committee on the Cessation of Nuclear Tests, May 6, 1958, DNSA, NP00412.

⑤ Memorandum of Conference with the President, October 29, 1957［Emergency Defense against the Soviet ICBM］, October 30, 1957, DNSA, NP00348.

月，苏联虽进行了多次核试验，但在核武器数量和质量上仍落后于美国。如果以防扩散为契机，与苏联达成裁减甚至消除核武器协议，不仅能防止其他国家开发或获得核武器，也能冻结苏联核力量发展并维持现状，确保美国战略核优势。① 总统科学顾问委员会和防务动员局科学顾问委员会的主张，非常符合艾森豪威尔的看法，因此他大为赞赏，在与国防部和原子能委员会的谈话中多次引用。②

尽管艾森豪威尔认为禁止核试验有利于维持美国战略核优势，但他不能不顾忌军方和原子能委员会的强烈反对。毕竟其反对禁止核试验的重要出发点是确保美国能始终实施大规模报复战略，而实施该战略的一个前提是美国拥有数量和质量优于苏联的核武器，以及可投入使用且不会引起苏联战略核报复的小型清洁核武器。因此，他在支持国务院和裁军代表主张的同时，对军方和原子能委员会反对禁止核试验予以同情和理解。作为平衡的结果，艾森豪威尔希望国务院调整立场，一定程度上满足军方和原子能委员会的要求。在1958年8月13日就美国禁止核试验政策召开的会议上，国务院从以前的立场后退，转而提出如果美苏就削减用于核武器裂变物资的生产达成协议，且核查系统的运转让美国满意，美国将宣布无限期停止核试验；如果不能达成协议，美国将在停止核试验24个月期满后恢复。③

国务院的新立场既坚持禁止核试验，又一定程度上满足了军方和原子能委员会的要求。鉴于国务院已调整立场，在8月14日的会议上，军方和原子能委员会不得不有所转变，要求各方停止核试验，建立核查监督机制，在有效的国际核查机制中合作，以监督用于核武器的裂变物资之生产是否延迟，并就建立和运行此种机制达成协议；如果协议的实施无法令人满意，美国将宣布恢复核试验。同

---

① Summary of Meeting in the White House, January 16, 1954, *FRUS*, *1952 – 1954*, Vol. II, pp. 1342 – 1343.

② Memorandum of Conference with President, August 18, 1958 [Geneva Talks and Possible U. S. Statement on the Suspension of Atomic Testing], August 18, 1958, DNSA, NP00460; Memorandum of Conference With President Eisenhower, August 18, 1958, *FRUS*, *1958 – 1960*, Vol. III, pp. 647 – 648.

③ Revision of U. S. Position of First Phase of Disarmament as Proposed by Department of State, DNSA, NP00452.

时，他们坚持认为，全面暂停核试验不符合美国利益。①

军方和原子能委员会的主张与国务院的不同点在于，国务院主张把暂停核试验两年与核查用于核武器相关物资生产的协议分开，而军方和原子能委员会将达成协议作为禁止核试验的前提。② 8 月 18 日，代理国务卿克里斯蒂安·赫脱（Christian Herter）向艾森豪威尔报告各部门协商的结果。没想到军方和原子能委员会反悔，国防部副部长夸尔斯等又回到过去的立场，坚持应继续进行核试验，以便开发反弹道导弹和核弹头，还声称暂停核试验在军事上对美国不利。③ 参谋长联席会议也认为应坚持过去的立场，除非政治上的好处超过军事。

艾森豪威尔对军方和原子能委员会的出尔反尔颇感恼火。他对夸尔斯说，美国在技术上领先于苏联，如果停止试验将保持技术优势。但夸尔斯和原子能委员会主席麦科恩反驳说，他们的技术人员不同意此种评估。艾森豪威尔坚决支持国务院修改后的新立场，认为其主张适应联合国的形势，以及盟国和中立国公众舆论的认识，世界局势要求美国采取行动以获得政治上的好处。国务院实际上已照顾到军方和原子能委员会的关切，根据新立场达成禁止核试验协议，不会损害美国的根本和长远利益。④ 因此，尽管原子能委员会、参谋长联席会议和国防部反对，艾森豪威尔仍于 8 月 21 日宣布，从 1958 年 10 月 31 日起美国将在一年内暂停核试验，并就永久停止核试验与苏联、英国谈判，但如果不能就有效核查机制达成一致，在重大、实质性军备控制措施上不能取得进展，则暂停期满后恢复核试验。⑤ 英国赞同艾森豪威尔的立场，⑥ 其考虑与美国如出一辙，即如果不尽快宣

---

① Department of Defense Draft Revision of U. S. Position on First Phase of Disarmament, August 14, 1958, DNSA, NP00455.

② Summary of Meeting Held in the State Department from 4：00 to 6：20 p. m. on August 13 ［Proposed Revision of the U. S. Position on the First Phase of Disarmament］, DNSA, NP00456.

③ Nuclear Testing, August 15, 1958, DNSA, NP00458.

④ Memorandum of Conference with President, August 18, 1958 ［Geneva Talks and Possible U. S. Statement on the Suspension of Atomic Testing］, DNSA, NP00460.

⑤ Department of State, *Documents on Disarmament*, *1945 – 1959*, Vol. II, pp. 1111 – 1112.

⑥ Text of Letter Sent to Harold Macmillan on Question of Nuclear Test Suspension, August 21, 1958, DNSA, NP00462.

布暂停核试验，苏联在舆论方面将获得好处。

艾森豪威尔的立场实际上决定着美苏技术专家会谈的结果。经过 6 周紧张会谈，就在 8 月 21 日艾森豪威尔宣布暂停核试验当天，科学家达成协议，决定建立由 170 个陆地观测站和 10 个舰船观测站组成的监测网。网络与空中侦查结合，有可能发现最小当量为 1 千吨的大气层核试验，有 90% 的可能发现当量在 5 千吨以上的地下核试验。会议还同意，每年现场核查 20—100 起未经确认的事件。但会议没有讨论侦查高纬度核试验和逃避侦查的方法。[1] 此即日内瓦机制，是两年多会谈达成的唯一协议。苏联接受现场视察被认为是一个突破。

英国最初对艾森豪威尔突然宣布暂停核试验非常吃惊。但作为对苏联发射人造卫星的反应，艾森豪威尔政府同意英美共享并保证向英国提供核弹头设计关键数据，因此英国不需试验就能制造氢弹，热核武器计划有了保证。于是，英国才同意发表支持暂停核试验和进行禁止核试验谈判的声明。[2] 麦科恩解释艾森豪威尔政府之所以愿与英国实现核共享，在于总统本人非常强调英国在二战中给予美国的帮助，[3] 即美国同意与英国核共享，是对英国的感谢。实际上，艾森豪威尔的考虑要复杂且现实得多，英国是美国最重要盟国，如果不与其核共享，将导致两国关系疏远，不利于对苏冷战。

10 月 31 日，英美苏疯狂进行核试验后，[4] 三国在日内瓦正式进行禁止核试验

① Department of State, *Documents on Disarmament*, *1945 – 1959*, Vol. Ⅱ, pp. 1090 – 1111. 美国要求建立 650 个观测站，苏联主张建立 100—110 个，最后经英国斡旋，建立 180 个。参见 Glenn T. Seaborg, Benjamin S. Loeb and W. Averell Harriman, *Kennedy*, *Khrushchev and the Test Ban*, p. 13; Memorandum of Discussion at the 378th Meeting of the National Security Council, August 27, 1958, *FRUS*, *1958 – 1960*, Vol. Ⅲ, National Security Policy; Arms Control and Disarmament, pp. 654 – 658.

② Memorandum of Conference with the President, August 20, 1958, 5：20 p. m. [Exchange of Nuclear Weapons Information with the United Kingdom in the Event of a Suspension of Nuclear Testing], August 25, 1958, DNSA, NP00467; J. P. G. Freeman, *Britain's Nuclear Arms Control Policy in the Context of Anglo-American Relations*, *1957 – 68*, p. 90; Susanna Schrafstetter and Stephen Twigge, *Avoiding Armageddon*, p. 96.

③ Memorandum of Conference with the President, August 21, 1958, 10：50 a. m. [Exchange of Nuclear Information with Great Britain], DNSA, NP00463.

④ 英苏美抢在 1958 年 10 月 31 日即将结束前，分别进行了 4 次、14 次和 19 次核试验。参见 Susanna Schrafstetter and Stephen Twigge, *Avoiding Armageddon*, p. 96.

谈判。美苏双方都怀疑对方的意图。据美国中央情报局说，9 月 30 日以来，苏联抢在会谈正式开始前进行 14 次核试验，最近 3 次在 10 月 18 日、20 日和 22 日。① 尽管苏联的行为看起来是想在会谈前抢先完成计划中的核试验，但艾森豪威尔政府担心其举动会提升苏联核技术，或缩小与美国的差距。因此，会谈一开始，美国就从原来的立场后退，要求首先讨论核查机制并坚持国际核查由多数票表决，把严格的核查机制作为禁止核试验的前提。同时如前所述，苏联对于全面禁止核试验以防止核武器扩散相当积极，之所以能达成日内瓦机制，很大程度上是苏联在核查问题上妥协的结果。苏联本以为其立场会推动会谈，但没想到美国出尔反尔。更严重的是，会谈期间，美国国防部宣布，美国有权自由使用自己出资建设、拥有核导弹的北约成员国导弹基地。② 此点加剧了苏联对美国的怀疑，认为美国试图在核武器方面对苏联施压。苏联针锋相对，坚持要求达成与核查机制无关的全面禁止核试验协议，以及对所有核查拥有否决权。③ 双方的主张大相径庭，会谈陷于僵局。

## 三、会谈政策调整

尽管会谈不顺利，但美苏双方都不希望终止。相对而言，艾森豪威尔政府的考虑要复杂得多。一方面，赫鲁晓夫上台后发动和平攻势，表示愿与西方对话以缓解紧张局势，如果美国拒绝，苏联将赢得宣传上的胜利，艾森豪威尔不能让苏联达到目的。

另一方面，更重要的是，艾森豪威尔政府仍然相信，达成禁止核试验协议有助于保持对苏核优势，以及防止非核武器国家开发核武器。由于前期会谈毫无成果，中、法等国加快了核武器开发进程。立足于自力更生开发核武器，1959 年，中国核武器研究进入新阶段，大多数项目都于是年和次年完成。法国的核计划步伐明显加快，到 1959 年 6 月法国的第三个反应堆达临界状态，1960 年初将全面

① Summary of State Department and CIA Reports—8–23 October, 1958, DNSA, NP00485.
② Memorandum concerning NATO Financing of Nuclear Ammunition Storage Sites in Europe Is Forwarded to the Joint Chiefs of Staff, August 13, 1958, DNSA, NP00451.
③ 刘子奎：《核查与艾森豪威尔政府禁止核试验谈判（1957—1960）》，《华东师范大学学报》2021 年第 1 期，第 57—66 页。

运营。① 艾森豪威尔政府相信，法国获得核武器肯定会刺激其他国家。虽然其他国家即使获得充足核能力也不会从根本上改变美苏优势，但将增加地区冲突扩大为全面战争的可能性。②

为统一认识，艾森豪威尔政府连续两次召开总统科学顾问委员会会议。1958年11月18日，国家安全委员会特别工作组主席、科学顾问委员会成员贝特，与代理国务卿赫脱就禁止核试验谈判进行讨论。贝特认为，苏联对核查计划的承诺表明会谈是有希望的，谈判之所以进展缓慢，重要原因是美国坚持将禁试条约与裁军总体进展联系起来。当赫脱问及长期暂停试验对美国核力量的影响时，贝特表示美国的核研究机构"在继续发展核武器方面处于更好的地位"，因为美国科学家对核武器内部运作的理解和认识领先苏联。考虑到泰勒支持继续进行核试验的立场，赫脱问美国是否需要"改善小型武器"即开发可投入使用的战术核武器。贝特回答，改进是可能的但并不至关重要，因为华盛顿拥有"每一种类型的武器"。相较而言，贝特表示更关心英国在核查问题上的立场，因为英国认为苏联接受任何控制的前景都是暗淡的。③ 显然，贝特认为禁止核试验对美国有利，因为其在核武器技术和种类上拥有明显优势。

艾森豪威尔仍担心国防部和原子能委员会反对，11月21日总统科学顾问委员会再次开会讨论。该委员会一致同意并强烈建议不应中断谈判，如果禁止核试验，美国的领先优势将保持下去；如果不能达成协议，美国的优势将遭受损害。科学家主张，不应给苏联中断谈判却把责任推给美国的机会，应放弃把暂停核试验协议与裁军联系起来的做法，美国的安全不会因此处于风险之中。如果会谈失败，应进行地下核试验，可避免因为放射性尘埃所产生的政治问题。④ 就此，允许进行地下核试验的设想在艾森豪威尔政府内部逐步形成，最终被总统采纳并作为美方正式立场在会谈中提出。

---

① France's First Atomic Explosion, February 13, 1960, DNSA, WM00038.
② NIE 100 – 2 – 58, Development of Nuclear Capabilities by Fourth Countries: Likelihood and Consequences, July 1, 1958, DNSA, WM00027.
③ Department of State Memcon, Geneva Nuclear Test Negotiations, November 18, 1958, National Archives, RG 59, decimal files 1955 – 1959, 700. 5611/11 –1858.
④ PSAC Meeting on Test Suspension, November 21, 1958, November 24, 1958, DNSA, NP00498.

　　美国科学家之所以建议在会谈失败后允许进行地下核试验，是设想在无法达成协议以防止苏联追赶美国的情况下，通过限制大气层核试验维持战略核优势，同时把核爆炸产生的放射性尘埃之影响降到最小，以赢得世界公众支持。科学家建议不再把暂停核试验与核裁军联系起来，很大程度上是看到了会谈以来的现实。要使会谈继续下去并达成协议，不得不探索放弃"联系策略"的可能。还在1958 年初，史塔生就从禁止核试验条约符合美国根本利益出发，建议不再实行联系策略，单独达成暂停核试验两年的协议。艾森豪威尔倾向于支持该主张，杜勒斯也大力支持。① 尽管国防部和原子能委员会以此举会严重削弱美国军事优势为由强烈反对，致使史塔生的建议未被艾森豪威尔接受，但此时无疑为陷于僵局的会谈继续下去提供了新思路。

　　总统科学顾问委员会的建议与史塔生一脉相承。艾森豪威尔认为，会谈迟迟未能取得进展，对美国非常不利。因此，进入 1959 年，他便迫不及待希望采取新政策打破僵局。1 月 12 日，艾森豪威尔与主要顾问开会，商讨对策。杜勒斯说，关于在日内瓦禁止核试验谈判的立场，迄今为止美国在谈判中明确表示，与苏联达成的任何协议都依赖于全面裁军取得进展，中心问题是美国是否有机会让苏联接受真正的控制机制，现在应放弃把禁止核试验与全面裁军相联系的做法。促进美苏达成协议是艾森豪威尔的意图，因此，在与同事回顾美国支持暂停核试验的初衷后，他同意不再把两者联系起来。② 至此，美国基本上放弃一揽子裁军立场，艾森豪威尔要求不得公开表明美国准备中断会谈。

　　同时，艾森豪威尔表示，不将裁军取得进展与禁止核试验协议联系起来，并不意味着有效的核查和控制机制不重要。相反，他支持将建立此种机制作为会谈的"核心问题"。之所以如此，一方面，是因为他与军方、原子能委员会一样不相信苏联，因而建立有效核查机制，使"自由世界"的"合格观察员"进入苏

---

① Memorandum of Telephone Conversation with the Secretary, December 8, 1958, DNSA, NP00499.

② Discussion of the U. S. Position in the Geneva Nuclear Test Negotiations, DNSA, NP00513; Memorandum of Conversation with President Eisenhower, January 12, 1959, *FRUS*, *1958 – 1960*, Vol. Ⅲ, pp. 683 – 687.

联进行现场核查就尤为重要；① 另一方面，是因为国防部和军方及原子能委员会试图阻止艾森豪威尔在禁止核试验问题上转向。他们在艾森豪威尔与助手们商讨前，提出关于反对禁止核试验的新说辞。1958 年 12 月 8 日，负责跟踪外国核武器发展的空军原子能办公室，在初步分析禁止核试验会谈开始前系列地下核试验中获得的技术数据后认为，将不确定性地震事件确定为自然地震非常困难，日内瓦机制很难区分核爆炸和自然地震，而且每年发生的相当于某一低当量核爆炸的地震数量比估计的多得多，意味着需要更多的检查来确定可疑事件是地震还是核爆炸。② 他们对日内瓦机制提出怀疑，尽管艾森豪威尔的科学顾问委员会不同意此种分析，但该说法还是对艾森豪威尔后来的决定产生重大影响。

从日内瓦谈判情况看，苏联不太可能接受美国主张的控制机制。1959 年 1 月 19 日，艾森豪威尔再次召开会议讨论应采取怎样的会谈立场。杜勒斯说，美国最初寻求达成禁止核试验协议，规定如果在其他裁军措施上未取得令人满意的进展，则恢复核试验，实际是把禁止核试验与全面裁军相联系，因而美苏很难达成协议。他重申只有放弃该立场才能促进会谈。艾森豪威尔没有直接表明态度，而是说会谈开始时美国在核武器上拥有优势，但因为拖延，迄今为止美国没获得宣传上的好处。艾森豪威尔明显流露出对会谈拖延未取得任何成果的不满，但他还是考虑了国防部和原子能委员会的立场，表示核查机制非常有利于降低战争危险，"自由世界"还将因此获得向苏联派驻观察人员的好处。不过，他意识到苏联非常抵触"真正的控制机制"，提出商谈协议时不应忽视探测设备能力有限这一情况。③

艾森豪威尔对核查机制的强调，使原子能委员会和中情局找到反对禁止核

---

① John S. D. Eisenhower, "Memorandum of Conversation with the President January 12, 1959 – 9: 00 AM," 19 January 1959, DDEL, Ann Whitman File. Dwight D. Eisenhower Diary, box 38, Staff Notes. January 1959（Ⅱ）.

② Memorandum from President's Science Adviser James Killian to Acting Secretary of Defense Donald Quarles, "Review of HARDTACK Ⅱ Seismic Data," December 9, 1958, DDEL, Special Assistant to the President for Science and Technology, box 13, Nuclear Test Suspension – Seismic Data (1).

③ Memorandum of Conversation with the President, January 12, 1959, [U. S. Position at the Geneva Disarmament Negotiations on Nuclear Testing], January 19, 1959, DNSA, NP00516.

试验的新着力点。在 1 月 26 日的白宫会议上，原子能委员会主席麦科恩说，有效的核查机制对禁止核试验协议至关重要，但美国目前的地震探测数据不够，有必要在 2—3 年进行更多试验，以获得足够设计有效核查机制所需的数据。因此，原子能委员会要求只暂停大气层核试验。国防部支持原子能委员会的立场。代理国务卿赫脱认为，该做法实际上暴露了美国希望中断会谈的意图，并不明智。白宫科学和技术办公室主任，同时也担任总统科学和技术特别助理的基里安认为，仅暂停大气层核试验是危险的，日内瓦机制足以威慑任何未来的核试验。①

艾森豪威尔政府内部迟迟不能就新会谈立场达成一致，苏联在核查问题上也不愿让步，因而美国国务院建议本国退出日内瓦会谈。② 对此，艾森豪威尔明确表示不应退出，即使会谈失败，也要证明是苏联不同意现场检查造成的，③ 主动退出将使美国在公众舆论上处于不利地位。可见，尽管艾森豪威尔确实希望达成协议，但如果没有有效的核查机制，他宁愿不达成并把责任推给苏联。

既不能退出会谈，又不能把禁止核试验协议与全面裁军相联系，那就需要会谈有新思路。科学家主张进行地下核试验的建议，以及原子能委员会主席麦科恩的只暂停大气层核试验的要求，给艾森豪威尔留下很深印象，他认为试验探测困难可能使美国有必要进行小型地下试验。于是，在 2 月 28 日与基里安及军方代表开会时，艾森豪威尔接受了禁止核武器试验应限于大气层核武器试验，以及大当量地下核试验的主张，④ 即可进行一定当量范围内的地下核试验。

艾森豪威尔之所以接受该建议，首先是军方和原子能委员会一贯反对全面禁止核试验，不能无视其要求。其次，军方和原子能委员会的初衷主要是继续进行核试验，以改进核查监督机制和维持对苏战略核优势，实际上也是他内心最真实

---

① Memorandum of Conversation, January 26, 1959, *FRUS, 1958 – 1960*, Vol. Ⅲ, pp. 692 – 696.

② Memorandum of Conference with the President, February 23, 1959 [Discussion of Draft Reply to Prime Minister Harold Macmillan on the Geneva Negotiations for Suspension of Atomic Testing; Document Incomplete], February 25, 1959, DNSA, NP00525.

③ Memorandum of Conference with the President, Feb. 17, 1959 [John Foster Dulles Condition, Geneva Talks on Nuclear Testing], February 18, 1959, DNSA, NP00524.

④ Memorandum of Conference with the President, 25 February 1959 – 3∶25 [Geneva Nuclear Testing Negotiations], February 28, 1959, DNSA, NP00527.

的愿望。同时，以基里安为首的总统科学顾问委员会的科学家开始改变看法，认为核查机制确实存在不能解决的难题。基里安明确表示，建议只禁止大气层核试验。① 最后，非常重要的是，根据美国中情局最新评估，世界舆论尤其是欧洲民众已改变对核武器和核试验的态度，认为在有效的核查和监督下可以进行核试验，甚至还认同核武器是一种可用于防御的武器。② 如此一来，艾森豪威尔在作出决定时不用担心民众情绪，也不用担心美国在冷战宣传中处于不利地位。相反，若表现出坚定果敢的态度，还能向美国和欧洲民众展示与苏联争夺的决心和勇气，巩固并增强西方联盟的力量。

3月19—23日，艾森豪威尔政府多名重量级官员与英国磋商禁止核试验会谈的立场。美国官员说，苏联同意建立有效控制机制的可能性很小，因而无限期延长会谈不值得。同时，他们向英国介绍了新技术发现，即在对地下核试验进行伪装后，所探测到的爆炸可能只是实际爆炸当量的1/10或更小，意味着在某种条件下进行100千吨当量的核试验，所产生的信号只有约10千吨或更小。因此，美国对日内瓦控制机制的有效性产生怀疑，主张只禁止大气层核试验。③ 英国首相麦克米伦相信美国原子能委员会的立场是正确的，同意达成有限禁止核试验协议。他唯一担心的问题是，允许进行任何核试验都会给核大国提供机会，并可能促使其他国家开发核武器。

杜勒斯认为，禁止大气层核试验并允许地下试验的提议，在政治上是不可能的，即使莫斯科接受美国条款的可能性很小，只有百分之一，但由于"公共关系"需要，华盛顿必须坚持全面禁止核试验计划。如果麦科恩的提议被摆上桌面，它将"允许俄国人中断与美国的谈判，而美国则为他们的失败承担全部责任"。④ 另外，

① Technical Factors Relating to Arms Limitation and to the Geneva Conference on Nuclear Test Cessation [Paper Attached], March 31, 1959, DNSA, NP00540.

② Implications for the Free World and the Communist Bloc of Growing Nuclear Capabilities, February 3, 1959, DNSA, SE00225.

③ Nuclear Testing: Future Steps [Macmillan Talks, Washington, March 19 – 23, 1959], March 19, 1959, DNSA, NP00535; Discussion with Foreign Secretary Selwyn Lloyd at Luncheon on March 23, 1959 at British Embassy, March 23, 1959, DNSA, NP00538.

④ State Department Memcon, U. S. Position in Geneva Test Negotiations, January 30, 1959, National Archives, RG 59, decimal files 1955 – 59, 396. 12 – GE/1 – 359.

如果允许进行地下核试验，苏联会认为美国"在可能被探测到的地下核爆炸的立场发生了逆转"，进而被认为是"失信行为"，① 美国将处于狼狈境地。

艾森豪威尔决心不顾忌苏联的想法，因为如果苏联不满意美国的立场而退出会议，世界舆论将谴责苏联。3 月 26 日，他作出决定：如果苏联不接受美国在核查问题上的要求，英美将提出禁止大气层核试验并联合进行地下核试验项目，以提高发现地下核试验的能力；如果苏联同意放弃对核查的否决权，则美国准备接受一个"不完美的"核查机制。② 该建议实际上包括部分禁止核试验和全面禁止核试验两个方案。艾森豪威尔的决定破天荒地得到国务院、中央情报局、原子能委员会、国防部等一致支持，其同时建议不要宣布禁止地下核武器试验，此举不仅会削弱美国核武器开发能力，而且会阻碍美国加强现场检查的努力。③

与此同时，艾森豪威尔政府与德国、荷兰、希腊和土耳其就原子合作协议谈判，意在缔结实施原子储存计划时训练北约力量的协议。谈判相当顺利，准备在 5 月初签订协议。苏联表示坚决反对，但赫脱建议继续与德国等谈判。④ 在此种情况下，苏联认为允许进行地下核试验根本不能阻止军备竞赛，而只是不诚实的伎俩。⑤ 因此，赫鲁晓夫最初拒绝艾森豪威尔政府允许进行地下核试验的建议。但在考虑继续军备竞赛的巨大经济负担和核扩散风险后，赫鲁晓夫 5 月中旬提出重大妥协性建议，同意把派遣观察员调查可疑物理现象作为执行核查条约主要手段；放弃此前提出的对所有派遣视察人员拥有否决权的要求，不过仍坚持

① John S. D. Eisenhower, "Memorandum of Conversation with the President January 12, 1959," January 19, 1959, DDEL, Ann Whitman File. Dwight D. Eisenhower Diary, box 38, Staff Notes. January 1959 (Ⅱ).

② State Department Memcon, Nuclear Test Negotiations, March 26, 1959, National Archives, RG 59, decimal files 1955 – 1959, 700. 5611/3 – 2659.

③ Voluntary Temporary Moratorium on Underground and High Altitude Tests, April 23, 1959, DNSA, NP00545.

④ Bilateral Agreements under the Atomic Energy Act in Implementation of the NATO Atomic Stockpile Concept, April 27, 1959, DNSA, NP00547.

⑤ Department of State, *Documents on Disarmament, 1945 – 1959*, Vol. Ⅱ, pp. 1397 – 1398; Benjamin P. Greene, *Eisenhower, Science Advice, and the Nuclear Test-Ban Debate, 1945 – 1963*, Stanford: Stanford University Press, 2007, p. 187.

定额核查。①

英国非常欢迎苏联的妥协，赞成进行定额核查。随后，美国政府就禁止核试验问题进行新一轮讨论。国务院主张妥协，因为新任国务卿赫脱认为，苏联明显在会谈所涉及的各个方面都作了让步。但他既没有杜勒斯的强有力个性，也没有获得总统完全信任。② 麦科恩认为，不能确保苏联遵守定额核查机制。艾森豪威尔认为，全面禁止核试验是不可能的，但如果短期内放弃该目标，美国将遭受公众舆论法庭"审判"，因此绝不能在会谈中表现出妥协的立场。③ 国会也参与进来，参议院4月底一致通过决议，要求继续就禁止核试验国际协议进行谈判。④

6月17日，国务院、国防部、能源部和中央情报局等部门主要负责人开会，详细讨论现场核查问题。总统科学顾问委员会的科学家和中央情报局局长艾伦·杜勒斯（Allen Dulles）对情报部门在探测地下核试验方面的作用较为乐观，认为"每年100次检查"将非常可能发现"任何违规行为"，甚至不到100次的核查也很可能发现任何核试验。但国防部副部长托马斯·盖茨（Thomas Gates）不同意，认为情报部门能否发现违约行为完全不确定。原子能委员会主席麦科恩则表示，100次现场核查不够，因为100次核查只能发现"所有超过5千吨的地震，而对低于5千吨当量的地震事件发现概率大约只有5%"。⑤ 因而，原子能委员会坚持认为，只有在实现充分核查后才能达成暂停核试验协议。艾森豪威尔决定采纳国防部的建议，因此美国政府在技术工作组会谈中把确定核查次数作为中心问题。

---

① Martha Smith-Norris, "The Eisenhower Administration and the Nuclear Test Ban Talks, 1958 – 1960," p. 526；Benjamin P. Greene, *Eisenhower, Science Advice, and the Nuclear Test-Ban Debate, 1945 – 1963*, pp. 186 – 187；Memorandum of Conversation, May 5, 1959, *FRUS, 1958 – 1960*, Vol. Ⅲ, pp. 737 – 742.

② Robert Divine, *Blowing on the Wind: The Nuclear Test Ban Debate, 1954 – 1960*, p. 243.

③ Private Meeting between the President and Prime Minister Macmillan, August 30, 1959, DNSA, NP00586；Memorandum of Conversation, May 5, 1959, *FRUS, 1958 – 1960*, Vol. Ⅲ, pp. 737 – 742.

④ Department of State, *Documents on Disarmament, 1945 – 1959*, Vol. Ⅱ, pp. 1402 – 1403.

⑤ State Department Memcon, Geneva Nuclear Test Detection Negotiations, June 17, 1959, National Archives, RG 59, decimal files 1955 – 1959, 700. 5611/6 – 1759.

6 月 22 日，美苏第一技术工作组会议在日内瓦召开。苏联同意讨论核查技术问题，但反对改变日内瓦机制，坚持在讨论具体核查次数前就定额核查次数先达成一致，还表示定额核查次数与日内瓦机制的核查能力没有关系。① 双方在是否允许地下核试验问题上争执不下，苏联主张全面禁止核试验，美国要求允许进行地下核试验。恰在此时，以加州理工学院科学家鲍彻（Robert F. Bacher）为首的特别工作组非常肯定地说，地震学"仍处于起步阶段"，目前的探测技术发现地下核试验的可能性非常小，继续研究非常必要。② 基于鲍彻的发现，国务院建议放弃全面禁止核试验目标，代之以分阶段停止试验。更重要的是，盖茨说，即使不进行核试验，在开发武器方面也能取得比过去多得多的进步。艾森豪威尔因此相信，在目前技术水平下，控制地下核试验是不可能的，③ 他开始赞成达成部分禁止核试验条约，同时由英美苏三国就探测地下核试验展开联合研究。

军方和艾森豪威尔新任科学和技术特别助理基斯蒂亚科夫斯基（George B. Kistiakowsky）的立场，促使艾森豪威尔最终决定不禁止地下核试验。与前任基立安不同，基斯蒂亚科夫斯基更倾向接受原子能委员会和军方关于核查问题的立场。他对艾森豪威尔说，地下试验检测具有不确定性，除非美国检查苏联境内约每年 1715 次的相当于 500 吨级爆炸的所有地震，否则在一系列低于 5 千吨的地震中，至少发现一次的概率可忽略不计。艾森豪威尔听取关于不确定性的简报后，最终认为"控制地下试验似乎是不可能的"。④ 军方则以水下核武器试验的检

① Letter from the Chairman of the Atomic Energy Commission（McCone）to Secretary of State Herter, July 7, 1959, *FRUS*, *1958 – 1960*, Vol. Ⅲ, National Security Policy; Arms Control and Disarmament, doc. 223, pp. 755 – 757.

② State Department Memorandum of Conversation, "Geneva Nuclear Test Negotiations—Meeting of the Principals," July 9, 1959, DDEL, Office of Special Assistant for Science and Technology, box 8, Disarmament - Nuclear Test Policy. May 1958 – October 1960（folder 2）.

③ Discussion of Unidentified Underground Nuclear Tests, July 23, 1959, DNSA, NP00575; Memorandum of Conference with the President, July 23, 1959, 10：15 a. m. ［Next Move on Atomic Testing and the Geneva Negotiations］, July 23, 1959, DNSA, NP00576; Memorandum of Conference With President Eisenhower, July 23, 1959, *FRUS*, *1958 – 1960*, Vol. Ⅲ, National Security Policy; Arms Control and Disarmament, pp. 759 – 763.

④ Comments on Bacher Panel's Report Delivered by White House Science Adviser Kistiakowsky during Meeting with Eisenhower, 23 July, 1959, DDEL, Office of Special Assistant for Science and Technology, box 9, Disarmament - Nuclear Testing Policy（4）.

测难度与地下核武器试验相当，建议将水下试验排除在核武器试验禁令外。①

艾森豪威尔认识上的转变意义重大。他进行会谈是因相当程度上相信美国在核技术和核武器质量上处于优势地位，禁止核试验将确保该地位，但现在有充分证据表明很难发现一定当量下的地下核试验，那么禁止核试验就没有意义。因此，即使禁止核试验，也只能禁止美国技术水平可发现或侦测的核试验，而不是全面禁止。此后，尽管苏联一再表示美国必须同意禁止包括地下核试验在内的所有核试验，② 但艾森豪威尔越来越不考虑其要求，开始倾向于达成有限协议，即不禁止地下核试验的禁止核试验协议。

艾森豪威尔的上述决定，未改变政府内部在是否放弃全面禁止核试验，以及是否恢复核试验上争论不休的状况。在 10 月 6 日召开的相关部门负责人会议上，国务院表示，如果苏联同意进行数百次核查，则可进行谈判，美国可根据苏联的反应作出退出谈判还是达成分阶段协议的决定。盖茨坚持要求中断会谈并在 1960 年 1 月 1 日恢复核试验。麦科恩则建议与苏联举行专家会议，以决定侦测地下核试验是否可行。如果不能就侦测地下核试验达成协议，美国将保留随时恢复核试验的权利。③ 艾森豪威尔采纳麦科恩的建议。10 月 27 日，他建议召开第二技术工作组会议，讨论建立有效控制机制及相关技术问题。11 月初，苏联同意美国关于地下核试验核查技术讨论的建议，但坚持把日内瓦机制作为核查条约的基础，拒绝接受日内瓦监测系统需要重新思考的结论。④ 11 月 25 日，第二技术工作组会议

① Phased Approach to Agreement for the Cessation of Nuclear Weapons Tests, August 13, 1959, DNSA, NP00578.

② Memorandum of Discussions with Mr. Novikov and Mr. Zamyatin in Vienna during the IAEA Conference, October 2, 1959, DNSA, NP00593.

③ George B. Kistiakowsky, *A Scientist at the White House: The Private Diary of President Eisenhower's Special Assistant for Science and Technology*, Cambridge, MA and London: Harvard University Press, 1976, pp. 106 – 108; Memorandum of Conversation, October 6, 1959, *FRUS*, *1958 – 1960*, Vol. III, pp. 777 – 789.

④ Public Papers of the Presidents of the United States: Dwight D. Eisenhower, Containing the Public Messages, Speeches, and Statements of the President, January 1 to December 31, 1959, United States Government Printing Office: Washington, D. C. 1960, p. 883; Lawrence Wittner, *The Struggle Against the Bomb*, *Vol. 2: Resisting the Bomb: A History of the World Nuclear Disarmament Movement*, *1954 – 1970*, Stanford: Stanford University Press, 1997, p. 408.

在日内瓦召开。

但无论艾森豪威尔政府还是苏联政府，都不愿意采取积极措施推进会谈。一开始，双方首先在技术工作组职权范围问题上发生争执。艾森豪威尔给美国谈判代表的任务是，务必设计出一套根据新数据能够评估日内瓦机制发现和监测核试验的方案。① 艾森豪威尔要求第二技术工作组会议把说明日内瓦机制监测能力的有限性作为首要任务，实质上是建议重新考虑日内瓦机制。苏联则担心如此将导致用科学研究结果取代日内瓦机制作出预先判断，因而拒绝接受任何重新考虑日内瓦机制的建议，主张"要么签订全面禁止核试验条约，要么什么也不签"。② 关于改进核查机制，苏联采取以进为退的策略，提出严格标准，如果美国接受该标准，将不能进行大多数地下核试验。③

苏联对会谈之所以比以前消极，主要因为此时正值柏林危机高峰期，为团结盟国对抗苏联，艾森豪威尔政府一面与英国核共享，④ 一面在欧洲相关盟国部署中程弹道导弹。如果说考虑到英美特殊关系，艾森豪威尔与英国的核合作还可接受，那么积极谋求在欧洲盟国部署核导弹则让苏联难以接受。其实，还在双方会谈之初，美国就着手与意大利、法国和联邦德国等就在其境内部署中程弹道导弹会谈。1958 年 8 月，意大利准备着手部署两个中队的朱庇特中程弹道导弹，希望美国通过安全援助的方式提供费用。⑤ 此后，美国与欧洲其他国家讨论部署雷神和北极星导弹问题，并与法国等产生一系列冲突，如法国要求对本国的中程弹道

---

① Memorandum of Discussion, October 19, 1959, *FRUS*, *1958 – 1960*, Vol. Ⅲ, pp. 789 – 791.

② Memorandum of Conversation, November 17, 1959, *FRUS*, *1958 – 1960*, Vol. Ⅲ, pp. 797 – 803.

③ Memorandum of Meeting with the Vice President（Friday, December 11, 1959 at 10：00 a. m. ）：Moratorium on Nuclear Testing, December 16, 1959, DNSA, NP00608；Memorandum of Conference with the President, December 29, 1959, U. S. Suspension of Nuclear Tests and Negotiations with the Soviets, December 31, 1959, DNSA, NP00615；Memorandum of Conversation, November 14, 1959, *FRUS*, *1958 – 1960*, Vol. Ⅲ, National Security Policy；Arms Control and Disarmament, pp. 792 – 796；Memorandum of Conference With President Eisenhower, December 29, 1959, *FRUS*, *1958 – 1960*, Vol. Ⅲ, pp. 816 – 819.

④ 1958 年 8 月，艾森豪威尔甚至说，在禁止核试验期间，英国可以继续开发核武器。Memorandum of Conference with the President, August 20, 1958, Exchange of Nuclear Weapons Information with the United Kingdom in the Event of a Suspension of Nuclear Testing, August 25, 1958, DNSA, NP00467.

⑤ Conversation with the Italians on IRBMs, August 8, 1958, DNSA, NP00450.

导弹拥有控制权，而美国要求把控制权交由北约盟军欧洲最高司令，实际上由美国人控制。① 英国在得到核共享保证后支持美国的立场。②

由于种种原因，艾森豪威尔政府最终未能按计划在欧洲部署导弹，但其扩大核共享的举动，如允许法国核工程师参观美国洛斯阿拉莫斯国家核反应堆实验室等，使苏联有足够理由怀疑美国呼吁和进行禁止核试验会谈的真实意图。

艾森豪威尔政府之所以不愿意积极推进，主要与国内形势有关。随着1960年大选临近，禁止核试验与国内政治问题联系起来，③ 形势更加复杂。怎样的会谈政策才能既迎合国内不同立场的选民，又能有效应对苏联要求？总统与主要顾问在12月多次开会。以赫脱为代表的国务院主张妥协，认为目前的控制机制比根本没有机制好，言下之意是可阻止其他国家开发核武器，并能限制苏联改进核武器性能。国务卿裁军和原子能事务特别助理法利（Philip J. Farley）说，日内瓦机制可能阻止中国开发核武器。④ 美国日内瓦会谈新任大使沃兹沃斯（James J. Wadsworth）认为，苏联非常希望达成协议，且其签署协议后会就美国提供的新数据进行讨论。但军方仍坚决反对，盖茨强烈要求立即恢复核试验。麦科恩说参议院不会批准在核查能力上存在巨大漏洞的条约。艾森豪威尔继续试图协调不同部门的立场，但各部门未达成一致。⑤ 结果，第二技术工作组会议上，美苏最终没有达成任何协议。

---

① 关于美国与法国在导弹控制权问题上的争吵，参见 Correspondence on Several Issues concerning NATO, Nuclear Weapons in France, and the Need for Unity in NATO, October 6, 1959, DNSA, NP00594.

② West Germany Would Like to Have Two Squadrons of Thors, November 22, 1958, DNSA, NP00497.

③ Harold K. Jacobson and Eric Stein, *Diplomats, Scientists, and Politicians: The United States and the Nuclear Test Ban Negotiations*, Ann Arbor: University of Michigan Press, 1966, p. 209.

④ State Department Memcon, Meeting of the Secretary's Disarmament Advisers, November 3, 1959, National Archives, RG 59, decimal files 1955 – 1959, 600. 0012/11 – 359.

⑤ Memorandum of Conference with the President, December 29, 1959, 8: 30 a. m. [U. S. Suspension of Nuclear Tests and Negotiations with the Soviets], December 31, 1959, DNSA, NP00615; Atomic Energy Commission "Record of Cabinet Meeting, December 11, 1959 Consideration of Test Moratorium Negotiations," December 14, 1959, excised copy, DDEL, Special Assistant to the President for National Security Affairs, NSC Series, Briefing Notes Subseries, box 2, Atomic Testing Suspension of Nuclear Testing and Surprise Attack (3).

对于是否将暂停核试验延长到 1960 年，国防部、能源部和国务院等与尼克松副总统专门开会。盖茨坚决要求恢复试验，军方甚至反对就禁止核试验进行会谈，但其他负责人更关注核查问题。尼克松认为，恢复试验在政治上根本不可行，因为艾森豪威尔最近将要与其他国家举行元首峰会，并准备访问苏联，他很难在不加剧全球紧张局势情况下宣布放开地下核试验。[①]

必须承认，外交利益即使在某时能左右国家重大行为，但最重要因素仍是国家战略利益考量。第二技术工作组会谈失败使美国认识到，苏联不会接受对日内瓦机制作任何重大改变。如赫脱所说，技术会谈已失败，而且苏联拒绝讨论任何与核查有关的标准。[②] 艾森豪威尔政府认为，与其达成不能有效控制苏联核试验的全面协议，还不如达成可随时进行核试验以确保继续维持优势的条约。美国开始调整立场，转向部分禁止核试验方案。

## 四、会谈失败

1959 年 12 月 28 日，白宫科学和技术办公室新任主任基斯蒂亚科夫斯基提交禁止核试验门槛计划，即美国将继续进行日内瓦机制无法发现的当量以下的地下核试验，而禁止进行其他涉及地下、水下或大气层的试验。[③] 29 日，艾森豪威尔特别助理盖瑞（Gordon Gray）提出类似建议，但增加以下内容：除非出现不可预见的情况，美国将不恢复大气层核试验，以免放射性尘埃造成严重污染。关于是否进行新核试验，他建议在总统没有批准前暂不进行。[④] 但参谋长联席会议和新

---

① Public Papers of the Presidents of the United States: Dwight D. Eisenhower, Containing the Public Messages, Speeches, and Statements of the President, January 1 to December 31, 1959, p. 883; Lawrence Wittner, *The Struggle Against the Bomb*, Vol. 2: *Resisting the Bomb: A History of the World Nuclear Disarmament Movement*, 1954 – 1970, p. 408.

② Memorandum of Conference with President Eisenhower, December 29, 1959, *FRUS*, *1958 – 1960*, Vol. III, pp. 816 – 819.

③ Robert Divine, *Blowing on the Wind: The Nuclear Test Ban Debate*, *1954 – 1960*, p. 291; Memorandum of Conference With President Eisenhower, December 29, 1959, *FRUS*, *1958 – 1960*, Vol. III, pp. 816 – 819; Memorandum of Conversation, January 19, 1960, *FRUS*, *1958 – 1960*, Vol. III, National Security Policy; Arms Control and Disarmament, pp. 825 – 831.

④ Memorandum of Meeting with the President (Wednesday, December 23, 1959 at 4: 00 p. m.) [Nuclear Testing Moratorium], December 29, 1959, DNSA, N00613.

任国防部长盖茨继续坚决反对暂停核试验，并要求恢复核试验。[1] 由于未提供新的有说服力的理由，艾森豪威尔没有接受他们的建议。

考虑到国际反应和政府内部多数意见，艾森豪威尔同意基斯蒂亚科夫斯基和盖瑞的建议。他宣布暂停核试验期满后将在恢复核试验问题上自由行动，即美国有权自由决定是否继续进行日内瓦机制无法发现的当量以下的地下核试验。但他补充说，在正式作出进一步决定前，美国不会恢复核试验。[2] 该决定看起来是对国防部、军方和原子能委员会的妥协，实际上是赞成国务院等部门的部分禁止核试验主张，即对允许进行的核试验确定一个门槛值。由于这并非美国政府的最终决定，意味着围绕是否禁止核试验的争吵将继续，但确实表明艾森豪威尔政府从最初全面禁止核试验转向了部分禁止核试验。

美国之所以转变立场，主要有三个原因。其一，美国认识到部分禁止核试验条约有可能阻止其他国家获得核武器，也有利于美国国家安全。由于现有技术无法发现所有核试验，如果坚持禁止所有核试验，美国认为有关国家会进行无法发现的地下核试验。同时，美国还认为，中国和法国两个潜在核武器国家，无论如何也不会遵守禁止核试验条约，而苏联和美国也没有力量使其遵守，全面禁止核试验对美国国家安全不利。相反，部分禁止核试验条约有可能阻止其他国家。因为其他国家技术水平低，没有能力进行地下核试验，也缺乏进行地下核试验所需要的庞大资金。[3] 达成部分禁止核试验条约，美国可合法进行地下核试验，维持战略优势。

其二，苏联和英国表现出对部分禁止核试验的兴趣。尽管苏联在会谈中一直坚持全面禁止核试验，但其会谈代表查拉普金（Semen K. Tsarapkin）在与英国参加会谈的副代表怀特（Michael Wright）讨论时表示，苏联对在2—3年内暂停地下核试验感兴趣。英国也努力寻求暂停地下核试验3年，外交大

① Phased Approach to Agreement for Cessation of Nuclear Tests, December 31, 1959, DNSA, NP00614.

② Department of State, *Documents on Disarmament*, *1945 – 1959*, Vol. Ⅱ, pp. 1590 – 1591; George B. Kistiakowsky, *A Scientist at the White House: The Private Diary of President Eisenhower's Special Assistant for Science and Technology*, p. 222.

③ Considerations on the Nth Power Problem, April 18, 1960, DNSA, NP00639.

臣劳埃德（John Selwyn Brooke Lloyd）明确表示，即使与苏联达成暂时禁止地下核试验协议也符合西方利益。① 美国会谈大使沃兹沃斯认为，"苏联非常希望达成协议，他们只是不愿意在控制机制生效前考虑美国在试验中发现的新数据。他们说愿意在条约签订后讨论这些数据"。② 看来，苏联并不排斥部分禁止核试验。

其三，国际社会反核运动向纵深方向发展。11 月 20 日，亚非国家在联合国通过反对法国准备在撒哈拉进行核试验的决议。次日，印度等国推动联合国通过第 1402 号决议，呼吁不要继续进行核试验并就停止所有核试验达成协议。不仅如此，很多国家还怀疑美国正把查证地下核试验的困难作为破坏谈判的工具。③ 要赢得冷战，美国必须对上述诉求作出回应。因而，在美国认为达成全面禁止核试验条约或协议有损战略核优势的情况下，如果能部分禁止核试验，美国既可防止苏联通过继续进行核试验赶超自己，又能给国际社会留下爱好和平的印象。

实际上，无论在美国政府内部还是在与苏联的会谈中，禁止核试验的门槛值早就提出来了，即由于核查技术不足，只能禁止某一当量之上能被现有技术探测到的核试验。只不过艾森豪威尔希望全面禁止核试验，以防止苏联赶超美国，因而未如此行事。在决定部分禁止核试验后，艾森豪威尔政府开始根据新立场考虑应禁止进行的核试验当量，以确保在低当量核武器方面的优势。

基斯蒂亚科夫斯基提交禁止核试验门槛计划后，艾森豪威尔及其主要助手都接受该建议，国防部不得已之下也决定接受。此后，艾森豪威尔的主要顾问多次碰头，讨论门槛值具体应多大，以及在给定的门槛值下需多少次现场检查。在 1960 年 1 月 8 日总统主要助手会议上，基斯蒂亚科夫斯基说，根据震级确定门槛值在技术上是可能的，办法是进行水平方向的检测，能确保核查 10% 的 4.75 吨

---

① Memorandum of Conversation, November 14, 1959, *FRUS*, *1958 – 1960*, Vol. Ⅲ, pp. 792 – 796; Memorandum of Conversation, January 19, 1960, *FRUS*, *1958 – 1960*, Vol. Ⅲ, pp. 825 – 831.

② Memorandum of Conference with the President, December 29, 1959, U. S. Suspension of Nuclear Tests and Negotiations with the Soviets, December 31, 1959, DNSA, NP00615.

③ Department of State, *Documents on Disarmament*, *1945 – 1959*, Vol. Ⅱ, pp. 1546 – 1547, 1549; State Department Memcon, Meeting of the Secretary's Disarmament Advisers, November 3, 1959, National Archives, RG 59, decimal files 1955 – 1959, 600. 0012/11 – 359.

以上的地震，或 20% 的 5 千吨以下的地震；再者，规定每年 10 次核查也具有同样效果。副国务卿道格拉斯·狄龙（C. Douglas Dillon）主张设定更高门槛值。艾森豪威尔要求国防部和原子能委员会对上述建议进行评估。

1 月 12 日，国防部长盖茨告诉艾森豪威尔，如果出于政治原因提出门槛建议是必要的，门槛值应是 5 吨当量并应现场核查被发现的 50% 的地震事件，但如果可探测性存在问题，就很难继续下去。原子能委员会主席麦科恩认为该建议存在技术问题。但考虑到艾森豪威尔的决定及其不会放弃美国核优势的表态，同时美国核武器储存量比苏联多 10 倍，以及核力量比苏联有明显优势的事实,[①] 他表示，从武器试验角度看，门槛值当量以上的并不重要，把门槛值设定为 4.75 吨或 5 吨是合理的。[②] 很快，艾森豪威尔批准美国代表团向苏联提出基于地下测试信号强度门槛值的倡议。

提出门槛值方案，艾森豪威尔政府主要有三点考虑。首先，有助于实现战略目标，将给予美国进行现场检查的权力，确保随时了解苏联核武器开发状况，防止其在战略核力量水平和技术上追赶美国。其次，政治上有利于美国。该方案是一种姿态，表明美国愿在禁试条约中纳入尽可能多的内容，在政治上将获得世界更多支持。最后，战术上是明智的。可以想象，苏联出于不同原因可能会同意该方案，希望在所有地下试验方面束缚美国的手脚。如果苏联不同意，美国则随时可进行核试验，确保自身优势。

英国希望暂停所有地下核试验。外交大臣劳埃德在 1 月 14 日给赫脱的信中说，苏联是否会接受部分禁止核试验的条约非常值得怀疑。在他看来，苏联会指责西方用一个昂贵的核查系统搜集苏联情报，同时仍允许继续发展核武器，因此他主张在两三年内禁止所有地下核试验，即使无法核查的地下核试验也应禁止。如此一来，苏联就无法指责西方，也不会获得宣传上的好处。艾森豪威尔与赫脱商量后，很快拒绝了英国的主张。由于在核领域依赖美国，英国表示接受美国的核门槛值概念，甚至说尽管存在科学困难，即使与苏联达成暂停地下核试验的协

---

① Memorandum of Discussion at a Special Meeting of the National Security Council, February 18, 1960, *FRUS*, *1958 – 1960*, Vol. Ⅲ, pp. 836 – 845.

② Memorandum of Conversation, Jan. 12, 1960, *FRUS*, *1958 – 1960*, Vol. Ⅲ, pp. 820 – 825.

议也符合西方利益。① 英美成功协调了彼此立场。

为了在 3 月 15 日召开的联合国小组委员会谈判前协调好美国的裁军立场，以便根据新立场联合盟国与苏联谈判，1960 年 2 月 11 日美国谈判代表沃兹沃斯向所有核武器国家建议，停止大气层、水下、外层空间和门槛值以上的地下核试验，并接受现场定额核查概念，同时开展联合研究，提高探知地下核试验的能力。② 该建议允许进行地下核试验和进行现场核查，基本符合原子能委员会和军方要求。赫脱领导的国务院认为苏联不可能接受，因为在不需要进行大气层核试验的情况下，实际上允许美国进行旨在继续维持核优势的试验。

赫脱的立场相对公正，既然艾森豪威尔政府清楚美国战略核力量和技术都处于领先地位，赫鲁晓夫没有理由不清楚。赫鲁晓夫确实很难接受美国的建议，他认为美国意在恢复核试验，同时苏联国内要求恢复核试验的压力越来越大。在艾森豪威尔宣布继续暂停核试验后，苏联负责核武器事务的官员多次敦促赫鲁晓夫恢复核试验，后者以不能干扰即将在日内瓦举行的四大国峰会为由拒绝。③ 尽管赫鲁晓夫未同意恢复核试验，但国内压力使他不得不很快拒绝了美国的建议，并在最高苏维埃的讲话中严厉批评美国把地下核试验排除在外的做法。④ 苏联希望达成全面禁止核试验条约，从该意义上说，与艾森豪威尔相比，赫鲁晓夫在防止核扩散等问题上更真诚，尽管他们都试图利用会谈达到自身目的。

但两天后即 2 月 13 日，法国成功进行第一次核试验。核武器扩散前景越来越严峻复杂。防止核武器进一步扩散符合美苏共同利益，它们更迫切地希望达成协议。因此，艾森豪威尔再次呼吁苏联同意美国的建议，以确定全面停止核试验需要什么样的核查和控制方式。⑤ 若不考虑美国潜在意图，应该说艾森豪威尔的提议是中肯且合理的。

---

① Harold K. Jacobson and Eric Stein, *Diplomats, Scientists, and Politicians: The United States and the Nuclear Test Ban Negotiations*, p. 236; Memorandum of Conversation, January 19, 1960, *FRUS, 1958 – 1960*, Vol. Ⅱ, pp. 825 – 831.

② Department of State, *Documents on Disarmament, 1960*, pp. 33 – 39.

③ David Tal, *The American Nuclear Disarmament Dilemma, 1945 – 1963*, p. 145.

④ Robert Divine, *Blowing on the Wind: The Nuclear Test Ban Debate, 1954 – 1960*, p. 298; Department of State, *Documents on Disarmament, 1960*, pp. 4 – 16.

⑤ David Tal, *The American Nuclear Disarmament Dilemma, 1945 – 1963*, p. 145.

赫鲁晓夫一方面担心核武器进一步扩散，另一方面希望把主要精力放在改善经济状况以夯实对美争夺的基础上，而美苏继续进行军备竞赛尤其是核军备竞赛势必影响该目标。因此，根据赫鲁晓夫的训令，3月19日苏联会谈代表告诉美国，苏联同意缔结一项关于停止在大气层、海洋、外层空间进行所有核武器试验的条约，并停止爆炸当量在4.75吨以上的地下核试验，时间为4—5年。至于4.75吨以下的不明地下事件，查拉普金表示，苏联准备与西方国家制订联合研究和试验计划，但有一项谅解，即条约的所有缔约方同意在联合研究和试验期间不进行当量在4.75吨以下的核试验。[1] 赫鲁晓夫的反建议与美国最初的提议有相当差距，最主要的不同是不考虑现有核查能力，而要求全面永久禁止核试验。赫鲁晓夫的建议无疑有防止美国继续进行核试验进一步拉开与苏联距离的考虑，但不能否认苏联此举确实是希望禁止核试验。实际上，艾森豪威尔本人也承认赫鲁晓夫的确想停止核试验。[2] 就此而言，艾森豪威尔政府内部包括麦科恩和参谋长联席会议主席在内的多名官员坚持认为，苏联无意赞同美国任何建议的看法是错的。

英国首相麦克米伦强烈支持延长暂停试验，虽然其支持不是决定性的，但使得美国直接拒绝苏联的提议更困难。是否接受苏联的反建议，美国政府对此展开新讨论。3月22日，在麦克米伦访问华盛顿前夕，艾森豪威尔的主要助手召开会议。原子能委员会主席麦科恩和国防部副部长道格拉斯反对在没有充分核查的情况下承诺延长暂停核试验，但国务院、军备控制与裁军署和美国会谈代表不接受军方和原子能委员会的说法，认为华盛顿须积极解决最重要的允许地下核试验的当量问题。赫脱和他的同事承认，苏联的建议不合理，但艾森豪威尔不能替他的继任者作出具有法律约束力的暂停核试验承诺，而且莫斯科在现场检查方面未作任何让步。更重要的是，科学顾问基斯蒂亚科夫斯基说，为期3年的研究计划"可能会在探测和识别方面取得重大进展"，但并不能保证一定如此。[3]

艾森豪威尔很难全部接受赫鲁晓夫的建议；但若不接受，又会使美国国际处

① Department of State, *Documents on Disarmament*, 1960, pp. 72 – 75.
② Memorandum of Conference with the President, March 23, 1960, DNSA, NP00635.
③ State Department Memcon, Geneva Nuclear Test Negotiations: Meeting of Principals, March 22, 1960, National Archives, RG 59, decimal files 1960 – 63, 397. 5611 – GE/3 – 2260.

境极为尴尬。正如赫脱所说，国际社会普遍反对核试验，美国最重要盟国英国反对核试验的情绪非常浓，麦克米伦首相强烈要求美国接受苏联建议；外交大臣劳埃德甚至表示，任何国家即使是苏联恢复核试验，英国都会谴责美国。很清楚，英国把不能达成禁止核试验协议的原因归咎于艾森豪威尔政府。艾森豪威尔不接受英国的立场，为说服英国，他亲自给麦克米伦打电话解释。① 显然，美国不能站在世界舆论的反面，更不能完全无视英国立场，否则在美苏冷战中会成为孤家寡人。

因此，美国政府不能完全拒绝赫鲁晓夫的建议，那么该接受哪些？拒绝哪些？3 月 23—24 日，艾森豪威尔连续召开国务院、国防部、原子能委员会等部门主要负责人会议。麦科恩说，由于现阶段无法核查门槛值以下的地下核试验，美国不能承诺禁止核试验，他建议不暂停核试验，而是尽可能快地减少核试验，估计需 3—5 年时间。麦科恩实际上反对禁止核试验。② 国防部副部长道格拉斯赞同麦科恩的主张，认为即使进行门槛值以下的地下核试验，苏联仍可获得改进核武器的技术。

考虑到军方和原子能委员会的立场，艾森豪威尔表示不会做任何有损美国重要利益的事情，也不会做任何美国获得相对收益较苏联少的事情，不能站在世界潮流的反面，即不能反对任何合理的解决禁止核试验的办法。同时，他还表示没有看到暂停核试验能怎样伤害美国。至于军方和原子能委员会一再担心的核查，基斯蒂亚科夫斯基曾向艾森豪威尔保证，只要有"合理数量"的现场检查，"任何潜在的违规者都将面临被抓的真正风险"。因此，艾森豪威尔认为，如果就定额核查达成一致，则核查门槛值以上及以下的核试验就不会受限制，不会损害美国安全。至于苏联，尽管会竭力逃避，但其被发现的风险更大。③ 也就是说，根据现有核查技术和核查能力，苏联偷偷进行核试验被发现的概率很大，是得不偿失的。总而言之，相比苏联进行无法探测的核试验产生的危险，他认为不能达成协议产生的危险对美国更大。

---

① Memorandum of Conference with the President, March 23, 1960, DNSA, NP00635.

② Memorandum of Conference with the President, March 23, 1960, *FRUS, 1958 – 1960*, Vol. Ⅲ, pp. 850 – 854.

③ Memorandum of Conference with the President, March 24, 1960, DNSA, NP00636.

基于上述立场，艾森豪威尔表示，4—5 年暂停核试验时间太长，更不能永久性或无限期暂停核试验，只接受暂停 1—2 年，未来是否仍暂停应由下任总统决定，如果核查机制能使美国有效核查苏联，可考虑延长暂停期限。他重申，不会采取任何束缚继任者的行为，继任者应有自己的立场。至于军方和原子能委员会担心苏联会偷偷进行核试验，艾森豪威尔说，美国正在准备进行核试验的隧洞（地下核试验在隧洞中展开——笔者注），如果苏联违反暂停核试验协议，美国将随时能进行核试验。即使达成此种协议，艾森豪威尔仍认为对美国有风险，他提出不反对继续寻求合理方案。至于最后的安排，他建议在即将到来的美苏首脑峰会上谈判解决。① 至此，艾森豪威尔政府就部分禁止核试验的条件达成一致。

为缓和英国批判美国的态度，进而协调双方立场以共同对苏，3 月 28 日艾森豪威尔带领主要助手与来访的英国首相麦克米伦会谈，就禁止核试验达成共同立场。② 29 日，艾森豪威尔和麦克米伦发表联合声明，基本接受苏联的要求。不过，英美主张"自愿暂停"门槛值以下的地下核试验，由英美苏三国发表声明。③ 苏联对英美建议作出积极反应。禁止核试验条约似乎万事俱备，只欠最后各国签署。

根据安排，定于 1960 年 5 月在巴黎召开四大国首脑会议，讨论柏林问题，同时签署禁止核试验条约。但在峰会召开半个月前的 5 月 1 日，美国 U – 2 高空侦察机侵入苏联侦察，并在斯维尔德洛夫斯克上空被击落。会谈气氛开始紧张起来，赫鲁晓夫在要求艾森豪威尔道歉的同时，仍接受了艾森豪威尔和麦克米伦联合声明的建议。可能主要由于艾森豪威尔拒绝赫鲁晓夫的道歉要求，④美苏关系恶化，赫鲁晓夫退出巴黎会议，首脑会议最终没有召开。虽然禁止核试验会谈没有中断并一直继续到艾森豪威尔任期结束，但最终未能达成禁止核

---

① Memorandum of Conference with the President, March 23, 1960, DNSA, NP00635.

② Memorandum of Conference with the President, March 28, 1960, *FRUS, 1958 – 1960*, Vol. Ⅲ, pp. 864 – 866.

③ James E. Goodby, "The Limited Test Ban Negotiations, 1954 – 63: How a Negotiator Viewed the Proceedings," *International Negotiation*, Vol. 10, No. 3, 2005, pp. 381 – 404; Department of State, *Documents on Disarmament, 1960*, pp. 77 – 78.

④ David Tal, *The American Nuclear Disarmament Dilemma, 1945 – 1963*, p. 159.

试验条约。

包括曾参与艾森豪威尔和肯尼迪时期重大军备控制会谈的詹姆斯·E. 古德比（James E. Goodby）在内的官员，以及许多学者强调，如果不是 U－2 飞机事件，艾森豪威尔和赫鲁晓夫本来会在日内瓦就现场核查问题和同意停止门槛值以下的核试验，达成并签订禁止核试验协议。[①] 该看法似是而非。尽管不能说 U－2 飞机事件对会谈没有影响，但把未能签订协议归咎于该事件显然有所夸大。如果苏联不想达成协议，完全可利用这一极好机会退出会谈，但其并未如此。相反，在事件发生两天后的 5 月 3 日，苏联接受了艾森豪威尔和麦克米伦的建议。为使事件不致影响首脑会议，赫鲁晓夫公开把 U－2 飞机入侵归罪于"五角大楼的好战分子及其盟友垄断集团"，表示"愿意相信总统对派遣飞机入侵苏联一无所知"。[②]

在美国政府承认是艾森豪威尔亲自命令 U－2 飞机侦察后，苏联仍未放弃达成协议的希望。在 6 月 7 日的十国裁军筹备会议上，赫鲁晓夫大幅修改了苏联的裁军计划，以回应西方要求，包括接受苏联以前从未同意的全面核查机制，几乎包含了西方多年来一直谈论的内容。核查机制有可能实现削减苏联核武器和常规武器的目标。[③] 显然，U－2 飞机事件不仅没有促使苏联中断会谈，相反，为克服事件的消极影响，赫鲁晓夫甚至作出事件发生前不太可能有的让步。可见，该事件并非导致会谈失败的主要原因。

---

[①] 麦乔治·邦迪：《美国核战略》，褚广友等译，北京：世界知识出版社，1991 年，第 452—454 页；James E. Goodby, "The Limited Test Ban Negotiations, 1954－63: How a Negotiator Viewed the Proceedings," pp. 381－404；James Nathan, "A Fragile Detente: The U－2 Incident Re-examined," *Military Affairs*, Vol. 39, No. 3, 1975, pp. 97－104；Robert Divine, *Eisenhower and the Cold War*, New York: Oxford University Press, 1981, pp. 146－150；Bernard. J. Firestone, *The Quest for Nuclear Stability: John F. Kennedy and the Soviet Union*, Westport: Greenwood Press, 1982, p. 73；Robert Divine, *Blowing on the Wind: The Nuclear Test Ban Debate, 1954－1960*, pp. 311, 314；George B. Kistiakowsky, *A Scientist at the White House: The Private Diary of President Eisenhower's Special Assistant for Science and Technology*, pp. 311－312.

[②] 资中筠主编：《战后美国外交史——从杜鲁门到里根》，北京：世界知识出版社，1994 年，第 271 页。

[③] Memorandum of Conversation, May 18, 1960, *FRUS, 1958－1960*, Vol. 9, p. 484；*Documents on Disarmament*, 1960, pp. 100－111.

从艾森豪威尔会谈立场及其背后的考虑看，会谈失败直接缘于美苏间深刻的不信任，也是艾森豪威尔政府提出并实施"新面貌战略"的必然结果。外交史专家帕特森认为，艾森豪威尔及其助手对苏联的不信任根深蒂固，他把维持与盟国尤其是与英法的友好关系，置于比与苏联缓和关系更优先的地位。[1] 艾森豪威尔认为，核武器对美国国家安全产生的威胁，比对苏联的国家安全产生的威胁更大，因为原子武器有利于突然发动进攻的一方。而他向来相信苏联会发动突然进攻，美国永远不会发动一场不宣而战的战争。他说，美国唯一担心的战争是由敌人开始的。因此，核武器继续存在有利于苏联，[2] 废除核武器则有利于美国，因为如果发生常规战争，苏联的工业能力不能与美国相提并论。[3]

从艾森豪威尔上台到1956年4月，虽然苏联进行了17次以上的核试验，但在核武器数量和质量上仍落后于美国。与苏联达成裁减甚至消除核武器协议不仅能阻止核扩散，也能冻结苏联核力量现状，维持战略优势。[4] 艾森豪威尔的主要助手尤其是国务卿杜勒斯，完全支持他对苏联的认识。杜勒斯明确表示，美国在核武器研究和开发上领先于苏联，协议对美国非常有利，因此应停止核试验，因为目前的循环试验已结束，暂停后将使美国处于比苏联更有利的地位。[5] 作为美国历史上"影响力最大"的国务卿，杜勒斯的认识和看法强化了艾森豪威尔的立场，也使他更有信心阻止核武器扩散。

对苏联的不信任，主要表现为维持美国战略优势和与盟国核共享。为维持对苏优势，艾森豪威尔政府主要采取两方面措施。一方面是限制或阻止苏联核力量发展及核技术提高，会谈本身在相当程度上就是出于该考虑；另一方面是加强自

---

① David S. Patterson, "President Eisenhower and Arms Control," p. 18.

② Memorandum by the President to the Special Assistant to the President (Jackson), December 31, 1953, *FRUS*, *1952 – 1954*, Vol. Ⅱ, National Security Affairs, Part 2, pp. 1321 – 1322.

③ Soviet Atomic Tests [Chronological List of All Nuclear Tests from 1947 to 1956 with U. S. and USSR Statements], April 23, 1956, DNSA, NP00253.

④ Summary of Meeting in the White House, January 16, 1954, *FRUS*, *1952 – 1954*, Vol. Ⅱ, National Security Affairs, Part 2, pp. 1342 – 1343; Memorandum of Discussion at the 203d Meeting of the National Security Council, Wednesday, June 23, 1954, *FRUS*, *1952 – 1954*, Vol. Ⅱ, National Security Affairs, Part 2, pp. 1467 – 1472.

⑤ David Tal, *The American Nuclear Disarmament Dilemma*, *1945 – 1963*, p. 66.

己的核力量，会谈期间艾森豪威尔政府一直在进行所谓不涉及开发核武器的核试验。① 该行为本身足以引起苏联极大怀疑。在 1960 年 3 月双方即将就禁止核试验协议达成一致的情况下，艾森豪威尔政府甚至决定按计划进行 10 千吨级核装置试验。为什么没有及时进行？艾森豪威尔认为，"唯一的困难是，爆炸核装置计划几乎是在向世界发出通告，我们将放弃在年内获得全面禁止核试验协议"。② 换言之，艾森豪威尔政府在等待合适机会，如果苏联未按美国设想在会谈中采取不理性的政策或立场，为美国进行核试验提供借口，美国可能会制造机会。从该层面出发，或许会较好地理解 U－2 飞机事件。

在强化自身核力量的同时，艾森豪威尔政府竭力推行核共享。该政府认为，在美苏都拥有第二次打击能力的时代，如果西欧国家没有核武器，当美国在西欧的力量下降时，西欧会感受到可能被苏联侵略的严重威胁，也会引发苏联的冒险主义。提升西欧国家的报复能力有助于稳定形势，因此艾森豪威尔政府努力实现与欧洲核共享。还在美苏禁止核试验会谈前的 1957 年 12 月，艾森豪威尔就向北约国家提出核分享政策。戴高乐 1958 年上台后拒绝在法国领土上部署美国任何核武器。③ 西欧国家因担心西德拥有核导弹可能激怒苏联，故对美国的设想不置可否。苏联果然以此为由，在柏林问题上施压，国际局势顿时紧张不已。但艾森豪威尔政府并未放弃该设想，会谈开始后仍在继续推行。U－2 飞机事件后，美国加速实施核共享计划。1960 年 12 月，美国北约最高司令官诺斯塔德（Lauris Norstad）将军提出以自己名字命名的"诺斯塔德计划"。根据该计划，艾森豪威尔政府将向北约各成员国提供战略核武器，即射程为 1500 英里、可从核潜艇发射的北极星中程弹道导弹。④ 根据艾森豪威尔政府的说法，核弹头由美国欧洲部队负责，只有在得到美国命令时才可使用，在得到白宫同意后才能将它们移交给欧洲盟国，但该行为本身不仅极大恶化了会谈气氛，而且势必使苏联感到不安全，

---

① Memorandum of Conference with the President, March 24, 1960, DNSA, NP00636.

② Notes for the Files, March 10, 1960, *FRUS*, *1958－1960*, Vol. Ⅲ, pp. 846－847.

③ IRBMs, DNSA, NP00465; Question of IRBMs and Atomic Stockpiles Is Discussed with France, October 16, 1958, DNSA, NP00482.

④ 关于诺斯塔德计划的起源，参见 David Tal, "From the Open Skies Proposal of 1955 to the Norstad Plan of 1960: A Plan Too Far," *Journal of Cold War Studies*, Vol. 10, No. 4, 2008, pp. 66－93.

进而激化双方本已存在的不信任情绪。在此种情况下，美苏不可能就禁止核试验达成协议。

结　语

冷战时期乃至冷战后，核武器是美国争夺和维护世界霸权最基本的依靠，确保战略核优势也就成为美国最重要的战略目标。军控尤其是核军控成为美国强己弱人的惯常方式和手段，核军控因此逐步成为美苏冷战争夺的最根本也最复杂剧烈的领域。禁止核试验会谈是艾森豪威尔政府时期美国最重要的核军控措施之一。

纵观艾森豪威尔政府的禁止核试验会谈可发现，作为总统，他不只是协调政府内部相关部门在禁止核试验问题上的不同立场，而且实际上决定了美国政府在禁止核试验会谈中的政策。从冷战以来的长时段看，美国核战略大体经历维持垄断、确保优势、维持均势、重新寻求优势，以及冷战后的改革和调整 5 个时期。由于苏联在很短时间就爆炸了核装置，打破了美国核垄断，进而在 1957 年发射人类历史上第一颗人造地球卫星，具备打击美国本土能力。面对所谓的"导弹差距"，艾森豪威尔政府核战略的基本诉求是努力维持对苏战略核优势，禁止核试验会谈就成为艾森豪威尔实现该目标的工具。

但对苏冷战并不仅仅是维持美国战略核优势那样简单，对苏战略核优势并不能保证美国赢得冷战。包括艾森豪威尔本人在内的美国冷战设计师深刻认识到，冷战是甚至主要是一场争取人心的战斗。对美苏双方来说，人心在己就含蓄地表明自己赢得了冷战胜利。脱离美国政府的冷战战略目标和美苏冷战的复杂性，很难认识和判断艾森豪威尔本人及其政府是真的希望或根本不想达成禁止核试验协议，以及在会谈各阶段采取的政策与立场。

上述两种诉求互相交织、彼此影响，共同决定了艾森豪威尔政府禁止核试验会谈的立场和政策。当艾森豪威尔相信禁止核试验有利于维持对苏战略核优势时，他在相当程度上就不理会军方和原子能委员会等坚决反对禁止核试验部门的主张，美国在禁止核试验会谈中就表现出支持或赞成达成禁止核试验协议的立场。相应地，当他相信禁止核试验不利于维持对苏战略核优势，相反可能有助于苏联改善和提高核力量，从而缩小与美国的差距时，美国就表现出相当消极的态度，不断提出不利于达成禁止核试验协议的要求或条件。但为争取人心，艾森豪威尔政府始终没有终止禁止核试验会谈。就此而言，在禁止核试验会谈中，艾森豪威尔一直坚持战略目标，其关于禁止核试验会谈的立场并不多变，而是完全一致的，根本出发点都是维持美国战略核优势。他在会谈过程中所表现出来的政策摇摆和立场变化，更主要是出于维持政府内部协调一致的策略考虑，而并非不能发挥领导作用。

艾森豪威尔政府开辟了把禁止核试验作为实现美国战略目标工具的先河，也基本确立以后历届美国政府在禁止核试验问题上的策略框架和走向。当维持有利于美国的核态势与争取人心的战斗一致时，美国政府就表现出积极推动会谈和维护世界和平的样子；当扮演维护世界和平的形象与确保有利于美国的核态势冲突时，美国就宁愿阻止乃至反对进行核试验会谈或达成协议。这是冷战时期未能达成全面禁止核试验条约、冷战后全面禁止核试验条约至今未能生效的根本原因。此种情况表明，美国的霸权政策根本不利于实现核军控、核裁军乃至无核武器这一终极目标，也表明美国的政策在相当程度上决定了国际禁止核试验会谈失败或成功之限度。

〔作者刘子奎，上海师范大学世界史系教授〕

（责任编辑：郑　鹏）

**图书在版编目(CIP)数据**

中国历史研究院集刊. 2024 年. 第 1 辑:总第 9 辑 /
李国强主编. -- 北京:社会科学文献出版社,2024.11.
ISBN 978 - 7 - 5228 - 4073 - 4

Ⅰ. K0 - 55

中国国家版本馆 CIP 数据核字第 2024CJ0468 号

中国历史研究院集刊 2024 年第 1 辑(总第 9 辑)

主　　编／李国强
副 主 编／周　群(常务)　焦　兵

出 版 人／冀祥德
组稿编辑／郑庆寰
责任编辑／赵　晨
责任印制／王京美

出　　版／社会科学文献出版社·历史学分社 (010) 59367256
　　　　　地址:北京市北三环中路甲 29 号院华龙大厦　邮编:100029
　　　　　网址:www. ssap. com. cn
发　　行／社会科学文献出版社 (010) 59367028
印　　装／北京盛通印刷股份有限公司

规　　格／开　本:889mm × 1194mm　1/16
　　　　　印　张:17.25　字　数:287 千字
版　　次／2024 年 11 月第 1 版　2024 年 11 月第 1 次印刷
书　　号／ISBN 978 - 7 - 5228 - 4073 - 4
定　　价／300.00 元

读者服务电话:4008918866